U0582361

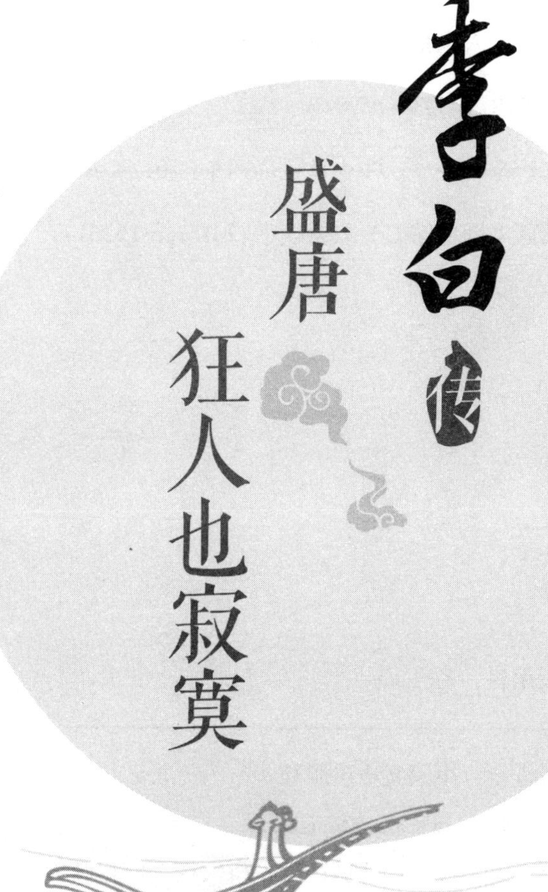

李白传

盛唐狂人也寂寞

刘敬堂 / 著

中国文史出版社

图书在版编目（CIP）数据

盛唐，狂人也寂寞：李白传 / 刘敬堂著 . — 北京：中国文史出版社，2015.8

ISBN 978-7-5034-6509-3

Ⅰ . ①盛… Ⅱ . ①刘… Ⅲ . ①李白（701 ~ 762）—传记 Ⅳ . ① K825.6

中国版本图书馆 CIP 数据核字 (2015) 第 152614 号

责任编辑：徐玉霞

出版发行：中国文史出版社
网　　址：www.chinawenshi.net
社　　址：北京市西城区太平桥大街 23 号 邮编：100811
电　　话：010-66173572 66168268 66192736（发行部）
传　　真：010-66192703
印　　装：北京新华印刷有限公司
经　　销：全国新华书店
开　　本：787 × 1092 16 开
印　　张：18.75
字　　数：395 千字
版　　次：2015 年 9 月北京第 1 版
印　　次：2019 年 7 月第 6 次印刷
定　　价：39.80 元

文史版图书，版权所有，侵权必究。

文史版图书，印装错误可与发行部联系退换。

序

中国是诗歌的国度。

唐代诗歌，已达到了登峰造极的地步，是中华民族文化宝库中的一笔极其珍贵的遗产。

唐代诗人，多如繁星，有名有姓有作品传世的诗人，就超过了2000位！李白无疑是诗歌天空中最瑰丽也最耀眼的那颗明星！他才华横溢，光明磊落。傲视王侯，忧国忧民的高尚情操和独立人格，与其想象丰富，奇思纵横、挥洒自如、豪放浪漫的诗歌风格，为当时和后世树起了一座巍巍丰碑。

凡是中国人，不论何种身份，身在何处，不知李白之名或未读过李白作品的人，我敢断言，其概率一定是零！

我是李白的忠实粉丝、崇拜者。少不更事，就背诵过“床前明月光”的诗句，听说过“铁杵磨成针”的故事。成人后，他的作品一直陪伴着我的人生之旅，给我以快乐和激情，在身处逆境时，他的作品抚慰过我受伤的心灵。

人都有梦想，我曾梦想写中国诗词长河中的“四李”，即唐代的李白和李商隐，宋代的李煜和李清照，“三李”已与友人合作写成了，但要写李白时，却感到难度太大，一是年逾七旬，力不从心；二是手写太慢，初稿潦草，须抄清、修改后再请朋友打印出来，费力耗时；三是李白一生漫游天下，地域广阔，结交众多，上至帝王将相，下至贩夫走卒，难以面面俱到；四是李白事迹大都在《新唐书》《资治通鉴》等众多的文史资料中，须仔细收集、取舍，故而写起来时停时续，有时有难以为继之感，甚至想过放弃。

唐代流传下来的诗歌有数万首之多，李白一生到底写了多少首？史料上并未记载。他的诗不是题在旅途中的墙壁上，就是赠送了友人，留在身边的，又在兵火中遗失不少，今天能看到的，只有仅存的1000多首！令人惋惜。

后人写李白作品已有很多，如《李白与杜甫》《道教徒的李白及其痛苦》《李白》《李白传》《李白的诗酒人生》《浪漫诗仙李太白》《最浪漫的诗人李白》等，都是根据史实写的传记文学作品。但由于史料出处不同，有些内容出入较大，如有的写了李白的初恋情人段七娘，有的只字未提；有的说李白有三任妻子许氏、刘氏、宗氏，有的说他与宗氏结婚之前，尚有一位鲁女；有的书中提到他有一女一子，还有的说鲁女为他生有一子，李白亲自为他取名天然；等等。

《李白别传》并非传记，而是用历史小说手法，以李白生平为主线，将主人公置于大唐从盛到衰的历史大背景中，贯穿“安史之乱”全过程，用以塑造主人公的形象，揭示诗人悲剧的深层原因。

初稿完成后，修改时又狠着心删去了五章。生日将至，决定封笔。心中有一种解脱之感。

刘敬堂

2015 年暮春于青岛崂山·湖北鄂州

目录

001 第一章 十二郎终于有了自己的宝剑！侠客没当成，却成了一名县衙的公务员。

011 第二章 小吏敢炒县太爷的鱿鱼！不知是哪位侠客削去了江二太岁的头颅？

017 第三章 无字碑前，窜出了一只赤狐和两只雪白的小狐狸……

023 第四章 大匡山上，住着两位能指挥百禽的隐士。求仙学道，也不忘投卷干谒。

032 第五章 峨眉山上，偶然获得诗坛前辈遗稿；出川前夜，听到了一个惊天的秘密！

041 第六章 过三峡，游洞庭，一篇《大鹏赋》传遍江陵城。只因一句诗，就断送了孟浩然的锦绣前程。

050 第七章 守着同伴的遗体，持剑与一只斑斓猛虎对峙着……

057 第八章 金陵小歌姬家中，到底发生了什么？绝代佳人兼超级间谍的行踪之谜。

068 第九章 扬州两重天：腰缠万贯的公子哥成了一文不名的穷光蛋；到了安陆，上演了一出“窈窕淑女，君子好逑”的轻喜剧。

078 第十章 初进长安，遇见一个斗鸡的毛头小儿，竟然是个五品命官！诗人的身世，成了大唐皇室的烫手山芋。

087 第十一章 最高决策者的最终决策：不许归宗！美眉、死囚和三个索命厉鬼。

095 第十二章 全是藏獒惹的祸！狗肉没吃成，却进了大牢！酒楼听歌，遇见了当年的江南知音。

102 第十三章 内兄狠毒阴险，骗走地契再霸占房产。情人眼中出西施，胡杂安禄山一步登天！

110 第十四章 白狼河畔的巫婆，生下了一个奇丑的小胡杂。刀下之鬼死里逃生，竟然成了捉将营的健卒！

118 第十五章 面对权威，谁敢在考场撒野？刚刚出沐的倩影，竟征服了一代君王！

127 第十六章 大雪纷飞，日本诗人送他一件丝绵小袄；许月在弥留之际，终于盼到了归来的丈夫。

137 第十七章 安禄山用一个金瓜换来了两顶高含金量的乌纱帽。两种心情：失败的婚姻和长安的诏书。

148 第十八章 君王也偷情，通过夹道夜夜与女冠幽会；招贤馆里的客舍，曾经住过一位皇家的活神仙。

158 第十九章 诗人初进皇宫，天子亲手为他调拌八宝羹。四十二岁的干儿和二十六岁的干娘，一笔算不明白的糊涂账！

167 第二十章 洗儿礼上，被宫女剥光了的安禄山像只又肥又大的豆虫！优美绝伦的《霓裳羽衣舞》，貌似温柔妩媚，实酿干戈之祸。

176 第二十一章 三首《清平调词》征服了君王和贵妃，却为自己埋下了一条祸根。郭子仪护粮途中巧妙用兵，俘获了六百余名突厥士兵。

188 第二十二章 千里单骑，营救出大唐战将郭子仪；一封写在鹿皮上的国书，难住了大唐的文武百官。

198 第二十三章 蛮文国书，平息了一场国际事件；宠极生悲，两次被逐回娘家，又两度复召回宫。

207 第二十四章 她是一只凤凰，但美丽的羽毛后边却有一道无法愈合的伤口；赐金还山，他是此种殊荣的大唐第一人。

217 第二十五章 诗坛上的双子星座在梁园相遇；古吹台下的浪漫故事：红颜知己千金买下了一方照壁。

228 第二十六章 只因迟去了八天，竟与知音成了永别！金丹未炼成，还险些丢了性命！

237 第二十七章 孤身探幽州，亲眼看到山谷里在打造兵器，裁缝铺里在赶制官服，只是没法看到大漠深处那支神秘的“曳落河”。

247 第二十八章 与玉真公主“姐弟恋”，注定修不成正果；在崂山，他终于梦见了九百多岁的安期生。

256 第二十九章 渔阳鼙鼓动地来，大唐天子竟开了小差！大燕皇帝刚刚即位，太极殿前已经血流成河。

266 第 三 十 章 洛阳陷，长安乱。马嵬坡上留下一个说不尽的凄美故事。天地惊，鬼神泣。乱世烈火塑造出多少刚烈壮美的灵魂！

275 第三十一章 皇室反目成仇，兵败的永王喝下了一杯鸩酒；高适卖友，诗人虽然免死，却要戴枷流刑三千里！

285 第三十二章 放逐归来，他想见到的那个人，已飞天而去了；与一轮明月对酌时，他真的醉了，再也没有醒来……

290 后记

第一章

十二郎终于有了自己的宝剑！侠客没当成，却成了一名县衙的公务员。

峨眉山月半轮秋，影入平羌江水流。
夜发清溪向三峡，思君不见下渝州。

——《峨眉山月歌》

楔 子

李白是个谜。

他父亲的真名叫什么？母亲叫什么？他有几个兄弟姐妹？是个谜。

他的先祖是谁？为何去了西域？在西域从事何种职业？又是何时迁徙到四川彰明县青莲乡的？是个谜。

向往执剑任侠的李白，真的杀过人吗？他杀的是谁？是个谜。

还有，李白的祖籍到底在哪里？也是一个谜。

有的说，在四川绵阳，根据是《李翰林传》；

有的说，是广汉，根据是《唐故翰林学士李君墓碣》；

有的说，是巴西，根据是《新唐书·文艺传》；

有的说，是山东，根据是《旧唐书·文苑传》；

有的说，是陇西成纪，根据是《李公新墓碑》；

有的说，是条支，根据是《草堂集序》；

有的说，是西域，根据是《新唐书·文艺传》；

有的说，是碎叶，但唐代有两个碎叶，一个在大唐境内的安西碎叶城，一个是西域的碎叶，即今天的吉尔吉斯斯坦境内。

关于李白的身世，更是一个谜：

有的说，他是凉武昭王的第九代传人，陇西将军李广的后人；

有的说，他是大唐皇室的一支，因避难逃亡去了西域……

有的说，他先后有三任妻子，即湖北安陆的许氏、河南洛阳的宗氏、山东的刘氏，还有的说，他还有一任妻子，是山东的鲁氏。

有的说，他有两个子女，女儿叫平阳，儿子叫伯禽，也叫明月奴；有的说，他还有

两个儿子，一个叫颇黎，一个叫天然……

总之，李白的祖籍、身世，已成为一个千古之谜。历代的学者、史家对此一直争论不休，但一直也未能揭开李白身上的谜团。

既然谜团未能解开，不妨让谜团继续存在下去。因为这并不影响李白是位伟大诗人，更不影响我们对他的崇拜和对其作品的热爱。

笔者从众多的史料和今人的文献中，依稀找到了一些有关李白家世、籍贯、故乡和出身的碎片。

1

武则天长安元年（701年），住在中亚碎叶城的华侨李客家中，今天显得格外忙碌。李客的夫人即将分娩，全家人和邻居们都在热切地等待着新生儿的诞生。

昨天天将亮时，李夫人睡得正香，忽然梦见一颗硕大的金星，光芒四射，从天空坠入了腹中！

今天午时，李夫人感到一阵阵腹痛。不一会儿，卧室里传出了一声婴儿的哭声。过了一会儿，接生婆抱着刚刚出生的婴儿，走到站在外边的李客身边，笑着说道："恭喜李先生，夫人为你生了一位小公子！"

李客接过来一看，婴儿天庭饱满，五官端正，啼声洪亮，十分高兴。

消息传开后，亲友和邻居们纷纷前来贺喜，他们中既有汉人，也有胡人，他们按照各自的风俗，送来了奶酪、酥油、鸡蛋、红糖、羊肉等礼物。大家看了襁褓中的孩子之后，都笑着向他祝福。

因为婴儿在李氏家族中排行十二，乳名便叫十二郎，又因夫人梦见金星入怀，李客认为是太白金星下凡，便为儿子取名李白，字太白。

碎叶城是胡汉客商杂居的地方。李白自小就生活在当地的小伙伴中。在家里，他和家人说的是汉话，与小伙伴们在一起时，说的是胡人语言，渐渐地，他身边就有了一群年龄相仿的异域小朋友。

当他五岁时，便骑着骆驼，随着李氏家族的长长驼队，在大漠和风沙中整整走了五个多月，终于来到了蜀地彰明县的青莲乡。

……

彰明县的青莲乡，有一个青莲湖，湖水不深，但很清澈，湖里长满了莲花。莲花也称荷花，天晴时，莲花亭亭玉立，争相绽放，湖面上像铺上了一片红霞；下雨时，雨点打在碧绿的荷叶上，荷叶上滚动着大大小小的水珠，像滚圆、晶莹的珍珠。

青莲湖畔的这片草地，就是李白和小伙伴们舞剑拼杀的战场。

今天，这群孩子舞动着各自的"宝剑"，正在湖畔的草地上厮杀得难分难解。

他们手中的"宝剑"，有的是用木头刻的，有的是用竹片削的，还有的是用半截树枝代替。唯有林大尉握的是一把真家伙，那是他父亲花了三百钱，在一家铁匠铺里买的。因为剑是铁的，所以每次交手，他不是把对方的“宝剑”击落，就是砍成了两截！

“十二郎，快来救我们啊！”申义高声喊着。

十二郎就是李白，他在李家排行十二，所以人们也叫他十二郎。

正在湖畔读《诗经》的李白，连忙放下手中的书，握着自己的“宝剑”一跃而起，冲进了混战的人群。

申义比李白小两岁，读书时的名字叫吴指南，申义是他的乳名。李白虽然只有十三岁，但比同龄的孩子高出半个头！还因他经常向小伙伴们讲《史记》中的故事，又喜爱吟诵古人的诗歌，便渐渐成了他们心目中的“拐子”，也就是“老大”。他手中的宝剑，是杉木刻制的，剑刃上涂上了白石灰水，还用毛笔在上面写了“龙泉”二字，舞动起来，剑身雪白，呼呼生风。当他与林大尉刚一交手，只听“咔嚓”一声，他的“龙泉”便被林大尉的铁剑砍断了！

他有点不服气，但又无可奈何。他把半截木剑向地上一扔，说道：“等我有了真‘龙泉’，跟他再战！”说完，气呼呼地坐在草地上。

李白家中真的有一把“龙泉”宝剑，那是他父亲李客随身佩带的，李白经常用手抚摸剑鞘，但父亲不许他将“龙泉”剑带出家门，怕他惹事。

申义拾起断为两截的“龙泉”，来到李白的身边。接着小伙伴们也都纷纷围拢过去，有的安慰他，有的央求他讲“古”，也就是古籍上记载的故事。

今天，他讲的是春秋时期的齐国，宰相晏婴只用了两个桃子，不动刀枪，就杀了本领大功劳也大的三位勇士的故事，也就是《史记》上说的“二桃杀三士”。大家听了，都十分敬佩晏婴。

申义是李白的铁杆粉丝，人长得虎头虎脑，十分憨厚。他问道：“十二郎，你说说看，是西域好，还是咱们的青莲乡好？”

李白：“都好。”

申义：“听说西域人都长着络腮胡子，天天吃羊肉，喝羊奶，浑身都是膻味，你过得惯吗？”

李白：“过得惯。”

申义：“西域人也用宝剑吗？”

李白：“不，他们用的是弯刀。”

申义：“你讲个西域的故事吧！”

李白：“西域没有故事。”

申义再问，他只是摇头，不肯再说了。

其实，西域不是没有故事，他在西域出生，又在西域生活了五个年头，听过不少西域的故事和传说，还结识了不少西域的小伙伴，但他不能讲，因为父亲多次叮嘱过他：

“回到中原以后，再也不许提西域的事了，切切记住！”

李白心里一直有个疑问，自己明明是在西域出生，又从西域迁到青莲乡，为什么不能再提西域的事了呢？他知道，李家，包括伯父李源全家，一定有一个天大的秘密！这个秘密一旦泄露，可能会危及全家的安全！

他不敢问，他一生都遵循了父亲的告诫。

2

一轮皓月，高高悬挂在天际，它将无边无际的银辉，慷慨而均匀地洒在山川原野上，也洒在了李家的院子里。

不知为什么，李白自小就喜爱月亮，尤其喜爱在有月亮的夜晚读书。每当月光照在书页上的时候，他都会有一种莫名的激动。夜已深了，他仍坐在书案前读书。

“四书”“五经”他早已读熟了，今晚正在读屈原的《楚辞》。父母都说他的记性特别好，有些篇幅不长的文章，他能过目不忘。这本《楚辞》他已读了两遍，虽然已能背诵出来，但背诵得还不太顺畅，于是，又开始读第三遍。

忽然，一阵“刷刷”之声从窗外传来，他循声望去，见朦胧的月光中有个身影正在院子里舞剑，他忽而出剑如一阵骤起的疾风，忽而收剑如一尊雕像，剑刃在月光下闪烁着寒光。他知道父亲爱剑，也常常舞剑，甚至从西域回四川的路途中，也曾看到父亲在荒原风沙中舞剑的身影，但在月光下看他舞剑，这还是第一次。看到他的剑术如此高超，更是第一次。

父亲是李白剑术的启蒙者。

他悄悄离开座位，走到西墙边，伸手从壁上取下一柄桃木剑，比照父亲的套路，一招一式地跟着比画起来。

在当时，“任侠”十分流行，“任侠”的重要特征就是随身佩带一把宝剑。佩剑之风是当时的一种时尚，不仅朝野士子，就连手无缚鸡之力的文弱书生，也都会在腰间挂着一把宝剑，就像今天的帅哥们，人人手里都拿着一部苹果手机一样，以显示自己是新潮一族。

李白特别酷爱宝剑，更想自己也有一把宝剑。他十分喜爱父亲的那把“龙泉”剑，但“龙泉”剑太重了，他拿在手里，觉得有些吃力，自己的杉木“龙泉”剑被林大尉的铁剑砍断后，父亲又为他用桃木削了一把木剑，剑柄上还缠着一层红丝线，他十分高兴，还用毛笔在桃木剑上写上了三个大字“鬼见愁”，因为他听父亲说过，桃木剑可辟邪驱鬼，妖魔鬼怪见了桃木剑，便会逃之夭夭。“鬼见愁”满足了他的好奇心，平时将它挂在壁上，读书读乏了，便取下来舞上一会儿，舞累了，再接着读书。

其实，他心目中的宝剑，是“莫邪”剑，至于“莫邪”剑是个什么样子，他连见都没见过，更别说能亲手摸一摸“莫邪”剑了。

“莫邪”这个名字，他是从东严子那里听来的。

东严子，是岷山的一位修道的隐士，也是李客的一位挚友。有一天，东严子来访时，李白看到他佩带着一把青铜古剑，心中有些好奇，便问他，人世间最锋利的是什么宝剑？

东严子告诉他，人世间有许多珍品宝剑，最有名的宝剑是鱼肠、纯钩、湛卢、莫邪等，其中的“莫邪”剑，就是出自越国的铸剑大师莫邪、干将之手。接着，便向他讲述了莫邪、干将铸剑的传说：

楚王最爱天下名剑，更爱收藏天下宝剑。他听说干将、莫邪夫妻二人都是技艺卓越的铸剑大师，便派人向他们传达旨意，命二人为他铸造一把宝剑！

干将与莫邪接到吴王之命后，干将采来五山精铁、六合金英，在炉中冶炼了一百天，但炉中的金铁仍然未能销熔！干将十分困惑。

莫邪问他：“你以善于铸剑而名扬天下，如今楚王命你铸剑，却百日未成！不知是什么原因？”

干将说：“我也弄不清其中的奥妙。”

莫邪说：“神化之物，须人而成，你今天作剑不成，莫非须有奇人方能成功？”

干将说：“当年师傅做剑，金铁之英在炉中不熔，夫妻跳入炉中，终于熔化成铁水，做成宝剑。我做剑不成也许与师傅所说有关。”

莫邪听了，说道：“师傅以身熔铁做成宝剑，这有何难？”于是剪下自己的头发和指甲，投入炉中，让童男童女各三百人装炭、鼓风，金铁很快熔化而出。

干将和莫邪终于铸成了一阳一阴两把宝剑，阳剑名干将，剑上纹路像龟壳，阴剑叫莫邪，剑上纹路如鳗鱼。

他们将阳剑藏匿起来，只将阴剑献给了楚王。楚王获得此剑，十分珍爱，轻易不肯示人。后来，他被刺客刺死，这把莫邪剑便随他一起下葬了！

至于那把干将剑，后人也不知藏在了何处……

李白听了，默默地点了点头。

东严子走后，李白刮去了桃木剑上的“鬼见愁”三字，又用毛笔工工整整地写下了“莫邪”两个大字。

3

李客渐渐发现，儿子李白爱剑已到了痴迷的地步。他怕李白入魔中邪而耽误学习，便让他去刀剑店里买一把剑。李白听了，摇了摇头，说买的宝剑没有灵气，他要亲手为自己打磨一把宝剑。于是，从铁匠铺里买回了一根又粗又长的废铁棒，在院子里的磨刀石上磨了起来，一连磨了三天，双手磨出了血泡，但仍然不肯歇息。

李客知道，他的废铁棒磨剑的想法，来自当年“铁棒磨针”的启示。

童年的李白，“五岁诵六甲，十岁观百家”，他除了精读经书和史书之外，也爱读道教的典籍。不过，他和其他少年稚子一样，十分淘气。在读那些深奥的经史书籍时，

也会有枯燥乏味的时候。

有一天，他和一帮小伙伴们逃学，去村头游玩时，看到一位老奶奶坐在河边的石头上，正在专心致志地磨一根粗大的铁棒。

李白有些好奇，便问她："老奶奶，你这是磨的什么呀？"

老奶奶说："我在磨一根针。"

李白有些吃惊："你是说，要将这根铁棒磨成缝衣针？"

老奶奶点了点头。

李白望着那根铁棒，说："这要磨到哪年哪月呀？"

老奶奶望了望李白，没停下手里的活，边磨边说："孩子，你要记住，只要工夫下得深，铁棒就能磨成针！"

李白听了，感到脸上一阵阵地发烧。于是再也没有玩的兴趣了，转头就朝书房跑，自此以后，他再也没有逃过学。

李客看到儿子认真磨剑的样子，有些心痛，便将自己的那把佩带多年的"龙泉"送给了他，还把家中珍藏的《李氏剑谱》也交给了他。

李白如获至宝，爱不释手，他除了按照剑谱练习击剑之外，还将"龙泉"时时挂在腰间，就连研习骑术和箭法时，也剑不离身，俨然一个仗剑的小侠客！

自此以后，他每天都闻鸡起舞，冬练三九，夏练三伏，读书和舞剑，成了他少年生活的重要内容。

李客虽然从商，但博学多才，他在西域生活时，念念不忘中原文化，亲自向李白教授诗赋，又常常以汉飞将军李广为荣，用他抗击匈奴立下赫赫战功来激励李白。为了让李白练剑读书两不误，他特意为李白立下了一个规矩，每天上午学"四书""五经"，下午读司马迁的《史记》，晚饭后练剑，自己亲自陪他练习击剑，从握剑、出剑、收剑开始，一招一式地教他剑术。李白学得格外认真，他直刺横劈，躲闪腾挪，一招"海底捞月"做到了人剑合一，一式"青蟒探首"，寒气逼人！

《李氏剑谱》中的"腾空拜剑"，要求舞剑者原地拔地而起，身子在半空中旋转一周再落地。为了练好这个动作，李白整整练到子夜，仍不肯放手。李客见他累得浑身是汗，手臂都快要抬不起来了，才逼着他回到家里歇息。

谁知睡到半夜，李客被鼓楼传来的更鼓声惊醒了，他朝窗外一看，见李白站在院子里，正在一遍接着一遍地练习"腾空拜剑"。他没有惊动李白，只是站在窗前默默地望着，心里不由涌出了一种慰藉和自豪。

4

李白是个善于结交、讲究义气的人，在他身边，聚集着一群和他年龄相仿的少年，他们一起谈论剑术，也崇拜荆轲、聂政等除暴安民，以身取义的游侠刺客。

有一天，李白和小伙伴们舞剑舞累了，坐在青莲湖畔的草地上歇息。申义摸着李白的那把“龙泉”剑，问道：“你的这把‘龙泉’，开‘刃’了吗？”

李白摇了摇头。

申义：“我听一个从东吴来的马贩子说，吴王一生不爱金玉爱宝剑，他被刺客刺死后，他的儿子将他生前最喜爱的三千把宝剑，都随他葬在了城外的虎丘塔下，可是真的？”

其实，李白也听说过这个传说，他不敢确定，只好说道：“我也听人说过。”

申义：“那可是些削铁如泥的好剑啊，不知道什么人，用什么剑刺杀了他？”

李白：“是专诸刺杀了他，用的是一把鱼肠剑，《吴越春秋》上是这么说的。”

申义因家中贫寒，已辍学在家放牛。他十分崇拜李白，也喜爱舞剑，因买不起宝剑，李白便将自己的那把淘汰下来的桃木剑送给了他。他像得了宝贝似的，走到哪里，就把桃木剑带到哪里，晚上睡觉时，还把桃木剑压在枕头下。他央求李白说：“十二郎读书多，天下事也知道得多，就把鱼肠剑刺吴王的事讲给我们听听吧！”

众人也都附和着央求。

李白被伙伴们纠缠不过，便讲述了侠客专诸刺吴王僚的传说。

吴国公子光，为了夺取吴王僚的王位，便对伍子胥物色的侠客专诸说，自己才是吴国国君的继承者，请求专诸去刺杀吴王僚。专诸也认为吴王僚该杀，但自己家中母老子幼，放心不下。公子光便承诺，他家中的一切，都由自己负责，专诸便答应了公子光的请求。

有一天，公子光宴请吴王僚时，在楼下埋伏了甲士。吴王僚赴宴时，为了防备暗杀，则让自己的卫士排列在道路的两边，宴席上也布置了亲兵，手持兵器站在他的身边。

宴席开始后，负责向宴席端盘子送菜的厨师，都要在门口脱衣检查，方可进入。

专诸善制炙鱼。他手里端着鱼盘，经过门口脱衣检查后，在侍卫的夹送下，将一盘香喷喷的炙鱼送到吴王僚跟前时，突然从鱼腹中抽出一把宝剑，猛地刺向了吴王僚！与此同时，夹送专诸的侍卫，也用短剑刺穿了专诸的胸膛，吴王僚和专诸同时倒地身亡！

吴王僚死后，公子光成了吴国的国君，他就是吴王阖闾。他即位后，重用伍子胥参与国政大事。

李白讲完了，暮色也暗了下来，远处的村庄升起了袅袅炊烟，是该回家吃晚饭了。申义回头一看，自己放的那头水牛不见了！他大声喊着：“水牛呢？我的水牛呢？”

众人听了，吓了一大跳，要是水牛丢了，申义家就塌下天了！

李白“呼”地站起来，说道：“走，我们分头去找！”说完，便率先朝山坡的一片林子跑去……

5

既不是“官二代”，也不是“星二代”的李白，十六岁就成了吃皇粮的公务员——彰明县的小吏。

有一天，在荆州做生意的伯父李源，路过彰明县时，特意去看望李客一家。他看到已渐渐长高了的李白，慈祥地问他都读了哪些书？李白都一一作了回答。当看了李白写的诗赋文章时，他一边点头，一边说道："好，好，十二郎才气不凡，文采出众，若走仕途，将来——"刚说到这里，脸上的笑容便慢慢凝固了。

李白有些不解，连忙问道："伯父，是不是我的诗文写得不好？"

李源："不，不，你读的那些儒家经典都是治理天下、安抚百姓的大学问，只是——"

李白："只是什么？"

李客见儿子急了，说道："十二郎，伯父说得对呀，凭学问致仕这条路，咱们李家走不通！"

李白更糊涂了："为什么走不通？"

李客低声说道："咱们李家，按照大唐朝廷的律令，不但既不能参加学馆学生和国子监、弘文馆、崇文馆的考试，也没有资格参加乡贡考试！"

李白："为什么没有资格？我不明白。"

李源看到李白迷惑不解的委屈样子，安慰他说："孩子，朝廷规定，科举考试的生员，出身要清白，怎么才叫清白呢？家中有任官的，就是清白，没人为官，就是务农者也属清白；但犯过法的人，工商从业者、州县衙门里的役吏，不得参加科举考试。还有，科举考试，朝廷更重视大家士族。"

李白听了，半天无语。

在唐代，十分重视士族，也就是朝野所称的望族。魏晋以来，乱世更迭，人事交替，但一些人却可以依靠家族的势力延续为官，并不受改朝换代的影响，因此，社会上都以能与高门大户交往或结亲为荣，借以抬高自家门第的台阶。盛唐时，虽然政局稳定，但几百年来形成的门第观念并未改变，甚至官府还会编订氏族志，给姓氏划分等级。到唐太宗执政时期，全国五大望族，如清河和博陵的崔氏，花阳的卢氏，赵郡和陇西的李氏，河南荥阳的郑氏，以及太原的王氏，这些望族的子弟们不论为官还是科举，都会被人另眼看待。和李白同岁、同时代的王维，二十岁就成了进士！

不仅这样，唐初时还发生一次考生们的"群发事件"。在一次科举考试时，由于主考官不是出自名门望族，考生们认为他没有资格担任主考官，便成群结队围住官衙闹事，以示抗议。

其实，李白为什么不能参加朝廷科举考试的真正原因，伯父和父亲都没敢将真情告诉李白。

李源为了安慰李白，笑着说道："其实，入仕，也不一定非要走这条路，像管仲、晏婴、李斯、萧何等人，就是从底层从政，慢慢磨炼成名相重臣的。"

李白听了，连连点头。

李源："昨天，我去拜访本县县令石化金时，他十分欣赏十二郎的才华。他说十二郎的前程无可限量，一定会出类拔萃，大展宏图。”他又转头对李客说：“石县令还托我给你带话，问十二郎愿不愿意去县衙当一名小吏？”

李客：“去县衙当小吏？”他有些吃惊，“十二郎虽然个头不矮，但毕竟年少，能担当起小吏之职？”

李源：“说是小吏，其实是县令喜爱十二郎，让他在衙门里干些抄抄写写的杂事，一来可以增加些官场的见识，一月还有几斗米的俸禄，再说，也能照常读书作文，是一举三得的好事。”

李客：“十二郎，你可愿意去县衙当小吏？”

李白知道自己走科举入仕的道路已被堵死了，那么，去县衙当小吏，今后就有可能踏上仕途，这是一个难得的机会，连忙说道：“伯父所言极是，十二郎愿意去县衙当小吏。”

李源和李客听了，都十分高兴。

当年的彰明县，不像今天这样的“四大家”和数十个科局、上千名公务员，征收皇粮、坐堂审案、筑路建桥、办学修庙、举荐人才、城管税收、治安赈灾等等，都由县令一人说了算，至于县令的政绩如何？只有天才知道！

当了小吏的李白，其工作确实轻松自在。除了抄写文书，研墨洗笔之外，更多的是跟在县令身边，外出巡行或出席各种场合。李白也渐渐明白了县令聘他为县衙小吏的真正意图。

原来，县令石化金特别爱慕虚荣，他常常邀请本县文人墨客和绅士达人聚会，爱在会上吟诗作对，以显示自己的文雅和不俗。他还常常向人夸耀，是他最早发现李白是位可造之才，能出口成章。所以特意将他聘为小吏，加以培养。他的目的很清楚，一可以炫耀自己慧眼识珠，是爱才重才的伯乐，二可以向上推荐，若李白今后受到朝廷重用，身负要职，自己便是李白的恩师，身价自会倍增。

李白虽是年龄最小、俸禄最少的县衙小吏，但他勤勤恳恳，忠于职守。有一天中午，他看见一位老农牵着一头牛，来到了县衙的门口。也许耕牛的腿受了伤，走起来一拐一拐的。老农一边走一边大声喊着：“有人打伤了我家的耕牛，请县令为我做主啊！”

时值午时，县令和师爷都在午睡，衙门里空荡荡的不见人影。李白连忙让老农将牛牵进院子里，又为他端来一碗热水，问他是谁打伤了他家的耕牛？

老农告诉他，他姓陈，家住陈家庄，他有三亩旱地。今天，他正在旱地里犁地种荞麦，谁知耕牛掉头时，踩了何姓人家的芝麻，何姓人家便用锄头打伤了自家的耕牛。荞麦地不犁，就不能播种，不能播种就误了季节，一年的收成就泡汤了。

李白听了，觉得此事关乎农事，不能耽误，他安慰了陈伯几句，便去叩县令卧室的房门。

房门开了，出来的不是石县令，而是石县令的小妾丁燕燕，她一脸怒气，紧锁眉头，问道：“什么事呀？连个午觉也睡得不安宁！”

李白将陈伯的遭遇说了一遍，谁知就在这时，那头受伤的耕牛“哞”地叫了一声。丁燕燕吓了一跳，她朝院子里瞅了一眼，大声吼道：“这可是县署衙门呀！你怎么让他把牛牵到了院子里？”说完，又转身朝卧室里喊道：“快出来看看吧，你的衙门成了牛棚啦！”

石化金闻声匆匆出了卧室，他拉长了脸，向李白横了一眼，问道：“这是怎么回事啊？”

李白示意陈伯诉说了事由。

石县令耐着性子听完了陈伯告状的原因后，好像睡意未消，连连打着哈欠，半天不说话。李白看了看那头受了伤的耕牛，又看了看怒气未消的丁燕燕，便出声吟哦起来：

素面倚栏钩，娇声出外头。
若非是织女，何必问耕牛？

丁燕燕听了，悄声问石化金：“李白吟的，是什么意思？”

石化金早已听出了诗中的讥讽，他不敢实说，笑着说道：“李白把夫人比喻为天上的织女了！”

丁燕燕听了，心里美滋滋的，脸色也转阴为晴了。李白趁机问道：“请问县令，要不要升堂审案？”

石化金打了个哈欠，不情愿地点了点头。

紧接着，衙役们大声喊道：“升堂喽——”

第二章

小吏敢炒县太爷的鱿鱼！不知是哪位侠客削去了江二太岁的头颅？

笑尽一杯酒，杀人都市中。

羞道易水寒，从令贯长虹。

——《结客少年场》

1

李白无论如何都不曾想到，自己真的当了一回持剑任侠的刺客！

他的那把“龙泉”，终于派上了用场。

起因是他随县令的一次巡察。

立夏之后，彰明县接连下了几场大雨。湖泊塘堰开始溢水，沱江泛滥，已淹了不少的农田。

防洪救灾是一县之主责无旁贷的责任。见江水继续上涨，已冲毁了一些村庄，还卷走了一些百姓，若县令救灾不力，必定会受到弹劾，轻的丢了头顶上的乌纱，重的，将会按律治罪！

这天清晨，石化金率领县衙的部属们，匆忙赶到沱江边上的渡口，去察看那里的水情。

还好，上涨的江水只淹了渡口旁边几间茅棚，江水离江堤还有半尺。石化金望着滚滚的浪涛，默默地在心中祷告着：神灵保佑，江堤不倒，百姓平安……

这时，一名衙役眼尖，指着江边的芦苇丛喊道：“看，那是什么？”

人们循声望去，见是一具尸体，尸体随着波浪在水面上不断地漂荡着。

有人用竹篙拨开芦苇，将尸体拉到了岸边，众人拥过去一看，死者的年龄不大，二十岁左右，面容姣好，头发散乱，原来是一具女尸！

望着水中的女尸，人们纷纷议论起来，有的说，此女子是沱江的洪水冲下来的；也有的说，是她不慎落水而死的；还有的说，她可能身患绝症，已心灰意懒，投江而死的……

就在人们纷纷议论时，一个撑渡船的艄公，正在向打鱼的男子低声说着什么，李白只听到了几句：“造孽呀，一条活生生的性命，就这么……”

“伤天害理的人，不得好死！”

……

李白还想听得仔细些，但江边风大，涛声不绝，把艄公的声音淹没了。

石县令走到岸边，望了望水中的女尸，竟然有了诗兴，他摇头晃脑地吟道：

二八谁家女，漂来倚岸芦。
鸟窥眉上翠，鱼弄口旁朱。

女尸就在眼前，作为一县之主的县令，既不想知道死者是谁，为何溺水而死？也不打发人打捞起来，进行掩埋，而是欣赏死者的“眉上翠”和“口旁朱”！

李白不但反感，而且心生愤慨！

这时，石化金转头望着李白，笑着说道：“都知道你文才无双，出口成章，能否也吟哦一首啊？”

李白望着江面上的滚滚波涛，稍作思索，便高声吟道：

绿发随波散，江颜逐浪无。
何因逢伍相？应是怨秋湖！

李白刚刚吟完，石化金的脸就“刷”地变成了猪肝色，俄而又由紫转为苍白。他好像在打摆子，浑身不住地哆嗦起来。哆嗦了半天，才悻悻说道：“回府！”说完，便一头钻进了轿子，率领众人离开了江堤。

李白知道，自己的这四句诗，不但当面讥讽了顶头上司，还暗指他是个冷血的好色之徒！

石化金为何对李白的这首诗如此恼火？原来，李白在诗中用了两个典故：

伍相，说的是春秋时期的吴国宰相伍子胥。

当年楚国国君楚平王，听信了身边奸臣的谗言，不但杀害了伍子胥的父亲和兄长，又派人到处追杀伍子胥。于是，伍子胥便逃离了楚国，沿着长江东下，去投奔吴国。在逃亡途中，他经历了种种生死磨难。

有一天，他已数日没吃一粒米了，不但饿得双眼发黑，双腿发软，自己也迷了路途。就在他万分焦急之际，发现一位年轻的女子正在河畔浣纱。他便过去问路，女子告诉了他。他看到女子身边有一只木盆，木盆里盛着半盆米汤，米汤是用来浆纱用的。他央求浣纱女将米汤送给他，浣纱女爽快地答应了。

伍子胥一口气喝光了米汤，临走时，他谢过浣纱女后又央求她，千万不要将自己的行踪告诉别人，浣纱女也答应了。

他离开了浣纱女，继续赶路。但走出不远，又停下脚步，回头久久地望着那位善良的浣纱女。

浣纱女知道，伍子胥对她并不放心，担心她将自己的行踪告诉楚国的追杀者，于是，她对伍子胥说道："你就放心走吧，你的行踪，我不会告诉任何人的。"

伍子胥听了，又继续赶路，走了一会儿，仍不放心，再回头望了望。忽然，他看到那位浣纱女站起身来，一头扎进河里了！

伍子胥知道，这位浣纱女是在用自己的生命，实践自己的承诺！

伍子胥十分感激这位素不相识的浣纱女，他朝浣纱女投河的方向深深一拜，便头也不回地朝东奔去了。

2

诗中的秋湖，说的是发生在鲁国的故事。秋湖是鲁国人，他新婚不久，便离开都城曲阜，奉命到一个偏远的城邑为官。

三年任期满了之后，他离开任职的城邑，满心欢喜地朝家乡赶去。

当走到曲阜城外的一个桑园时，看见一位年轻貌美的女子，正在桑园中采摘桑叶。他在路边看了一会儿，忽然想起了《陌上桑》的诗句：

> 日出东南隅，照我秦氏楼。
> 秦氏有好女，自名为罗敷。
> 罗敷喜蚕桑，采桑城南隅。
> 青丝为笼系，桂枝为笼钩。
> 头上倭堕髻，耳中明月珠。
> 缃绮为下裙，紫绮为上襦。
> ……

秋湖下了马，先以溢美之词讨好采桑女，见她并不动心，又从怀里取出黄金，说要赠送给她。采桑女对黄金看也不看，正色说道："我有夫君，在外地为官，我独自守在家中，等待夫君回来，你的言论行为，是对我人格的玷污！你还是死了心走吧！"说完，继续采摘桑叶。

秋湖碰了一鼻子灰，心中感到羞愧，便匆匆离开了桑园。

当他回到家中时，却不见妻子出来迎接。家人告诉他，夫人在桑园采摘桑叶，还没有回来。

这时他才知道，那位被自己调戏的采桑女原来就是自己的妻子！

那位采桑女指责了秋湖的轻薄行为以后，因感到受了污辱，竟然上吊而死！

秋湖知道后，羞愧不已，悲痛不止……

李白借助这两个故事，说出了自己的判断：这位芦苇中的女尸，生前遇到的，肯定不是伍子胥那样的正人君子，而是一个卑鄙的好色之徒！

李白知道，得罪了顶头上司，是没有好果子吃的。自己在诗中影射他不但漠视生命，而且好色，他岂不恨之入骨？

看来，在县衙里当一名小吏，并不容易。要看上司的眼色行事， 要言听计从，还要阿谀奉承，否则，就没有好下场，自己通过科举踏上仕途，此路已经不通，而通过出任小吏入仕，以实现自己的平生抱负，也是举步艰难。

此处不养爷，自有养爷处。于是，他毅然脱去了小吏的长衫，摘下了小吏的头巾，朝县衙的大堂里一扔，便头也不回地离开了彰明县的县衙。

小吏炒了县太爷的鱿鱼！李白的公务员生涯，至此便宣告结束了。

3

仗剑行侠，除凶杀恶，是李白自小的梦想，但他无论如何都想不到，自己真的成了一名侠客，也真的干了一件侠客们常干的事，终于过了一回“侠客瘾”！

辞去县衙小吏之职以后，李白再也不用跟着县令鞍前马后地转了，除了读书之外，伙伴们经常看到他在沱江边上仗剑而行。有时，他还跳上渡船，让艄公送他去河边对岸的玄妙庵进香。申义有些好奇，问他：“十二郎，你整天价在渡口转悠什么？”

李白：“我想干一件大事！”

申义：“大事？什么大事？”

李白笑了笑：“你以后就知道了！”

申义听了，有些丈二和尚——摸不着头脑。

原来，李白虽然不是县衙的小吏了，但总忘不了芦苇丛中的那位溺水的女子。

这天一大早，李白抱着一坛酒，来到了老艄公的摆渡船上。二人一边饮酒，一边闲聊，老艄公终于道出了女子坠江的真相。

唐代，由于道教盛行，各地建起了不少道观，仅彰明县就有九庙七观十二宫，外加三座供女冠们修行的道庵。

县城南郊有座玄妙观，观中有十多位女冠，在这些女冠中，有出家修行的，还有些是为了替父母还愿，住在观中的居士。有一位名叫云中子的年轻道姑，是从襄阳云游来的，暂在观中落脚。

有一天，云中子在县城化缘时，遇上大雨，在江府的屋檐下避雨时，被江家的二少爷江福看到了，他硬拉云中子进府避雨，被云中子拒绝了。云中子看到天色不早了，便冒雨出了城，在江边等待渡船。

玄妙观就在河的对岸，上了渡船，不到一顿饭的工夫就能到达。

云中子刚刚上了渡船，老艄公便将渡船撑离了岸。这时，江福和一个家奴匆匆赶来了，他说，渡船上的道姑偷了他家的一只银香炉，逼着艄公停船！

渡船停下后，江福和家奴跳上了渡船，说要搜查银香炉，硬逼着云中子脱下道袍，云中子死也不肯。江福见她不肯就范，便伸手拉她下船。云中子虽然奋力反抗，但毕竟身子单薄，力气小，无法挣脱。尽管云中子是个弱不禁风的女冠，但她性情刚烈。只见她头一低，朝着江福的手背狠狠咬了一口！

江福“哇”地号叫了一声，连忙松开了手。还没等他回过神来，只见云中子纵身一跃，便跳进了滚滚江水中……

李白谢过老艄公以后，便跳下了渡船，仗剑而去。

4

彰明县城的双眼井旁边，有一座五进五出的豪宅，飞檐高墙，朱漆大门，气势不凡。门楣上挂着一块匾额，上写有“江府”两个泥金大字。与周围的民宅相比，江府就像鹤立鸡群，这就是江福家的府第。

江福的父亲江大恩在长安为官，官至长安令。长子江禄在太学读书，次子江福因自小不安分，不但狂饮滥赌，又爱寻花问柳，是根扶不起的猪肠子！为了防止他在京城惹是生非，江大恩便打发人将他送回了老家。谁知江福回来以后，因为没有约束了，变得更加无法无天了。他敢抢人家的闺女，霸占人家的妻子！他打架打不过别人，敢放火烧人家的房子！他养了三十多只斗鸡，有一次斗鸡斗输了，他恼羞成怒，一把把斗胜鸡的鸡头拧了下来！他是个十足的恶棍，彰明城的一害！人家当面称他江二少爷，背后叫他“江二太岁”！

三天后，李白在书案上专心致志地写着什么，申义气喘吁吁地闯进了书房。

李白连忙放下了笔，问道：“申义，你不去放牛，来这里干什么？”

申义：“他们都在坝子上等你。”

李白：“等我？谁在等我？”

申义：“有金海、敦忠、法德、玉义、郑为，还有——”

李白：“等我干什么？”

申义：“他们要告诉你个好消息，江二太岁的脑袋，被人——”他用手在自己的脖子上比画了一下：“抹下来了！”

李白笑了：“你是说，江二太岁的脑袋，被人搬了家？”

申义：“对，对，搬了家！”

李白：“是谁干的？”

申义摇了摇头，又说：“肯定是位剑术高超的侠客干的！”

李白：“你见过那位侠客？”

申义又摇了摇头：“有的说，侠客是位身高八尺、力大无穷的汉子，也有的说，他是位路过彰明的游侠，路见不平，才拔剑除害的！”

李白还想说什么，申义拉着他就朝外走。

李白将书案上的一张纸折叠起来，塞在衣袋里，便跟着申义去了城外的坝子上。

坝子上的小伙伴们，仍然在你一句我一句地猜测着，是什么人抹下了江二太岁的脑袋？李白对此事似乎不感兴趣，他从衣袋里拿出纸来，刚刚展开，就被申义抢了过去。纸上有一首诗，题目是《侠客行》：

赵客缦胡缨，吴钩霜雪明。
银鞍照白马，飒沓如流星。
十步杀一人，千里不留行。
事了拂衣去，深藏身与名。
……

大家吟诵着、议论着，都说十二郎有才气，诗写得这么好！他们早已忘了是什么人削下了江二太岁的头颅这件事了……

第三章

无字碑前，窜出了一只赤狐和两只雪白的小狐狸……

天回北斗挂西楼，金屋无人萤火流。
月光欲到长门殿，别作深宫一段愁。

——《长门怨》

1

寒食过后，正是犁耙水响的春耕季节。

李客从峨眉山收购了一批木料，打算先运到都江堰，而后经岷江进入长江，运往李源设在江陵的货栈。

这天晌午刚过，门房来报：门外有客人来访。李客连忙将客人迎进了前厅。

来客是位道人，他虽银须过胸，又经长途跋涉，但双目有神，容光焕发，脸上并无疲倦之意。他掏出了一封信，递给了李客。

信是哥哥李源写的。

李客展开一看，连忙说道："先生原来是东海子道长，道长光临寒舍，不胜荣幸。"

东海子隐居崂山，在栖霞洞修道多年。他曾云游泰山、衡山、华山、茅山、龙虎山、少华山、终南山等天下道教名山，此次西行，要去拜访道教丛林青城山。他在李源家住了半个多月。二人畅谈天下大势，探讨道教与人的关系。他们认为，葛洪在《至胜简》中的"夫人在气中，气在人中。自天地至于万物，无不须气以生者"的原意，就是天地万物都是由气产生的，人与宇宙可以化而为一。这与孔子说的"天地与我并生，而万物与我为一"，是同一个道理。

二人还结伴去了当年诸葛亮的卧龙阁和孙权在鄂城修筑的都城武昌。

李源虽是家产颇丰的商人，也是一个性情中人。临别时，他特意写了这封信，让东海子路过彰明县时，去胞弟李客家中做客。

二人分宾主坐下后，家人奉上茶盏。

李客问道："先生的行李存放在何处？"

东海子笑着说："在我身上啊！"

在他身上？他身上除了一柄马尾巴制作的拂尘之外，并无他物啊！

不等李客再问，他爽朗地说道："山人以无家为有家，以天下为家。在人间烟火处，

可化缘为食，檐下而居。在荒山野岭，可与麋鹿为伴，以露充饥。”说到这里，他从衣袋里取出了一册《道德经》，说道：“有此经相随，就不会迷路失途了！”

李客边听边点头。

“山人入川云游，曾听人说过，贵府公子李白才华超常，饱读诗书，又过目不忘，能否一见？”

李客听了，连忙向门外喊道：“十二郎，快来拜见东海子师伯！”

正在书房中读书的李白，连忙放下了书，来到前厅。他施过礼之后，静静地恭候在一边。

东海子向他端详了一会儿，问道：“贤侄读过《子虚赋》吗？”

李白点了点头。

《子虚赋》距今已有八百多个春秋了，是汉代的司马相如为迎合汉武帝迷恋神仙方术的心理而作，其文洒脱，辞藻华丽，气势磅礴。李白十分喜爱，十岁之前已能背诵全文。他稍微调整了一下情绪，便背诵起来……

东海子边听边点头。

2

当天晚上，一轮皓月当空。

李客命人将矮桌搬到天井里，四周铺上竹席，摆上茶具，冲泡了一壶雨前山茶，特意让李白作陪，三人席地而坐，边品茶，边赏月。

李客从商多年，经商者最关心的是天下大势。若局势不稳，兵火四起，生意就没法做了。他在西域时，是将中原的丝绸、茶叶、瓷器换成西域的皮革、麝香、马匹等货物，运进中原。虽然西域地广人稀，满目荒漠，条件艰辛，但还算太平，与西域的胡人相安无事。满载着货物的驼队，就是在荒原上走上半月二十天，也没遇上毛贼土匪，所以，也积攒了一些家产。他说：“大唐开国以来，屡遭磨难。自则天皇帝驾崩后，还权李氏，乃民心所向，只求没有内忧外患，世道安稳，生意也就好做了。”

东海子听了，默默地品了一会儿茶，又轻轻叹了一口气，说道：“山人以为，李唐的天下，劫难尚未过去。”

李客听了，心中一惊，问道：“先生此语——”

东海子：“山人是从乾陵的无字碑上看出来的。”

李客：“乾陵的无字碑？”

东海子点了点头。

东海子的话，勾起了李白心中的好奇，他连忙问道：“师伯，听说武则天墓前的石碑，是一方无字碑，这是真的吗？”

东海子重重地点了点头：“是真的。”

李白："乾陵是个什么样子？"

东海子："乾陵是唐高宗李治和大周皇帝武则天的陵墓。"

接着，他讲了乾陵的来历。

李白出生时，当时的国号不是唐，而是周，皇帝的纪年是"则天顺圣皇后长安元年"，皇帝不是姓李而是姓武，都城不在长安而在"神都"洛阳。

唐高宗李治驾崩后，安葬在陕西乾县梁山的山冈上，称为乾陵，大周皇帝武则天驾崩后，新即位的唐中宗李显，将她安葬在了她夫君李治的旁边。

两座皇陵前面各立了一方高大巍峨的石碑，唐高宗的石碑上刻着他的生平，赞颂了他的业绩，而武则天的石碑上，却不见一字！朝野称之为"无字碑"。

东海子说，他曾在无字碑前的草丛中，看到过一赤三白四只狐狸。

武则天陵前的石碑为什么未刻文字呢？

有人说，武则天以为，自己是开天辟地以来的第一位女皇，其贤明、才华和功劳，难以用文字表述，所以才立下遗诏：她的陵前只立碑，不刻字！

有人说，武则天胸怀天下，治国有方，招贤选能，开拓疆土，为大唐的基业立下了辉煌之功，虽然也有过失，但其功大于过！

也有人说，武则天心狠手辣，乱杀无辜。任人唯亲，荒淫无耻，犯下了滔天之罪，其罪大于功！

还有的说，判断武则天的一生，应是功罪各半，才算公平。

由于观点分歧较大，一时难以统一，朝廷只好暂时放下，留待后人去处理此事。

又过了一千多年，出了一位林语堂，他写了一本《武则天正传》，上面开列了武则天杀害李唐皇室成员和文武大臣的长长名单，以及发明的种种酷刑，看了令人心惊胆战。这是后话。

此时，天上的月亮已渐渐西移，树叶上的露水滴落到身上，觉得凉冰冰的。

李白听得如痴如醉，并无半点睡意，心里充满了好奇，问道："师伯，既然女皇归天已有多年，李唐的江山，再不会有内乱了吧？"

东海子摇了摇头："武则天虽然已经作古，但她的阴魂并未散去，武则天的儿媳妇，唐中宗李显的韦皇后，又开始专权乱政了。"接着，他详细叙述了韦后乱政的始末。

韦后最早的名字叫韦香儿，是唐中宗李显之妻。李显在唐高宗驾崩后继位，他的哥哥李贤本是皇太子，被武则天废黜后，另立他为太子。当时朝政被武则天把持，由于他重用韦后的亲戚，试图组成自己的势力，为武则天所不容，继位只有两个月，便被武则天废为庐陵王。软禁于均州、房州十四年，夫妇二人相依为命，患难与共。

武则天八十二岁时，同平章事张柬之和羽林大将军李多祚突率羽林军冲进玄武门，除掉了她的八个宠臣，拥戴李显恢复了帝位，复国号为唐。

李显复位后，当即立韦氏为皇后，允许她参与政事，并追封韦父为王，又将女儿安

乐公主嫁给了武则天的侄儿武三思的儿子，结成死党，左右朝政，架空了李显。而李显又软弱无能，听不进朝臣的忠告，对韦后却言听计从。有一年过元宵节，韦后怂恿中宗下诏，命后宫公主、宫女一律身着民女服装，在长安大街上逛灯市，到了深夜回宫清点人数时，数千宫女逃跑了一大半！

神龙元年七月，太子李重俊联合羽林军首领李多祚，率领三百多名羽林军，冲进武三思府中，杀死了武三思父子，后又冲入宫中，想擒杀武三思的同伙上官婉儿、韦后和安乐公主。中宗连忙领着韦后、安乐公主和上官婉儿等人登上了玄武山。中宗在玄武山上发布诏书，宣布赦免起事人员，羽林军人心动摇，失去斗志。李重俊攻占玄武山的计划失利，李多祚被部下杀死，太子李重俊逃往庐县，也被部下所杀。

平定了李重俊之乱后，韦后和安乐公主更加肆无忌惮，每当中宗临政，韦后都要坐在帘子后边听政，训斥中宗。

韦后一心想学武则天，登上女皇之位；女儿安乐公主想当皇太女，母女二人决定要对中宗李显下手。韦后让自己的情夫马秦客配制毒药，母女二人将毒药掺进面粉中，又亲手制成毒饼，命宫女送入宫中。

李显正在御书房批阅奏章，见送来了面饼，便顺手拿起一个吃了，觉得味道可口，便连着吃了几个，之后，忽然腹痛如绞，倒在地上乱滚。太监报告了韦后之后，韦后以等御医为名故意拖延时间。当她到了御书房时，李显已不能言语，俄而气绝！

中宗死后，韦后秘不发丧，伪造诏书，立自己的儿子李重茂为皇太子，时年十六岁，就是唐殇帝。其朝政大权，掌握在韦后手中。

就在韦后临时执政之初，唐中宗的侄儿、临淄王李隆基突然发动政变，率领羽林军冲进后宫，杀死了安乐公主等人，韦后逃进了飞骑营请求保护，被飞骑营的将士杀死。李隆基挽救了李氏大唐帝国！

也就在那一年，乾陵的禁军们发现，陵园里的一只白狐被一条灰狼咬死了！

3

乾陵不但修造得气势不凡，而且富丽堂皇，朝廷还派出宗室官员管理和禁军守卫。在离乾陵百步之遥的牌坊上刻着“文官下轿，武官下马”八个大字。没有朝廷的恩准，谁都不许进入陵园，以免惊扰陵墓的主人！

在乾陵旁边的青龙岗上，有一座用青石砌成的三清观。道长陈佳云主持观中事务。东海子云游三清观时，曾在这里住了一个多月。有一天午时，他在观察乾陵的风水时，忽见一只赤色的老狐狸带着两只雪白的小狐狸，从乾陵的御花园中窜出来，在无字碑前转悠了一圈，又悄悄隐进一人多高的荒草之中了。

他想，藏在乾陵里的一老两小这三只狐狸，是些得天独厚的尤物，陵园里殿堂众多，常年无人，可供尤物藏身；祭奠的供品丰盛，尤物不愁食物。还有，这里侍卫森严，不怕猎人捕杀。

想到这里，他的心头一震，这会不会是一种预兆？难道李唐的社稷还会遭受一次劫难？

他没有将心中的忧虑说出来，便转换了话题，说道："听说李公子自幼崇尚击剑，又学到了李广的《李氏剑谱》，不知能否展示几招，让山人也开开眼界？"

李白听了，说道："师伯过奖了，我的剑术不精，请师伯指教。"说完，从腰间解下"龙泉"剑，便在月光下舞动起来……

第二天刚刚拂晓，李白便匆匆起了床，前往客房去向东海子请安。谁知推开房门后，却不见东海子的身影。

这时，父亲也来了，他对李白说，师伯去南岗练功去了。

李白见家中做好的饭菜已摆在桌子上，便说："我去南岗，请师伯回来吃饭。"

李客摆了摆手，说道："东海子辟谷已有半个多月了，辟谷期间是不进食的。"

李白道："半个多月不吃饭？"

李客点了点头。

天底下只有神仙才会不需吃饭，凡人要是不吃饭，岂不活活饿死！李白激动起来。"我也要练辟谷之功！"还没等李客说话，他便像一匹脱缰的野马，飞一般地朝南岗奔去。

东海子站在南岗的青石板上，面对着刚刚升起的朝阳，正在全神贯注地练吐纳之功。

"辟谷"，也称断谷、绝谷、休粮，也就是不食五谷杂粮。

道教认为，人的体内有"三虫"，上虫居脑宫，中虫居明堂，下虫居腹胃。"三虫"都是危害人体的邪魔，也是人产生俗气邪念的根源。

"三虫"的生存，依赖于谷气，人若不食五谷，也就断了谷气，"三虫"就死亡了，人体内的邪恶念头也就根除了。所以，要想长生益寿，就要辟谷。

其实，"辟谷"期间也并非一切食物都不吃，吃些药物和喝些山泉水，再辅以吐纳之功。《抱朴子》上说："吞气断谷，可得百日以还。"

李白赶到南岗时，见东海子面朝东方，双目微闭，正在一吸一呼地练功。待他练完了，李白问道："师伯，你练的是——"

东海子说："吐纳之功。"

见李白有些似懂非懂，东海子告诉他说，吐纳之功是一种养生之术，就是把人体内的浊气尽量排出来，再将清晨的新鲜空气缓缓吸进来，也就是把死气吐出去，再将生气吸进来，这叫吐故纳新，可延年益寿。

李白说："吐纳之功是什么人创立的？"

东海子笑了笑，说道："是山人，山人无意间受到一只老龟的启迪，自创了这个功法。"

"老龟？"李白十分惊讶。

东海子说："对，是一只老龟。"接着，他讲述了一段往事……

他第一次出山云游，去的是江南。

有一天，他去太清观参加道场，也就是一次规模较大的诵经礼拜仪式，路过一座废弃的驿站时，看到旁边有一眼古井，井中无水，井底有一只乌龟。大约是乌龟掉进了井里，古井有三尺多深，井壁光滑，乌龟难以爬出古井。他想将乌龟救出来放生，但伸手够不到井底，身边又无可利用之物，心想，等他参加完了道场再来救龟，便匆匆离开了。

道场结束之后，当家的监院宣布，邻县的常寿观设坛祈祷，邀请参加道场的道士前往参加"斋坛"。于是，他便随着众人去了常春观。

离开常春观以后，他又连续参加了几场道家的法事，竟然将救井底乌龟的事忘了。后来偶尔想起时，自己已到了湘江。他以为，等雨天过后，古井有了水，那只乌龟也许就会爬出来，这件事，就渐渐淡忘了。

三年后，他再次路过那眼古井时，顺便向古井看了一眼，发现那只乌龟仍然卧在井底，它不但没有饿死，而且还比原来长大了一些！

他有些好奇，便连续数日蹲在井边，仔细观察着井中的乌龟。

他发现，井底的乌龟除了清晨吸食露水外，身子全天都是一起一伏的，不断地做呼吸之状。原来，它是靠吸日月精华维持生命的！他顿时大悟，便仿效乌龟的动作，每日的晨、午、暮都做吐纳动作，开始少食或不食，后来多日不食，仍神清气爽，不知饥饿。坚持经年，终于练成了吐纳之功，作为自己的修身养性之用。

李白说："师伯，我想随你学道。"

东海子望了望李白，说道："容我想想再定。"说完，便随李白离开了南岗。

三天后，李白想去向东海子问安，也顺便问问拜师的事，谁知天尚未亮，东海子已经走了！李客将一封写在麻纸上的短信递给李白。李白展开一看，原来信是写给大匡山道士东严子的，大意是说自己要去峨眉山讲经，李白是位天下少有的奇才，请东严子收李白为徒。

当天中午，母亲为李白准备了一个蓝布包袱，里面包着几件衣物和鞋袜，还特意煮了一些鸡蛋，以备路上错过吃饭的地方临时充饥。父亲亲自将他送出县城南关，他便风风火火地奔大匡山而去了。

第四章

大匡山上，住着两位能指挥百禽的隐士。求仙学道，也不忘投卷干谒。

问余何意栖碧山，笑而不答心自闲。
桃花流水窅然去，别有天地非人间。

——《山中问答》

1

大匡山在四川绵阳境内。那里山高林密，野兽出没，人迹罕至，就连身手不凡的猎人，也只能结伴而行，轻易不敢独身进山。据当地百姓说，大匡山中有白虎，虎啸之声震得树叶纷纷飘落；山涧中藏着一条青龙，身长不见首尾，听了让人背上直冒冷汗！

还有人说，大匡山上有位修道的高人，他住在白云深处的山洞中，在山顶上打坐时，不管遇到多大的狂风暴雨，他都纹丝不动，似乎身子与山石融为了一体。他走起路来，声息轻盈得像一阵清风刮过。他虽然已是满头白发了，但面容却像一个处子，没有人知道他到底有多大岁数。

李白风尘仆仆地赶到大匡山脚下时，已是暮色四垂了。他看到驿道旁边有一家车马客栈，便在客栈里住下了。他要了一碗米线和一碟辣椒，便狼吞虎咽地吃了起来。

吃完饭，店小二过去收拾碗筷时，李白问道："请问，进大匡山的路，怎么走？"

店小二停下了手中的活，吃惊地望着他："客人要进大匡山？"

李白点了点头。

"就客人一个人？"

李白又点了点头。

店小二朝李白打量了一眼，说道："我劝客人先找个当地的向导，再邀几位猎人同行。"

"为什么？"

"因为小路难走，野兽成群。一个人进山，恐怕——"店小二收拾了碗筷，摇着头回灶房去了。

李白不信邪，他觉得自己的那把"龙泉"剑，能横扫一切狼虫虎豹！第二天一大早，他手提"龙泉"剑，斜背蓝布包袱，沿着一条羊肠小路，朝着莽莽的大匡山走去。

他翻山越岭，走了两个多时辰，既没见到砍柴的樵夫和采药的郎中，更没有遇上什么白虎青龙！一路上看到的，是满山遍野的野花芳草，听到的是山顶的松涛和山涧的流

水声。

正当他顺着一道山梁向上攀登时，忽然听见一个浑厚的声音："来人可是李白？"

李白听了，吓了一跳，他连忙停下脚步，朝四周打量一会儿，周围并无任何人影。他以为自己产生了幻觉，并未在意，又继续攀登。

不远处，又传来了声音："来人可是十二郎李白吗？"

李白这次听清楚了，那个声音分明是在叫自己！他连忙站在那里，朝四周打量着。

忽然，一个人影从山崖上站起来，此刻，李白想起了东海子的信，顿时恍然大悟，连忙双膝跪下，大声说道："弟子李白拜见师父。"

"不必多礼，快快起来吧！"声到人到，说话间，东严子已经走到了李白身边。他双手将李白扶了起来，笑着说道："山人在此等候多时了。"说完，解下他的包袱，领着他去了山顶上的太极庐。

太极庐是一个宽敞的石洞，石洞上方恰有一块长约五丈宽的青石板，石洞既可遮风挡雨，又可容身修道。因形似房舍，所以取名"太极庐"，庐里十分简陋，除了一些经书之外，就是锅灶草床等物。

东严子看了东海子的信后，对李白说："只要你吃得了山中之苦，山人巴不得多个伴儿。"

李白见东严子随和可亲，正要行拜师之礼，东严子摇了摇手，笑着说道："在山人这里，并不讲究那些常规俗律，一心修道，不问世事，才是正道，记住了吗？"

李白边听边点头。

自此之后，李白便开始了隐居修道的生涯。

东严子教徒的办法十分简单，他只要求李白先学教义，再学"三玄"，即《周易》《老子》和《庄子》。学了"三玄"，还要学"一"。

他认为，把"一"学通了，才算真正明白了道教的真谛：

老子说，天得一以清，地得一以宁，神得一以灵，谷得一以盈，万物得一以生，侯王得一以为天下贞。

《淮南子》说："一也，万物之本也，无敌之道也。"一，同等于道。认为道的化身，就是教主太上老君。

在学经修道之余，因山上无马不能练马术，东严子便从山谷中砍来老楠竹，以火烤炙之后，制成弓箭，先让李白在百步之外放箭射树桩，以锻炼臂力，再让他射树上的毛栗，每天射下百粒毛栗才能歇息。

2

李白发现，师父东严子每次讲经之后，便让他在太极庐里背经，自己则去了南山的"百禽坡"。

原来，南山有一片长满杂树的山坡，林中有百余种飞禽。东严子便在林子中撒一些谷粒，供鸟儿们啄食。有一次，他在林中拾蘑菇时，看到一只蜡嘴鸟，被骤起的狂风卷到山崖下，伤了左翅，飞不起来了。他便为它包扎了受伤的翅膀，精心喂养些日子，蜡嘴鸟终于能飞了。

他在山坡上放生时，这只蜡嘴鸟似乎也通人性，就是不肯飞走。还有些鸟儿每逢见到东严子到了山坡上，便纷纷围绕他飞来飞去。后来，鸟儿越聚越多，不但有杜鹃鸟、相思鸟、白头翁、画眉以及鹭鸶和丹顶鹤等，还有一些叫不出名的奇鸟，它们纷纷栖息在南坡的林子里，每当清晨醒来，山坡上百禽齐鸣，十分悦耳。

到了傍晚，飞禽们从四面八方飞回来，在林子上空盘旋一会儿，便纷纷归巢去了。东严子称此山坡为百禽坡。

李白对师父的百禽坡产生了浓厚的兴趣。有一天，他见东严子离开了太极庐，便悄悄跟在他身后，也去了百禽坡。

东严子一到百禽坡，树枝上、鸟巢里和草丛中的鸟儿，便争先恐后地向他飞来。有的欢快地寻找草丛中的米粒，有的落在东严子的肩膀上，还有一只红嘴相思鸟竟落在他的手上，啄食他手中的米粒！

李白见了，既激动又好奇，他弄不明白，师父用什么法子与这些飞禽交上了朋友？鸟儿们唱的歌，他能听懂吗？他想问一问师父，但见师父忙着不断地向空中撒着米粒，便没开口，也学着师父的动作，抓起一把米粒，把手伸出去，想让鸟儿们啄食。谁知鸟儿们并不买他的账，都远远地躲着他。

东严子笑着说道："这些飞禽，都通人性，只要你善待它们，它们就愿意亲近你，把你当成朋友。"说到这里，他打了一个口哨，朝空中挥了挥手，那些鸟儿果真飞到了李白的身边，有两只八哥甚至大着胆子落在他的手上，轻轻啄食着他手中的米粒！李白觉得手心麻麻的、痒痒的，但他不敢动弹，生怕将它们吓飞了！

自此之后，李白在读经、练剑、射箭之余，又多了一门功课：每天都随东严子去百禽坡喂鸟，风雨无阻，从不间断。

不过，这种宁静而神秘的修道生涯，却被绵州太守的拜访破坏了。

3

近些日子，一个神秘传闻，在绵州城的大街小巷中悄悄地流传开了：

"大匡山上，住着两位能与鸟儿说话的奇人……"

这个传说的来源，是一位采药的郎中说的。

郎中为了采摘一种叫"雪里绿"的药草，来到了大匡山的深处，在一个山坡上他看到了两位道人。道人拍了拍手，林子中的各种鸟儿便纷纷飞到他们的身边。鸟儿越聚越多，少说也有上千只！鸟儿们像一片飘动的云彩，在他们身边忽东忽西、忽高忽低地翻

飞着。有的鸟儿还落在他们的肩上。他们好像听得懂鸟语，不断地跟鸟儿们说话，至于说的什么，他隔得太远，没听清楚……

郎中的话终于传到了绵州太守安迪大人的耳朵里了，他想，如今朝野崇尚道教，朝廷还特意设立了“道举”，鼓励学道人士参加“道举”科考，凡参加“道举”科考中举的道人，按及第同等看待，可由朝廷直接任命为官。绵州大匡山的这两位道人，若能出山应试，并能中举为吏，自己就有纳贤荐才之功，会受到朝廷的彰奖。于是，他派府衙的推官前往大匡山去告知这两位道人：绵州府太守安迪敬重人才，请他们下山叙谈，并勉励他们参加“道举”科考，以建功立业，光宗耀祖。

谁知这位推官进山之后，既没找到道人住的太极庐，也没看到百禽坡，更没看到两位道人的影子，他奔波攀登了一整天，只好悻悻下山了。

安迪决定派府衙的通判再次进山，邀请两位道人下山。

通判是府衙的重要官员之一，负责司法、民政等事项。派他进山，是为了显示自己的诚意。谁知通判在大匡山上劳累了三天，依然是无功而返。

安迪知道，大匡山中的这两位道人，不同于凡夫俗子，道士们并不贪图人世间的功名富贵。

他当机立断：自己应不耻下问，亲自进山，为朝廷举荐栋梁之才。于是，便率领着府衙的官员们浩浩荡荡地进山了。

心诚则灵。当他们爬过一道山梁时，便远远看到身着灰长袍、头戴纯阳巾的两位道人站在山岭上。年长的道人虽是白发白须白眉，但精神矍铄，他手执一柄白鬃拂尘，举手投足间都透着一种飘逸之势。他身边的年轻道人，身材修长，眉清目秀，要是脱去身上的道袍，定是一位人见人爱的后生哥！

由于山路陡峭，既不能乘轿，也不能骑马，安迪是坐着滑竿进山的。当他刚刚见到两位道人时，便连忙下了滑竿，在几位衙役的搀扶下，向山顶上的道人走去。

就在这时，只见年长的道人拍了拍手，不一会儿，听见头顶上刮起了一阵疾风，紧接着，一群鸟儿从四面八方向道士们飞去，飞到他们的身边后，便鸣叫着，翻飞着，久久不肯离去。

年轻的道人从口袋里掏出一把米粒，轻轻向空中撒去，鸟儿们欢叫着，纷纷落地啄食。一只喜鹊竟飞到了他的肩上，再沿着他的手臂走到了他的手上，啄食他手中的米粒，一面啄食，还一面转头朝他“喳喳”叫着，好像鸟在跟人对话！

太守安迪简直不敢相信眼前的景象，嘴里不断地念叨着：“神仙，神仙！我终于遇到神仙了！”他连忙向前深深作了一揖，高声说道：“下官绵州太守安迪，特意前来拜访两位仙长，并盼仙长移步府衙，以求赐教。”

年长的道人一边漫不经心地撒着米粒，一边说道：“多谢太守关怀，山人师徒只在山中修道，不敢前往打扰。”

安迪道："如今，圣上英明，九州太平，百姓安居乐业，朝廷除开科取士之外，又开'道举'之试，以选拔人才，两位仙长在本官辖境的大匡山修炼，下官就有举荐之责。若两位仙长'道举'夺魁，则可'达则济天下'，前途无量，亦是绵州百姓们的荣耀。"

李白朝东严子看了一眼，见师父不为所动，他想起了自己当年身为彰明小吏的经历，便转身对安迪说道："我和师父在此修道，只愿跟松竹为邻，与百禽为伴，无心'道举'，还是请太守下山吧！"

安迪并不甘心无功而返，还想再劝说几句，只听东严子说道："天色不早了，请太守回府吧！"说完将手中的拂尘轻轻一甩，围绕在他身边的鸟儿们便纷纷向树林飞去。待安迪转过身来时，师徒的身影已溶进暮色之中了。

安迪知道自己的心血白费了，他长长叹了口气，便坐上滑竿下山了。

4

当天晚上，师徒二人回到太极庐，待月亮升到天际时，李白取下自己的"龙泉"剑，准备到太极庐前的平地上去练剑时，听东严子说道："今晚，就不去练剑了吧！"

李白有些不解，每晚练剑一个时辰是东严子亲自为他规定的功课，今晚为什么不练了呢？

东严子又说："我们在大匡山上隐居修道之事，绵州人士已有耳闻，今天，我们又拒绝了绵州太守的邀请，预计当局不会罢休，还会进山劝说，一些好事之人也会前来打扰，太极庐也难以宁静了，你说呢？"

李白听了，点了点头。

东严子道："当初，山人受东海子之托，收你为徒，今天，你的造诣渐深，不宜再追随山人了！"

听到这里，李白心里一颤，连忙问道："师父，你嫌弃李白了吗？"

东严子摇了摇头，语重心长地说道："你不但才华过人，又心怀大志，应属管仲、晏婴类的社稷栋梁之才，若再留在山人身边，必会耽误你的前程。"见李白还想说什么，他摇了摇手，接着说道："山人平生最敬重的同道之人，就是赵蕤，你可前去青城山，投师于他。"

师命不可违。当天晚上，李白一夜未眠，天将亮时，他借着透进来的月光，写了一首《别匡山》：

晓峰如画碧参差，藤影风摇拂槛垂。
野径来多将犬伴，人间归晚带樵随。
看云客倚啼猿树，洗钵僧临失鹤池。
莫道无心恋清境，已将书剑许明时。

朝霞满天时，李白将诗笺双手呈给东严子之后，便一步一回头地离开了大匡山，只身去了道教圣地青城山。

5

青城山在四川都江堰的西南，山高一百六十丈，山上有三十六峰，七十二洞，一百零八景。因青山四合，状若城郭，世人称其为青城山，以"青城天下幽"而闻名于世。当年，黄帝首封青城为"五岳丈人"，古时也称此山为丈人山。

江苏丰县有个叫张道陵的人，是东汉留侯张良的后人，他少年时研读《老子》及天文地理等古籍，曾在京城的太学求学，通五经，当过江州令。后来毅然辞官，隐居岷山修道。朝廷曾数度招他进京为官，他竟率领着众弟子迁到四川，先在鹤鸣山，后到青城山修炼，他自称太上老君授以"三尺正经"，号为"三天法师正一"道人，奉老子为教主，以《道德经五千言》为经典，造作道书二十四篇，撰写了《老子想尔注》。因入道者须出五斗米，时称"五斗米道"。自此，道教风行天下。

东严子介绍的这位赵蕤，就是青城山道观的道长。道长虽为一观之主，但并不主持道观的道务，道观实际主持人是监院。

"来客可是李白？"还没等李白回答，小道童笑着说道："是师父让我在这里等候你的。"

李白刚刚走到青城山的山门，就看到了这名十二三岁的小道童。他知道，这是师父东严子提前告知了青城山，便连连点头，说道："在下正是李白，受师父所嘱，特意前来投师学道。"

小童道："你来的不是时候，师父和师伯元丹丘访友未归。"

李白听了，连忙问道："师父何时才能回来？"

小童道："师父的行踪飘忽不定，有时三五天即归，有时一年半载才会回山。"

李白听了，心中冷了半截，赵蕤外出未归，谁来教授自己？

小童见他有些焦急，又说："师父和师伯临走时曾经交代，他们说，若李白来，让他拔除山门前的野草，方可进山。"

李白听了，把蓝布包袱和"龙泉"剑放在地上，便蹲在地上，开始了青城山的学道岁月。

小童见了，微微一笑，指着山门旁边的一条山溪说道："渴了，可去溪中喝水。"说完，转身走了。

在炎炎烈日下拔草的李白，一边用手背不断擦拭着满脸的汗水，一边想：不知师父何时才能归来？再向前望了望，山前的野草密密麻麻，须用手一棵一棵地拔出来，不知何年何日才能拔完！最后他把心一横，我李白若被这些野草难住，还拜什么师，学什么道！于是，又低头拔起来了。

谁知就在当天晚上，赵蕤访友归来了，他说师弟元丹丘已去了江陵，他一人回来。他一不让李白行拜师之礼，二不定李白的功课，只将九卷《长短经》交给他，让他边学边琢磨。他撰写的《长短经》，分为《君道》《臣行》《王霸》《是非》《通变》《相术》《出军》《练士》和《教战》等九卷。是以谋略为经，历史为纬，记述了朝代兴替、权变谋略、举荐贤能、人间恶善等内容。

在读《长短经》期间，赵蕤告诉李白，要想有所作为，不但要熟读经书万卷，还要用双脚去丈量天下。他带李白踏遍了巴山楚水，结识了不少有识之士，也领略了家乡的秀丽风光，增加了不少阅历。

有一次，师徒二人在去访友的路上，见到路旁的杜鹃花开得如火似焰，十分明媚。这时，远处山坡上传来几声鸟儿的啼叫声，仔细听时，声音里有一种悲凉之感。

赵蕤告诉李白说，这是杜鹃鸟的叫声，杜鹃鸟也叫子规鸟，人们常说的“子规啼血”，就是说的这种鸟儿。

当年的古蜀国，国帝叫杜宇，号望帝，是位深受子民爱戴的英明君王。他率领蜀国百姓开垦荒地，种植五谷，劈山治水，兴修水利，把蜀国建成了天下最富裕的“天府之国”。他死后化为子规鸟，但仍惦记着蜀国的百姓和田地里的收成，每到深夜，便站在枝头不断地啼叫，声音非常伤感悲切，啼到最后，竟啼出鲜红的血丝，血丝溅到山坡上，染红了满山遍野的杜鹃花……

此花此鸟，李白终生不忘，每每看到杜鹃花开，便会勾起他对故乡的眷恋。他曾写了一首《宣城见杜鹃花》：

蜀国曾闻子规鸟，宣城还见杜鹃花。
一叫一回肠一断，三春三月忆三巴。

6

这天午后，李白正在读经，赵蕤匆匆回到青城山，他告诉李白，当今文坛泰斗李邕，时任渝州刺史，他让李白前去拜访这位名噪一时的前辈。

李白到了渝州以后，托渝州的朋友将自己的诗、赋、文章和名刺呈给了李邕。他在客店里等候了三天，却没收到李邕接见的消息。到了第四天，渝州的朋友来了，他说，李邕自认为才高八斗，名重一时，对文坛晚辈，不屑一顾。还说，李邕读了李白的诗和文章以后，觉得李白才气不足，在文坛难有出头之日，故而不肯接见他。

李白吃了闭门羹，心里耿耿难平。回到客栈后，挥笔写了一首《上李邕》，便头也不回地离开了渝州：

大鹏一日同风起，扶摇直上九万里。
假令风歇时下来，犹能簸却沧溟水。
世人见我恒殊调，见余大言皆冷笑。
宣父犹能畏后生，丈夫未可轻年少。

这首诗，是李白对这位文坛泰斗的回敬！

有一天，师徒二人前往益州时，在距城三十余里的一座凉亭里歇脚。

这时，忽见驿道上浩浩荡荡走来一行人，前有衙役开道，后有卫兵随从，中间是一乘轿子。一位中年官员走到凉亭里，大声说道："大都督府长史苏公前往益州赴任，拟在此亭小歇，请诸位父老离亭回避！"

在凉亭歇息的路人纷纷知趣地离开了。

赵蕤对李白说，苏公就是苏颋，曾任宰相和礼部尚书，今诏为益州大都督府长史，是朝野敬重的文坛领袖，也是政坛上的重量级人物。他认为路遇苏公，是苍天赐予李白"干谒"的难得机遇，机不可失，时不再来。他建议李白进亭求见。

李白听了，默默点了点头。当苏颋进了凉亭，刚在石凳上坐下，就听亭外传来了争论之声。一个官员大声说道："长史在亭中稍作逗留，闲杂人员一律不得入内！"

"我叫李白，求见长史苏公！"

苏颋听到李白这个名字后，连忙说道："请李白进亭说话。"

李白听了，快步走进凉亭，向苏颋行过礼之后，连忙将自己的名刺、诗、赋、文章，呈给了苏颋。

苏颋边看边频频点头，看完了，他对身边的官员们说道："老夫在京城时，已闻李白的诗名，今日相见，果然不凡。只是为文风骨未成，若今后能多下功夫，广学百家，可与司马相如比肩。"

司马相如是汉赋大家，他撰写的《子虚赋》《上林赋》《美人赋》《长门赋》等，辞藻华丽，结构宏大，被人称为"辞圣"。

离开凉亭之后，李白心中激动不已，他认为，这位天下文宗对他的褒奖和揄扬，也是对他的一种莫大的期望。

在苏颋上书朝廷的《荐蜀西人才疏》中，开列的名单里，就有李白的名字，不知为什么，此事便没有了下文。不过，李白对此一无所知。

后来，他去益州拜访苏颋时，还特意写了一首《登锦城散花楼》：

日照锦城头，朝光散花楼。
金窗夹绣户，珠箔悬银钩。
飞梯绿云中，极目散我忧。

暮雨向三峡，春江绕双流。

今来一登望，如上九天游。

李白“干谒”李邕和苏颋，得到了两种截然不同的结果。于是，又回到青城山，继续求学于赵蕤，师徒各有所得。当时被视为“蜀中二杰”，也有人称为“赵蕤术数，李白文章”。

在投卷干谒的路上，李白走得十分艰辛，他看不见路的尽头到底在何处？

第五章

峨眉山上，偶然获得诗坛前辈遗稿；出川前夜，听到了一个惊天的秘密！

石壁望松寥，宛然在碧霄。
安得五彩虹，驾天作长桥。
仙人如爱我，举手来相招。

——《焦山望松寥山》

1

赵蕤既是李白的良师，又是他的良友。

有一天，李白随赵蕤游峨眉时，赵蕤告诉李白说，峨眉山的佛光寺里住着一位德高望重的和尚，叫怀一，问他想不想去拜访?

李白说："峨眉山是道教圣地，而和尚是信奉佛教的，我们前去拜访和尚，合适吗？"

赵蕤听了，笑着说道："道释儒三教，虽不相同，但并不相克，只要汲取其精华，互补其长，各去其短，皆能修成正果。"

李白听了，点了点头。

二人边向佛光寺走着，边欣赏着峨眉山的风光。见李白对佛教并无多少兴趣，赵蕤又说："这位怀一和尚，可是位人品高洁、学识渊博的高僧大德，见了，你自会有所收益的。"

走了大半天的山路，赵蕤和李白终于来到了佛光寺。

怀一和尚听了当值僧人的禀报后，连忙将客人迎进了方丈客室。

已是七十八岁的怀一和尚，身体健壮，精神焕发，乍一看去，像是刚过不惑之年。当年，他饱学诗书，和诗友陈子昂是刎颈之交。二人都胸怀大志，一心想为社稷江山建功立业，但又因种种原因而壮志未酬。才华横溢的陈子昂，只活了四十二岁，便冤死狱中。怀一和尚虽屡次参加科举考试，但却无缘中第。于是，他看破红尘，常年在山中礼佛，不再下山了。

当他得知赵蕤身边的青年道士，就是四川颇有名气的才子李白时，脸上有一种肃穆，双手也微微颤抖起来，语调显得有些哀伤，他对李白说："贫僧有事托付于施主，请随老衲前往佛堂。"

李白听了，有些不知所措。他转身望着赵蕤。见赵蕤点了点头，便跟着怀一和尚去了佛堂。

二人坐定之后，怀一净了手，又点了三炷香，从柜子里取出一个精致的木匣，打开木匣，从里面取出了一个用锦缎包紧的包袱，他轻轻解开包袱，原来里边包着十卷《陈拾遗集》。

看着眼前的《陈拾遗集》，李白不由肃然起敬。这可是自己十分敬重的前辈诗人的遗稿啊！他的遗稿为什么会在怀一和尚这里呢？

陈拾遗就是陈子昂。

他是四川射洪人，自幼聪慧好学，唐高宗时，他进国子监学习，二十四岁考中进士，后诏为右拾遗。由于多次进谏不被采用，他辞职归乡闲住。因受当地官吏陷害，冤死狱中。他的诗歌风格质朴、明朗，格调苍劲激越，他反对浮艳诗风，提倡汉魏风骨，受到了诗界的敬仰。

在未见到这《陈拾遗集》之前，李白曾听说过陈子昂千金买琴砸琴的故事：

陈子昂初到长安时，因既无朋友，又无名气，藉藉无声。有一天，他在闹市中看到有个胡人在卖一把胡琴，围观的人很多，但却无人问津。陈子昂识琴，他挤进人群仔细看了看胡琴，认为此琴制作十分精细，一问价钱，胡人开口就要了一百万钱！众人听了，都认为这个胡人是个疯子。当时长安的白米，每斗能卖十一钱，一百万钱能买江南运来的白米八百石！只有疯子才舍得花重金买下这把天价的胡琴！

有人问，能不能让个价钱？

胡人斩钉截铁地说道："少一厘一毫都不卖！"

这时，陈子昂拿起胡琴，大声说道："此琴，我买下了！"

众人听了，顿时哗然，认为他也是个疯子。

有人提议，请他当场用这把天价胡琴演奏一曲，以饱众人耳福。

陈子昂笑着说道："在下自幼拜师学琴，精通音律，今来京师，住在宣阳客栈，明日午时后，在客栈当众演奏此琴，恭请诸位前去指教。"

此事，很快传遍了京城。

第二天午后，客栈门前已里三层外三层地围了个水泄不通，人们不但想听听用这把天价胡琴弹奏的音调到底有什么不同？更想看看这位花百万钱买一把胡琴的四川疯子！

陈子昂来到客栈门前，将胡琴放在案子上，又让店家送来一壶酒，便独自品起酒来。看到众人将酒楼围得水泄不通时，他大声说道："我乃蜀人陈子昂，虽有诗百首文百篇，却不为长安所知！我羞于以弹奏胡琴这种雕虫小技扬名，诸位若有雅兴，请对我的诗文给予指教。"说完，双手举起胡琴，猛地摔在了地上！那把百万金买来的胡琴，便被摔得粉身碎骨了。

正当人们骇然之际，陈子昂取出了刚刚印出的诗集，分送给大家。人们争相传阅，

陈子昂之名，遂传遍天下。

陈子昂买琴砸琴，是一件爆炸性新闻，也是一次成功的炒作，不久他便当了建安王武攸宜的掌书记，第二年，便考中了进士。

怀一和尚指着遗稿说道："大唐自开国以来，其诗承六朝之风，骈俪有余，而风骨不足，只可供宫廷行吟，无补苍天众生。子昂是贫僧挚友，他生前力挽诗坛不振之风，身体力行，匡正风骚之韵，谁知竟英年早逝！"

说到这里，怀一和尚的眼眶里满是泪花，他又重新用锦缎将文稿包好，装进匣中，说道："你的诗名，贫僧早有所闻，可惜未能相遇，今日相会于峨眉，想来亦是一种缘分，贫僧将挚友的遗稿托付于你，望你能继往开来，振兴大唐诗坛。"说完，双手将木匣交给了李白。

李白接过木匣，说道："在下李白，感谢大师垂爱，决不辜负子昂先生遗愿！"说完，将锦匣紧紧抱在怀里，又用衣袖拭去了泪水，高声诵道：

前不见古人，后不见来者。
念天地之悠悠，独怆然而涕下。

虽苍凉但震撼人心的诗句，在巍峨峨眉山上飘荡着。

2

在青城山学道的岁月里，李白并不觉得枯燥、寂寞。因为师父赵蕤常常外出访友，访友期间，师父不让他闭门苦读经书，而是鼓励他下山出游。每当下山出游，李白就像解开了缰绳的骏马，虽不是天马行空，但可以自由自在地在古蜀大地上奔驰。

他先后去了江油、剑阁、自贡、渝州、雅安、梓州、乐山等地，每到一地，都会以诗咏之。他游峨眉时，写了《峨眉山月歌》：

峨眉山月半轮秋，影入平羌江水流。
夜发清溪向三峡，思君不见下渝州。

他游大康山时，写了一首《访戴天山道士不遇》：

犬吠水声中，桃花带露浓。
树深时见鹿，溪午不闻钟。
野竹分青霭，飞泉挂碧峰。
无人知所去，愁倚两三松。

李白以为，四川境内的名川大山自己都已见识过了，但他并不满足。他知道“人外有人，山外有山”，四川之外，肯定会有更多的山，更大的河，更美的景色！他想走出四川，去周游天下，再说，自己也想结识更多的有识之士，拜见更多的文坛领袖和政界要员，通过“干谒”入仕，一鸣惊人，一飞冲天，以实现出人头地、匡君济世的抱负！

他辞别了赵蕤，离开了青城山，回到了彰明县的青莲乡。

听说李白回来了，当天晚上，申义早早拴好了牛，便去了李家，看望自己心目中的英雄。

在书房里，李白将自己游览各地写的诗歌逐篇咏唱给申义听，还将自己打算离开四川的想法告诉了申义。

谁知申义并不相信他已游遍了四川，他问李白：“你去过梓潼吗？”

李白：“梓潼？”

申义：“对呀，就是‘五丁开山’的梓潼呀！”

李白摇了摇头。

申义：“既然没去，以后千万别去了！”

李白：“为什么？”

申义：“因为那里有一条水缸粗的大蛇！”

李白有些奇怪，申义从未离开过彰明县，读的书也不及自己多，他为什么知道梓潼和“五丁开山”，而自己却不知道呢？他有些惭愧。待申义走了之后，他匆匆翻出四川当地的一些古籍，终于明白了。

古时蜀国，有岷、泸、洛、巴四条大河横贯全境，所以蜀国又称四川。

四川境内雨量充沛，土地肥沃，物产丰富，不但是鱼米之乡，也是锦缎之都，省府成都也称锦城。但四川的四周都是崇山峻岭，自古以来大都乘舟船过三峡，进出四川。

春秋时，秦国国君秦惠王，想攻打中原的赵国，但又怕蜀国出兵攻占自己的后方。为了讨好笼络蜀王，他知道蜀王好色这一弱点，采用了一个古老而又简单易行的策略：答应将秦国的五位公主，其实都是挑选的美姬嫁给他——也就是今天所说的性贿赂。

五位公主从秦国都城出发，在一队送亲官员和士兵的护送下，由陆路向蜀国而来。

蜀王为了尽早地将秦国送来的美姬接回蜀国。便派了五位力大无穷的勇士和一队禁军开山修路，前往迎接。当迎亲和送亲的两支人马在梓潼会合时，忽见前方有一条大蛇横在路上，大蛇受到喊叫声的惊扰，便钻进了路边的一个山洞。五位勇士连忙跑过去，紧紧抱住大蛇的尾巴，想把大蛇拽出山洞。勇士和大蛇相持了一个多时辰，忽听“轰隆”一声巨响，顿时山崩地裂，送亲、迎亲的队伍以及五位美姬和五位勇士，都被山石掩埋了！

这就是“五丁开山”的来历。

不知李白后来去没去过梓潼，见没见过水缸粗的大蛇？不过，他后来在长安作的那首《蜀道难》，却成了中国诗坛上的一首千古绝唱。

3

“寒食”刚到，青莲乡的家家户户都在准备清明扫墓事宜。除香、纸、蜡烛、鞭炮之外，还要备好酒菜、糕果之类的祭品。通过扫墓活动，除了缅怀过世的亲人，也是同一家族团聚的日子。就连在外为官和做生意的人，也都会想方设法赶回来祭祖。

李家在青莲乡无墓可扫，因为青莲乡附近没有李家的祖坟。

按当地的风俗，清明前后三天，都可扫墓。每年的“寒食”这一天，是李家扫墓祭祖的日子。

祭祖时，因李源远在江陵，便由李客领着家族中的男丁们，带着祭品，走到远郊的路边上，面朝东方，摆上祭品，跪在地上，点香焚纸。李客磕过头之后，便低声念叨着：李客率本族子弟前来奠祭先祖，盼先祖在天之灵，护佑李家人丁兴旺，无病无灾。他看了看身边的李白，又加上了几句：十二郎已长大成人，他欲辞亲远游，以博取功名，报效大唐社稷，乞盼先祖……

祭扫完毕之后，一家人来到一片竹林旁边，从竹筐里取出菜肴、米酒和干粮，大家席地而坐，就像今天城里人去城外远足的“野餐”一样。虽然吃的都是冷食，但却其乐融融。

兄长的幼子李谷，只有六岁，忽然问道：“过寒食节，为什么不能生火做饭？”

李客笑着说道：“问得好！”又转头对李白说道：“十二郎，你就讲给他听听吧！”

李谷连忙凑到李白身边，央求他说：“十二郎哥哥，你读书多，学问大，就说说吧！”

李白点了点头，他讲了一个重耳流亡外国的故事——

重耳是春秋时期晋献公的儿子，他的哥哥申生是晋国的太子。但年老的晋献公十分宠爱妃子骊姬。骊姬生了个儿子叫奚齐。骊姬想让晋献公封自己的儿子为太子，便在晋献公面前中伤申生。晋献公听信了骊妃的谗言，便把太子申生杀了。

重耳和弟弟夷吾知道，若继续留在晋国，性命必定难保。于是，兄弟二人便连夜逃出晋国，开始了逃亡生涯。

晋献公死后，晋国发生了内乱。夷吾回到晋国，杀了奚齐，夺回了王位，成了晋国的国君。但他知道重耳的声望很高，身边还有一批贤能之士跟随着他，他若回国，必将夺取自己的王位。于是，便派出刺客前去行刺。

重耳在狄国避难时，发现晋国派出的刺客对他下手，便逃到了卫国；卫国惧怕得罪晋国，拒绝了他的避难请求，他只好继续逃亡。当逃到五鹿（今河南濮阳）时，由于数天没有吃饭了，见路边有位正在耕地的老农，便过去讨要食物充饥。老农从地里捡了一块土块给他，说道：“请接受我的礼物吧，因为有了土地，社稷才有根基！”

重耳谢过之后，又率领随从们继续赶路。

有一天，他饿得实在走不动了，昏倒在山坡上。这时，有个叫介子推的随员，走到树林里，忍着剧痛从腿上割下了一块肉来，放在火上烤熟之后，让重耳吃了。重耳知道后，深受感动，又继续赶路，逃到了齐国。

齐国国君齐桓公是位开明的君主，他不但热情接待了重耳，赠送他车马衣物，还将宗室的公主姜姬嫁给了他。

重耳在齐国衣食无忧，不再逃亡，也渐渐不大关心返回晋国的事了，而他的随从们却想尽早回到晋国。

有一天，随从们在一片桑林中商量回国的事，被一个采摘桑叶的女仆听见了，她回去告诉了姜姬。姜姬深明大义，她劝重耳说："你在齐国贪图安逸，是不会有出息的！"

当天晚上，姜姬和重耳的随从们商量好，先把重耳用酒灌醉，又把他抬到车上，连夜将他送出了齐国。

后来，重耳又到了宋国、楚国和秦国，都得到了他们的热情接待。

秦国国君秦穆公，当年曾协助夷吾登上晋国国君的宝座，谁知夷吾忘恩负义，与秦国反目成仇，两国发生了战争。夷吾死后，其子继位，仍与秦国作对。于是，秦穆公派出军队，护送重耳回到晋国，在外流亡了十九年的重耳，终于登上了晋国国君之位，他，就是著名的晋文公。

重耳成为晋国国君之后，对追随自己流亡的有功人员，都进行了奖励，有的封官加爵，有的赐给财物或土地，但唯独忘了介子推！

后来有位大臣问重耳："为何忘了介子推呢？"

重耳听了，十分懊悔，立即诏命介子推回都城任职！

谁知前往送诏书的官员回来禀报说：介子推不肯为官，他已背着年迈的母亲躲进绵山了！

重耳便率领文武百官，亲自前往绵山，想请他出山任职。但绵山山高林密，一直不见介子推的身影。有人建议：从三面放火烧山，只留出一面，让大火将介子推逼出山来！

谁知大火烧了三天三夜，仍不见介子推的影子！

搜山时，有人在一棵大柳树旁边发现了介子推及其母亲的遗体：介子推的全身已经烧焦，因后背紧贴柳树上的一个树洞，人们找到了他后背上残留的一片衣襟，衣襟上写着一首诗：

割肉奉君尽丹心，但愿主公常清明。
柳下作鬼终不见，强似伴君作谏臣。
倘若主公心有我，忆我之时常自省。
臣在九泉心无愧，勤政清明复清明。

李白说完之后，周围静悄悄的，他知道这是介子推的人品感动了众人。为了打破沉闷的空气，他调侃了一句："这寒食的来历是真的，不过，介子推衣襟上那首诗的语气、遣字、用词，却不像春秋时的人写的！"

4

过了寒食，李家便忙碌起来了，因为李白要出川游学了。

母亲一件一件地为他准备了四季的衣裳，知道他要走很远很远的路，为他做了六双布鞋，每双都是纳的双线，既合脚，又耐穿。

申义正在为他整理文稿、书籍和笔墨，他是李白此次出川的随行仆人。父亲担心李白独自一人出远门有孤独之感，便花钱又请了一个因家境不济不能读书的孩子，顶替申义为邻家放牛，让他做李白出游的同伴。

其实，李客并不想让李白出川，更不想让他混迹政界，但经不住李白三番五次的请求，再说，东严子和赵蕤也建议李白出川游学，广交中原的有识之士，了解天下大势。远在江陵的李源还寄来书信，认为自己的侄儿已满腹经纶，志向远大，是社稷的栋梁之才，出川闯荡世界，增添见识，将来匡君济世，实现抱负，也光宗耀祖。若让他留在四川，则会令他怀才不遇，耽误前程，后悔一生。

最终还是李源的信起了作用。

晚上，李客在前厅摆好了饭菜，还特意端上了一罐米酒，全家老老少少二十余人围桌而坐，为李白出川饯行。

酒过三巡之后，李客将李白叫进书房，低声说道："十二郎，如今你已长大成人了，明天离家，还不知何时才能回到青莲乡。你曾问过我，既然我们李家是陇西飞将军李广的后裔，如今的大唐皇室也是李广的后裔，我们与今天的皇室有无血缘关系？我们李家为什么去了西域的碎叶？还有，我为什么不许你说我们这一支李姓与西凉武昭王李暠的关系？"李客语重心长地说道："我是怕你出言有失，因言生祸呀！"

李白从父亲的声调里，分明感到了一种忧虑和警觉。

接着，李客又说了一句话，让李白大吃了一惊。他说："今天的大唐天子李隆基，论起辈分来，还应叫你叔祖呢！"

李白："如此说来，当今皇上应是我的同族侄孙？"

李客点了点头。

李白："既然如此，为什么宗室的族谱上没有我们的名字呢？"

李客半天无语。

这时，李白才明白了一直困扰自己的一件事，原来是因为宗室族谱上没有自己的名字，所以才没有资格参加朝廷的科举考试。

李客长长地叹了口气，说道："就像世间的争权夺利一样，皇室为了争宠夺尊，什么人性、亲情都顾不上了，兄弟反目、父子相残、夫妻相伤的血海深仇，比比皆是！大唐李家，更是如此！”

接着，他说出了一个李氏家族深藏多年的惊天秘密。

李暠是西凉国的开国君主，建初十三年（417年），李暠去世，谥武昭王，庙号太祖，其子李歆继位。

大唐开国皇帝李渊，是李暠的后裔。他七岁袭封唐国公，隋末，天下大乱，李渊乘机起兵太原，攻占了长安后称帝，号唐，定都长安，世称唐高祖。他封长子李建成为皇太子，次子李世民为秦王，三子李元吉为齐王。

在这三位皇子当中，秦王作战最勇敢，立下的战功也最多，论能力，他胜过皇太子和齐王。再说，他善于用人，手下有一大批能战善谋的人才，如尉迟恭、秦叔宝、长孙无忌、房玄龄等，因而朝野中颇有威望。

皇太子李建成和齐王李元吉，明显感到了秦王的威胁，担心李渊改变主意重立秦王为皇太子，于是，联络后宫和一些大臣，想方设法地排斥秦王。他们除了在李渊跟前造谣诋毁秦王之外，还在酒中下毒，企图毒杀秦王。秦王当场中毒，但他命大，并未丧命。

秦王对皇太子和齐王的倒行逆施，终于忍无可忍了，他在心腹部将们的支持下，决定进行反击！

机会终于来了，有一天，皇太子、秦王、齐王三人奉父皇李渊之诏，入朝议事。

秦王得到诏令后，便在大内皇宫的北门——玄武门附近，悄悄布下了伏兵。当皇太子和齐王到了皇宫时，发现换了守门的禁军，感到情况异常。二人立即掉转马头，准备返回皇太子的东宫。

这时，秦王高声喊道：“请太子殿下留步！”

骑在马上的齐王心中发虚，他弯弓搭箭，想射死秦王，但由于人慌马乱，连拉三次都未将弓弦拉满，射出去的箭既无准头，又无杀伤力。

秦王立即转身，弯弓射向皇太子李建成，李建成中箭落马。

此时，尉迟恭等人也策马赶来，将李元吉射下马来。

谁知李世民的坐骑受了惊吓，驮着他冲进了一片树林，他被树枝挂住，从马上摔下，倒在地上。

李元吉虽然受伤但未毙命，他追到李世民身边，夺过李世民的弓，想用弓弦活活勒死他！尉迟恭等人及时跃马赶来，李元吉不敢恋战，拼命向武德门狂奔而去，想寻求父皇李渊的保护，但没跑多远，就被尉迟恭一箭射死！

这时的李渊，正和几位宠妃在御花园的湖面上划船取乐。尉迟恭身披铠甲，手执长矛，跳到了船上，向他禀报：“陛下，皇太子和齐王谋反作乱，已被秦王处决。秦王担心陛下受惊，特派末将前来护驾！”

就在李渊不知所措时，旁边的秦叔宝及时进言，他说："太子和齐王在灭隋作战中，都未立下大功，他们嫉妒秦王之功，并多次中伤陷害秦王，眼下，既然秦王已经诛杀了他们，平息了事端，大唐社稷得以稳固，朝野不乱，臣以为，如果陛下立秦王为皇太子，则遂民心，顺天意……"

李渊本来也十分器重秦王，看到大势已定，便借着梯子下台，连忙说道："秦爱卿所言甚是，立秦王为皇太子，亦是朕的心愿。"说完，立即下诏：各军一律听从秦王调遣！

玄武门之变以后，皇太子李建成的六个已经封王的儿子和李元吉的四个已经封王的儿子，全部赐死，他们的妻女们，有的赐死，有的驱赶出宫，被人买去为奴为仆。连他们的名字也都从皇室宗谱上勾去了。

秦王李世民继位后，怕兄弟和侄儿们的鬼魂前来向他索命，便派尉迟恭和秦叔宝警卫他的寝宫。后来，这两位将军年事已高，不能站岗放哨了，他便命宫中画师将二人的画像贴在两扇大门上。

如今过年，有些人家贴的门神，就是当年李世民这两员大将！

"父亲，长安城里的玄武门之变，难道与我们李家有什么瓜葛？"

李客点了点头。

原来，玄武门之变后，李世民的势力如日中天，唐高祖李渊只好将皇位让给了他。

退位后的太上皇李渊，看到自己的亲生骨肉在自己面前被活活屠杀，心里又气又恨又悲，不久便一病不起。临终前，他为了保护自己的其他血脉，将皇子李贞叫到病榻前，悄声嘱咐他立即举家出城，逃得越远越好，永不回到中原，以防有人为了斩草除根，对他一家再下毒手！

太上皇李渊驾崩了！长安城里面一片慌乱。

李贞流着眼泪，向太上皇重重地叩了三个响头，便趁着混乱连夜带着妻小逃离了长安，向西域逃亡而去……

李白听了，不再问什么了，他似乎明白了帝王是天之骄子，也是天之罪人！皇室之毒，毒过蛇蝎，皇室之狠，狠过虎狼！

他朦朦胧胧看到，在那乘天下独一无二的龙椅下面，垫着的不是猩红的地毯，而是一层黏稠的鲜血！

书房里的灯光整整亮了一夜。

第二天一大早，李白便辞别了双亲，迎着刚刚出山的朝阳，和申义出发了。

第六章

过三峡，游洞庭，一篇《大鹏赋》传遍江陵城。只因一句诗，就断送了孟浩然的锦绣前程。

渡远荆门外，来从楚国游。
山随平野尽，江入大荒流。
月下飞天镜，云生结海楼。
仍怜故乡水，万里送行舟。

——《渡荆门送别》

1

唐玄宗开元十三年（725年），暮春。

一只单桅小船，从白帝城出发，顺江而下，在平静的江面上，小船缓缓而行。当航行到湍急的江面时，小船像离了弦的箭，呼啸着穿过浪花，一会儿埋进浪谷，一会儿又腾空飞起，一路上险象环生。

过瞿塘峡时，李白从船舱中探出头来，他朝长江两岸看了看，只见两岸的石崖像斧劈刀剁一般，有一只苍鹰在山崖之间飞翔着、盘旋着，傲慢地俯视着滚滚的江水和江上的小船。这时，忽然传来几声凄厉的叫声，申义告诉李白说，那是猴子的叫声，他在家乡的山上打柴时，曾经听到过这种叫声。

顺江而下，不需挂帆，但要把好船舵。

万里长江最壮美也是最险要的地段，就是三峡，自古以来，不知有多少船只在这里粉身碎骨，多少驾船的船工在这里葬身江底！这里除了两岸狭窄，江水湍急之外，江中还有许多时隐时现的巨大石礁，飞溅的浪花，在阳光下化成一道道彩虹。

正当李白看得如痴如醉时，船家告诉他，这些巨大的石礁叫滟滪堆，它露出水面时，能撞毁船头，它淹没到水里时，就会形成深不可测的旋涡，能把船只吸引到水底！跑船的人有句谚语“滟滪大如马，瞿塘不可下，滟滪大于象，瞿塘不可上！”凡是路过瞿塘峡的人，都会战战兢兢，提心吊胆。

李白听了，忽然心血来潮。他钻出船舱，对着瞿塘峡两边的山峰大喊起来：“长江，我，李白来了！”

“十二郎，这是瞿塘峡，不是青莲湖！”申义连忙将他拽进船舱：“要是有个什么

闪失，我怎么向伯父伯母交代！”

原来，在他们出川之前，李客曾向李白说过，出川远游，不比在家里，什么事都要三思而行，而且不可由着性子！还特意向申义交代：管紧李白，不许他贪杯，饮酒不得超过三杯！

申义虽然是李白的仆人，也是他知根知底的伙伴。

李白笑着说道：“你放心好了，我掉不进江里，就是掉进江里，也淹不死我，因为我的水性特好。”

申义：“那可不一定，听人说，那些在水里淹死的鬼，都是水性特好的人！”

李白知道拗不过他，说道：“快打开书匣，我想写首诗！”

申义：“那也不行，船在浪尖上颠簸，如何能研墨？你想作诗，就先记在肚子里吧！到了江陵之后，再抄到纸上。”

李白听了，不再说什么了，他看着船头不时溅起的浪花，听着山崖上猴子们的叫声，开始酝酿腹稿。他想到不久就可穿过三峡，到达江陵，江陵是屈原和宋玉生活过的地方，应当留下不少遗迹，他还想去游览三国古城，寻找张飞和关羽的祠庙，再到江陵城外，去亲眼看看“云梦大沼泽”到底是个什么样子？还有，一定要亲自登上“司马相如台”，去体验他写的《太虚赋》的意境。当桅船驶进三峡时，他想写一首《早发白帝城》，但因水急浪高，无法执笔，只好作罢。

船过三峡之前，在白帝城稍作停留，以补充粮菜等物品。李白来到码头上，一名船工指着一段破败的城墙说，当年，刘备就是在这里向诸葛亮托孤的。李白很想进城里去看看，但物品装上船后，很快就会起航，他不敢离开码头。

这时，见一名年轻的女子将一男子送上船后，站在一块岩石上，看着小船顺江而下，直到看不到小船的影子了，仍然一动不动地站在那里，目不转睛地向东方眺望着。虽然女子没说一句话，但李白已经看透了女子的心事，于是，便吟哦了一首《巴女词》：

巴水急如箭，巴船去若飞。
十月三千里，郎行几岁归？

2

江陵县是当年楚国的都城，这里扼守长江三峡出口，是兵家必争的军事重镇，也是长江沿线的繁华商埠。

李白刚刚抵达江陵，就引起了一个人的注意，他，就是荆州刺史韩朝宗。

作为朝廷命官，韩朝宗的政绩平平，但他常常将文人学士奉为上宾，颇受人们的尊敬。他早就听说了李白的诗名，也读过他的一些诗、赋，但一直未能谋面，更无任何交往。今天，李白既然到了自己管辖的江陵，就不能失之交臂，否则就是自己的终生憾事。

他派人在全城的客店、酒家打听，终于打听到了李白的确切消息：李白和他的仆人在“楚天”客店下榻。

当天晚上，韩朝宗便亲自去了“楚天”客店。客店的老板听说刺史到了，连忙出门迎接，说道：“刺史亲临敝店，是敝店的荣幸，不知刺史来——”

没等他说完，韩朝宗就打断了他，问道：“四川来的李白先生，可住在贵店？”

店老板连连点头。

韩朝宗即派他去请李白。不一会儿，他回来说道：“李公子不在店中。”

韩朝宗问：“他去了哪里？”

店老板说：“听人说，他租了一只小船，游洞庭湖去了！”

韩朝宗急着要见李白的原因，一是想当面见识见识这位文坛新秀，二是想把他聘为自己的门下宾客，落个识才爱才的美名。今天，虽然自己的安排落了空，但他并未死心。

李白站在船头，放眼四望，湖中碧波万顷，一眼望不见尽头，天上的云朵倒映在水中，让人分不清哪里是湖？哪里是天？远处，星星点点的帆叶点缀在平静的湖面上，和近处的荷花相映成趣。四川虽然河多水多，但还不曾见过如此浩瀚的水面！

小船渐渐驶近湖中的一座小岛，远远看去，小岛宛若一颗露出湖面的青螺。听船家说，那座小岛，就是君山。

李白听了，特意让船家围绕着君山航行了一圈。他望着岛上那片郁郁葱葱的竹林，心想，大约那就是沾满娥皇和女英泪珠的湘妃竹子！

他望着清澈的湖水，真想一头扎下去，在湖底去寻找舜帝的灵魂！

游完洞庭湖，主仆二人弃船登岸，进了岳阳城，在一家临街的小店住下了。

李白有个习惯，他每游一处，都会作诗以记。申义连忙打开随身携带的书箱，取出纸笔，摆在桌子上，供李白使用。谁知李白见了，连连摇手，说道：“今晚不写诗了，趁着月光，咱们去登岳阳楼吧！”说完，拉着申义就出了客房。

岳阳楼坐落在洞庭湖旁边，建于三国时期孙吴黄龙元年，也就是孙权拜天称帝的那一年，他为了巩固东吴的疆域，命爱将陆逊在长江的蛇山修筑黄鹤楼，又派周瑜在洞庭湖畔修筑岳阳楼，既拒刘蜀东进，也防曹魏南下，从此，这两座供军事瞭望的建筑，便成了文人墨客们的怀古吟咏之处。尤其是这座岳阳楼，据说小乔和周瑜，当时就住在岳阳楼的楼上！

当他们登上岳阳楼时，一轮明月从湖面上冉冉升起，将无穷无尽的银辉慷慨地洒在了岳阳湖里和岳阳楼上，天地变得朦胧而柔和。二人披着月光，拾级而上，当登上楼顶以后，极目远眺，天水一色，如梦如幻。

正当李白陶醉在湖光水影之时，申义眼尖，他指着墙壁说道，“看，上面有一首诗！”

李白走近一看，借着月光，见墙上果然题有一首诗：

八月湖水平，涵虚混太清。

气蒸云梦泽，波撼岳阳城。

欲济无舟楫，端居耻圣明。

坐观垂钓者，徒有羡鱼情。

题诗的落款是：襄阳人孟浩然。

好一个“气蒸云梦泽，波撼岳阳城”！这真是一首气势雄浑的千古力作！李白不由对诗人肃然起敬。

3

刚刚由洞庭湖回到江陵，就被刺史韩朝宗“逮”了个正着。

原来，韩朝宗为了能将李白纳入自己的宾客班子，已派人守候在码头一带，并要求一旦发现李白回到了江陵，就即刻向他禀报。

主仆二人刚刚下了船，看到两乘小轿颤悠悠地来到码头上，从前面的轿子中走下一位中年官员，后面轿子中上走下一位年长的道人。那道人远远地喊道：“来人可是四川的李公子？”

李白听了，连忙答应：“在下正是李白。”

道士指着身边的官员说道：“这位就是荆州的韩刺史。”

李白连忙上前施礼。

道人说：“贫道元丹丘，奉司马师父之命，陪刺史前来等候李公子。”

李白从他的话中已听出来了，他就是自己在青城山跟随赵蕤学道时的师伯。自己到了青城山，师伯已下山访友去了，一直未能见面。他向前赶了几步，说道：“李白拜见师伯。”说完，倒头就拜。

这时，一名师爷模样的人匆匆走到韩朝宗身旁悄悄耳语了几句。

韩朝宗笑着对李白说道：“下官已在会宾楼设下了薄酒，特意为李公子洗尘！”

申义听了，有些糊涂，这位刺史的年龄明明比十二郎大了一圈，却称李白为兄，自己为弟，岂不是颠倒了吗？他悄声对李白说道：“十二郎，今晚饮酒，可不能超过三杯哟！记住了吗？”

饮酒不超过三杯，这是李客临走前向申义做的交代。自出川以来，李白虽然天天饮酒，但每次都未超过三杯。申义为李白能听从他的提醒，心里感到高兴。

一行人来到了江陵城中最为华丽的会宾楼。刚一进门，元丹丘指着一位坐在藤椅上的老者说道：“这位就是大法师司马承祯。”

在道教里，法师是年长德高、精通道教经典的道士。《唐六典》上有法师、威仪师、戒律师之分，统称法师。只有影响最大、威望最高的法师，才能称大法师。

李白曾听赵蕤师父说起过司马承祯的名字，说他与大唐皇室关系非同一般，没想到在江陵遇见了。

听了元丹丘的介绍后，李白心里思忖，自己怎么称呼这位大法师呢？论辈分，他是元丹丘的师傅，而元丹丘又是自己的师伯，自己应是他的徒孙辈，他应称司马承祯为师祖才对！但称他师祖又觉得有些拗嘴，故称“大法师”！

司马承祯已满头银发，长髯垂胸，但身材清瘦修长，双目熠熠有光，看不出他的实际年龄。他慈祥地望着李白，说道：“不必多礼，快快起来吧！”

元丹丘连忙将李白扶起来，让他坐在司马承祯旁边。

宾主坐好后，韩朝宗举着酒杯站起来，说道：“下官有幸，与道教前辈司马承祯大法师、文坛后起之秀李白在此萍水相逢，此乃三世修下的缘分。为此，我为两位各敬一杯！”说完连喝了两杯酒。接着他又斟满了酒杯，对元丹丘说道：“丹丘道长是下官的挚友，今日再逢，也敬一杯！”

李白举起酒杯，向司马承祯和韩朝宗各敬了一杯，就不再斟酒了，因为再喝，就违背父亲的规定了。正想着时，元丹丘举起酒杯，大声说道：“李公子才华横溢，今后前程锦绣，来来来，贫道与你对饮三杯！”说完，连饮了三杯！

李白心中明白，自己已向韩朝宗和司马承祯各敬了一杯之后，怕超过父亲关于“饮酒不超过三杯”的告诫，便执意不肯再喝了。而身为师伯的元丹丘，见李白不肯向自己敬酒，心里不大自在，为了不失面子，也为了教训教训这个不知天高地厚的晚辈，他站在那里，看着李白，就是不肯落座！

这是一种激将法！李白果然被激怒了，他一口一杯，连饮了三杯！博得了一阵掌声。

司马承祯，字子徽，是一位名噪天下的道教前辈，武则天执掌朝政时，曾将他召入宫中讲经。唐睿宗、唐玄宗又召他入宫，向大唐天子和朝中重臣们讲解阴阳术数，备受朝廷优待。开元十三年，唐玄宗还留他在宫中住了一年。为了让他能住在宫中，当面听他讲经，唐玄宗还在宫中造了一座阳台观，供他讲经。他对朝廷恩赐的官职爵位，一概推辞，只同意收唐玄宗的妹妹玉真公主为徒。

司马承祯对道教的“云篆”造诣深厚。“云篆”字体复杂难认。含义晦涩难懂，宛如天书。道教称“云篆”是“龙章凤文”。司马承祯是天下“云篆”第一人！

因申义是李白的仆人，自然不能入席，店小二特地为他备了一份酒菜，让他在楼下独斟独饮。

当他听到楼上传来的劝酒声时，就有些担心了：十二郎会不会突破三杯酒的底线？

一个伙计送菜回来时，说那位相貌堂堂的李公子，和那个叫元丹丘的道士正在赌酒比酒量，李公子有海量，已饮了十余杯了，看来，那位道士不是李公子的对手！

申义听了，心里一急，将桌子一拍，只听“嘭”的一声，把桌子上的酒罐碰倒了！

酒流了一地，满屋都是酒香。连忙道：“对不起，对不起，我一喝酒，手就有些不听使唤了！”

其实，他的本意是想碰倒酒罐，来提醒楼上的李白：底线早已突破了，不能再喝了！

李白正在兴头上，早已把自己的底线抛到九霄云外了！

他望了望已经半醉了的元丹丘，说道：“师伯还喝吗？我一定奉陪到底！”

元丹丘的舌头已经不太灵活了，他说：“你赋诗一首，我就再——再喝一杯！”

李白听了，点了点头，略一思索，一首《将进酒》已在腹中完成了：

岑夫子，丹丘生。
将进酒，杯莫停。
与君歌一曲，请君为我倾耳听。
钟鼓馔玉何足贵，但愿长醉不愿醒……

元丹丘的酒量不敌李白，喝下这一杯之后，便歪倒在座位上了！

散席后，申义将李白扶回了客房。他有些气恼，一面为李白打水让他洗漱，一面埋怨道：“十二郎，你今晚——”

还没等他说完，李白连忙说道：“我知道今晚喝多了，不过没醉。以后，一定不超过三杯！”

见申义还想说什么，他接着说道：“快备笔墨，我要为司马大法师写一篇赋。”

申义似乎对这位大法师没有多少好感，因为他喝的是苦丁叶子泡的水，而让元丹丘劝李白喝酒，差点将李白灌醉了！他说道：“已是三更天了，还是上床歇息吧！”

他说得有理，李白只得顺着他。

不过，待申义在床上发出均匀的鼾声之后，李白又爬起来，他乘着酒兴，借着窗外透进来的月光，文思如涌，挥笔疾书，一气呵成了一片洋洋洒洒的《大鹏赋》：

……南华老仙，发天机于漆园。吐峥嵘之高论，开浩荡之奇言。征至怪于齐谐，谈北溟之有鱼。吾不知其几千里，其名曰鲲。化成大鹏，质凝胚浑。脱鬐鬣于海岛，张羽毛于天门，刷渤澥之春流，晞扶桑之朝暾。辉赫乎宇宙，凭陵乎昆仑。一鼓一舞，烟朦沙昏。五岳为之震荡，百川为之崩奔……

在这篇赋中，李白将司马承祯此作希有鸟，而自己就是大鹏！大鹏将神游千里，搏击长空！

由于《大鹏赋》构思奇特，文采飞扬，形象生动，此赋一出，立即在江陵城里传开了，江汉一带，几乎家家都有，广为传诵。然后又沿江传播到了江南和长安。自此以后，李白之名，不胫而走！

4

荆州刺史韩朝宗虽然爱惜人才，却也压制人才。

自从与李白结识后，他视李白是自己发现的千里马，也是自己的同道，他的最终目的，还是想将他收纳进自己门下，做自己的宾客，为他所用。他天天将李白留在自己身边，白天，他忙完署衙的公务之后便挑选一家清静的酒家，二人把盏而谈，谈诗、谈赋，也谈朝野逸事。有一天，他将江陵的文士学子们邀到司马相如台下的一片竹林里。大家不分身份，席地而坐。在杯来盏去之后，便互相拟题作诗。显然他是在仿效王羲之在兰亭举行的“曲水流觞”。

坐在旁边的元丹丘告诉李白说，在襄阳的鹿门山中，住着一位才高八斗的隐居高人，叫孟浩然。李白听了，十分激动，自从他在岳阳楼上读了孟浩然的题诗以后，不但记住了孟浩然这个名字，还产生了一个强烈心愿：一定要去拜访这位高人！他问道：“既然孟公的才华不凡，为何刺史不向朝廷举荐呢？”

元丹丘摇了摇头，说道：“这要怪他自己错过了机缘，也怨刺史大人心胸不宽！”

李白听了，有些丈二和尚——摸不着头脑。

元丹丘说，韩朝宗任襄州刺史时，十分爱才，当他得知孟浩然不但文采斐然，而且蔑视权贵，品格高尚，便准备将他向朝廷举荐，便派人给孟浩然送去一封亲笔信，约他到刺史署衙与他当面叙述。信上还约定了见面的地点和时间。

谁知到了约定的日子，他在署衙坐等了三个多时辰，却不见孟浩然的人影！他十分生气，便拂袖而去了。

原来，在约定见面的那一天，孟浩然正与几位诗友在鹿门山上饮酒论诗，竟然忘记了赴刺史之约！

对于孟浩然的爽约，韩朝宗心中十分不快，于是，将他的名字从举荐名单上勾去了！

孟浩然后来知道了因此而失去一次举荐机会，但他并不后悔，只是一笑了之。

李白大声对元丹丘说道：“这才是真君子，大丈夫呢！”并当即决定：立即前往襄阳鹿门山，去拜访孟浩然！

站在一旁的申义提醒李白：“你去襄阳，来回至少半个月，是不是向刺史……”

李白：“脚，长在我的腿上，我行我素，无须向谁禀报！”

他让申义留在楚天客店等他，便雇了一匹快马，出了北关之后，直奔襄阳而去。

鹿门山的东山坡上，有一扇用树枝编成的柴门，门额的木板上写着“孟第”二字，柴门两旁各有一棵合抱粗的白果树。院子里静悄悄的，只有一只花狗在树荫下睡觉。

李白轻轻叩了叩柴门，院子里那只花狗受到了惊扰，朝着柴门“汪汪汪”地叫了起来。

一位四十多岁的男子，闻声穿过院子，打开了柴门，说道："在下孟浩然，请问客人——"

李白兴奋地自我介绍："蜀人李白，特意前来拜访前辈！"

孟浩然向李白打量了一眼，笑着说道："在下久闻李公子大名，今日得以相见，幸会，幸会！"说着，拉着李白的手进了院子。

有朋自远方来，不亦乐乎。孟浩然连忙命人奉上茶水，又交代置办酒菜，以招待初次见面的李白。

在一张用树枝盘成的小桌旁，二人推杯换盏，畅谈酣饮。惺惺相惜，都有相见恨晚之心。

李白将自己带来的诗笺赋稿递给孟浩然，孟浩然边看边连连点头，说道："李公子的诗精妙飘逸，赋直追相如，拜读之后，如醍醐灌顶，大开眼界！"

李白道："前辈过奖了，晚辈游岳阳楼时，拜读了前辈题写在楼上的大作之后，深感自己才学浅疏，乞盼前辈不吝教诲。"

孟浩然听了，放声大笑起来，说道："在下只比李公子虚长十二岁，今后，你我只能以兄弟相称，且不可再说'前辈'二字了！"

李白点头称是。

第二天，李白要走，孟浩然执意挽留，盛情难却，李白只好答应了。

次日，二人沿着山中石径，饱览了鹿门山的峻岭和峡谷，在松林中看鹿群奔跑，在山泉旁听流水潺潺。孟浩然指着悠然食草的鹿群，颇有感慨地说道："人若能如鹿儿一样无忧无虑，自由自在，该有多好啊！"

李白朝鹿群看了一眼，点了点头。

孟浩然之所以羡慕山坡上的鹿群，这与他的一次独特经历有关。

出身书香门第的孟浩然，自幼苦学，少时即有盛名。他曾漫游长江沿岸，不但广交各地朋友，还干谒了许多公卿名流，以求跻身仕途，但始终未有机缘。他曾多次参加进士之试，都未及第。有一天，他去京城的太学会友时，曾当众赋诗，令太学生们倾倒。

他与王维的私交甚笃，二人在诗坛上称为"王孟"。

有一天，他受王维邀约，去了宫中的乐丞内署。二人正在品茶论诗之际，忽听门外有人喊道："圣上驾到！"

原来唐玄宗突然驾临内署！

按宫中规定，皇上不论到了哪里，闲杂人员都要一律回避。因唐玄宗来得十分突然，作为闲杂人员的孟浩然，一时无处回避，正在惊慌之际，见室内置有一床，大约是供官吏们值班时休息之用的，他灵机一动，便钻进了床底下。

唐玄宗进来之后，王维若隐瞒不报，将有欺君之罪！他连忙跪下，诚惶诚恐地说道："禀报陛下，微臣诗友孟浩然，因回避不及，躲进床下，请陛下治微臣之罪！"

唐玄宗早就听说过孟浩然的大名，便和颜悦色地说道：“朕不怪罪王爱卿，请孟爱卿出来相见。”

孟浩然从床底下爬出来，连忙向唐玄宗叩拜。

唐玄宗问他：“爱卿近来可有新作？”

孟浩然连忙说道：“布衣孟浩然有新作数首。”

唐玄宗道：“请爱卿咏来听听。”

孟浩然有些紧张，他从诗笺中挑出了一首得意之作，便高声吟哦起来，当他吟哦到“不才明主弃”时，唐玄宗脸上的笑容凝固了，因为他心中有些不悦！他打断了孟浩然的吟哦，问道：“卿不求仕，而朕亦未尝弃卿，奈何诬朕呢？”说完，就起驾回宫了！

不悦，就是不愉快，让当朝天子不愉快的人，就必定快乐不起来！

孟浩然的本意，是想歌颂唐玄宗的，以自己的“不才”，对应君王的“明主”，来表明自己的谦逊。谁知拍马拍到了马屁股上，被马猛踢了一脚，这一脚既准又狠，将孟浩然从天上一下踢到地上了！

不久，科考放榜，孟浩然名落孙山，他出了都城长安之后，便到襄阳鹿门山隐居起来了。

与人交往，莫过于相识相知，李白和孟浩然在鹿门山中度过了半个月的诗酒相伴无忧无虑的日子之后，李白告诉孟浩然，自己要赶回江陵和申义会合，将乘船去江夏。

孟浩然说，他也正打算去游南京、扬州，于是约定在江夏会合，去同游黄鹤楼。

二人在鹿门山下挥手相别后，李白走出了数里之遥，回头看了看，见孟浩然仍然站在路边，山风拂来，他的衣襟在风中飘曳，好像随时都会随风而去。

第七章

守着同伴的遗体，持剑与一只斑斓猛虎对峙着……

青山横北郭，白水绕东城。
此地一为别，孤篷万里征。
浮云游子意，落日故人情。
挥手自兹去，萧萧班马鸣。

——《送友人》

1

李白似乎对洞庭湖情有独钟，自第一次游过之后，他总觉得航程太短，时间太少，游兴未尽，离开鹿门山之后，还想再游洞庭湖，便又匆匆到了江陵。

申义在楚天客店里苦苦等候了二十多天，见李白回来了，心中自然高兴。但当他听说李白还要再游洞庭湖时，半天不肯说话。李白问他："洞庭湖之美，天下少有，你不想再去了吗？"

申义肚子里有气，说话就有些恼人："少爷，你出川游学，为的是多学些学问，多干谒些官员，以图今后有个锦绣前程，你倒好，心思不是用在游山玩水上，就是花在修道学仙上！"他越说越激动："能游来功名？还是修来爵位？"

李白觉得奇怪，自己的这个从小在一起玩泥巴长大的伙伴，平时都叫他十二郎，今天为什么换成"少爷"了？便笑着问道："你怎么也叫我少爷？"

申义道："你就是少爷嘛！临离开四川老家时，老爷吩咐我，要我不但要照料好少爷，还要我管住少爷！我一个放牛出身的娃子，有什么资格管少爷的事？"

李白被他气呼呼的样子逗乐了，连忙说道："好，好，从洞庭湖回来以后，我听你的安排，行了吧？"

申义听了，脸上终于露出了笑容。

李白见他笑了，又说："以后，只许叫我十二郎，不许再叫少爷了！"

申义点了点头。

吃过午饭后，申义为李白洗衣服时，发现他的口袋空空如也，便问道："十二郎，你临走带去的钱，我估摸够你两个月的开销了，怎么连一文钱都没剩下？"

李白道："朋友多了应酬就多，无法推辞！再说，人家都是慕名而来的，总要让来客尽兴才好吧！你放心好了，咱们带的川资绰绰有余。”

申义忧心忡忡地说了一句：“可别忘了，就是一座金山，也有坐吃山空的时候！”说完，到江边洗衣服去了。

李白觉得，对待朋友，一定要热忱、大度、真诚，对那些处境窘迫的朋友们，更应当倾囊相助，再说，自己有足够的川资，并无后顾之忧。

第二天，申义在江边雇了一只单桅小船，二人再次去了洞庭湖。

七月流火。江南的三伏天，既热又闷，但在辽阔的湖面上，不时有湖风拂来，并不觉得太热。小船升起了帆叶，船头像一把锋利的匕首，划开了层层波浪。一群鱼儿受了惊吓，突然跃出湖面，又“扑通”一声落在水里，在湖面上留下了一团浪花。几只白色的鸥鸟追随着小船盘旋了一会儿，又箭一般掠过船头，朝蓝天飞去。李白心里说，这大概就是“海阔凭鱼跃，天高任鸟飞”的意境了。

李白站在船头上，放眼远眺，湖天一色，浩瀚无边。他自言自语地说道：“游完洞庭，我们就去攀登南岳衡山，然后，再到汨罗江，去凭吊那位忧国忧民的三闾大夫！”说到这里，他忽然看到有几只渔船正在撒网捕鱼，连忙对申义说道：“申义快来看，渔网里的鱼儿还在跳呢！”

没有回音。

李白回头看了看，见申义脸色苍白，大汗淋漓，紧锁着眉头，半卧在船舱里，他连忙问道：“申义，你怎么啦？”

申义笑了笑，笑得很勉强，小声说道：“没什么，只是觉得心里闷得慌！”说完，以手按着胸口。

李白连忙俯下身子，试了试他的额头，觉得额头滚烫，黄豆大的汗珠不断地往下滴。

船家见状，也过去摸了摸申义的额头，说道：“这位客官正在发烧，是不是停船靠岸请郎中诊一诊？”

申义听了，连忙说道：“别停船，停船就会耽误路程。”

船家让他喝了一碗凉茶，李白将汗巾在湖里打湿，不住地将湖水洒在他的头上、脸上，他微闭着双眼，嘴里还喃喃地说着：“别停船，别停船……”

已年过半百的船家，经历的世面多了，他担心病人在自己的船上有个好歹，就不好收拾了，便悄声对李白说道：“少爷，这位客官患病不轻，船上无医无药，还是就近靠岸才好，你看，岸上有人家！”

李白放眼望去，见湖岸的山脚下，果然有几户人家，茅屋上还有几缕炊烟，便马上点头答应了。

小船靠岸以后，李白向一位老者打听：“哪里有郎中？”

老者向西指了指：“翻过这座山，就是田家庄，那里有位郎中。”

李白谢过老者之后，便扶着申义下了船，沿着一条山路，一步一步走着。

2

天渐渐晚了，山路也越来越难走了。李白觉得申义的身子越来越重。他累得实在迈不开脚步了，只好将申义放在一块青石板上，安慰他说："歇息一会儿再走，过了这座山，就有郎中了！"

申义听了，木然地点了点头。

李白看到他的褂子早已被汗水湿透了，便去路边寻找水源，等他捧着一掬泉水赶回来时，发现申义已经睡着了，他连忙说道："申义，你醒醒，我们还要去找郎中呢！"

申义艰难地睁开眼，一只手在怀里摸索了一会儿，掏出一个羊皮荷包，他的手抖动着，将荷包递给了李白。

李白知道，那是申义的母亲特意为他缝制的，申义曾经对他说过，母亲将她积攒的私房钱，缝在了荷包里，让他出门时带在身上，以备危难时之用。

"申义，你睁开眼看看我！"

申义好像没有听见。

"申义，你别吓唬我呀！"

申义仍然没动。

李白一把抱住申义，大声呼号："申义，我的好兄弟，你不能丢下我不管呀！"

撕心裂肺的呼喊声，震荡在寂静的山林中……

突然，李白被一阵呼啸声惊醒了，又过了一会儿，听见林子里传来"窸窣"之声。抬头望去，见有两个绿色光点渐渐向他走来，是野猪？山狼？还是别的什么畜生？

两个绿色光点从一棵大树后边转了出来，他的心头猛然一惊，头发都吓得竖起来了！他在淡淡的月光下，看到一只斑斓猛虎正朝他走来！原来那两个绿色光点竟是老虎的眼睛！猛虎身上黄黑相间的条纹令人心惊肉跳！

这是一只夜间出来觅食的老虎，它已经闻到了人的气味！

李白知道，如果自己转身逃跑，老虎就会扑过来啃食申义的遗体，若自己不逃跑，肯定是老虎的一顿美餐！不，宁肯自己喂了老虎，也不能让老虎伤害申义的遗体！一腔豪气突然从心底涌了出来：今天不是虎死，就是我亡！他"呼"地站起来，"刷"地抽出宝剑，准备与老虎拼个你死我活！

当那只老虎走到离李白只有十多步时，这也正是老虎发起攻击的距离，但不知道为什么，它竟然停住了脚步，只是愣愣地盯着李白！李白双手握着宝剑，剑尖对着虎头，心想，你若扑过来，剑尖就会刺穿你的喉咙！

人与虎整整对峙了半个时辰，不知老虎畏惧宝剑的寒光，还是因为肚子不饿，总之，它竟转过身子，大摇大摆地钻进了树林！

洞庭湖旁边的这只老虎，可爱、仁慈、可亲，是天下最伟大的老虎，因为它为中国留下了一位伟大的诗人！

老虎走了以后，李白仍然双手持剑，守候在申义的遗体旁边，直到天亮。

他本想将申义的遗体运回四川青莲乡的，但逆江而上，拉牵行舟，需走三个多月，时值酷暑季节，遗体如何保存？再说，也没有船家愿意装载尸体！他当机立断，按照家乡的风俗，先殡后葬：先将申义的遗体就地掩埋，一年后再将他的骨骸运回家乡。于是，他去附近村庄里请人打造了一口棺材，在一棵古松旁边选了一块平地，将申义掩埋了，还在坟前竖了一块青石板，他亲自用毛笔写了"吾弟申义之灵位"，又在坟前烧了些香纸，磕了三个头，才抹干眼泪离开了……

李白十分守约，一年之后，就在申义过世的忌日，他准时来到了申义的坟前。他雇了两位村民当帮手，掘开了土坟，打开了棺材，发现申义的尸体尚未完全腐烂。他便将申义的尸体搬到了洞庭湖的岸边，用随身携带的宝剑，将尸体上的腐肉仔细剔去，将所有骨骸在湖水里清洗干净，装在一只陶罐里，亲自护送着陶罐，到了江夏，在城西选了一块墓地，购置了棺材，还请道士在墓前做了法事，重新安葬了自己的这位同乡。

3

江夏，也就是今天的武昌。

当年的武昌，指的是武昌以东百余里的鄂州，因为当年吴王孙权为了与魏蜀争霸天下，在鄂州建筑都城，拜天称帝。他取"以武而昌"之意，命名东吴的都城为武昌。

李白抵达江夏之后，发现孟浩然已在码头上等候他了。江夏的汉口、汉阳、武昌三镇是九省通衢的水路码头，上可达渝州，下能抵金陵，万里长江穿越而过，十分繁华。这里山如翡翠，水若碧玉，湖光旖旎，茶馆酒肆，一家连着一家，酒浓茶香。二人携手游遍了三镇的长街短巷，找到了钟子期当年弹奏高山流水的古琴台，游览了屈原在东湖留下的足迹，走累了，就在酒家歇息。"群眠春共被，携手日月行"，江夏，让他们乐不思蜀！

黄鹤楼的名字，源于黄鹤仙人的传说。南朝祖冲之在他的《述异记》中讲了一个关于黄鹤仙人的故事：有个喜爱道术的人，在黄鹤楼上游玩时，忽然看到有骑鹤的仙人从天而降，在楼上饮酒唱歌，宴后，仙人们纷纷骑鹤腾空而去了……

第三天，二人登上了坐落在长江南岸的黄鹤楼，看龟蛇二山隔江相望，大江从脚下滚滚东去，心中感到诗性涌动。李白对孟浩然说道："浩然兄，今日到黄鹤楼，不可无诗啊！"

孟浩然欣然点头，二人信步拾级而上，抬头望去，见长江两岸，巍巍峨峨，气势雄伟。这时，有七八位游人正在楼上说着什么，其中有人认出了孟浩然，便高声说道："浩然兄，我等相约在此作诗，你的诗名远播，一定要留下大作！"

孟浩然指了指身边的李白，说道："诸位，这是我的朋友，四川来的李白。"

李白？他就是李白？

众人纷纷围拢过去。因为他们不但是诗歌的发烧友，也都是李白的粉丝，不但听说

过李白之名，还读过他的作品呢！于是，有人拿出自己的作品，请李白赐教，有的恳求他现场赋诗一首，以纪念这次难得的幸会。

李白见大家盛情难却，便想以黄鹤楼为题，写一首七绝。他沿着楼台的廊亭走了一会儿，忽见粉墙上工工整整地写着一首七律，题为《黄鹤楼》。仔细看时，是汴州人崔颢路过这里所作：

昔人已乘黄鹤去，此地空余黄鹤楼。
黄鹤一去不复返，白云千载空悠悠。
晴川历历汉阳树，芳草萋萋鹦鹉洲。
日暮乡关何处是，烟波江上使人愁。

"写得好！"李白一口气读完了这首《黄鹤楼》，感到诗人崔颢才情过人，意象深远，诗如珠玑。他摇了摇头，笑着说道："此诗与此楼，都将留名后世，我若再写，无疑是班门弄斧！"

人们并不死心，恳请他一定题写一首。他笑着说道："眼前有景道不得，崔颢题诗在上头！"

李白虽然未在黄鹤楼上题诗，但他称赞崔颢的这两句话，却成了广为流传的经典。

孟浩然为人谦逊，对人真诚。他虽然不许李白称他为前辈，但在李白心目中，他不但是自己的前辈，而且是自己的良师益友。住了几天，孟浩然将去扬州时，二人在黄鹤楼下依依告别。李白望着诗人乘坐的帆船越走越远，最终消失在苍茫茫的水天之间时，心中的激情澎湃而出。他站在江岸上，高声吟咏了一首《黄鹤楼送孟浩然之广陵》：

故人西辞黄鹤楼，烟花三月下扬州。
孤帆远影碧空尽，唯见长江天际流。

李白的这首七绝，和崔颢的那首《黄鹤楼》，都成了这座名楼的千古绝唱。

4

去九江小住，是李白行程中的一站，也是李客为李白设计好了的安排，因为李客在九江有一家颇有规模的李记货栈。

九江码头十分热闹，上船的，下船的，装货的，卸货的，人来人往，熙熙攘攘。顺江而下的江船刚刚抵达九江码头，就听有人在人群中喊着："十二郎！"

李白一下就听出是十一郎的声音！他连忙回应："哥，我在这里！"

不一会儿，身材魁梧的十一郎就挤出了人群，来到了李白的身边。

原来，在九江“李记货栈”坐庄的十一郎，已经接到了李白的信，知道他即将抵达九江，但不知道他抵达的确切日期，只好连续数天在到码头上等候，今天终于等到自己的弟弟了。

李白朝十一郎打量了一会儿，笑着说道：“哥哥，你长胖了！”

十一郎点了点头：“胖了，比去年重了三斤！”

十一郎经营的“李记货栈”，共有八间库房，雇佣了十多名打杂的伙计，经营的品种也不少，有江浙一带收购来的布匹、铁器、海参以及吴越一带的特产等货物，在这里装船运往渝州，再将渝州运来的楠木、桐油、药材、毛皮等货物，发往沿海商埠。由于生意做得顺风顺水，生活颇为安逸，身子就渐渐发福了。

兄弟二人边走边谈，不一会儿便到了“李记货栈”。

当晚，十一郎在货栈里置办了酒菜，为李白接风，兄弟二人一直谈到子夜已过，才各自回房歇息去了。

第二天一早，李白对十一郎说，他要去登庐山。十一郎怕他在山上迷路，特地派了一名当地的伙计，为他当向导，二人便进山了。

庐山在九江旁边，北临长江。李白由北峰登山，到了中午时分，便登上了险峻的香炉峰。

香炉峰分为南北两座山峰，北峰称北香炉，南峰称南香炉。山上巨石如削，直刺蓝天。登上峰顶，庐山景色，尽收眼底。山上古木森森，松涛阵阵，尤其那条从山涧流出的瀑布，如长绸，如玉带，从百丈高崖上急流而下，冲于深深的潭水中，声若响雷！溅起的浪花，在半空中幻化成一道美轮美奂的彩虹，十分壮观。

李白为庐山的绝佳景色所折服，他情不自禁地吟咏了两首《望庐山瀑布》，其中的一首是：

日照香炉生紫烟，遥看瀑布挂前川。
飞流直下三千尺，疑是银河落九天。

就是李白的这首诗，使庐山闻名遐迩，千百年来，这首七绝成了庐山的最佳广告词，李白也成了庐山不收代言费的最佳代言人！

从庐山归来之后，李白又乘兴顺道去了当涂的天门山。

天门山坐落在当涂城南的长江之滨，江东为博望山，江西为梁山，两山相望，宛如两扇大门，当地人称为天门山。

李白登上天门山后，写下了一首《望天门山》：

天门中断楚江开，碧水东流至此回。

两岸青山相对出，孤帆一片日边来。

李白一回到九江，就将自己在庐山和天门山的见闻告诉了十一郎。当十一郎读了他写的《望庐山瀑布》等几首诗之后，心中十分高兴，他为自己弟弟的才华感到自豪。他问李白："十二郎，你下一站打算去哪里？"

李白说："先去金陵，再去吴越一带。"

十一郎知道弟弟出川时，父亲给了他三十万钱的川资，他粗略估算了一下，弟弟大约已花了数万钱。他除了为李白添置了一些衣物之外，又给他补足了川资。

在唐代，市场流通的货币不是银子而是铜钱，三十万金，不是三十万两银子，而是三十万枚铜钱！

十一郎还特意托付为李记货栈运货的船家，让弟弟搭乘他的货船前往金陵。

第二天一大早，货栈的伙计们就将李白的行李搬到了船上，十一郎挽着李白的手，将他送到码头上，还反复嘱咐他要少饮酒，慎交友，游玩吴越以后就去长安，到天子脚下博取功名。血浓于水，同胞情深。兄弟俩似有说不尽的话，直到船家多次催促，两人才依依不舍地分手了……

第八章

金陵小歌姬家中，到底发生了什么？绝代佳人兼超级间谍的行踪之谜。

旧苑荒台杨柳新，菱歌清唱不胜春。
只今惟有西江月，曾照吴王宫里人。

——《苏台揽古》

1

金陵、扬州和吴越等地，属长江中下游地区，也是大唐帝国最富庶的地区，那里风光秀丽，物阜民丰，百业兴旺。李白还从《乐府》等书籍中知道，江南的风俗民情不同于四川，那里自古产宝剑，多佳丽，于是，他东游的第一站，选的就是金陵城。

坐落在长江南岸的金陵城，与四川的锦城有些类似，城中树木葱郁，街巷纵横，店铺林立，车水马龙。但金陵显得比锦城更为雄伟，城左的钟山，像一条蟠卧的苍龙，城左的石头城，宛若一头猛虎雄踞在那里，城北的玄武湖，像一面巨大的铜镜，映照着天上的白云。穿城而过的秦淮河，两岸桃红柳绿，莺歌燕舞，水波中飘荡着粉脂香气。一进金陵城，李白便被金陵的气势征服了。他站在船头上，心潮如涌，出口成章，口占了一诗：

地拥金陵势，城回江水流。
当时百万户，夹道起朱楼。
亡国生春草，王宫没古丘。
空余后湖月，波上对瀛洲。

货船到达金陵码头后，李白雇了一只小船，沿着河道，进了金陵城。

船家是位熟悉金陵的老江湖，他驾着专门载客的小船，从白鹭洲进入秦淮河。沿着秦淮河，到了乌衣巷，停泊在一家名叫“长干客栈”的码头上。

金陵城是一座六朝古都，也有人称它是六朝粉黛之都。李白住下之后，便出了店门，沿着乌衣巷的石板路缓缓走着，边走边寻找吴王孙权在这里留下的遗踪。

为了与刘备、曹操争夺天下，孙权将东吴的大本营从湖北的公安县迁到了鄂县，并在鄂县操练水军，修筑都城。都城筑好后，他取“以武而昌”之义，命名都城为武昌。

黄龙元年，他在武昌拜天称帝。为了发展武昌的经济，他下令从金陵向武昌迁民千户。当时迁走的多是士族大户，包括子弟、家丁、仆人在内，每户按十人计算，有万人之多！随迁的还有采矿、冶炼、造船、纺织等能工巧匠。

东吴过去的大本营设在金陵，当时称建业，孙氏的宗室和东吴文武重臣的眷属，大都留在了金陵。他们反对向武昌迁移人口，不愿离开家乡金陵，便编了一首童谣，在市井间流传开来：

宁饮建业水，不食武昌鱼。
宁在建业死，不在武昌居。

这首建业的民谣，也传到了都城武昌。

当了吴大帝的孙权，不知是受了这首童谣的蛊惑，感到了宗室和士族的压力？还是厌倦了征战，失去了当年的豪气？于是，他下了一道诏令：迁都建业！

武昌作为陪都，由太子孙登驻守。孙权将东吴都城迁回建业后，守卫皇宫的禁军驻扎在秦淮河旁边的街巷里。因禁军将士皆穿乌衣，那里的街巷便称为了乌衣巷。

得了三分之一天下的孙权，自迁都建业后，东吴帝国便渐渐走向了衰落。

2

乌衣巷之所以名噪天下，还因为这里曾经住过两大士族。

黄龙元年（229 年）秋，吴王孙权将都城从武昌迁到了金陵，取“建功立业”之意，将金陵改为建业。孙权是第一个建都金陵的皇帝，又过了五十一年，晋军攻陷建业，东吴灭亡，改建业为建邺。

在东晋王朝之初，由山东琅琊人王导为首任宰相，辅佐东晋三代皇帝，起了社稷的柱石作用，因此有了“江左管夷吾”的美誉，王导家族一直住在乌衣巷里，书圣王羲之就是在乌衣巷长大成人的，王献之、王凝之等王氏书法独领天下。

王导谢世后，由风流宰相谢安辅政。谢氏家族也住在乌衣巷中。谢家以诗传世，其中的谢灵运，是中国山水诗派的鼻祖。才女谢道韫是王导的儿媳，她天资聪慧，有诗、赋、诔、颂四种文体的作品流传于世。

在她十岁时，有一天，叔父谢安与子弟们在书房里谈论诗文时问她：“《毛诗》中哪一句最佳？”

她答道：“《毛诗》三百首，都不抵《大雅・崇文篇》。”

谢安认为她的见解有“雅人深致”。

一年冬天，正值降雪，谢安指着窗外问道：“白雪纷纷何所似？”

他的侄儿谢朗吟道：“撒盐空中差可拟。”

谢道韫吟道：“未若柳絮因风起。”

谢安听了，称赞侄女才思敏捷。

自此之后“咏絮”一词，便成了赞扬才女的典故了。

在来金陵之前，李白就听说了《桃叶歌》和《团扇歌》，出了乌衣巷之后，他便去了桃花渡，因为那里曾发生过一个令他心动的故事——

王羲之的七子王献之，在父亲熏陶下，自小工于书法，尤以行草擅长。

有一天，他路过桃花渡时，见一老者在卖一方桃形的古砚，他十分喜爱，便买了下来。临走时，老者嘱咐他说：“此砚是我家祖传名砚，因刻于桃花季节，便取名‘桃花砚’。每年三月桃花开时，用桃花渡的河水洗砚，砚台会更加养墨。”

王献之听了，点头称谢。

到了来年的三月初三，王献之果然带着砚台到了桃花渡，正在河边洗砚时，一位卖团扇的女子指着砚台说道：“这方砚台原是我家的。”

她见王献之不信，便指着砚台说：“砚台底下有两句诗：‘一砚池盛桃花香，墨透纤毫染文章。’”

王献之洗净了砚台底座的墨迹，果然是这两句诗，便连忙问道：“那位卖砚台的老丈可好吗？”

女子听了，双眼已经开始红了，她说，她家原是书香人家，因家产衰落，只好忍痛将祖上传下的桃花砚卖了，还了家中的欠债。为了维持生计，她靠制作团扇，维持家中生计。

王献之见她手中拿着一些团扇，便说道：“姑娘，我为你在扇子上题写几个字，或许能多卖几个钱，好吗？”

女子听了，连忙把团扇递给了王献之。

王献之在每把团扇上都题写了不同的诗句，落款是：王献之书。

女子见了，十分惊讶：“先生真的是王献之吗？”

王献之点了点头，问道：“请问姑娘芳名？”

女子指着桃树：“单名，还没发呢！”

王献之脱口而出：“姑娘叫桃叶？”

桃叶笑了：“先生猜对了！”

王献之回家以后，桃叶的影子总挥之不去，便写了一首《桃叶歌》：

桃叶复桃叶，桃叶连桃根。
相连两乐事，独使我殷勤。

桃叶的团扇很快便被人买走了。她为自己留下了一把，面对团扇，天天思念，便写

了一首《团扇歌》：

七宝画团扇，灿烂明月光。
与郎却暄暑，相忆莫相忘。

冬去春来，王献之将写给桃叶的诗托友人送到了桃花渡，得知卖砚老丈已经辞世，桃叶自幼定的娃娃亲，男方也已病死。婆家按当时的陋俗，夜间派人将她抬到一座新坟旁边，进行所谓的“婚丧”。

桃叶又气又恨又怕，她拼命挣脱了绳索，撕下身上的嫁衣，一面哭着一面向桃花渡奔去，想跳进秦淮河里了此一生！

这一天正是三月初三，王献之按卖砚老者所说，前往桃花渡洗砚时，看到了正欲投河的桃叶，便把她拦住了，又找来一只小船，扶桃叶上了船。

就在桃花盛开的日子里，二人结成了秦晋之好。

3

李白离开桃花渡后，去了秦淮河南岸。这是一片民吏杂居的街坊，分为大长干和小长干，人口稠密，十分热闹。

李白刚刚走到大长干，就听到了一阵悠扬而动听的歌声，他连忙挤进人群，看到一位十五六的小歌姬，在琴师的伴奏下，正在唱《杨叛儿》。她被人群围着，唱得声情并茂，叩人心扉。待她唱完了，有的人往老琴师的琴盒里丢了几个钱，但多数人都扬长而去了。

一曲终了，李白仍然站在那里。

老琴师一边收拾木凳，一边说道：“这位小哥，天已不早了，想听歌，明天再来吧！”

李白指着小歌姬说：“老伯，我叫李白，我想为她写一首新歌。”

他说的新歌，是指新作的歌词，仍然沿用原谱演唱。

老琴师听了，十分高兴，说道：“惠双这孩子的嗓音好，记性强，可就是缺少新词。”又转身对惠双说道：“还不谢谢这位小哥！”

惠双听了，连忙弯下腰，甜甜地笑着说道：“谢大哥哥。”

因为身边没有申义了，身边没有笔墨，无法书写，他有些焦急。老琴师说道：“我家就住在长干街上，若不嫌弃，请这位小哥到寒舍书写如何？”

李白听了，便跟着二人去了一座粉墙黛瓦的小院。

趁着老琴师陪着李白品茶的空儿，惠双麻利地将文房四宝放在了桌子上，她嘴角上绽放着笑容，眸子里光泽流盼，恭恭敬敬垂手立在旁边。

李白走到桌前，来回踱了几步，并未落笔。

惠双悄悄走过去，轻甩长袖，翩翩而舞，边舞边唱。她唱的是一首汉乐府中的《上邪》：

上邪！我欲与君相知，长命无绝衰。

山无陵，江水为竭，冬雷阵阵，夏雨雪，天地合，乃敢与君绝！

悠扬的歌声触动了李白的灵感，他提起笔来，“刷刷刷”写下了一首《长干行》。在老琴师的伴奏下，惠双轻轻唱道：

妾发初覆额，折花门前剧。
郎骑竹马来，绕床弄青梅。
同居长干里，两小无嫌猜。
十四为君妇，羞颜未尝开。
低头向暗壁，千唤不一回。
十五始展眉，愿同尘与灰。
常存抱柱信，岂上望夫台。
十六君远行，瞿塘滟滪堆。
五月不可触，猿声天上哀。
门前迟行迹，一一生绿苔。
苔深不能扫，落叶秋风早。
八月蝴蝶黄，双飞西园草。
感此伤妾心，坐愁红颜老。
早晚下三巴，预将书报家。
相迎不道远，直至长风沙。

第二天，惠双就在大长干上唱起了这首《长干行》。谁知此歌一出，立即传遍了秦淮两岸，继而传遍了全城，李白之名，全城皆知，金陵为之纸贵！

4

人怕出名猪怕肥。加之风流倜傥，才华横溢，性情豪放，能诗善赋，金陵城里的公子哥们，都像众星捧月般地聚拢到李白的身边。他们有的是慕名而来，专门来结识这位诗名远播的四川才子，属时尚粉丝；也有的抱着自己的诗稿，请李白赐教，属铁杆粉丝。不过，结识和“赐教”之后，少不了要“薄酒相待”一番，他们或品尝金陵的佳酿珍肴，或欣赏歌姬们的舞姿，或坐着画舫，品味秦淮河的房舍、灯火，总之，不到尽兴，绝不散席。

当然，佳酿珍肴和听歌观舞的开销，埋单的都是李白。

有一天，一个叫徐风的举子抱着自己的文章，来到了长干客栈，说是要拜见四川才子李白。店家见他衣着寒酸，便不许他进店。李白正与几位诗友在楼上谈论诗词，听见楼下争吵，问明情况后，便将徐风接到了楼上。

原来，徐风是位举子，因家中贫寒，凑不齐去长安参加科考的盘缠，只好靠为店铺题写招牌和匾额维持生计。李白听了之后，说道："人世间什么事都可耽误，就是功名的事不能耽误！"说完，他解囊相助，当场将身上的一千二百钱全部给了徐风！在众人的赞扬声中，徐风感动得泪流满面。

有些人见李白出手阔绰，撒金如土，便打起了他的主意。金陵城里有几个赌徒，他们以请李白去听歌为名，设笼子，搞起了赌博游戏，李白一夜竟输了一千六百金！

惠双听说了此事后。她劝告李白今后切切莫与那些无赖们混在一起，还说："大哥哥若想听歌，就来我家里听罢！"

李白听了，果真去了大长干的那座小院。

李白想为惠双再写一首新歌，他问惠双："你喜欢哪首歌？"

惠双想了想，说道："最喜欢《杨叛儿》！"

李白点了点头。

在古辞中，《杨叛儿》只有二十个字，李白不拘一格，改成了四十四个字，写完了，他念给惠双听了。惠双高兴地拍着双手，说道："大哥哥的这首《杨叛儿》，写得太好了，写到我的心里了！"

为了表示谢意，惠双向李白连敬了三杯酒。李白的酒量很大，人称"海量"，这种黄酒入口糯甜，醇香，便杯杯见底。

惠双一边为他斟酒，一边说道："家中没有好菜，我为大哥哥唱首歌，以歌佐酒吧！"说完，便拿起李白刚刚写完的《杨叛儿》，边舞边唱起来：

君歌《杨叛儿》，妾劝新丰酒。
何许最关人，乌啼白门柳。
乌啼隐杨花，君醉留妾家。
博山炉中沉香火，双烟一气凌紫霞。

在委婉缠绵的歌声中，李白一碗接着一碗地喝着，罐子渐渐见底了。他觉得身上开始发热，便挽起了衣袖。一阵清风从秦淮河上拂来，他连说"好风，好风……"身子有些把持不住，便伏在桌子上了。

善解人意的惠双，将他扶到了木榻上，温柔地守在他的旁边。在鼾声中，李白便跟随着周公捕蝴蝶去了……

这一夜，对李白来说，是非同小可的一夜。在这一夜，也许发生了什么，也许什么都没发生。李白就像守护李氏家族的秘密那样，一千多年来，他对自己的这段隐私，从未向外人透露过一个字！

不过，也有野史逸闻提到过李白的“一夜情”。

今天，一些红极一时的星们，把自己的隐私甚至是精心炮制的所谓隐私，当成了一种无形资产，诸如谁谁傍了个大款，谁谁拜了个干爹，有人出轨被狗仔队录了影，有人心甘情愿地当了小三，某某抢走了别人的老公，某某将情敌告上了法庭，某某否认出国整容……总之，隐私曝光的频率越多，知名度就越大，丑闻传得越广，出场费的价码也就越高！

李白，对自己的这段隐私既不承认，也不否认，更不发表严正声明。是名副其实的“淡定哥”！

李白的下一站，是扬州。

李白要离开金陵的消息传开后，城里的文朋诗友，豪绅子弟，还有秦淮河畔的歌姬舞女们，他们拥簇着李白来到了白鹭洲旁边白鹭酒楼，宾、主频频举杯，几位得了李白新词的歌姬，在席间边唱边舞，以表达离情别意。

几位才俊现场赋诗，倾诉了各自的惜别之情，李白也诗兴大发，当即写了一首《金陵酒肆留别》：

风吹杨柳满店香，吴姬压酒唤客尝。
金陵弟子来相送，欲行不行各尽觞。
请君试问东流水，别意与之谁短长？

李白在忙于应酬的同时，目光不时地在人群中巡视，他有些失望，一种无名的惆怅悄悄爬上了心头。窗子外边，是一片如水月光，再远处，是浩浩荡荡的长江。忽然，从远处传来了一阵熟悉的歌声，仔细听时，分明唱的是那首《杨叛儿》……

5

一到扬州，李白便被那里的风情惹得眼花缭乱了。

李白在瘦西湖上泛舟，在二十四桥漫步，游遍了扬州的十景，像在金陵一样，也结识了一些名流文士。

其中，江都县丞的孟少府，就是其中一个。扬州自古出佳人，在扬州的花花世界里，美姬佳丽是他身边一道移动的风景线。而他风流倜傥的仪表和豪放不拘的秉性，以及毫不吝啬的风度，更是她们纷纷追逐的猎物。

有一天，他游城外的大运河时，一只从姑苏来的商船停泊在码头上，从船上鱼贯走下十多位年轻女子，她们或持笙，或抱琴，说说笑笑地从李白的身边经过，上了停在旁

边的两辆十分考究的马车。马车驰过后，半空中留下了一阵幽香。

陪他出游的孟少府告诉他说，姑苏的美姬名媛不但比扬州多，而且出落得更为光彩照人。而扬州的盐商众多，家家富可敌国，一位在家赋闲的漕运使，府中竟蓄养家妓四十余人！这些正值妙龄的女子，是去为一位盐商祝寿的！

李白望着绝尘而去的马车，当即决定，明天就买船去姑苏！游完姑苏后再回扬州小住。

第二天一早，他就乘船去了姑苏。

姑苏，北枕长江，东临大海，西滨太湖，是春秋战国时期吴国的都城。吴、越两国的恩仇纠葛，早已成了人们茶余饭后的谈资了。

当年吴国国君阖闾乘越王允常之死，勾践刚刚继位之机，突然出兵伐越，结果被越国打败。吴王阖闾因伤而死。夫差继承王位后，在相国伍子胥的辅佐下，修筑都城，练兵备战，终于打败了越军，报了杀父之仇，并令勾践夫妇在吴国为奴。勾践表现得十分驯服，以迷惑夫差，相国范蠡在国内发展农桑、秘密练兵的同时，又从越国挑选了一些美女和珠宝，贡献给了夫差，以示忠诚。夫差不听伍子胥忠告，将勾践夫妻放回了越国。

越国经过了十年生聚，十年教训之后，国力渐强。勾践利用夫差率吴军攻打晋国的机会，突然发兵攻陷了吴国都城姑苏，攻进姑苏台，俘虏了吴国的太子！

夫差从北方撤军回来后，看到都城已破，便派人乞求勾践，给他留下一条生路。范蠡不许，夫差长叹了一声，在脸上裹了一条大巾，抽出了那把从不离身的“王夫差自作其用”宝剑，自刎而死！

作为一心要匡扶天下的李白来说，凭吊吴越争霸遗留下来的旧迹，是他游览姑苏的首选。

抵达姑苏的当天，李白就登上了姑苏台。

姑苏台坐落在姑苏山上。当年是吴王夫差所建，历时三年建成。姑苏台横亘五里，耗费了巨大的财力和人力，外有禁军把守，内有宫姬数千，夫差又命人在台上筑了一座天池，另造一艘青龙舟于天池之中。青龙舟上满载着能歌善舞的娇娃。夫差和西施在舟上观舞听歌，嬉戏达旦，类似当年纣王的肉林酒海翻版。在西施这位绝代佳人兼超级间谍的石榴裙下，夫差早已忘记了对越王勾践的防范。当他对齐国交战失利后，便匆忙赶回了姑苏，但一切都迟了，不但都城姑苏被越军所占，不可一世的夫差，也像许多荒淫无耻的君王一样，落了个刀下之鬼！尽管君王们的死法不尽相同，但他们留给后人的启示却是一样的。

望着姑苏台上的废宫残阙，李白感触颇多，他写了一首《越中揽古》：

越王勾践破吴归，义士还乡尽锦衣。

宫女如花满春殿，只今惟有鹧鸪飞。

走下姑苏台后，李白又回头看了看，在夕阳的余晖中，几只昏鸦在台上“呱呱”地啼叫着，台上的断墙残壁渐渐变得模糊不清了，他又吟哦了一首《乌栖曲》：

姑苏台上乌栖时，吴王宫里醉西施。
吴歌楚舞欢未毕，青山欲衔半边日。
银箭金壶漏水多，起看秋月坠江波。
东方渐高奈乐何？

如今，吴王夫差和越王勾践都已作古，战胜的越国和战败的吴国也已消亡，他在诗中感叹繁华转眼而去，盛世难以久远，隐约表达了对大唐王朝的规劝和讽喻。

6

从苎萝山下的西村走出来的西施，乳名夷光，自小就学会了养蚕、纺纱、刺绣，稍大后常在村外的若耶溪中浣纱。

自从越国被吴国战败之后，越王勾践和夫人作为人质留在了吴国，勾践为夫差牵马，夫人为夫差之奴，越国国事便由宰相范蠡和大夫文种打理。勾践夫妇为了能获得自由，赎身回国，在吴国受尽了凌辱，他们在夫差面前，鞍前马后，曲意迎承。夫差生病时，勾践竟亲自尝粪验病，以表忠贞不贰。

有复国之志和治国之才的范蠡，在文种的配合下，从越国全国挑选了数百美女，又从数百美女中挑选出西施等三位美媛，经过宫中知识的严格培训，作为越国贡献的礼物，献给了夫差。

西施不愧为天下独一无二的美色，她一到姑苏，便把夫差的魂魄征服了。这位越国的超级间谍不辱使命，将吴国重要的军政情报源源不断地传回了吴国。正是因为有了西施，勾践才得以回到越国。他采纳了范蠡的建议，卧薪尝胆，奋发图强，国力大增。他趁着吴国出兵讨伐齐国之际，从背后来了一次“突然袭击”，发兵攻破了都城姑苏，终于雪了当年之耻！

勾践再次登上了国君之位，他对复国灭吴的有功之臣进行了封赐，而为复国牺牲了青春的西施，却被勾践夫人秘密处死了，罪名是叛国投敌！其潜台词是：这个狐狸精，既然能迷惑夫差，也能迷惑勾践！于是将西施装进了一只羊皮袋子，趁着夜色，将她抛进了深不见底的太湖！

范蠡无疑是灭吴复国的头号功臣，他知道功高盖主意味着什么，在封赐的前夕，他驾了一只小船飘然而去，他还给自己的同乡、挚友大夫文种写了一封信，劝他尽早离开越国：

飞鸟尽，良弓藏，狡兔死，走狗烹。

越王为人长颈鸟喙，可与共患难，不可与共乐。子何不去？

文种当时不信，可是没过多久，勾践便找了个理由，扔给他一柄宝剑，赐他自刎而死了！

世人关心和同情的，还是这位美丽、善良的西施姑娘。对于她的去向，也就有了不同的说法。有人说，她被投进了太湖后，被一位打鱼的艄公所救，在太湖之畔隐居下来了。

还有的说，范蠡已料到了勾践夫人的阴谋，他悄悄驾着小船来到太湖，救起西施后，二人由湖转海去了齐国，隐姓埋名，自称陶朱公，在齐国做生意而成为巨富。他不愿在齐国为官，将全部财产救济了贫困百姓，和西施在平淡无奇的岁月中度过了余生……

假若这不是真的，也是一个美丽的谎言。

7

李白在若耶溪边，找到了西施当年浣纱的青石板，他看到一群采莲女说说笑笑从他身边走过。她们清纯可人，眉目俊秀，肤色白皙，装束外露，不着鞋袜，并不回避陌生之人。便轻声吟了一首《采莲曲》：

若耶溪旁采莲女，笑隔荷花共人语。
日照新妆水底明，风飘香袂空中舞。
岸上谁家游冶郎，三三五五映垂杨。
紫骝嘶入落花去，见此踌躇空断肠。

吴越的女子，不像四川的女子受礼教所束，语不高声，笑不露齿，她们热情、大方，性格外向，又楚楚动人。就在李白浮想联翩的时候，采莲女笑盈盈地说道："想吃莲蓬吗？自己上船去采吧！"说着，将一只小船推到了他的身边。

李白十分高兴，他刚刚坐上采莲船，采莲女从后面将小船猛地一推，小船便飘悠悠地漂出去了二三丈！

船上无桨，小船像一片莲花叶子，无根无系地在水面上漂荡着，无法掌握。他看到采莲女们以手代桨，边划水边采莲，小船在她们身子底下忽前忽后，行止自如。李白也学着她们的样子，双手当桨，划起水来。当他刚刚伸手去采一朵莲蓬时，身子一歪，小船倾斜，"扑通"一声，小船翻了，他也掉进了湖里，成了一只落汤鸡！惹得采莲女们开怀大笑起来。

乐观开朗的采莲女们，一边采撷湖中的莲蓬，一边唱着吴越民歌，遇到经过的客船时，她们嬉闹着将莲蓬扔过去的同时，又撩起湖水将客船上的乘客溅了一脸，满湖都是歌声笑语！

吴越风情陶冶了李白的浪漫情操，他一口气写下了五首《越女词》：

长干吴儿女，眉目艳新月。
屐上足如霜，不着鸦头袜。

吴儿多白皙，好为荡舟剧。
卖眼掷春心，折花调行客。

耶溪采莲女，见客棹歌回。
笑入荷花去，佯羞不出来。

东阳素足女，会稽素舸郎。
相看月未堕，白地断肝肠。

镜湖水如月，耶溪女如雪。
新妆荡新波，光景两奇绝。

第一首写的是吴越女子的容颜和衣着打扮，第二首是写吴越女子对爱情的大胆表露，第三首写吴越女子藏在荷花深处，娇羞得如同绽开的荷花，第四首写吴越女子的缠绵相思，第五首写的是吴越女子的容貌之美。

吴越之游，是李白一生中最为快意的一段日子，遗憾的是，太过短暂了。

第九章

扬州两重天：腰缠万贯的公子哥成了一文不名的穷光蛋；到了安陆，上演了一出“窈窕淑女，君子好逑”的轻喜剧。

两人对酌山花开，一杯一杯复一杯。
我醉欲眠卿且去，明朝有意抱琴来。

——《山中与幽人对酌》

1

正在江南欣赏吴越风情的李白，突然接到了友人孟少府派人送来的一封信，信上说，扬州太守翟修即将离任，离任之前，他将向朝廷推荐一些才学兼优的有识之士，以彰显他在扬州任上的政绩。这是一次干谒的大好时机，嘱他千万不可错过。

虽然李白迷恋吴越风光，但他更渴望跻身仕途，以实现辅佐君王，成就一番事业的雄心壮志。机不可失，时不我待，他连忙收拾行李，准备返回扬州。可是，当他打开行李时，一下怔住了，行李中的钱还不够租一只快船的船资！

他当机立断，将剩下的钱雇了一只仅能容纳一人的小船，当夜便拔锚出发了。

当他满怀希望地赶到扬州时，看到太守署衙的一些官员和兵卒正在向车上搬运箱笼。李白觉得自己十分幸运，来得正是时候，若再晚一步，太守就离开扬州了！

李白在署衙找到了一位当值的年轻官员，将自己的名刺和诗赋、文章递了过去，说道：“我是专程前来拜谒太守的。”

那位官员有些为难，说道：“你怎么现在才来呢？太守马上就要起程了，恐怕来不及看你的大作了。”

李白急了，连忙说道：“我叫李白，是从四川来的，请你帮个忙，向太守通报一声！”

也许这位官员听说过李白这个名字，他点了点头，拿着李白的名刺和文稿进了署衙的前厅。

不一会儿，一位四十多岁的推官匆匆走出来。他冷着脸，打着官腔，问了李白的出身、父祖的职业之后，似笑非笑地说道：“你父祖一辈，在西域经商，母亲胡人，不属世家子弟，祖上亦无功名，恐怕——”他停顿了一下，接着说道：“过去，从西域来到中原的胡杂，朝廷有令，不许骑马，不许穿绸缎！如今我大唐已放宽了禁令，这是朝廷的恩泽。”

李白听了，真想朝他扇一记耳光！但他忍住了。

推官翻了翻李白的诗歌，接着说道：“当今朝廷正是用人之际，待太守看了你的大作之后，便会向朝廷上表举荐，决不会埋没人才，请你回去等待吧！”

李白听了，如迎面泼来一盆冷水！他不但未见到这位离任的太守，还被推官奚落了一番，没等推官说完，他便拂袖而去了。

自出川以来，李白干谒了多少权贵、名流？已记不清了，但这次干谒，让他既愤慨无奈，又心灰意懒。

也许来扬州的路上过于劳累，又遇风寒，李白回到上次来扬州住过的淮扬客店后，便病倒了。他觉得自己的四肢软绵酸痛，浑身发烫。他想起了埋葬在洞庭湖畔的申义，难道自己会命丧扬州？他在床上整整躺了三天三夜，粒米未进，只喝了店小二送来的一壶茶水。

店小二是个憨厚的小后生，看样子不过十六七岁，干起活来手脚麻利。他悄悄告诉李白，隔壁药铺里有位八十岁的老郎中，精通医道，是不是请他来诊一诊？再抓几服药，熬汤喝下，病就会好的。

李白摇了摇头，因为他付了来扬州的船资之后，实在拿不出钱请医抓药了！

店小二说：“我认识那位老郎中，诊脉抓药的钱先赊着，等你的病好了，再还他。”

李白点了点头，他十分感激这个热心快肠的店小二。

到了晚上，店小二将九包药料提到李白床前，他说：“老郎中认定你是受了风寒而起的病，服了这几服药，身上的病就好了。”

自出川以来，李白接触的不是官吏，就是诗朋文友和富家子弟，再就是歌姬舞女，很少与店小二这些底层小民接触。他觉得这位店小二不但可信，而且可亲，心想，如果自己未来发迹了，一定要好好报答他！

第四天，李白觉得肚子里“咕噜咕噜”直响，他觉得饿了，便披衣下了床。

屋漏又逢连阴雨。李白刚要出门，客店老板就来要店钱了，他说：“李公子，你已经五天欠交店钱了，房钱十贯，饭钱三贯。一共十三贯钱。”说完，脸上堆着笑，谦卑地站在旁边。

李白：“在下的盘缠已经用完，请先记在账上吧！”

店老板：“公子是开玩笑吧？上次你来扬州，腰缠万贯，身边朋友，哪位不是财大气粗的人！只要公子发个话，他们还不争着送钱来？”

店老板说的是实话，当时李白花钱如流水，身边的朋友天天围着他转，但如今却是人去茶凉！他最危难的时候，朋友们却成了缩头乌龟，连个照面都不肯打了！

商人重利不重义。店老板冷笑着说：“今天不交店钱，就留下行李净身出店，三天后送钱来，取行李！”

李白既身无分文，又无人伸来援手，只好苦苦央求，请店老板再宽缓几天。

“好吧，许你再住三天，若三天后再不交店钱，就休怪敝店不给公子面子了！”说完，转身走了。

店老板走后，店小二悄声对李白说道："你上次来扬州，天天高朋满座，日日设宴摆酒，花钱如流水，如今倒好，没有一个——算了，不说这些了，老板说了，许你再住三天，这三天店里就不供伙食了！"

李白听了，一筹莫展。

店小二又说："不知公子有没有可当的东西？前街上就有一家当铺。"

李白听了，连忙打开书箱，书箱里除了文房四宝，就是他的诗稿了。诗稿再多，也变不成钱，抵不了债啊！况且他把这些诗稿看得比自己性命还要重！剩下的就是那把随身佩带的"龙泉"剑了。他游吴越时，发现那里出产的宝剑，精美优良、价值连城。自己的这把宝剑当不了几个钱！再说，这把宝剑是父亲留给自己的，决不能送进当铺！

他又打开了行李，看看有没有多余的衣服可以送进当铺，忽然，他看到了一个羊皮荷包，那不是申义临终时交给自己的吗？里边装着什么？

他拆开荷包的麻线才发现，羊皮荷包里有一只雪白的玉镯和一枚金簪！

儿行千里母牵心。李白知道，手镯和金簪，是申义的母亲出嫁时的陪嫁物，这是她为出门在外的儿子危难时救急用的！今天，却成了自己的救命之物！

他又想起了申义当年向自己发的牢骚："你花钱如撒土，就是有座金山，也有坐吃山空的时候！"

他后悔当时把申义的话当成了耳旁风，眼泪夺眶而出。他将玉镯和金簪交给店小二，让他送到了当铺。

店小二回来后，李白便托他付清了郎中的诊治药费，交清了店钱，又喝了一大碗稀粥，便早早地睡了。

睡到半夜时，他突然被自己的喊声惊醒了。原来他做了一个梦，梦见自己回到了青莲乡，见母亲坐在树荫下，正在一针一线地纳鞋底。李白刚刚叫了一声"娘"，便醒了。

他又闭上眼，想继续刚才的梦，想在梦中看看母亲的头发又白了多少？试试她为自己做的新鞋合不合脚？但破了的梦，再也无法接起来了！他轻轻地叹了口气。此时，周围十分寂静，月光从窗口射进来，将地上照得明晃晃的。月光勾起了他对家乡和亲人的思念，便披衣下床，借着月光，写下了一首《静夜思》：

床前明月光，疑是地上霜。
举头望明月，低头思故乡。

这首看似浅白无奇的绝句，且不合乎作诗的规则，因为在四句诗中，不但有两个"头"字，还有两个"明月"。但因为这是诗人真情实感的倾诉，能扣动读者的心弦，引起心灵的共鸣，终于成了妇孺皆知、家喻户晓的千古绝唱！

2

干谒无成，贫病交加的李白，忽然想起了当年在青城山，追随赵蕤隐居学道的日子，那时无忧无虑，可登山望远，可临水照影，可放歌长啸，可打坐诵经，该有多么快活！于是，写了一首题为《淮阳卧病书怀寄赵蕤征君》的五言古诗，寄给了远在蜀中的赵蕤：

吴会一浮云，飘如远行客。
功业莫从就，岁光屡奔迫。
良图俄弃捐，衰疾乃绵剧。
古琴藏虚匣，长剑挂空壁。
楚怀奏钟仪，越吟比庄舄。
国门遥天外，乡路远山隔。
朝忆相如台，夜梦子云宅。
旅情初结缉，秋气方寂历。
风入松下清，露出草间白。
故人不可见，幽梦谁与适。
寄书西飞鸿，赠尔慰离析。

就在李白走投无路的时候，一个人的出现，改变了他的命运。

李白在淮阳客店住到第五天，正准备离开客店时，店小二连蹦带跳地来到李白的客房，告诉他说："有位官员，前来看望公子。"

李白连忙问道："是哪位官员？"

店小二摇了摇头："是位骑马来的官员！"

李白还想再问时，见店老板陪着一位年轻官员登上楼来，还没进门，那位官员就笑着说道："听说太白贤弟已从吴越回到了扬州，下官特意赶来拜访。"

李白一看，原来是江都县丞孟少府。自己初到扬州时，他曾陪同自己畅游扬州全城，还打算邀他去江都小住几天，因李白向往吴越心切，未能成行。他连忙说道："承蒙孟兄抬爱，在下不胜感激。"

陪在旁边的店老板，脸上堆着笑容，说道："孟先生光临敝店，是敝店的荣幸，我已命人备下荡酒，请孟先生赏脸。"

孟少府摆了摆手："不必打扰，我已在瘦西湖备下了酒菜，为太白贤弟洗尘。"说完，拉着李白就下了楼。

孟少府是从江都专程赶来的。他这次来扬州，并非与李白谈诗论赋，也不是邀他去江都游览，而是受人之托，前来做媒的。

二人坐在临湖的雅室里，先各叙了分手之后的经历，李白还取出在吴越写的诗歌，请孟少府“斧正”。孟少府看过之后，连声说道：“好诗，好诗，太白贤弟不虚吴越之行啊！”

李白未提干谒翟修遭遇的尴尬经过。喝了几杯酒之后，孟少府把话题一转，笑着问道：“太白贤弟今年贵庚？”

李白：“愚弟今年二十五岁，孟兄今年——”

孟少府：“在下比贤弟虚长两岁。”

李白：“府中有——”

孟少府：“内室柳氏，还有一子一女。”他反问李白：“贤弟家中还有何人？”

李白：“除两位高堂之外，家中还有兄嫂和弟妹。”

孟少府：“夫人留在四川？”

李白轻轻叹了口气，说道：“干谒不顺，事业未成，又非出身世家，怎敢成家？”

孟少府听了，忽然朗声大笑起来：“此事太巧了，愚兄受人所托，一位安陆城的许姓亲戚，家境优越，身边只有一个女儿，人品相貌出众，虽有多人聘媒提亲，但都被拒于门外，至今仍然闺字待嫁。贤弟如若有意，愚兄愿意去安陆做媒！”

李白听了，有些迟疑。

接着，孟少府介绍了许家的情况。

湖北安陆的许姓人家，是世代簪缨的名门望族。钟鸣鼎食之家。其祖许诏，是唐高祖李渊的同窗好友，祖父许圉师，是唐高宗李治的宰相，父亲在唐中宗朝任过员外郎。

许家虽是豪门大户，但人丁不旺，许员外只有一个独生女儿，芳名双桂，因她出生在八月，那年适逢闰八月，八月桂花盛开，故而为她取名许月。许月姑娘知书达理，贤淑俊秀，因高不成，低不就，便耽误了豆蔻年华。今年已有二十五岁了，仍未择婿。

当年的大唐，女子在这个年龄未嫁，算是标准的“剩女”了！

李白仍然迟疑，他迟疑的不是许家的背景，而是自己的出身和社会地位：父辈西域经商，母亲是个胡人，按现代医学理论，他身上有百分之五十的胡人血统，他是一个典型的混血儿！

还有，自己除了饮酒、学道、交友、舞剑之外，一事无成！成家后如何养活眷属？想来思去，只好知难而退。他说：“谢谢孟兄的一番美意，待愚弟干谒有了眉目之后，方敢谈论婚娶之事。”

孟少府已猜透了他的心思，说道：“贤弟，你已干谒过多位官员名士，均未奏效。在下以为，干谒官员，要因人而异，切切不可‘病急乱投医’。有的人虽然身居高位，也都标榜自己举贤荐才，但又有几人是真心实意向朝廷举荐人才的？大都是为了自己而做做样子，装点门面，应付朝廷而已！”

李白觉得他的这番关于干谒的感慨，颇有同感，不论是在四川，还是到了中原，他曾干谒过许多官员。他们都曾赞许过他的才华，也都许诺过要向朝廷举荐，但到头来还不都是竹篮打水一场空！

见李白半天无语，孟少府接着说道："依愚兄所见，这门亲事若能成功，贤弟则是许家之婿，可通过许家途径，直接干谒朝中重臣，说不定还能直达天庭呢！"

直达天庭，就是将他的诗赋文章，直接送到皇帝手中！

孟少府的这番劝说，启发了李白，他连忙问道："要是提亲被拒呢？"

孟少府胸有成竹，说道："贤弟尽管放心，此事，十有八九可成。"

李白平时说话，侃侃而谈，口若悬河，现在，说起话来都有些结结巴巴。他说："此事，就拜托——孟兄了。"说完，端起酒杯："我再敬孟兄一杯，以表谢意。"说完，不等孟少府举杯，他便一饮而尽了。

孟少府忽然想起了什么，说道："此乃大事，不可空口无凭，贤弟需奉上一件信物为好。"

除了身上的宝剑和手边的诗稿，李白身边并无稀罕之物。孟少府忽然看到了他腰间佩戴的一块玉佩，连声说道："信物有了，信物有了！"

李白连忙解下玉佩，双手递给了孟少府。

3

热心快肠的孟少府怕夜长梦多，便准备了一辆双马快车，他和李白晓行夜宿，只用了不到七天，于开元十四年（726 年）秋，便抵达了安陆，先住进安州客栈，等候许家的回音。

安陆县归属安州府，安州府的地理位置颇为重要，它地处京师长安东南，在东都洛阳的西南，是岭南、江浙一带进入长安的门户。唐太宗即位后，将安州定为都督府，许家在安陆城里是首屈一指的豪门大户。

孟少府是位十分称职的大媒。他从许家朱漆大门中走出来，直奔安州客栈，见到李白的第一句话就是："我要喝喜酒！"

李白知道，许家已经应允了婚事。

孟少府告诉李白，在长安任上的许员外，写信告诉夫人严氏，女儿的婚事由夫人做主即可。严夫人虽未见过李白，但她相信孟少府。不过因出嫁是女儿的终身大事，她需去征询女儿的意见。

严夫人一进女儿的闺房，心里就笑了。因为许月正在俯案抄写什么，她走近一看，原来女儿抄写的正是李白的那首《宣城见杜鹃花》。

严夫人心中已经有数了，她问许月："儿呀，四川的李白公子，托人前来提亲，为娘的如何回复人家！"

许月听了，顿时羞得面如桃花。她既不点头，也不摇头，只是以手掩面，无声地笑着。

严夫人又问了一句：“你倒是说话呀！”

许月轻声说道：“我听娘的，娘说好，便好……”

严夫人笑了，孟少府也放心了，这门亲事就这么定了。

踏破铁鞋无觅处，得来全不费工夫。李白远在四川，许月住在安陆，二人相距千里，千里姻缘一线牵，这是缘分，也是上苍的安排。

不过，孟少府心里并不踏实，严夫人在答应亲事的同时，提出了一个唯一的条件：李白要入赘许家！也就是上门女婿。

男子入赘女家，当时对男子来说，是一件很没有面子的事，甚至还会遭人白眼，李白愿意吗？他不敢隐瞒，要把自己的顾虑告诉李白。

他说：“太白贤弟，‘窈窕淑女，君子好逑’。不过有件事愚兄不得不说，若贤弟认可了，这门亲事才算铁板钉钉。”

李白：“什么事？请孟兄明示。”

孟少府：“许家虽是安陆大户人家，又历代为官，但家中只有许月一人，许家要求贤弟入赘，不知贤弟意下如何？”

李白听了，连声说道：“好啊，我李白仗剑远游，飘忽不定，无以为家，能与许家姑娘结成连理，许家即是我家，李白求之不得。”

孟少府听了，总算彻底放下了心。他连忙去了许府，向李白的“准岳母”报告了李白的态度。

其实，李白也听人说过，女婿入赘，民间俗称“倒插门”，是男子迫不得已的选择。但他自小受了西域风俗影响，其母又是胡人，对此并不介意，再说，按中原的风俗，子女的婚姻应由父母做主，而自己的父母不在安陆，也无法回四川征询双亲的意愿，这是中西文化在李白身上的一种融汇。

再说，西域不少国家的国君无嗣，便传位给女儿，称为女王，执掌军政大权。而在中原，若皇帝无嗣，则传位给兄、弟、叔、伯、侄，没有传位给女儿的，武则天的皇位不是高宗传的，而是夺权篡位自立为帝，是一种名不正言不顺的逆天之举。

唐玄宗开元十五年（727 年），许府张灯结彩，大办筵席，举办了隆重的婚礼。自此，这只在天际翱翔的大鹏，便在安陆收起了翅膀。

大鹏还能展翅高飞吗？

4

成婚之后，搬进许府的李白，感到自己的生活既幸福，又充满了新奇。幸福，是因为新婚燕尔，再不用四处漂泊了，他与夫人情意绵绵，恩爱有加；新奇的是，许府不但不同于自己的四川老家，也不同于中原的寻常百姓家。以每天的三餐来说，就大有讲究。进餐时要烧香鸣钟，座次要长幼有序，长辈端碗动筷，晚辈才可吃饭。每天晨昏，都要去向许老夫人请安，更令他感到新奇的是，夫妻二人相见也要相互施礼！

李白喜欢夜间读书、写诗，有一天，他正在书房里修改新诗，许月亲自送来了一碗莲藕汤，她将汤碗放在一旁凉着，见李白正在写字，她向砚池里添了些许清水，挽起衣袖，拿起墨锭，轻轻研起墨来，顿时墨香四溢。

李白怕墨汁溅到她的衣袖上，连忙去接墨锭想自己研墨，谁知许月摇了摇头，莞尔一笑，不肯松手。

李白忽然想起了一件事，有一次与朋友们在金陵聚会时，有人说，红袖添香、金榜题名、他乡逢故人，是人生的三大幸事，今天，许月陪伴自己读书、写字，不正是人生的头件幸事“红袖添香”吗？

李白想起了许家的规矩，放下笔，向许月施礼，许月也连忙还了礼。李白不由得笑了，夫妻二人朝夕相处，每见一次，都需要行礼，岂不是多此一举？他悄声告诉许月：“夫人，若无人在场时，你我相见，就不必行礼了，好吗？”

许月听了，抿嘴一笑，说道：“夫君幸亏娶的是我，若娶了皇室的公主，见面时还要行君臣大礼呢！”

李白：“在床笫之间，也行君臣大礼？”

许月点了点头。

李白：“若驸马不肯跪拜呢？”

许月：“若不跪拜，就有欺君之罪！”

李白听了吐了吐舌头，犯有欺君之罪的臣子，轻的要挨打、受罚，重的可削职、贬谪，甚至丢了性命！

许月捧起莲子汤递给李白，说道：“我也讨厌这种烦琐的礼仪，今后，若母亲不在旁边，我们就免了这种礼节！”

李白听了，心中十分感激。

会友、饮酒是李白生活中的重要内容。自成家以后，来访的客人络绎不绝，客人中既有诗友，也有慕名而来的名流，凡是客人来了，就要应酬。应酬就离不开酒。有一天，李白在客厅中与朋友们吟诗作对，推杯换盏，许月站在窗外，见他已经醉了，为了面子，仍不肯下桌，她感到心痛，急得团团转，又无能为力。客人走了之后，李白已烂醉如泥了！

许月将李白扶回内室，给他洗了脸，又为他喂了醒酒汤。李白醒了之后，感到十分内疚，他对许月说：“夫人，我今后再也不饮酒了！”

许月听了，并不相信，因为过不了几天，他又会故态复萌了！

对丈夫的这种“虚心检讨，坚决不改”的酗酒毛病，她已经司空见惯。李白为此还作了一首《赠内》，以示歉意：

三百六十日，日日醉如泥。

虽为李白妇，何异太常妻。

李白问许月："此诗如何？"

许月笑而不答。

诗中的"太常妻"，用的是一个典故。

东汉的太常卿周泽病了，正在戒斋养病。其妻前去看望他时，他认为妻子冒犯了他的斋禁，便把她关进了监狱！当时井巷流传着一首讽刺周泽的民谣：

生世不谐，作太常妻。
一岁三百六十日，三百五十九日斋。
一日不斋醉如泥。

5

许月虽出身名门，但她自小受到家风熏陶，贤淑、善良。有一天，她同李白谈起四川时，问道："夫君何时带我去拜见公婆？"

李白听了一怔，说道："你我成亲之事，因两地相距数千里，加之蜀道难行，当时尚未告诉双亲，等日后——"

没等他说完，许月就责备起李白来了："婚姻乃人生大事，须有双亲做主，若自行其是，属于逆亲，再说，按中原习俗，有'高堂在，不远行'之说，如今二老年事已高，夫君不在他们身边侍候，亦属不孝，这是夫君之错，也是贱妾之失！"

李白听她说得入情入理，觉得脸上火辣辣的，心中感到一阵羞愧，一时不知说什么才好。

为了让李白回避那些永无休止的应酬，专心致志地读书，以求未来事业有成，许月对李白说，祖父在未出仕之前，曾在白兆山的桃花岩下筑了一座别馆，是他的读书堂，馆中藏有众多书籍。那里山清水秀，又无市井喧闹，是一处读书的绝好之所，祖父进京任职之后，别馆也就闲置起来了，她说："夫君，我们搬到桃花岩暂住些日子，好吗？"

李白听了，满口答应。

许月便派人将别馆进行了修整，又里里外外打扫干净了，夫妇二人带了两名仆人，便离开了许府，上了白兆山，住进许家祖传的别馆。

许月聪明绝顶，除了善做女红之外，也读了一些诗书，能临帖练字，还擅长画兰。她陪伴李白读书的同时，还亲手料理李白的起居饮食，这使李白倍感温馨、舒心，感受到了中原女子的温柔和灵秀，也体验了"红袖添香"的真谛。他在外漫游和干谒受到的心灵创伤，在这里得到了一种慰藉和治疗。

在白兆山读书的日子，是李白一生中最为珍贵的回忆，对他生命、性格、人格和诗歌创作，都产生了深远的影响。

李白身上，体现了中西文化的三次交融。第一次交融，父亲是汉人，母亲是西域人，李白的血液中具备了中西文化的因子；第二次交融，是从西域迁回四川，第三次交融是与许月的结合。尤其是第三次交融，使李白的生命气质既具备了西方的浪漫、豪放和热情，也有了中原文化的理性、包容和博大。

李白本身，就是中西文化交融的结晶。

李白在安陆整整生活了十年。

在这十年中，他虽然也时常外出漫游，干谒官员，求仙访道，像一只漂泊不定的小船，但安陆，就是他躲风避雨的港湾。

温良谦恭的许月，先后生了一儿一女，儿子取名伯禽，乳名明月奴，女儿取名平阳。李白认为自己与月亮有一种不解的缘分：他从小就偏爱月亮，月亮常常出现在他的诗中，巧的是夫人名字中也有一个月字。他为儿子取名“明月奴”，其寓意是：儿子是侍奉月亮的奴仆！

亏他想得出来！

这十年，是他们伉俪情深、相濡以沫的十年，也是李白一生中最幸福、最惬意的十年。

第十章

初进长安，遇见一个斗鸡的毛头小儿，竟然是个五品命官！诗人的身世，成了大唐皇室的烫手山芋。

天回北斗挂西楼，金屋无人萤火流。
月光欲到长门殿，别作深宫一段愁。

——《长门怨》

1

人在白兆山上，心却在长安城里。

有一天，李白在别馆里读书时，看到了王维写的一首诗，心中不免生出几分悲凉。与自己同龄的王维，二十岁时已经考中了进士，如今已是朝廷的太乐丞了！而自己今年已有二十八岁了，却一事无成！自己虽也干谒过众多高官大员，但干谒过后，均已泥牛入海了！若再这样等待下去，就没有出头之日了，想到这里，不由长长地叹了一口气。

夫人许月十分心细，听到丈夫在书房里的叹息声，知道丈夫虽然满腹经纶，又心志高远，但却因无用之地而深深苦恼着，便进了书房，说道："夫君的心事，贱妾知道。父亲与当朝右丞相张说同朝为官，交情甚笃，是不是让父亲给他写一封推荐书？"

李白听了，心中自然高兴，但又觉得让岳父推荐女婿，总有些难以启齿，便没有立即答应。

许月似乎猜透了李白的心思，笑着说道："此事，由贱妾亲自向父亲陈情请求，请夫君放心好了。"

李白听了，笑了笑："谢谢夫人。"

其实李白并不放心，岳父已迁官东都洛阳，除非因公路过安州，才会回家看看，还不知他哪年哪月才能路过安州呢?

谁知不到一个月，一封岳父的亲笔信，就从洛阳送到了白兆山。

岳父的推荐信是写给右丞相张说的。岳父在给女儿女婿的一封信中，嘱咐李白择时入京。

就在李白接到岳父来信的第二天，又收到了师伯元丹丘的一封信，他在信中说，自己正在嵩山隐居，约他前去小住，以道会友。还说，在众多道友当中，就有玉真公主，他曾当面向玉真公主推荐了李白。玉真公主正在终南山虔诚修道，她说待她回京后，一定向皇兄玄宗皇帝推荐李白。

这两封信，都关系到李白今后的命运，李白心中无比激动。

许月在为丈夫感到高兴的同时，连夜为他准备好了行李。

第二天一大早，李白告别了娇妻儿女，踏上了北上长安的旅程。

出了安陆城之后，李白取道襄阳、南阳，经过商洛、蓝田，在路上整整走了二十八天，风尘仆仆地赶了一千五百多里，今天，终于到了大唐的都城长安。

在此之前，李白虽然去过成都、渝州、江夏、金陵、扬州等大都市，但这些都市和长安比起来，就难以比肩了。

大唐的长安城，由郭城、宫城和皇城三城组成，周长八十里，面积有一百七十多平方里！比汉代长安城大了近三倍。全城由数丈高的城墙所围，每面城墙上都设有三座城门，南面的正门是明德门，共有五条门道，其余城门均设三条门道。

大唐的皇宫位于长安城的北部。中有太极宫，正殿为太极殿，东有太子居住的东宫，西有宫人居住的掖庭宫。皇城在宫城之南，有东西街七条，南北街八条，左为皇室宗庙，右是社稷神庙。贞观年间，唐太宗为唐高祖修建了大明宫，开元年间，唐玄宗又把自己的临淄王府改建成了兴庆宫。这些宫殿，都建得飞檐丹柱，巍峨雄伟，金碧辉煌！

李白还未进城之前，就对四座高耸入云的城楼感到震撼，也感到惧怕，因为从远处望去，城楼就像一只蹲在那里的巨兽，它面目狰狞，随时准备扑向进出城门的人！

随着熙熙攘攘的人群，李白由南门进了长安。一进长安，就觉得满眼都是新奇。在又宽又长的大街上，不时有骑马而过的骑者，马蹄声“嘚嘚”响着，行人听了，连忙让路。也有豪华马车驰过，马脖子上的铜铃“滴咚滴咚”地脆响。更多的是如潮水般的行人在大街上流动着。大街两旁，是鳞次栉比的店铺，有绸缎店、首饰店、成衣店、鞋帽店、南货店、药材店，还有刀剑铺、琴箫铺、金石铺、笔墨纸张铺，更多的是一家连着一家的酒楼、饭店、茶肆、客栈，让人目不暇接。

更让李白感到难以置信的，是长安城里为什么会有那么多的人？城里除了有中原人、西域人之外，从衣着打扮上看，还有高昌人、朝鲜人、大宛人、龟兹人、日本人、波斯人，也有一些金发碧眼的外族人！

当时长安城里的人口，已经超过了一百万，是世界上规模最大、人口最多，也是经济最繁荣的超级城市！与大唐通使的国家就有三百多个！

李白顾不上欣赏城里的气派和繁华，他斜背着包袱，提着书箱，在人群中匆匆走着。因为他急于找一家落脚的客店，住下来后，就立即去拜见右相张说。刚走到朱雀台，忽然，他看见一家酒楼旁边写着“宾至如归”四个字，仔细一看，原来那里有一家名叫长安客舍的客店，心中十分高兴，便朝长安客舍走去。

“闪开！”忽然身后传来一阵吆喝之声，还没等他回过神来，只见几名汉子已冲到了他的身边，一个五短身材的汉子猛地推了他一把，他打了个趔趄，差点摔倒！

李白有些恼火，说了一句："你走你的路，我走我的路，凭什么推人？"

又有几个人呼三吆四地走过来，不由分说地将李白推到了路边上，行李也从肩上掉到了地上！推他的是一群家丁打扮的汉子，其中还有两人手里各提着一只精致的竹笼子，笼子里不是八哥和画眉，而是一只红冠公鸡！

那群汉子簇拥着一乘紫绒软舆，软舆中坐着一个十二三岁的男童，前呼后拥地从他身边走过去了。

软舆过去之后，李白还站在那里，愤愤不平地望着那群趾高气扬的长安人，心里说，哼！假如在四川遇到这种人，非让他们吃不了兜着走不可！可这是在京城长安啊！小不忍则乱大谋，还是忍气吞声去为自己干谒吧！

这时，一个十七八岁的后生跑过来，帮着李白从地上捡起行李，指着远去的那群人说道："狗仗人势！"又转头对李白说："惹不起还躲不起吗？别跟这些人一般见识！"

李白："他们是些什么人？"

后生："鸡丁，贾昌的鸡丁！"

李白："谁是贾昌？"

后生："你连贾昌都不认识？他可是长安城里红得发紫的人物啊！"

李白摇了摇头。

后生："贾昌，就是当今圣上的'神鸡童'！"

神鸡童？当今圣上的神鸡童？李白越听越糊涂了。

后生问道："想必客人是从外地来的吧？"

李白点了点头："在下刚从湖北安州来。"

后生又问："客人是进京赶考的？还是探亲访友的？"

李白："我是专程来拜访一位官员的。"

后生："不知是拜访的哪位官员？"

李白："右丞相张说。"

后生听了，吓了一大跳，他朝四周看了看，低声说道："这里不是说话的地方，你住下以后，我再详细告诉你。"说完，便帮着李白提上行李，去了长安客舍。

2

长安客舍的这个后生，和扬州淮扬客店的那个店小二一样，既热情，办事也麻利，他帮李白办完了住店事宜以后，便领着李白去了他住的房间，放下行李，又下楼去提来一壶热茶，二人便攀谈起来。他告诉李白，他叫王秋，也是湖北人，老家是黄州府，有一年长江发洪水，他家的房子倒了，家也没了，便随父母来长安投奔舅舅，后来就在长安落户了。因家中没有田地，父母以打豆腐为生，自己便在长安客舍当了伙计，混口饭吃。他问李白："你说你是来拜访张宰相的，你认识他吗？"

李白摇了摇头。

“张府的大门可不容易进呢”，王秋说：“就连正五品官员想见他，也要等上好几天呢！”

李白摸了摸衣袋里的信，信心十足地说道：“我去了，张宰相再忙，也会接见的。”

王秋说的是实话，当时执政的官员共有三人，一是左丞相源乾耀，二是右丞相张说，三是中书令萧嵩。在这三位重臣中，左丞相和唐玄宗一样，笃信道教，朝中之事凡能推的就推，推不了的就拖，“无为而治”是他的信条。中书令管兵部，其他政事皆不过问。真正主持朝政的就是右丞相张说。岳父让李白来干谒张说，算是找对了人。向他干谒，投递行卷，张府的大门一定会为李白大开的。

李白又想起了在大街上遇到的“神鸡童”，问道：“那个‘神鸡童’，今年多大了？”

王秋：“今年十三岁，你别小看他，他是朝廷的五品命官呢！”

李白听了，心里一下纠结起来了。

跟风，是一种时尚。春秋时期楚王喜爱细腰美女，于是，后宫女子皆以细腰为美，一时束腰之风盛行，宫女们为了瘦腰，有的少食或不食，有的则以锦带紧勒腰部，还有的甚至饿死在宫中！更可笑的是，一些男性官员也投楚王所好，纷纷瘦腰，走起路来如风摆柳，一个个都成了两头粗中间细的马蜂腰了！

无独有偶，齐国国君齐景公特别宠爱一位年轻妃子。这位妃子有个特点：喜着男装。每逢与国君出行，便穿男装坐在车上招摇过市，像一个俊美的少年。都城临淄的女子纷纷仿效，都以穿男装为美。结果招来各诸侯国的指责，纷纷要求周天子以“有悖”周礼为由，出兵讨伐齐国！吓得齐国国君连忙下令：“女子一律身着女装，若有违者，严惩不贷！”

时到大唐，玄宗是个喜好时尚的天子，他不但喜爱吹笛弄箫，也喜爱击鼓，还能作曲，编舞。他根据西域的羯鼓舞，创制了《霓裳羽衣舞》，还亲自指导宠妃杨玉环出场表演，他在旁边吹箫伴奏，成为中国舞蹈史上的一绝。若大唐也有文学艺术界联合会的话，主席必然是玄宗皇帝的，杨玉环则是舞蹈家协会主席的不二人选！

前几年，玄宗喜欢上了马球，也就是骑在马背上击球，于是，全国掀起了一阵马球热，官员们不但都爱看马球比赛，也常常进场大显身手。

这几年，玄宗又爱上了斗鸡，于是斗鸡之风又成了长安城的热门话题。

上行下效，朝野一时斗鸡成风。玄宗还下诏，为了让百官在休假日（每旬休假一天）尽情游乐，从员外郎到宰相各赐钱五千，用以斗鸡、跑马。斗鸡坊其实是大赌场，长乐坊的斗鸡最为热闹，赌注往往成千上万！

据说，玄宗在一次出巡云龙山时，看到一个十多岁的男孩正在逗弄一只斗鸡，动作十分娴熟，那只斗鸡好像他手中的兵器，连续斗败了六只鸡，其中一只被它啄死，另一只受伤，躺在地上站不起来了！

这个善于斗鸡的男童就是贾昌，家住长安的宣阳里，其父是杀牛的屠户。贾昌虽然斗大的字不识半升，但对斗鸡却有天生的悟性，街坊都叫他“神鸡童”。

玄宗十分喜爱这个“神鸡童”，并下诏将他召入专门饲养斗鸡的鸡坊，负责训练皇家的斗鸡，还特别下令：命贾昌为斗鸡吏，并赐他朝服。他虽不上朝议事，却是响当当的大唐正五品官员！经常陪玄宗去华清池温泉沐浴。贾昌的父亲死在贩牛的路上，朝廷派出官员，千里迎回灵柩。这是朝中正五品官员享受不到的特殊待遇！

王秋还特意抄来了一首在长安流传的《神鸡童谣》：

生而不用识文字，斗鸡走马胜读书。
贾家小儿年十三，富贵荣华代不如。
能令金距期胜负，白罗绣衫随软舆。
父死长安千里外，差夫持道挽丧车。

李白听了，心中愤愤不平。他听说在西北边陲戍边的将士们，因缺少马匹，将士们只好在风沙中徒步行军。而长安的马匹却用来击球！天下有多少人寒窗苦读十年，还不如一个斗鸡的小儿！这太不公平了！于是，他取出纸笔，写下了进京后的第一首诗：

路逢斗鸡者，冠盖何辉赫。
鼻息干虹蜺，行人皆怵惕。

3

李白刚刚走到大雁塔旁边，就看到远处有一座气势不凡的府第，高高的围墙，朱漆的大门，门楣上写着“张府”两个泥金大字。门两侧安放着一对一人高的石狮，石狮旁站着两名佩刀的士兵。

在离开长安客舍之前，王秋告诉李白，去张府投递行卷，一要赶早，二要运气好，因为右丞相的公务实在太忙了，在署衙处理不完的公事，就带回张府处理，接见外地来的官员和来客，大都安排在每旬一天的休假之日。有一次，山东青州一位官员来京求见，因来晚了一步，当天未接见，只好在客舍里又等了整整十天。

也许李白不但来得早，而且运气也好。他看到张府的门前没有车马，也不见前去拜访的官员，心中暗暗高兴，认为这是个好兆头，便整了整衣冠，径直向张府大门走去。

刚刚走到门口，就被守卫的士兵拦住了，问他叫什么？从哪里来？为何事来张府？李白都一一作了回答，并递上了行卷和岳父的信函。士兵让他等一等，便拿着行卷和信函从侧门进了张府。

不一会儿，走出一个身材修长的男子，年纪约莫五十岁上下，待人彬彬有礼，他说：“我叫张均，是张府的管家，张相国近日因公务过于繁忙，积压公文太多，身子亦有些不适，实在无暇接待来客，请李公子见谅。”

李白听了，心里凉了一大截。

“在下是专程从湖北安陆来拜见张相国的，能否让在下见上张相国一面？当面向他——”李白还没说完，就被张均打断了，他摇了摇头，笑着说道：“李公子的心情，在下十分理解。李公子的大作和带来的信函，在下一定亲呈张相国，张相国再忙，也会抽时间阅读的，请李公子放心好了。”

李白是抱着十二分的希望前来拜访右丞相张说的，不料仍然吃了闭门羹！他知道再央求也无济于事了，只好起身告辞。

他走出张府之后，见门前停着几辆马车和三匹马，一些前来求见的官员，正站在那里等待着。

回到长安客舍以后，王秋连忙问他：“李公子，你见到张丞相了？”

李白摇了摇头。他想起了在张府那些求见的官员，说道：“这长安城的官员，真是多呀！”

王秋说：“长安有三多，官多鸡多公公多，光宫中的太监，就超过一千人。鸡有两种，一种是斗鸡，另一种是歌舞伎，至于官员嘛，打个比方说，乌鸦在半空里拉了三砣屎，说不定就能砸中一名官员！”

李白听了，不由得开怀大笑起来。

笑过之后，李白陷入了深深的苦闷。今天未能见到张丞相，需耐着性子再等上十天！是走？还是等？他心中犹豫不定。

过去，到底干谒过多少官员？连自己都记不清了，他认为最有希望的一次干谒，是向韩朝宗投卷。

他初到江陵时，身为荆州太守的韩朝宗为了将他聘为自己的宾客，不惜降低身份，与他称兄道弟，不但对李白赞扬有加，还亲自设宴招待，请来道教师尊司马承祯和李白的师伯元丹丘作陪。当他转任襄州刺史时，又兼任了朝廷的采访使，向朝廷推荐民间才学兼备的人才是采访使的重要职责之一，李白还专门为韩朝宗写过一篇赋，其中有“生不用封万户侯，但愿一识韩荆州”之句。但时过境迁，韩朝宗后来对他的态度冷淡了，打着官腔应酬了几句，虽然收下了他的行卷，但再就没有下文了！

这次干谒右丞相张说，恐怕是期望越大，失望也就越大。他决定再等上一旬，十天后再无张说的消息，就打道回安陆。

这天晚上，心情郁闷的李白，沿着一条长街散漫而行。此时华灯初上，万家灯火将京师映得溢金流彩，但他觉得川流不息的人群与自己无关，灯火通明的店铺与自己无关，高大宏伟的宫殿更与自己无关！当他走到皇城门前时，见宫门紧闭，羽林军守卫森严。宫殿顶上的琉璃瓦，返照着似有若无的星光，忽然，他听到了隐隐约约的丝竹之声，他

不知道是从哪座宫殿传出来的。他想，那些一座连着一座的宫殿里边，住着一些什么人？他们的生活与宫外的人家有什么不同？还有，那位万乘之尊现在在做什么？想什么？他可知道在一墙之隔的宫殿外边，有一个叫李白的人？想到这里，惆怅油然而生。

回到客舍后，已是夜里亥时了，但毫无睡意，于是铺纸磨墨，写下了一首《长相思》：

长相思，在长安。
络纬秋啼金井阑，
微霜凄凄簟色寒。
孤灯不明思欲绝，
卷帷望月空长叹。
美人如花隔云端。
上有青冥之高天，
下有渌水之波澜。
天长地远魂飞苦，
梦魂不到关山难。
长相思，摧心肝。

4

第二天一早，李白还未起床，听见楼下有一阵嘈杂声，他没在意。准备再睡时，王秋匆匆来到楼上，大声说道："李公子，有人找你！"

李白开门一看，令他大吃了一惊，原来站在自己面前的，竟是张府的老管家张均！他心中一喜，知道张说已经看到自己的行卷了，大概是派老管家前来告知一声，让他再等些日子，就会接见他。不管结果如何，老管家能亲自来到客舍，可见张说对自己的重视了。

没想到的是，老管家一开口，更令李白吃惊，他说："张相国因有要事，已奉诏去了朝堂，他特意让二公子张垍前来看望李公子。"

张垍来了？他不但是位居从三品的卫尉卿，还是唐玄宗的驸马！听说他能诗善文，起草诏书，立马可待。他能亲自前来看望自己，表明这位右丞相对自己的特别照应。他连忙穿衣下床，刚刚到了客舍大堂，张垍就笑着迎上来了，说道："太白贤弟，愚兄奉家父之命，特意前来看望贤弟，家父与许员外交往多年，情谊深厚，彼此敬重。你我晚辈，亦如兄弟。贤弟是蜀中才子，文名远播，时有大作传来长安，愚兄均已拜读，尤其是那篇《大鹏赋》，辞藻优美，立意高远，读后受益匪浅。家父嘱贤弟多住些日子，愚兄愿陪贤弟游览京师的古迹、苑园，也借机向贤弟请教。"

张垍不但有文采，而且也有口才。他的一席话，说得入情入理，立刻拉近了二人的距离。

店家听说卫尉卿来了，连忙从后院来到大堂，连声说道：“小人不知驸马莅临小店，未曾远迎，万望恕罪。”说完，连忙命人备茶。

张垍说道：“不必了，下官要与太白贤弟去游大雁塔。”说完，便牵着李白的手出了长安客舍，上了一辆双驾的豪华马车。

大雁塔，也叫慈恩寺塔。古朴雄伟，诵经之声不绝于耳。贞观年间，玄奘和尚西域取经归国之后，就是在这里将梵文经书翻译成汉文的。张垍指着塔下的石碑说道：“历朝的新科进士及第后，有三件必做的事，一是瞻仰皇宫大内，二是曲江赐宴，三是雁塔题名。”

雁塔题名？李白只听说过金榜题名，没听说过雁塔题名，他问：“何谓雁塔题名？”

张垍：“新科进士及第，由朝廷发榜，称为金榜题名，进士们还要在这里的石碑上写下自己的名字，由石工镌刻在这些石碑上。”他走到一方碑旁边，指着上面的文字说道：“这是愚兄的名字。”

李白过去一看，上面果然刻着“张垍”二字。一方方石碑上刻满了进士们的名字，有的石碑都被游人的手摸得光溜溜的，说是摸了进士碑的手，就能沾上文气。

李白在石碑前驻足良久，心潮难平。张垍看到李白默默不语的样子，笑着说道：“当年朝廷发榜，愚兄是一甲第三名，也就是探花，还被推举为‘探花使’呢！”接着他讲述了当年的情形。

大唐自实行科举考试以来，朝野都十分重视，凡考中进士及第的，皆发榜公布。进士的一甲第一名为状元，第二名为榜眼，第三名为探花。进士们要去曲江的杏园参加杏花宴，宴前要从进士中推选出三名年轻俊秀的进士为“探花使”，骑着皇家的御马，马头上扎着大红绸花，“探花使”身披大红绸带，游遍洛阳的名园，去采摘牡丹、芍药等名贵鲜花。人们纷纷拥在大街两旁，一睹“探花使”的风采。“探花使”回到曲江以后，盛大的杏花宴才能开始，所以，杏花宴也叫“探花宴”。

大雁塔下的石碑，一方连着一方，上面密密麻麻刻满了名字。李白知道，这是读书人的荣耀，也是跻身仕途的第一道台阶。他既羡慕上面的名字，也嫉妒上面的名字，因为此生此世，自己的名字都和这里的石碑无缘了！

离开大雁塔之后，二人又去了长安东南角上的芙蓉园。芙蓉园在秦代称宜春园，是一处皇家花园，到了隋代，隋文帝修建国都大兴城，大兴城沿曲江修建，并将曲江开挖成曲江池。隋文帝不喜欢曲江这个名字，遂命宰相高颖重新命名，高颖见曲江两岸芙蓉盛开，便更名为芙蓉园。

唐玄宗时，芙蓉园里又修建了紫云楼、彩霞楼、临水亭、蓬莱山等楼台水榭，还修了一条十六里长的夹城，将芙蓉园和唐太宗曾经住过的大明宫连接起来了，由于风景如画，这里游人如织。

第三天，他们又去了城外的乐游原、龙首原、灞陵桥、阿房宫和骊山。从城里到城外，从水上到陆地，该游的，张垍都带着李白游了个遍。

5

第四天，张垍匆匆赶到长安客舍，他对李白说道："太白贤弟，愚兄受命，要回朝起草重要诏书，暂不能陪贤弟了。愚兄已吩咐张均，为贤弟在长安挑一家最好的旅店，选一间最上等的房间，待我忙完公务之后，再陪贤弟去看看长安城里的百戏杂耍。"

李白知道起草诏书是卫尉卿的职责，耽误不得，虽说他是从三品官员，但也不能离衙太久，便对他说："张兄身为命官，万万不可误了正事，至于换住处，就不必费心了，愚弟住长安客舍已经习惯了，愚弟可在城里随意走走、看看，也不枉来长安一趟。"

张垍听了，点了点头，他刚要走，似乎想起了什么，说道："还有一处清静的住处，不知贤弟想不想去住些日子？"

李白："是什么地方？"

张垍："是玉真公主的别馆。"

玉真公主的别馆？那可是皇室的家产！住在那里，求之不得！在那里不仅可以见到玉真公主，说不定她还会将自己推荐给玄宗皇帝呢！张垍的建议，正中李白的下怀，他连忙答应了。

张垍走时对李白说道："明天，愚兄便派车送贤弟前去。"

第二天一早，张府的马车已经停在长安客舍的门口了。李白上了车之后，马夫将长鞭一甩，马车从西门出了长安城，便直奔西南而去。

就在李白急不可待地想见到玉真公主，向这位金枝玉叶的道友倾诉自己的学识和志向时，岂不知玉真公主此时已回到了长安，正在向皇兄推荐李白。

原来，张说看了李白的行卷后，认为李白的才华，在大唐朝野中无人替代，再加上李白是老友的女婿，便立即将他的行卷呈给了玄宗皇帝。

李白之名，玄宗不但早有所闻，还读过他的一些诗赋，虽未曾谋面，但对他产生了极好的印象和极大的兴趣。他想与张说商量一下，让李白任哪种官职为好？但当他从李白的自述中，看到了"白陇西成纪人，乃凉武昭王九世孙"这行字时，心中一震，他问张说："此事，还有何人知晓？"

张说摇了摇头。

玄宗嘱咐他："此事，只有爱卿与朕知道，切莫外传！"

张说："下官牢记在心。"

张说刚走，玉真公主求见。

玉真公主是受师尊司马承祯之托，来向玄宗推荐李白的。玄宗知道了她的来意之后，将李白的自述递给玉真公主。玉真公主看过之后，又默默地还给了玄宗皇帝……

第十一章

最高决策者的最终决策：不许归宗！美眉、死囚和三个索命厉鬼。

小小生金屋，盈盈在紫微。
山花插宝髻，石竹绣罗衣。
每出深宫里，常随步辇归。
只愁歌舞散，化作彩云飞。

——《宫中行乐词》

1

李白无论如何都不曾想到，玉真公主的别馆，竟然在终南山里！

马车沿着一条弯弯曲曲的山路，将他送到一座空寂的宫殿门前，宫殿的匾额上写着“紫极宫”三个字，原来这里就是玉真公主的别馆。

别馆的大门紧闭，门前荒草丛生。他叩了叩大门，门开了，走出一位白首老者，李白向他说了来意之后，老者笑了，说道：“现在好了，终于盼来了一个做伴的。”

原来，老人是别馆的看门人。

走进大门之后，见别馆里的房舍大都空闲着，虽然房舍画栋雕梁，飞檐长廊，但因长期没有住人，有的门窗已经毁了，壁上长满了绿苔，还闻到了一种浓郁的药材味。他挑选了一间朝阳宽大的房舍，老者告诉李白，这就是玉真公主常住的房间。他帮李白打扫了一会儿，房间里便窗明几净了，李白铺好行李，放下书籍，便和老者闲聊起来。

老者姓丁，名丁田，家住终南山下的丁家寨。玉真公主离开别馆以后，公主的随从人员找到了他，让他代为看守别馆三个月，并给了他三千钱的工钱。谁知公主走了以后再也没回来，更没有人付他工钱。但他也不敢离开，怕公主的别馆有什么闪失，只好日夜守在这里。好在他认识药材，终南山又出产名贵药材，他便进山采药，采来的药材在别馆的院子里晒干后，卖给药铺，以补贴家用。

丁田似乎对山上的道观和出家修道的人十分熟悉。他告诉李白，这座别馆建成之后，玉真公主只住了半个月，便去了济源的玉阳山别馆，玉阳山的皇家道观比终南山还要多，光出家的公主就有十多位！还有不少满头白丝的前朝嫔妃！

丁田曾经读过一些书，他向李白讲了出家公主、妃子们在山上的一些逸事。

大唐自开国以来，就十分推崇道教，并尊道教鼻祖老子李聃为先祖。老子当年曾在终南山隐居修道，所以李唐皇室便对终南山有了一种特殊情愫。终南山和其他道教丛林一样，道观林立，有九洞十八宫三十六观七十二庵！大唐的一些公主、昭仪、才人、嫔妃们特别青睐终南山，很多人因寡居、休夫或日子过得不如意，便会要求到终南山出家修道。

这些公主、嫔妃的出家，不同于民间百姓们出家，每位公主出家之前，都要修造道观。国库要拨付巨银，地方上要征召工匠，才能开工。道观建成后，还要举行隆重的道场，山上要净山，路上要禁行，公主在太监、宫女和禁军的簇拥下，进了道观的大门之后，大门便紧紧关闭了，只有禁军们轮班站在门外守卫。

她们在山上住腻了，不是去云游天下，就是再回长安的后宫住上一些日子。

半年前，他曾亲眼见过玉真公主进山的盛况。前有禁军开道，身边有太监、宫女侍候，后有大辇软舆相随。身后还跟着四十多位道姑！她经过时，山上净山，路上禁行。他是躲在树丛里看见玉真公主的。

公主们每次进山出山，都要净山禁路，弄得人心惶惶，提心吊胆。若是有人胆敢偷看，轻的鞭笞四十，重的以“刺探皇室，图谋不轨”定罪！

据说，有位落榜的书生来游终南山时，在一条独木桥上，与一位修道的公主相遇，桥下是万丈深渊，桥上只能容下一人！稍有不慎，便会摔得粉身碎骨！那位书生既不能原路返回，又不能下跪礼拜，正在为难时，他忽然伸手拉住了公主，抱起她来，就地转了一圈，公主便安然过去了！

公主虽然过去了，书生的罪名也有了！跟随公主的太监们认为，书生触到了公主的玉体，属大逆不道，要将他就地杖杀！

这位公主立即斥退了太监，并亲手将书生扶起来，还将他带回了长安。书生走运，因祸得福。至于后来又发生了什么，就没有人知道了。

李白在别馆里读书乏了，便独自上山。山上古木森森，瀑布如练，鸟儿鸣于枝头，麋鹿栖于山坡，倒也悠闲。不过，心里总觉得不踏实。

他等待着张垍前来接他回去，也期待着早日见到玉真公主。玉真公主到底是个什么模样？她真的能向玄宗皇帝举荐自己吗？

于是，他写了一首《玉真仙人词》，想当面献给玉真公主。

为了写好这首词，这位“下笔如有神”的天才诗人，却整整花了一天的时间。在字里行间，他不惜用大量华丽的辞藻和优美的比兴，将玉真公主比作仙人，来赞颂这位未曾见面的公主。

不过，他对张垍不来看望自己一直耿耿于怀，还写了一首《玉真公主别馆苦雨赠卫尉张卿》，准备见面时当面交给他。

十天过去了，酒罐子已经空了，张垍未来，又是十天过去了，粮食已经断炊了，张垍仍然未来！

其实，这一切都是张垍刻意安排的，只是李白蒙在鼓里罢了。

有一天，连降了三天大雨，山洪暴发，冲毁了进山的道路。因为别馆里已经缺粮多日了，再等下去，非在山上饿死不可！李白便收拾了自己的行李和书籍下山了。

谁知走到半路，因腹中饥饿又加上赶路劳累，李白感到眼前一阵发黑，便摔倒了。幸亏被一位村妇发现，让他喝了两碗高粱粥，他才恢复体力。临走时，村妇又给了他两个黄米饼子，李白非常感激，自己又无以为报，只好向这位善良的村妇深深一揖，又继续上路。

2

李白回到长安时，已是暮色四合了。他顾不上欣赏长安城里的夜景，仍住在长安客舍，吃过饭后便歇息了。

第二天一早，他就直奔张府而去。刚到张府门前，就见老管家张均出门送客。不过，张均穿的是一身素服。他连忙走过去，说道："老管家，你好呀！李白前来求见张丞相，烦老管家通报一声。"

张均朝李白打量了一眼，戚戚地说道："李公子来迟了。"

李白听了，心中一惊。

老管家呜咽着说："张相国他，他已于上月二十七日仙逝了！"

李白听了，觉得头上好像挨了一闷棍！他接着问道："张公子人可在府中？"

张均说话有些迟疑："张公子，不在府中，这几天病了，不过，因有要事去了署衙。"

李白问："张公子何时回来？"

张均摇了摇头："请李公子暂回客舍等候，张公子一回府，我就向他禀报。"说完，转身进了张府。

李白在回客舍的路上，边走边想："张说和别的官员不太一样，他对自己干谒十分重视，因他时任右相，日理万机，腾不出工夫接见自己，便派公子张垍陪伴自己畅游长安，还特意安排自己住进玉真公主的别馆，以促成自己与玉真公主见面，可见他用心良苦。张垍没去终南山看望自己，并非是对自己不管不问，而是父亲病故，他要留在府中处理丧事。"想到这里，他悄悄从衣袋里掏出《玉真公主别馆苦雨赠卫尉张卿》，心想，幸亏张垍没看到这首诗！他将诗笺撕碎后，顺手将纸屑扔进曲江里了。

他衣袋里还有一首《玉真公主词》，他准备当面献给玉真公主，但在终南山苦苦等了月余，连公主的倩影都没看到，他打算托人带到嵩山。因为元丹丘正在嵩山修道，他想让元丹丘亲自转给玉真公主。

东厢房是张府的书房。张说在世时，这里也是他批阅奏章、起草诏书和接见各地官员的地方。他病故后，就成了张垍和弟弟张琢的书房。按大唐律例，父或母去世，朝廷命官需要在家中“丁忧”三年，也就是应辞官，在家中守孝三年，若有违者，将受到弹劾，轻者降职，重者罢官。

张垍和二弟张琢赋闲在家，也没闲着，他们正在商议如何应对李白。

卫尉卿张垍是从三品官员，其弟张琢已授官正五品礼部侍郎，二人之所以能在官场上一帆风顺，除了乃父是位高权重的右丞相这个因素外，就是玉真公主了。因张垍娶的是尚宁公主，才拜驸马都尉的。而尚宁公主又是玉真公主的侄女，张垍称玉真公主为姑姑，他沾了姑表之亲的光，凭借着这层关系，张氏兄弟才直上青云的。

玉真公主是玄宗皇帝的胞妹，也是武则天的孙女、唐睿宗李旦的女儿。武则天在位时，她在祖母这棵大树底下，过着锦衣玉食、无忧无愁的日子。武则天驾崩后，她亲眼看到了朝臣们相互倾轧，宗室间你仇我恨，便深居后宫，一直未嫁，成了超级剩女。玄宗即位后，她向自己的皇兄提出出家修道的请求。玄宗恩准后，除了保留了她在长安宫中的宅第之外，又在终南山、玉阳山和嵩山等地为她修筑了别馆，供她修道参玄。她出家后，拜司马承祯为师，法号“无上”，玄宗还向她赐号“持盈”。现在，她离开了玉阳山，正走在回长安的驿道上。

张垍是个见利忘义、出尔反尔的人。

当初，张说十分看重李白，一是因为张说与李白的岳父许员外交往多年，有意为其婿帮忙，二是李白确实文采过人。他在向玄宗举荐李白之前，曾对两个儿子说，李白才高志大，且坦诚直率，你们二人应多与他结交，增加学识，将来他会大有作为的，你们身边也就多了一个朋友和帮手。

二人听了，连连点头。

后来，张说在御书房见过玄宗，回来后，曾悄声告诉二人：“李白之事，就暂且放一放吧！”

放一放，就是搁置起来，以后再说。

张垍觉得奇怪，问道：“是圣上不同意？”

张说摇了摇头。

张垍说：“那又是什么原因呢？”

张说轻轻叹了口气，说道：“是李白的家世出身。”接着，将李白是凉武昭王的后裔，和“玄武门之变”、李渊六子李贞失踪等事，简略地向两个儿子说了一遍，并嘱咐他们，此事乃属宗室机密，切切不可外传！

张氏兄弟听了，如梦初醒。

为了既不得罪李白，又不身陷此事，张垍才安排李白去了终南山玉真公主的别馆，让他在荒凉冷清的弃宫里，过了一段孤独寂寞的幽囚岁月。

因为张说父子都答应过力荐李白，如今，张说已经作古，兄弟二人正为如何应付李白而大伤脑筋。

若玉真公主出面举荐李白，李白必会受到玄宗皇帝的信任和重用，李白的才华和威望必定压过张埱，李白就成了张埱仕途上的一个对手。这还不算，既然李白是凉武昭王的六世孙，若论起辈分来，他不但是玄宗皇帝的叔祖，连玉真公主都要称他叔祖父。而自己比玉真公主又矮了一辈，岂不要称李白是曾太祖？想到这里，所以才既不向终南山送粮，又不去接李白返回长安的。

二人最终达成共识：从今以后，对李白要不远不近，不冷不热。若李白找上门来，则能拖则拖，不能拖就躲。时间久了，李白自然也就不会来府求见了！

3

高力士站在庆安宫旁边的御花园旁边，手里握着一把小巧玲珑的金剪，正小心翼翼地剪着茉莉花枝。洁白如雪的茉莉花四溢着阵阵幽香。这本该是小太监或宫女们干的活儿，何劳身为骠骑大将军的太监总管扭动着肥胖的身子，亲自动手呢？

原来，玄宗坐在御书房里，正在专心致志地阅读李白的《明堂赋》。见满篇文字龙虬舞动，潇洒苍劲，他又想起了先前读过的李白的《峨眉山月歌》《北溟有巨鱼》《孤兰生幽园》和《襄阳歌》等，内心十分欣喜。这样年轻的才俊，不知多少年才会遇到一个！应该早用、敢用，但看到李白的自述身世中，有"凉武昭王九世孙"的文字时，一时又犹豫起来。军政大事倒好说，在朝堂上可让朝臣们进行议论，而皇室之事，尤其是皇室的往年旧事，除了张说在世时向他说过之外，还能对谁说呢？唉，帝王虽是一言九鼎，却也是一国之寡，称帝王为寡人，再准确不过了。

高力士虽然在花园中尽心尽责地剪着花枝，但目光却不时地打量着周围的一切，生怕有什么人或笼中的鹦鹉、八哥的叫声，打扰了御书房里的玄宗皇帝！

忽然，有人从大明宫方向走过来，他立即停了剪刀，冷冷地望着来人的身影。不一会儿，紧皱的眉头松开了，目光也柔和起来了，连忙弯腰低首，笑着说道："奴才打老远就闻到了一阵香味，像从天上飘下来的，原来是玉真公主来了！"

左右逢源，八面玲珑，办事精心，忠心耿耿，是高力士的秉性。玉真公主被他的话逗乐了，她指着高力士手里的茉莉花枝笑着说道："香味不是在你手中吗？"

高力士指了指御书房，说道："这是奴才为圣上剪的，初开的茉莉花，可醒脑顺气，还可放进茶杯中，香气沁人。"说着，陪着玉真公主去了御书房。

刚一进门，玄宗就开口了："这几天，朕都快闷死了，找不到可说话的人！皇妹来得正是时候，快坐下吧！"

玉真公主问道："什么事这么难为皇兄？"她朝御案上瞄了一眼，顿时心里明白了，"皇兄可是为李白的事？"

玄宗点了点头。

玉真公主：“我也是为此事来找皇兄的。”说着，她将李白的自述、诗笺、赋稿，放在了御案上，这是元丹丘托她呈奉玄宗皇帝的。

玄宗随手翻了翻，说道：“朕都已看过了。”

玉真公主，“皇兄的意思是——”

玄宗：“李白自称是陇西成纪人，李广之后，而凉武昭王李暠正是李广之后；李白称是李暠九世后裔，而我大唐开国皇帝太祖，又是李暠的七世孙，太祖之后是太宗，太宗之后是高宗，高宗之后是睿宗，睿宗之后是朕，若此事属真，李白则是朕与皇妹的叔祖！朕即位后，曾下诏将李暠子孙列入正宗寺，纳于属籍，即进李氏族谱。不知何故，族谱上并无李白及其父的名字。朕已下令正宗寺详尽查核，查核结果尚未报来。”

正在此时，高力士来报：“新任右相李林甫和正宗寺卿李坤求见。”

李林甫进了御书房之后，并不言语，垂手立于一旁，这是他一贯的行事习惯，他冷血、贪权、妒才，唯我独尊，又不动声色。他“遇事从不先开口，说话从不发高声”，人前温驯得像只乖乖小绵羊，背后却是口蜜腹剑，不知有多少文官武将，被这只小绵羊的尖角，抵得浑身是伤，甚至被活活抵死！他朝李坤使了一个眼色，李坤禀报了查核结果：他已核查了李氏全部族谱，谱上有两种记述，一种记述是李白系李暠九世孙，另一种记述是：李白乃当年太子李建成后裔，“玄武门之乱”时，太子李建成和齐王李元吉在乱兵中被杀。李建成之妃托孤宫女，随商人去了西域，此遗孤或许是李白的高祖或曾祖。还说，右相新近也密查了宗室密牒，李白确系凉武昭王之后，太祖六子贞公的四代孙。不过他一直守口如瓶，并未向外透露一字！

玄宗有些不快，李氏宗室的文书属皇室的核心机密，一向严格管理，这个以行事谨慎的李林甫为何插手此事？哦，想起来了，李林甫本身就是宗室成员，正宗寺卿还是他推荐的呢！他对众人说道：“此事已年代久远，难免会有错录或遗漏。亦难以究其真相，今后，就不必再核查了！”又转身对李林甫说：“此事，切勿外泄！”

李林甫唯唯诺诺地说道：“臣牢记于心。”说完，躬身退去。

见御书房里只剩下玄宗了，玉真公主说道：“李家宗室的几代人流落西域，如失群的孤雁，受尽了苦风寒沙欺凌，好不容易回来了，却不能认祖归宗，不能不令人心寒！”

玄宗听了，一时无语。因为李白的出现，确实为他出了一道难以回避的难题。若不重用李白，实在不近人情，甚至有些绝情。若重用李白，又以什么名义让朝野信服呢？

玉真公主似乎看透了她皇兄心中的矛盾，说道：“皇兄，是不是通过朝廷招贤馆，经会考之后，授予李白官职？”

玄宗紧锁的眉头松开了，他笑着说道：“皇妹说的，也正是朕的心意。近日天气渐寒，朕感到双足发冷，想去骊山泡过温汤之后，就命李林甫筹办招贤馆会试事宜。”

玉真公主听了，心中十分兴奋，以为李白的出头之日即将到了。

这时，忽有宫女急急闯来，高声说道：“不好了，惠娘娘疯了！”

高力士连忙答道：“莫慌，莫慌，慢慢说来。”

宫女：“惠娘娘午睡时，突然受惊而醒，说有三个浑身是血的厉鬼，向她索命！她吓得从床上滚到了地上，大声呼喊：‘圣上救我，圣上救我呀！’”

玄宗听了，连忙起身去了西宫。

当他赶到武惠妃的寝宫时，见她坐在地上，披头散发，双眼惊恐，浑身打着哆嗦。见玄宗去了，便紧紧地抱住他的双腿不放，嘶哑着嗓子说道：“三个厉鬼来索命，陛下快救我呀！”说完，便昏过去了。

不一会儿，高力士领着几个御医赶到了西宫，为武惠妃服过药后，她才安稳下来。

因为这位武惠妃，才引出了一条猪龙，而这条猪龙不但与李白，而且与玄宗乃至大唐帝国，都有极大的关系。

此事，要从向武惠妃索命的三个厉鬼说起。

4

武惠妃是恒王武攸之的独生女儿，小名武艳，十四岁时，已长得像她的名字一样艳丽动人。

有一天，她正在家中逗弄鱼缸中的金鱼，见金鱼不听她的吩咐游动，便拿起绣花针，把所有的金鱼都串成一串，吊在鱼缸上。看到金鱼们不断地垂死挣扎的样子，她乐得拍手大笑起来。

这时，忽然听见门外传来：“圣上驾到！”

武攸之闻声出去迎驾时，玄宗已经进了武王府的院子。

武攸之行过君臣大礼后，便让武艳出来拜见玄宗。玄宗第一眼见到武艳，便被他的艳丽容姿所折服，问了她几句后，又被她的谈吐所征服。回宫之后，即将武艳召进宫中，不久，便封武艳为武惠妃。

武惠妃犹如她的姑妈武则天，工于心计。她以她自己的方式和魅力得到玄宗的宠爱之后，便在玄宗的枕头边上吹起了阴风。她说王皇后在后宫施巫术，妄图谋害玄宗。玄宗派人前去搜查，果然从王皇后的寝宫中搜出了写有玄宗名号的霹雳木，玄宗勃然大怒，他不容皇后辩论，便下了一道口谕：“王氏皇后，天命不佑，华而不贵，有欺君之罪，无以承宗室，母仪天下，着旨废为庶人！”

王皇后被打入冷宫后，恨悲交加而死！

扳倒王皇后之后，她的下一个目标是除掉玄宗的太子李瑛、鄂王李涓和光王李琚，为自己的儿子寿王李瑁立为太子扫清障碍。为此，她精心设计了一场“宫闱之乱”。

三月三日，玄宗皇帝曲江赐宴。太子李瑛和李涓、李琚正在东宫饮酒，入夜时，忽

听有人来报：“启奏太子殿下，有人在凌烟阁谋反！”

凌烟阁靠近玄宗皇帝的寝宫，不容拖延，三人立即披挂上甲胄，率领东宫卫士，冲过了宜秋门。当靠近凌烟阁时，听见里边有干戈兵器撞击和呐喊之声，三人便挥动着各自的兵器，向凌烟阁冲去。

此时，武惠妃正与寿王李瑁在凌烟阁内祭奠开国功臣，宫里的锦衣将军陈玄礼接到武惠妃的懿旨，说有歹徒谋反，命他前往护驾。当他率军赶到凌烟阁时，见是太子李瑛和鄂王李涓、光王李琚，一下怔住了。

武惠妃声嘶力竭地说道：“就是他们想谋害本宫！”见陈玄礼仍然迟疑不动，她大声呵斥：“陈将军，难道你想抗旨吗？为什么还不动手？”

陈玄礼仍然站在那里。

武惠妃道：“有人想刺杀本宫，你不护驾，也想造反吗？”

陈玄礼知道武惠妃最受玄宗的宠爱，丞相李林甫又是她的心腹，不敢违旨，但也不忍心向太子等人下手。于是灵机一动，来了个缓兵之计，命羽林军先将李瑛等三人拘捕起来，而后再请玄宗定夺。谁知，还没等他去向玄宗禀报，武惠妃恶人先告状，一把鼻涕一把泪地诬告李瑛等人要谋杀她和寿王！

玄宗皇帝听了，立即下旨：将李瑛等三人废为庶人并关进宫牢等决！

武惠妃怕夜长梦多，她一不做二不休，联合李林甫向玄宗施加压力，于是，玄宗降旨：赐李瑛、李涓、李琚三人自尽！

在武惠妃设计的这场权力之争中，李瑛兄弟三人，就死在了他们父皇的那把尚方宝剑之下！

除掉了玄宗的三个儿子之后，武惠妃的目标是将寿王推向东宫的太子之位。若是顺利，她便是名正言顺的皇太后，就能垂帘听政，像她的姑妈武则天那样，成为一代新的女皇！

物极必反。就在武惠妃陶醉在她的女皇梦中时,突然被浑身是血的三个厉鬼吓醒了！

经过御医们的诊治之后，武惠妃时疯时醒，一会儿惊叫：“快来救我呀，三个厉鬼又来索命了！”一会儿又狂笑不止：“姑妈来了，我的姑妈来了！”弄得后宫日夜不宁，嫔妃们人人提心吊胆。玄宗只好打消了立太子的打算，并将李瑛、李涓和李琚三位皇子，以皇室之礼进行了安葬。

虽然重新安葬了三个皇子，但玄宗心中一直不安，他们是自己的亲生骨肉啊，自己对他们是不是过于残忍了？还有，后宫的武惠妃，虽经御医们多次诊治，但仍不见起色，整天疯疯癫癫的，更令他忧心。连续数日，他不思饮食，更无心上朝，精神总是恍恍惚惚的。

第十二章

全是藏獒惹的祸！狗肉没吃成，却进了大牢！酒楼听歌，遇见了当年的江南知音。

新丰美酒斗十千，咸阳游侠多少年。
相逢意气为君饮，系马高楼垂柳边。

——《少年行》

1

过了重阳之后，秋风已略带寒意了。李白将自己入仕的希望，都寄托在张垍身上了。因为不光能从他那里得到干谒的信息，还能知道玉真公主的消息。他有一种直觉：玉真公主十分关心自己的仕途。

从终南山回来后，李白已三次去过张府，前两次都是张均接待的，他说，张公子因父丧过于悲伤，已卧病在床，第三次去时，又说张公子外出未归。

李白心里犯了嘀咕：他“丁忧”在家，守孝期间会到哪里去呢？该不会是不想接见自己的一种托词吧？

今天，他鼓起勇气又去了张府，只见大门紧闭，他敲了半天门也没敲开！吃了闭门羹之后他才醒悟过来：张垍不肯接见自己！于是，他毫不犹豫，便转头而去了。

李白的岳父许员外，虽然曾在长安任过员外郎，但他的同僚们大都告老还乡了，留在长安的平时也少有交往。李白在长安城里既无亲戚，又无朋友，心情十分郁闷，闲来无事，不是自饮自醉，就是东游西走，看斗鸡、掷骰子、斗蟋蟀。

李白十分热衷这种生活，他为此曾写了两首《少年行》。其中的一首是：

五陵年少金市东，银鞍白马度春风。
落花踏尽游何处？笑入胡姬酒肆中。

诗中的“金市”，是指长安的奢华之地，“银鞍”，是指马匹的优良，“春风”是指得意之时，生动地描绘了一群青春年少公子哥们的心态。

乐极就会生悲。这种春风得意马蹄轻的日子，很快便被现实击碎了。

长安城的社会治安归长安尹负责，当时，长安有严格的治安规定：长安城的城门，

只在上元、中秋、重阳、春节期间可通宵开放，其余时间，均实行宵禁，即子时之后，称为“放夜”，不许有人在外活动，由士兵沿街巡逻，若有违禁者，即刻拘押！

时间已经过了子夜，李白和“五陵豪”们发现了一只西域犬，也就是藏獒，他们想美餐一顿狗肉，于是，便呐喊着在大街上追赶起来。

谁知没追上西域犬，却被一队巡逻的士兵拦住了！

你们是什么人？为何违禁喧哗、肇事？

几个人还没来得及辩白，士兵们就将他们押解到了长安尹的“宪台”，也就是今天公安局的拘留所！

治安官员笔录了姓名、年龄、住址和职业等口供后，又询问了他们为何违犯宵禁？为何在大街上聚众闹事的经过，便将他们临时关进了“宪台”大牢，报告了长安尹宋忠。

狗肉没吃成，李白等人却吃上了一场官司！

此事因涉案人数众多，且犯人都有马匹、兵器，宋忠不敢掉以轻心，准备亲自审问涉案人员。

第二天，宋忠正在翻阅桌子上的口供笔录，当他看到“李白”这个名字时，连忙对来访的故友元演说道：“元老弟，你不是要找李白吗？看，他在下官的大牢里呢！”

元演接过笔录一看，果然在关押人员的名单中看到了李白的大名！

元演是李白的忠实粉丝。当年李白与孟浩然游江夏时结识了元演，元演曾陪李白登过黄鹤楼，还东行武昌，寻找过吴王孙权的吴王宫，二人都有相见恨晚之感。但分手后，一直未能谋面。后来听元丹丘说，李白在京城干谒，他便来到了长安，没想到李白竟关在大牢里！

宋忠笑着问道：“元老弟，此事，你说怎么办才好？”

元演说：“将李白放了不就没事了？”

宋忠也很崇拜李白，还读过不少李白的诗歌，再说，从笔录上看，除了夜间违禁，也没犯其他过错，便网开一面，下令将李白放出了大牢。

李白出了大牢之后，发现“五陵豪”们仍关在大牢里，便又返身回去，要求继续蹲在大牢里！理由很简单：仅放他一人有失公平，要放一起放，要关一起关！

“宪台”的官员们连忙告知了宋忠，宋忠听了，既生气，又好笑，说道：“这个李白呀，真是天下少有！给他活路他不走，非要在大牢里蹲着！”

元演听了，说道：“若宋兄只放李白一人，显然有失公允，难以服众！”

宋忠道：“以元老弟之见呢？”

元演说：“放不放还不是宋兄一句话？依愚弟看，全放！”

宋忠听了，苦笑着点了点头。

放了李白等人之后，元演悄声对宋忠说道：“李白讲义气，爱面子，此事切切不可传出去，更不能说我元演央求过宋兄。”

宋忠听了，点头笑了。

2

李白获释以后，在回客舍的路上，路过曲江上的天籁酒楼时，忽然听见了一种久违的歌声，他停下脚步倾听了一会，那不是唱的《杨叛儿》吗？歌词还是他为金陵的小歌姬惠双写的呢！难道惠双也来到了长安？于是，他循声去了天籁酒楼。酒店的伙计告诉他说，光饮酒，可在楼下就座，若想饮酒听歌，请去楼上雅座。

其实，去楼上听歌饮酒，需多付酒资。

李白将身上的钱都点了酒菜，酒店伙计将他引到楼上的一个靠窗的雅座。

不一会儿，从侧门走出一位怀抱琵琶的女子，她身材细弱，一袭素裙，长发如黛，朱唇如樱，不过，在她浅浅的笑容中，似乎有一种淡淡的忧愁。

李白朝她轻声问道："惠双姑娘，你何时来的长安？"

女子转头望着李白，笑着说道："客官看错人了，我不是惠双，我叫月月桂。"说完，向酒客们施礼之后，用吴越的软语说道："小女子月月桂来自江南，因双亲亡故，流落长安，今日为诸位客官献歌一曲，以助酒兴。"说完，边弹琵琶边唱起了《杨叛儿》：

君歌《杨叛儿》，妾劝新丰酒。
……

李白守着一壶酒，连一滴都没喝！他糊涂了，分明是金陵长干街上的小歌姬惠双，怎么成了月月桂了呢？是不是人在梦里？

月月桂唱完之后，楼上响起了一阵掌声，她也在人们赞许的目光中款款走出了侧门。

当酒客们散去之后，李白刚起身下楼，月月桂悄悄走到他的身边，低声说道："今晚戌时，前往曲江池畔，有要事相告。"说完，匆忙走了。

华灯初上时，李白来到了曲江池边，天上弯月如钩，水边垂柳依依。忽见朦胧中走出一个倩影，柔声说道："惠双在酒楼未与李大哥相认，恳求大哥见谅。"说着，扑倒李白怀里，嘤嘤哭了起来。

李白连忙问道，"告诉我，到底发生了什么？"

惠双呜咽着说出了不敢相认的原因。

惠双姓田，原名田岫，其父田英是吴县县令，因一件命案涉及本县的首富——何司亮。何司亮是朝中的御史，其子何恩铭是个出了名的"采花大盗"，有一次，他奸淫了一位邻家的女子，为了灭口，又纵火烧了邻家的房舍。田英为人清廉，查案认真，拒绝了田家送来的金饼，将何恩铭关进了死牢！何司亮为保住儿子性命，竟然派刺客将田英

刺杀于县衙，并将何恩铭劫出了大牢。

田英有两个女儿，长女田岩，次女田岫，他知道何家必会报复自己，临死前写下了遗书，还开列了何氏父子的罪状，并将两个女儿托付给两个内弟抚养。为了避祸，两个女儿随着她们的两个舅舅连夜逃到了金陵，隐姓埋名住了下来，两个女儿成人后，便跟两个舅舅以卖唱为生。

为了找到田英的遗书，以绝后患，何恩铭终于在金陵打听到了田氏姐妹和她们舅舅的住处，并在深夜里下了毒手：田岩和两个舅舅死于非命，幸亏田岫在邻家学绣花才躲过一劫！

田岫立志要为亲人报仇，她已打听到凶手到了长安，便只身来到长安，改名月月桂，以卖唱为名，打听到了凶手的藏身之所。

李白听到这里，"刷"地抽出宝剑，愤愤说道："我要去亲手宰了那个丧心病狂的畜生！"

田岫连忙用手捂住他的嘴，说道："此事是我的家仇，我自己有办法，请求大哥莫为此事耽误了前程！"

李白："什么办法？"

田岫："我已托人将状纸呈递大理寺卿了。"

李白还想说什么，被田岫截住了，她决断地说："待我报了家仇，除了恶吏之后，你我仍在曲江池畔相会，不见不散！"说完，凄然一笑，才恋恋不舍地走了。

李白望着月光下越走越远的倩影，喃喃念叨："你我仍在曲江池畔相会，不见不散……"

后来，李白又多次去过曲江池畔，都不曾见到田岫。难道她忘了当初的约定？还是发生了什么不测？也许她已报了家仇，回到了江南？他望着渐渐西移的月亮，只好惆怅而去。

自此以后，他再也没有见到那个唱《杨叛儿》的倩影了。

李白又一次遇到了囊中羞涩的尴尬。

这一天，他将自己的一件杭绸长衫，在酒肆里换了一壶高粱酒，正准备回长安客舍自斟自饮自醉时，忽然听见有人在身后大声喊道："太白兄，可找到你了！"

李白回头一看，原来是故友元演！

原来，元演已在谯郡任录事参军。他的父亲元柯调任太原府尹，他要去太原看望父亲。他从元丹丘那里得知，李白客居长安，便赶来寻找，想邀他同去太原，游洛阳，登长城，过雁门关。他已查访了多家客店，没料李白被关在长安尹的大牢里！他没提自己向宋忠求情之事，佯装在街上偶然遇到了李白。

见了元演，李白感慨万分，他问道："元兄何时来的长安？"

元演："昨天午后。"

李白："元兄来长安——"

元演："愚兄是专程前来邀请太白老弟的。"说着，拉起李白就要走。

李白连忙问道："要去何处？"

元演："去太原，还要游洛阳，爬嵩山，登长城，过雁门关！不游尽兴不回来！"

李白听了，自然求之不得，问道："何时起程？"

元演："现在就走。"说着，向街旁指了指，那里停着一辆马车。

李白回到长安客舍，收拾好了自己的行李、书箱，结算了店钱，二人便上路了。

3

太原，是大唐帝国的发祥之地。

在开国之前，唐高宗李渊原是关陇的贵族，北周时，他任过御史大夫、安州总管和柱国大将军等职。到了隋朝，他被封为唐国公。隋炀帝大业十二年（616 年），太原是隋朝在北方的重要军事重镇，李渊任太原留守，相当于北方的军区司令。

隋朝末年，农民起义，政局动荡。隋朝政权处在风雨飘摇之中。李渊瞅准了机会，便与几个儿子起兵反隋，并派心腹幕僚越过边关，到突厥境内，请求突厥可汗出兵支援。荒淫无度的隋炀帝不知道社稷将毁，江山将失，仍然在扬州行宫中醉生梦死。墙倒众人推，他的部将宇文化及发动兵变，禁军们用一条绸巾，将他活活勒死了！

此时，起义军中的瓦岗军与洛阳的隋军正在激战，李渊趁机攻下了关中，占领了长安，开创了大唐帝国。稍后，将太原升格为北都，又称北京。太原仍然是大唐帝国在北方的军事重镇。

元柯见儿子和李白来了，心中十分高兴，当晚便在望京楼设宴，为李白接风洗尘。

今天，成就名人的平台很多，可谓"星出多门"，如商界巨富、科技精英、见义勇为、道德模范、体坛骄子、影后影帝、歌坛天王、国际巨星等，还有名目繁多的选秀场上，也在批量制造各种名人，如电影节的红地毯，选美大赛等，更有甚者，有的抖一抖隐私，露一露玉照或曝一曝绯闻，都会一夜成名，拥有成千上万的粉丝。

唐朝时期，成为名人的难度比今天大多了，因为既没有负责炒作的策划公司，也没有商业经纪人。能成为名人的，大约不外乎两种人，一是在战场上过五关斩六将立下不朽之功的武将，另一种就是才气超人的文人墨客，李白就是属于后者。

李白的名气是靠他的作品赢得粉丝的，元柯就是李白的忠实粉丝。他将李白尊为上宾，还请来太原城里的一些文人墨客作陪，因为他们都是只闻李白之名而未见李白之面，能与李白同席共饮，感到十二分的荣耀。

席间，宾主们经过一番推杯换盏之后，又都纷纷赋诗，以纪念与李白的相逢，李白也当席作诗一首，以表达对主人的谢意：

行来北京岁月深，感君贵义轻黄金。

琼杯绮食青玉案，使我醉饱无归心。

第二天，元柯还特意陪李白去了晋祠。

晋祠在太原城西南的悬瓮山下，那里是晋水的发源地。西周初年，周武王驾崩，周成王继承天子之位。

周成王当时年纪尚幼，常与弟弟叔虞下河玩水，爬树捉蝉。有一天，周成王看到梧桐树上掉下了一片梧桐叶子，便对弟弟说："这片梧桐叶就是玉珪，我要封你为侯！"

跟随在周成王身边的史官，负责记录他的一言一行，他便问周成王："天子何时进行封赐？"

周成王连忙说道："我是跟弟弟开玩笑的，再说，梧桐叶也不是玉珪，不能算数！"

史官说道："天子无戏言，说出的话，不能收回。"周成王听了，便真的封弟弟叔虞为唐地的诸侯，称唐叔侯，后人称他为唐侯，并在晋水旁边建祠，以纪念晋国的第一代诸侯叔虞。

元柯还告诉李白，大唐贞观二十年（646 年），唐太宗李世民回到太原，拜谒了晋祠之后，还撰写了《晋祠之铭并序》，刻在了一方石碑上。

离开晋祠后，由元演陪李白游了黄河岸边的梁甫。李白还作了一首《梁甫吟》，又去嵩山寻访女道士焦炼师，想向她求教修仙之术。但寻遍山林都不见踪迹。于是，一路北上，游代州、登长城、过雁门关，当他们来到嵩岳庙时，蓦然看到了三棵合抱的参天柏树，树干挺拔参天，旁枝缠绕如虬，据道人说，当年汉武帝巡游嵩山时，曾分别将三棵柏树封为"大将军""二将军"和"三将军"。

就在他们离开岳嵩庙时，遇到了元丹丘和岑勋。于是，一行人便去了元丹丘修道的颍阳山居。故友相聚，免不了以酒当歌，开怀痛饮，席间，李白与元丹丘对饮了几杯之后，便诗兴大发起来，他一手端杯，一手握笔，饮一杯，写上几行，有时还绕着酒席踱步，走一会儿，再写上几行，最后终于写成了千古绝唱《将进酒》：

君不见黄河之水天上来，奔流到海不复回。
君不见高堂明镜悲白发，朝如青丝暮成雪。
人生得意须尽欢，莫使金樽空对月。
天生我才必有用，千金散尽还复来。
烹羊宰牛且为乐，会须一饮三百杯。
岑夫子、丹丘生，将进酒，杯莫停。
与君歌一曲，请君为我倾耳听。

钟鼓馔玉不足贵，但愿长醉不愿醒。
古来圣贤皆寂寞，惟有饮者留其名。
陈王昔时宴平乐，斗酒十千恣欢谑。
主人何为言少钱，径须沽取对君酌。
五花马，千金裘，呼儿将出换美酒，
与尔同销万古愁！

李白吟诗时，众人侧耳聆听，心灵似受到了诗的敲击，待他吟完了，众人如从梦中醒来，一齐鼓掌，向他敬酒。

此诗篇幅不长，但节奏鲜明，痛快淋漓，气象不凡，具有震撼古今天地的气势。

路过洛阳时，他住在洛水旁的一家客栈中，入夜后，忽然听见洛水对岸传来一阵悦耳的笛声，仔细听时，才知道吹笛人吹的是一首《折杨柳》。笛声勾起了他的乡思，于是便在灯下写了一首《春夜洛阳闻笛》：

谁家玉笛暗飞声，散入春风满洛城。
此夜曲中闻折柳，何人不起故园情？

他由蜀中的青莲乡又联想到安陆的娇妻儿女。算来已有三度春秋没见过他们了，一种深深的眷恋情怀让他无法入睡。他又坐起来，以许月的口吻，写了一首《自代内赠》，来抒发内心的情感：

美人在时花满堂，美人去后花余床。
床中绣被卷不寝，至今三载犹闻香。
香亦竟不灭，人亦竟不来。
相思黄叶落，白露点青苔。

写完后，他望着尚未干透的诗笺，站立良久。自己在外漂泊，干谒无成，入仕无望，家人却望穿双眼等待自己回去。是该回去了，回到亲人们的身边！想到这里，他连一刻都不想停留了，第二天一早，便离开洛阳，去了安陆。

第十三章

内兄狠毒阴险，骗走地契再霸占房产。情人眼中出西施，胡杂安禄山一步登天！

美人卷珠帘，深坐颦蛾眉。
但见泪痕湿，不知心恨谁。

——《怨情》

1

李白离家三年，灾难便接二连三地落到了夫人许月的身上。

先是在家颐养天年的许员外不幸病故，继而是堂兄许光将一纸诉状递到了县衙，状纸上以叔父无嗣，女儿许月已经出嫁为由，要求继承许家遗产并迁回许府。在堂兄的步步逼迫下，许月无力与他抗衡，只能忍气吞声，节节让步，以求平安。她天天盼着丈夫早日归来，一家团聚。她不求锦衣玉食，只要全家人能在一起过日子，就是吃糠咽菜也觉得香甜无比。

许光既是赌徒，也是讼棍，他包揽的诉讼官司，只要有钱可赚，便从写状纸、堂上审案到打赢官司，由他一人包揽到底，从未输过！这其中的玄机少有人知，因为县衙的师爷章夷吾就是他的拜把兄弟！

由于能说善辩，又善于左右逢迎，他被人称为“霜打驴屎蛋，里臭外头光”。

许光的父亲早逝，其母徐氏，是安陆城里出了名的“板刀”婆，谁家若是惹了她，她便一手拿着切菜剁肉的砧板，一手提着一把菜刀，来到人家门口，骂一句，剁一刀，她可以连骂三天三夜！路人见了她，都绕着走！

一年前的一天，许月正在房里看书，住在北关的婶娘徐氏，风风火火地来到许府，她一把鼻涕一把泪地告诉许月：“月儿呀，我的好侄女，你堂哥许光被衙役们拘走了，你不能见死不救呀……呜呜……”

许月听了，吓了一跳，问许光出了什么事？徐氏说，许光在外欠了人家一笔债，因一时无力偿还，被县衙拘走了，关进了大狱。狱里传出信来说，只有还清债，才能免挨板子、关大狱！

许月不知道许光为什么欠的债，更不知道欠了谁的债。见平时少有走动的婶娘亲自上门央求自己，心里已软了三分，便连忙让使女于妮子将家中的存钱都拿了出来，数了数，一共有一千六百多钱，便全部给了徐氏。

徐氏说：“还差得远呢！没有三万金，衙门不会放人！许光非死在牢狱里不可！这可怎么办呀……”说完又号啕大哭起来。

许月一时乱了方寸，说道：“婶娘，家中实在没有钱了，如今节气尚早，还不到缴租子的日子，侄女也——”

徐氏抹着眼泪开导许月：“你堂兄是许家的一条根呀，你可不能见死不救呀！”她一边哭一边捶打着自己的前胸，“好侄女，你就行行好，想想办法吧！”

许月摇了摇头：“我也没有什么办法。”

徐氏听了，连忙说道：“办法倒是有一个。”

许月：“什么办法？”

徐氏：“把家中的田亩契约借给婶娘用几天，押在典当行里救救急，等你堂兄出来后，再把契约赎回来，难关也就过去了。”

许月听了，心里总觉得有些不妥，但又说不清有什么不妥，正在犹豫着，这时，徐氏忽然跪在了她的面前，哭着说道：“我的好侄女呀，你堂兄有个好歹，婶娘也活不成了！你就伸手救救婶娘吧！”说着，竟真的“嘭嘭嘭”地磕了三个响头！

许月连忙将她拉起来，说道：“好吧，就依婶娘所说，先把家里的契约拿去典当，救堂兄要紧。”说着，将钥匙递给了于妮子：“地契在我的卧室柜子里，你去取来。”

于妮子迟疑了一会儿，接过钥匙，转身走了。

不一会儿，于妮子取来一个小樟木匣，许月从匣中取出了一张地契，交给了徐氏。

徐氏的哭声戛然而止，她笑着说道：“侄女的好心必有好报，你堂兄终于有救了！”说完，将地契揣进怀里，一阵风似的出了徐府。

徐氏走后，于妮子悄声告诉许月：“小姐，我看她是黄鼠狼给鸡拜年，没安好心！”又说：“我多了个心眼，只给了她一张地契，其余的地契，都放在柜子里，小姐不会生气吧？”

许月听了，笑着点了点头。

善良的许月并不知道，借去的地契，是肉包子打狗，有去无回！

借地契还债救人，是许光和章夷吾精心设计的一个圈套。地契在谁的手里，谁就是田地的主人，有了地契，既可通过典当行变成现钱，也可以出卖田契上的土地。再说，地契是许月亲手交给徐氏的，当时并没有让徐氏写过收据，按过手印，如何讨回地契？

章夷吾是安陆县衙的师爷，他与许光又是拜把兄弟，借地契还债，就是他的主谋！

又过了几天，许光果然从牢狱里放出来了。他还特意来到许府，对许月说：“俗话说得好，打断骨头连着筋，幸亏妹妹出手相救，大哥才免了牢狱之灾！”

许月问他：“地契赎回来了？”

许光支吾道：“等我凑足了钱，就去典当行，将地契赎回来，你放心好了。”说完

便匆忙离开了。

后来，许月又多次向他讨要地契，他不是说钱还未凑齐，就是说事多缠身，没有工夫去赎地契，最后，竟躲着不见人影了！

许月见他耍赖，便去找徐氏要地契，谁知徐氏的话，让许月大吃了一惊。她说，地契是祖宗留下的遗产，也有许光的一份！要想讨回地契，除非上公堂打官司，她和许光奉陪到底！

许月知道自己斗不过他们，天天盼着丈夫回来，讨回家中的地契。

2

天刚刚亮时，窗外传来一阵“喳喳”的叫声，许氏开窗一看，见院子里的枣树上站着一只喜鹊，一边在树枝上跳动着，一边不停地啼叫，过了一会儿，便唤来了另外一只喜鹊。

于妮子兴奋地说道：“‘喜鹊叫，喜事到’，等着吧，许府今天准有什么喜事！”

许月心里想：会不会是丈夫回来了？她连忙从枕头底下取出一张折叠起来的诗笺，原来月初，李白托人送来了一封信，信上写了他游黄河的经历，信封里还附着一首诗，表达了他对爱妻的思念之情：

阳台隔楚水，春草生黄河。
相思无日夜，浩荡如流波。
流波向海去，欲见终无因。
遥将一点泪，远寄如花人。

许月将诗笺压在枕头底下，时时取出来轻声吟哦，每吟哦一次，便会平添几分思念。

就在她再次取出诗笺吟哦时，忽然听见于妮子大声喊着：“小姐，姑爷回来了！”

许月听了，觉得心里“咚咚”地狂跳起来。她连忙整了整衣裙，又用手指拢了拢满头的青丝，快步去了前院……

重逢胜新婚。离家三年的李白和许月重逢时，有诉不完的相思，道不尽的缠绵。当许月说了许光借地契还债，至今未还时，李白听了，只是淡淡一笑，说道：“既然借给婶娘了，她总归要还的，不必急着讨回。”

许月说出了自己的担心：“看样子，堂兄在耍赖，他不想还地契了！”

谁知李白说得很轻松：“不还就不还，让他去吧！”

在李白没回来之前，许月心里一直惴惴不安，因为借地契的事，她事先并未跟李白商量，担心李白回来后会埋怨自己，谁知李白对此事并不怎么介意。她问李白：“那可是一张二百亩的地契！若是要不回来怎么办？”

李白安慰她说："只要能息事宁人，和睦相处，比什么都好！"

许月听了，心中感激丈夫的宽宏大量。

人心不足蛇吞象。

许光原以为李白回安陆之后，必然向他讨要地契，那可是二百亩的地契，其中旱地一百二十亩，水田八十亩，都是产粮的良田。这是一块吃进嘴里的肥肉，怎么舍得吐出来呢？若不归还地契，李白就绝不会饶他！李白不但比他高出半个头，他更惧怕李白腰间的那把"龙泉"宝剑！他曾经见过李白舞剑的矫健身手。他抡起剑来，呼呼风响，举起剑来，泰山压顶！那把宝剑锋利无比，他亲眼见过李白一剑劈断手臂粗的树枝！尤其是"龙泉"的剑尖，上面闪耀着一点寒光，好像随时都会刺穿他的咽喉！

他知道自己不是李白的对手，但他结交了一些地痞混混，若真的动起手来，李白也赚不了多少便宜！再说，李白在安陆既无亲戚，又无朋友，独木难成林。而自己不但身边有一帮狐朋狗友，更重要的是，身后有师爷章夷吾为他撑腰，这叫强龙难敌地头蛇！

自从李白回到安陆以后，许光做贼心虚，开始几天，总是觉得心神不宁，他不知道李白何时找上门来讨要地契，更怕在大街上碰到了他。一想到李白腰间的那把"龙泉"剑，便觉得后背上直冒冷汗，所以，一直猫在家里不敢出门。

半个月过去了，却不见李白有什么动静，许光的胆子渐渐大了起来。他将章夷吾约到家里，二人密谋了一个晚上，终于设计出了第二个圈套：先入为主，先借后占！

有一天，李白应隐士卢子顺所邀，前往城外的南山，听卢子顺弹奏箜篌。许月将女儿平阳安置睡下了，独自在梧桐树下绣花。忽然听见有叩门之声，于妮子开门一看，原来是婶娘徐氏。

许月以为徐氏是来还地契的，连忙吩咐于妮子："快给婶娘上茶。"

徐氏东扯西拉地扯了半天野棉花，却避而不谈归还地契之事。许月问道："婶娘，许光哥近来忙吗？"

徐氏满脸堆笑，说道："这些天来，他正忙着哩！"

许月："忙些什么？"

徐氏："忙他的成亲之事。"

徐月："许光哥要成亲？"

徐氏："对呀，他都四十岁了，是该成亲了，女方是城西乡的秦姓闺女，婚期已经定了！"

许月连忙说道："恭喜婶娘，恭喜许光哥。"

徐氏听了，立刻拉长了脸，说道："恭喜什么呀，婶娘正为没有新房发愁呢！你看，婶娘的头发都被愁白了！"说到这里，她将话题一转，说道："婶娘就是为了这件事来求侄女的，许府的院子大，空闲的房子也多，除了你和姑爷居住的之外，还空着东西两

座厢房，后院还有一栋明三暗五的北屋。婶娘住的是破旧的老房子，当成亲的新房不大合适，想暂时借用后院的那栋北屋成亲，婶娘就是为这件事来求侄女的。”

许月这时才如梦初醒，原来徐氏是为借房子成亲才进许府的！

许光曾经娶过一位堂嫂，因看不惯许光吃喝嫖赌，也受不了婆母的虐待和丈夫的打骂，进门不到一年就离家出走了。这位秦姓姑娘嫁给许光，算是掉进了火坑！

徐氏见许月没有搭话，又说：“好侄女，你是菩萨心肠，眼看婚期就要到了，你就替婶娘解了燃眉之急吧！”

从感情上说，许月宁肯将北屋借给旁姓人家，也不愿借给许光，但从道义上又不能不借，因为她知道徐氏母子的住房过于窄小，而许府又有多余的空房子，不借给他，有些不近人情，便说道：“等李白回来后再定吧！”

徐氏听了，连忙说道：“对，对，是要等姑爷回来再定。”说完，千谢万谢地走了。

谁知许月没等到李白回来，却等来了一阵锣鼓声和一乘花轿！

在许光精心设计的圈套里，他不但骗走了地契，还鸠占鹊巢，进了许府，就再也不想搬出去了！

自从许光在后院的北屋成亲之后，经常听到后院传出划拳行令的吆喝声，有时一直闹腾到深夜才散，吵得许月难以入睡。

三天后，李白刚一到家，许月便将许光借房成亲的经过告诉了李白。她以为李白一定会十分生气，还会埋怨自己不该答应婶娘。谁知李白不但没有生气，还安慰起许月来了。他说：“这事都怪我！因为我不在家，婶娘和堂兄才敢乘虚而入的。”

许月说：“我担心堂兄住进许府以后，赖着不肯搬走怎么办？”

李白笑着说道：“他不搬走，我们走！”

许月听了，疑惑地望着李白。

原来，李白与卢子顺在游桃花山时，看中了山中的桃花坞，那里有青松修竹，谷中的潭水清澈见底。每到春季，桃花开得如霞似火，李白决定在那里建筑新居，他将自己的想法告诉了许月，许月听了，满心欢喜。

三个月后，新居建成了。

有失也有得，自搬进桃花坞以后，李白夫妇朝夕相处，亲密无间，度过了一段幸福温馨的岁月。李白将仅有的数顷薄田雇人耕种，虽然他自小没干过农活，更不熟悉庄稼与季节的关系，但也学到了许多农事知识。

在读书种地的同时，李白还经常接待来访的诗友和慕名而来的晚辈学子，日子过得有滋有味。

转眼过了一年，到了桃花盛开的三月，许月教女儿平阳做女红，李白教儿子伯禽读书。一家四口，其乐融融。

3

李白与陶渊明不同，陶氏退隐之后，不再关注天下之事，只知“采菊东篱下，悠然见南山”。李白虽然在桃花坞过着半耕半读的日子，优哉游哉，但视线一刻都没离开长安，心里一直编织着辅佐社稷，匡扶天下的梦想。日子过得越安逸，他就越有一种被禁锢之感，就像一只双翅被缚的大鹏，不知何时才能离开地面，遨游蓝天！

两位结伴来访的朋友，终于打破了他的隐居岁月，一位是他在四川结识的东海子，另一位是在长安结识的李泌。

李泌是位没出家的道人，他是太子李亨的同窗好友、老师，也是没有名分的“太子少保”。他潜心研习释玄二门的书籍，善观天象，细察世情，不愿入朝为官，总是一身道家打扮，行走在江湖之上。

李泌此次来访，还肩负着玉真公主的一项托付。

当初，是玉真公主让李白住进终南山的别馆，想同他研讨道教玄理，也向他求教写诗作赋。但李白住进别馆后，她因去了玉阳山道场，而未能见到李白，心中一直不安。后来，又听说了一些李白在长安的遭遇，心中便有了一种怜悯和同情。当元丹丘将李白写的《玉真公主词》转给她时，她心中十分感动。这不仅是对李白的关注，心中还有一种难以言表的感情因素。她曾为李白的仕途前程当面向胞兄玄宗力争过，但终因当年皇室恩怨而不能归宗。不过，她争取到了李白可通过招贤馆考试入仕，可见她对李白的一片良苦用心了。当她听说李白离开长安回了安陆时，便将赠送李白的千金，委托元丹丘交给李白。元丹丘听说东海子和李泌要去桃花山时，便拜托李泌将玉真公主的赠金转给李白。

李白接到赠金后，十分感动，他写了一首《赠持盈法师》：

玉真之仙人，时往太华峰。
清风鸣天鼓，飙欻腾双龙。
弄电不辍手，行云本无踪。
几时入少室？玉母应相逢。

有朋自远方来，不亦乐乎。李白夫妇竭尽所能设宴招待两位客人。

所谓设宴，其实只宰了一鸡一鸭，在池塘里捞上了一条二斤重的青鱼，其余的无非是从山上采的蘑菇、黄花和菜园中的韭菜、菠菜、豆角等，酒是自家酿的稻谷白酒。三人边饮边谈，十分投机，当谈到朝廷的人事变动时，李泌显得有些忧心忡忡。他问道：“不知太白是否见过一个人？”

李白：“是谁？”

李泌："安禄山。"

对安禄山这个名字，李白在长安时曾经听见过，只知道他是一名胡杂出身的将军，其他一概不知。

"山人曾在后宫见过此人。"

接着，他讲了见到安禄山时的情景——

有一天，李泌陪东宫太子李亨到了大明宫，去拜见玄宗时，恰逢安禄山进宫。当玄宗向他介绍李亨是东宫太子时，他竟木然地站在那里，问道："太子是什么官职？"

玄宗笑着说道："太子就是大唐的储君，朕百年之后，就传位太子。"

安禄山听了，连忙朝李亨行跪拜之礼。其实，这是安禄山佯装不谙宫廷礼仪，以憨厚之态博取玄宗的信任。

还有一次，玄宗在昭阳宫接见安禄山时，安禄山先向杨玉环跪拜，而后再跪拜玄宗。玄宗问这是什么礼节时，安禄山说："我们胡人都是先拜母后拜父的。"

玄宗听了，不但没有怪罪，还连连点头称是。自此以后，安禄山每次进宫，都是先拜杨玉环，后拜玄宗。

正因为安禄山得到了玄宗的特殊恩宠，这个胡杂才官运亨通，一步登天的。

他先由平卢兵马使晋升为平卢节度使，兼任柳州太守，成为了一名大唐帝国的封疆大吏。

不久，玄宗又封他为骠骑大将军。

过了三年，玄宗下诏：任命平卢节度使安禄山任范阳节度使。范阳节度使麾下有兵力九万，比平卢节度使的兵力翻了一番还转了个弯！

天宝六年（747 年），玄宗在朝堂上亲封安禄山为御史大夫。

天宝七年（748 年），玄宗又给了安禄山一个大礼包：将大唐的铁券赐给了安禄山！铁券就是"免死牌"，有了铁券，可免九次死罪，其后代可免三次死罪！这是文武百官们十分眼红的殊荣，玄宗却赐给了一个胡杂！

天宝九年（750 年），再封安禄山为东平郡王。在大唐帝国，只有皇帝的子弟才有资格封王，像太宗皇帝时的李靖，高宗皇帝时的薛仁贵等，虽然戎马一生，战功赫赫，也顶多封个荣国公，而将皇室之外的胡杂封王，这还是第一次！

不但如此，玄宗皇帝还将安禄山的幺儿子安宗庆招为驸马，将荣义公主许给了他，又将安禄山的次子安庆绪，赐为三品武官。

……

说到这里，李泌叹了口气，说道："以贫道所见，此人生有奇相，必有奇行，他大智若愚，须防变故。"

李白问道："胡杂安禄山是怎么发迹的？"

李泌："太白兄真的想知道？"

李白点了点头。

李泌："你问东海子吧，他刚从营州云游归来。"

东海子："太白还记得贫道说的乾陵里的白狐吗？"

李白："记得，记得，老狐狸死了，还剩有三只白狐。"

东海子："胡杂安禄山，就与这三只白狐有关，这是天意啊！"

李白："这是真的？"

东海子，"贫道是在营州、柳城一带听来的，是真是假，无人能辨，姑且当故事听吧！不过今夜酒兴未尽，你不是写过一首《将进酒》吗？待我们一醉方休，再慢慢说给你听吧。"

李泌举起手中的酒杯，"来来来，别辜负了桃花坞的美景，干杯！"

此时，天际的月亮已经开始西移了。

第十四章

白狼河畔的巫婆，生下了一个奇丑的小胡杂。刀下之鬼死里逃生，竟然成了捉将营的健卒！

苏武天山上，田横海岛边。
万重关塞断，何日是归年？

——《奔亡道中》

1

老狐死后，李白一直对匿藏在无字碑附近的那三只白狐，有一种莫名的好奇，如今，听东海子说这三只白狐与胡杂安禄山有关时，又勾起了心中的好奇，他迫切想知道，这位深受玄宗皇帝宠爱，身负社稷重任的封疆大吏，是从哪里来的？又有怎样不同凡响的家族和出身？

他甚至在冥冥之中有种预感，自己的命运会不会也与乾陵的白狐有什么瓜葛？东海子见他急于想知道，于是，便在漫游桃花山时，边走边讲述了安禄山的来历。

武则天长安三年六月，在营州（今辽阳市）以北的白狼河边，发生了一桩咄咄怪事。

北狼河北岸，有一座突厥、奚族、契丹、鞑鞨和室韦杂居的村落，叫白狼屯，也就是人们常说的“五胡杂居”的地方。屯里的女巫阿史德正躺在低矮的帐篷里待产。她已怀孕十二个月了，却至今未生。今天，她觉得腹中一阵阵的疼痛，知道自己快要生了，便打发丈夫请来了接生婆，还烧了一大锅开水，随时准备为她接生。

女巫的丈夫康丹，是个粟特罕人，长着弯曲的头发和褐色的眼睛，他站在帐篷外边，不断地来回走动着。

午时刚过，忽然从北方飘来一片黑云，黑云飘到白狼屯上空时便停住了。顿时便乌云压顶，狂风大作，雷鸣电闪，像塌了天一般！那片乌云在半空中忽上忽下、忽左忽右地翻滚着、扭动着，像一条水缸粗的黑龙！忽然，黑龙在阿史德的帐篷上空盘旋了一会儿，便一头扎进了阿史德的帐篷，将帐篷中的一盏羊油灯扑灭了！

这时，只听阿史德撕心裂肺地大喊了一声，接着便听见了婴儿的啼哭之声。接生婆去抱婴儿时，竟吓了一大跳。原来，阿史德生下的婴儿，双眼如杏核，眉毛如扫帚，一对招风耳，嘴巴朝前撅着，像是猪头！胖墩墩的身子上长着一层黑毛，像个正在蠕动的大豆虫！她连忙跑出了帐篷，结结巴巴地对康丹说道：“生了，生了……”

康丹十分激动，连忙进了帐篷，点亮羊油灯，抱起了儿子。儿子竟然大声啼哭起来，哭声将帐篷震得忽闪忽闪的！

婴儿出生后，狂风息了，暴雨停了，人们纷纷走出帐篷，三三五五地议论着，有人说，他看到那股乌云变成了一条猪头龙身的怪物，扑向了阿史德的帐篷。

有人说，猪龙降生，必有灾祸。

也有人不相信，悄悄到阿史德的帐篷后边向里偷看，看过之后，吓得脸色苍白，半天说不出话来！

阿史德并不知道有人在背后议论她的儿子，她和康丹商量，为儿子取名“轧荦山”。

轧荦山是契丹族的一座神力无边的大山。以“轧荦山”为婴儿命名，是希望婴儿成人之后，能像轧荦山一样高大，人们要像膜拜神山那样对他顶礼膜拜！

谁知“轧荦山”还没长大，康丹就在一场与契丹人的作战中，死在了荒漠里。阿史德成了寡妇，“轧荦山”便成了没有阿爹的孤儿！

阿史德领着刚刚学步的“轧荦山”，将康丹的遗体运到了一座山坡下，她遵照当地的葬丧风俗，实行“天葬”：将康丹放在一棵大榆树上，任凭神鸟们（乌鸦）啄食。待树上的血肉都腐烂了，白骨便会从树上掉到地上，榆树林里落散着一层厚厚的白骨，这都是人们过去“天葬”留下的。

自此以后，白狼河一带便多了一个长相丑陋的小胡杂！

就是这个小胡杂，后来竟然真的成了一条能呼风唤雨的猪龙！

也就是这条猪龙，竟将泱泱大唐搅了个天翻地覆，让天下千千万万生灵们受尽了兵灾和流离之苦！

不过，这是后话。

东海子说到这里，自问自答地说道：“也许这就是天意？”

2

李白心中一直迷惑不解，白狼河畔的那个小胡杂，怎么会与乾陵的白狐扯上了关系呢？

东海子接下来的一席话，终于解开了他心中的谜团：

轧荦山长到四五岁的时候，马贩子安延偃身披一件掉了袖子的老羊皮大袄，满身酒气，东歪西扭地撞进了阿史德的帐篷。他看见一个脏兮兮的小男孩依在一个女子的身边睡得正香，便狂笑着将小男孩从被窝里拽出来，扔到了一块毡子上！便爬到床上，呼呼大睡起来。

安延偃，曾经当过兵，杀过人，有一身使刀耍枪的功夫。后来他成了马贩子。不过，在贩马的路途上，也顺便干一些盗马偷驴的营生。若是盗得了一匹好马，赶到三百里以外的集市上卖出去，到手的钱比贩十匹马还要多！有人说他是契丹人，有人说他是突厥人，也有人说他是奚人，还有人说他是汉人，不过，连他自己也说不清是什么人了！

这个撞进阿史德帐篷的马贩子，便成了轧荦山的继父，继父为他改了个名字：安禄山。

安延偃大半时间在外地贩马，阿史德是白狼河一带名气挺大的女巫，也就是跳大神的神婆，她经常被人请去驱鬼、除灾、祈福。她不在家的日子，安禄山便成了无人管的野孩子，不是打了东邻的孩子，就是被西邻的孩子猛揍一顿。不过，就是被打得头破血出，他也从不叫饶。有一天，他和周铁匠的儿子周小栓打了一架，周小栓比他大两岁，力气也比他大，将他打得脸青眼肿，躺在了地上。他爬起来以后，一声不吭地回到了自家的帐篷。当天晚上，周铁匠家的后院就失了火！幸亏人多救火及时，才没有多大的损失，只烧了一座堆放牧草的草垛！

安延偃虽然大字不识一个，但他体格壮实，又爱骑马舞刀，他常对安禄山说，一个男人要想有出息，非有一身本领不可。有了本领，一定要去投军，在军中才能杀敌立功，为将为帅。他高兴时，还教安禄山如何使用弯刀，他说，弯刀只有杀过人，沾过血，使用起来才有灵气。

安延偃每次回到家里必定喝酒，每喝必醉。喝醉了，就拿安禄山当出气筒。有一次，他让安禄山在灶上煮羊腿，羊腿煮熟了，他一边啃着羊腿一边喝酒。安禄山饿极了，刚伸手去抓一根羊腿，便被他一脚踢倒了，又揪着他的头发，将他扔进了羊圈！

晚上，又冷又饿的安禄山，紧紧靠在羊身上取暖，他听着帐篷里传出的鼾声，恨恨地说："等我长大了，非宰了你不可！"

稍大了一些，安禄山成了王英川家的雇工。王英川是驿站的一名官员，家中有马、牛、骆驼等大牲口一百余头，另有羊三百余只，因牧羊人掉下悬崖摔死了，正需要人顶替。阿史德便出面求情。王英川答应后，安禄山便成了王家的牧羊人。条件是：东家提供一匹放羊的黄骠马，每年腊月二十三结账：三百只羊按两成产羔，必须赶回三百六十只羊，可给十五只羊作为工钱。

阿史德知道，羊群至少三羊产一羔，三百只羊一年就变成了三百九十只，除了王家的三百六十只，还多余三十只羊，再加上工钱十五只，每年能有四十五只羊的进项！

当了牧羊人的安禄山，第一年还算顺利，他骑着黄骠马，手持长鞭，马鞍上挂着安延偃留给他的那把胡人的弯刀，在山上饿了，就宰上一只肥羊，吃饱了，便在山坡上练起安延偃教给他的刀术，困了就在山坡上的草地上睡上一觉。到了年底，他将羊群赶到王家，数一数，一共三百八十八只！减去三百六十只，再加上工钱十五只，一共挣下了四十六只羊！

第二年的下半年，他发现羊群渐渐变小了，仔细数了数，羊群里只有三百三十多只羊！进了腊月，竟然又少了五只！辛辛苦苦干了一年，不但领不到工钱，还要倒赔王家几十只羊！

后来他终于发现了盗羊者，原来在西岭岩石下有一个狼窝，里边有三只出生不久的青狼羔！

安禄山解下缰绳，结了个绳套，放在岩洞口上，自己悄悄躲在岩石后边。到了半夜，果见一只大青狼叼着一只羊羔回来了。当它的头刚刚钻进岩洞，安禄山猛地将缰绳一提，就套住了青狼的脖子！再将缰绳向一棵松树上一搭，便将青狼悬空吊了起来！

今天，人们都爱吃烧烤，烤鸡翅、烤鸭肝、烤鱿鱼、烤羊肉串、烤豆腐干，再高级一些如烤日本牛排、烤广东乳猪，烤澳洲鸵鸟腿等等，但都没有安禄山的口福——烤狼肉！

他点起篝火，借着月光，用手中的弯刀剥下狼皮，剖开了狼腹，扒出内脏后，将灰狼架到火上烤熟了，便坐在篝火旁吃起了烤狼肉！

狼肉虽然没有羊肉香，但毕竟能饱肚子，不过，他心里也打起了小鼓。眼看年关将近，怎么向王家交羊？就是把阿妈的帐篷卖了，也还不起王家的账啊！再说，要是继父知道了，说不定还会抽了他的筋、剥了他的皮！

他将没吃完的烤狼肉塞进褡裢里，又伸手掏出三只狼羔，猛地朝石岩上一摔，便跃身上了黄骠马，双脚一夹，黄骠马便飞奔而去了。

至于要去哪里？他自己也不知道，只知道跑到哪里算哪里，越远越好！

3

三天以后，褡裢里的烤狼肉吃完了，浑身冒汗的黄骠马再也跑不动了，安禄山也累得像浑身散了架。忽然，他看到不远处有一座城邑，在城邑外边干涸的河床里，到处都是熙熙攘攘的人群，原来那里是个大集市。

他牵着黄骠马在牲口市上转了一圈，看到马匹、骡子、毛驴都拴在木桩上，不论卖方还是买方，谈论价钱不能口说，要在中间人的袖筒中掐指头决定。中间人与卖方掐了指头，再与买方掐指头，经过几个回合之后，双方同意了，生意便做成了。买卖双方按规矩付给中间人“吃茶钱”，也就是服务费。

牲口市的中间人，当地叫牙郎，要取得牙郎的资格，就要拜师学艺，要懂得看马口和算马匹的年龄，还要会看毛色，判断马匹是否健康，能从马的耳朵、蹄子、鬃毛上判断是不是良驹优马。

安禄山托一位花白头发的牙郎卖了黄骠马，在一家包子铺里吃饱了肚子，便在牲口市上转悠起来。转悠了三天，他虽然没上过一天学，连安禄山三个字都不认识，但他异常聪明。他觉得当牲口市上的牙郎是个稳赚不赔的行业。他打听到这位年老的牙郎是个汉人，叫赵炎，便死皮赖脸央求拜赵炎为师。赵炎觉得自己年纪大了，手脚也不大方便，正需要个年轻人帮着跑跑腿，便答应了。

晚上，他问赵炎，这里是什么地方？

赵炎告诉他说，这里就是大唐的营州城，全城有三万多人，城外的北大营里驻扎着一万多名大唐的士兵。城外的大集，逢二、七开市，附近百余里的买卖人都来这里赶集，除了关外运来的马匹、骆驼、牛羊毛皮之外，还有从中原运来的药材、布匹、粮食、豆油、海盐和铁器等货物。他还告诉安禄山，干牙郎这一行，除了眼尖、嘴甜、腿勤，还要广

结人缘，一个朋友一条路，只要有了朋友，就能财源滚滚。

当了牙郎的安禄山，果真在牲口市上左右逢源起来。他见人一脸笑，又能说会道，还熟悉新罗、契丹、突厥和奚族等五种语言，很多买家都请他买马，也有不少卖家请他卖马。他在牲口市上顺风顺水，名气也渐渐大起来了。

有一天，一个古北口外的马贩子，赶来一百多匹好马。因为长途跋涉，路上又缺少草料，马匹都被拖瘦了，到了营州城之后，又不是赶集开市的日子，只好将马群拴在一片柳林里。

安禄山知道后，去柳林察看了马群，发现都是些牙口不多的良种马。马贩子说，马不拆群，要一次卖出，每匹马五千金。

安禄山告诉马贩子，价钱还算公道，但一时找不到能一下买下马群的大主顾！

马贩子听了，心里焦急起来，要是再拖几天，不但马匹要多吃些草料，有的马说不定就站不起来了！他央求安禄山出手相助，若帮着卖了马群，除了每匹马的"吃茶钱"之外，每匹马再多付一百金！要求成交越快越好。

安禄山听了，心中大喜。一匹马一百金，卖出这群马就能赚到一万金！这可是他连想都不敢想的一笔大生意！便连忙答应了。

原来，安禄山与北大营管理军马的罗梓，是酒桌上认识的朋友。这几年，唐军的马匹伤病严重，急需购进一批军马，以备作战之用。于是，他便将罗梓约到营州城的"东来顺"酒楼，酒过三巡之后，二人便谈成了这笔生意：安禄山愿将这群马的"吃茶钱"让给罗梓，谁让自己是罗梓刎脖换头的朋友呢！

事情出乎意料的顺利，还没等到大集开市的日子，这群从口外赶来的马匹，就赶进了北大营的马厩！

马贩子对安禄山佩服得五体投地，他付了一万金的"吃茶钱"之后，便千恩万谢地离开了营州城。

马无夜草不肥，人无横财不发。安禄山吃了买方吃卖方，他与马贩子商定的是每匹马四千金，对罗梓说，每匹马四千五百金。一笔买卖，就赚了五万金！

财大气粗的安禄山，在城里赁了房子，在裁缝店定做了夏天的单衣和冬季的皮袄，还在平康里的妓院里，包了一个叫叶儿的胡妓！

老牙郎说的"一个朋友一条路"并没有错，但也要看交的是什么朋友，不久，安禄山就被朋友送上了逃亡之路！

4

有一天，安禄山刚刚做成了一笔大买卖，为卖主卖出了二十八匹马，便唱着小曲儿去了叶儿家。刚刚坐下吃饭，赵炎便慌慌张张地找来了。他告诉安禄山，罗梓已被官府抓走了，罪名是他盗卖军马！

安禄山一听，“嗡”的一声，头就大起来了，因为盗卖军马，属于死罪，非砍头不可！

上个月，罗梓找到他说，他可以从马厩中弄出一些军马，让安禄山寻找买主，卖马的收入二五分账。安禄山便点头答应了。

当天晚上，罗梓打开了马厩的木栅栏，悄悄牵出了三匹好马。安禄山当晚就将马赶到百里之外的大集上卖了，每人分了六千金。尝到甜头之后，二人每天都牵出几匹马，最多的一次一下牵出九匹马，卖了三万八千钱！正当二人准备再干一次就金盆洗手时，罗梓出事了！

罗梓既然被官府抓走了，一顿严刑拷打之后，他必定会供出同伙。安禄山知道，若再留在营州，必死无疑！他向赵炎磕了一个头，报答他的搭救之恩，又取出了存在叶儿那里的钱，悄悄出城之后，便策马向幽州逃去。

安禄山命大，他刚离开叶儿的家，一队官兵就闯进了叶儿家的大门！

安禄山有过从白狼河逃亡的经历，他逃跑专拣小路和近路，他的目标是幽州，想投军幽州节度使张守珪麾下。

幽州是古九州之一。玄宗时，全国边界分设为十五道设官治理，幽州就是其中之一。幽州节度使统辖蓟州、檀州、新州、涿州、渔阳，驻军十万。

安禄山因没有路牒，进不了幽州城。晚上，当他在城门口磨蹭时，见他骑着一匹马，腰里还挂着一把胡人的弯刀，便被巡逻的士兵逮住了，怀疑他是契丹国派来刺探军情的探子，把他关进了一座黑牢，准备第二天押解到大营审问。

到了半夜，守门的士兵喝得烂醉，正在呼呼大睡时，安禄山在石头上磨断了绳子，溜出了黑牢，混在赶集的人群中，去了牲口市。

他在牲口市上认识了军中伙夫卫范，卫范告诉他，军中的羊圈里养着一千多只肥羊，专为作战回来庆功之用的。

说者无心，听者有意。安禄山故技重演，晚上，他偷偷溜进了羊圈，偷出了十多只肥羊，正当他赶着向一个村子走时，忽然一队士兵从后边追来，不容分说，便将他五花大绑地押回了大营。

第二天一大早，安禄山被绑在大营门前的一根旗杆上，等待刽子手前来执刑。

就在这时，突然有几十骑人马从幽州城飞奔出来，到了大营门前。大营的兵马使、校尉、将帅等连忙迎上去施礼。

为首的骑者头戴铜盔，身披大红披巾，里边穿着精致的盔甲，下马之后，威严地朝周围看了看，指着安禄山问道：“他是什么人？”

兵马使连忙答道：“此犯是被我军抓获的偷羊大盗，偷了营中的存栏羊十二只！下官还怀疑他是番邦的探子，按律将他处死！”

安禄山虽然不知道此人是谁，但知道他一定是位高级将领，便大声喊道：“我不是

奸细，我是来向张守珪将军投军的！我要为张将军效力！”

这位将军就是张守珪。

张守珪听了，笑着说道：“这个番子还挺会撒谎呢！让他吃了肉，喝了酒，就送他上路吧！”

两名士兵端着肉盆和酒碗走了过去。安禄山狼吞虎咽地吃光了盆里的肥肉，又一仰脖子喝光了碗中的酒之后，忽然大声喊了起来：“张将军，你不是要为大唐建功立业吗？你不是爱民如子吗？为什么不收留我？我安禄山算是瞎了眼啊！”

张守珪听了，又重新看了看安禄山，见他虽然长相丑陋，但头大如斗，浓眉如刷，体格壮实，便问道：“你有什么本事吗？”

安禄山说：“我有一颗为大唐效忠的心，我会相马，我还会五国语言！”

张守珪听了，对站在身边的兵马使说道：“松绑，送此人到我的大帐！”说完，便率领众人上马走了。

兵马使连忙让刽子手用鬼头刀为安禄山割断绳索，又将他送到了张守珪的大帐。

张守珪威严地坐在一把虎皮椅上，他问道：“胡儿安禄山，你真的能听懂五胡的语言？”

安禄山道：“我不但能听懂五胡语言，还能说五胡语言！”

张守珪指着兵器架上的兵器说道：“你就说这些兵器吧！”

安禄山立即用契丹、奚族话、突厥话、室韦话和新罗话，说出枪、剑、戟、长矛和大刀的名字！

张守珪听了，脸上露出了笑容，因为军中将士大都是汉人，懂得番话的人少之又少，于是说道：“安禄山听着，本节度使派你去捉将营，先当一名健卒，今后若立有军功，再另行奖赏，你可愿意？”

安禄山听了，连忙双膝跪地，说道：“张将军比轧荦山还高，你就是安禄山的亲阿爸！”说完，在地上不断地磕头。

张守珪被他逗乐了，说道：“快起来吧，你的心意我已领了。”又对随从说道：“送他去捉将营吧！”

安禄山连忙站起来，说道：“安禄山决不会辜负阿爸！”说完，跟着随从去了捉将营。

安禄山命大，他前脚已经踏进了地狱的大门，又被张守珪拽了回来！

安禄山当了捉将营的健卒之后，曾经多次潜到奚族和契丹境内，不但探听到了重要情报，还先后俘获了二十余名敌方的官兵。有一次，他一人杀了十三个掉队的契丹巡逻兵，用小刀割下十三只耳朵回来报功！他的职务随着战功一升再升，从捉将营副将、将军，到捉将营都尉、游击使。

为了建立大功，有一次，他违反军令，私自率领一支三百人的唐军，深入契丹内地，去偷袭契丹军的军营时，中了契丹人的埋伏，不但士兵死伤大半，还丢了四万多斤军粮和二百余匹军马！他自己也差点成了契丹军队的俘虏！

溃败回来后，按大唐军律，节度使有权将他处死！

但张守珪觉得安禄山作战英勇，战功显著，可杀亦可不杀。再说，他已认了安禄山为自己的义子，实在难以下手，便写了一份奏章，在奏章中既写了安禄山的兵败罪责，更多的是写他屡屡立功，功大于过。便派人将安禄山押解到长安，请朝廷“亲按”，也就是由玄宗皇帝亲自决定他的生死！

由于玄宗忙于三位皇子的安葬，便将安禄山暂时关进了大牢。

5

有一天，玄宗去西宫探视武惠妃时，她忽然清醒了，对玄宗说，她梦见三个厉鬼又来向她索命时，忽见一个长相丑陋、头大、凸腹的壮汉，从一个黑洞里钻出来，对三个厉鬼说道：“何方厉鬼敢向娘娘索命？快快离开！”

三个厉鬼听了，慌忙四散而逃。

驱走了厉鬼之后，壮汉钻进了一个写有“土”字的黑洞。

玄宗听了，心有所悟。他立即移驾便殿，招来狱吏，查询狱中是否关有长相丑陋、头大凸腹的壮汉囚犯？

狱吏送来了“土牢”囚犯名册。大唐关押重犯的大牢分为“金木水火土”，“土”牢是专关死囚的牢房。第九名的囚犯符合丑陋、头大、腹凸、壮汉的特征，他是一名胡人，叫安禄山。

刑部尚书方正告诉玄宗，安禄山是幽州节度使张守珪的游击使，因私自出战失利，兵员、军马损失严重，被押到长安，由刑部审决。

宰相张九龄曾对犯人安禄山有过批示：失律丧师，不可不诛。其安犯貌有反相，不诛必有后患。投进“土牢”待决！

玄宗亲自提审安禄山时，见了其人，认为符合武惠妃所梦壮汉。于是下令：派“土”牢囚犯安禄山前往西宫，守卫宫门！

安禄山在西宫守卫了七个夜晚，三个厉鬼再也没有出现，武惠妃每晚都睡得十分安宁。

玄宗十分高兴，不但将安禄山从“土”字大牢里放了出来，还封他为平卢兵马使之职，暂留长安。

死囚安禄山，不但没死，还因武惠妃而成为了朝廷的武臣。

三个月后，武惠妃再也没做过噩梦，但她也渐渐衰弱不堪了。临终前，她将寿王叫到自己床前，对他说道：“为娘的，以你姑祖母为楷模……可惜，只差一步之遥……”还没说完，这位三十七岁的“准女皇”，就香消玉殒了。

武惠妃死了之后，有人在无字碑前的荒草丛中，发现了一只病死的白狐。

武惠妃走了，却放出了一条比她更为可怕的猪龙！

第十五章

面对权威，谁敢在考场撒野？刚刚出沐的倩影，竟征服了一代君王！

四明有狂客，风流贺季真。
长安一相见，呼我谪仙人。
昔好杯中物，今为松下尘。
金龟换酒处，却忆泪沾巾。

——《对酒忆贺监》

1

唐玄宗天宝二年（743年）暮春，太子宾客兼正教秘书监贺知章，正与书法家张旭、音乐家李龟年和舞蹈家公孙大娘等，在长安的京兆酒楼饮酒。席间，谈起了大唐诗坛上的一些趣闻时，张旭说道：“贺监的那首《咏柳》，每每读到时，总觉得意犹未尽，在下特意书写下来了。”说着，从怀中取出来，递给了贺知章：

碧玉妆成一树高，万条垂下绿丝绦。
不知细叶谁裁出，二月春风似剪刀。

贺知章看了之后，连声说道：“好，好，简直是龙飞凤舞，不愧是天下‘草圣’！”

张旭笑着说：“在下是从公孙大娘舞剑的姿态中，受到启发，书艺才有些长进的。”

李龟年说：“字好，诗也好。在下想谱上曲子，让梨园弟子们演唱。”

贺知章捋着垂胸的长须说道：“这是当年的自赏之作，若与当今的蜀人李白比起来，就差得远喽！这就叫长江后浪推前浪嘛！”说完，竟一口气吟咏了李白的《长干行》。

众人听了，都赞叹不已，不过，心中也都有些遗憾。既然李白诗名远播，听玉真公主说，连玄宗皇帝都十分欣赏李白的诗歌，但大家却无缘见到这位四川来的诗人！

就在这时，元丹丘忽然来了，他对贺知章说道：“贺公，玉真公主命你速去紫极宫相见。”

贺知章听了，连忙辞别了众人，去了城外的紫极宫。

紫极宫的知尘道长正站在门前等候，见贺知章来了，连忙将他引进了一间宽敞明亮的净室。玉真公主坐在正中的蒲团上，她的下首，坐着一位身材修长，身着布衣，气质非凡的中年男子，贺知章拜见了玉真公主之后，垂手站在一边。

玉真公主笑盈盈地说道："贺爱卿乃是当今的文学泰斗，本宫特向爱卿引荐一位诗人。"她指着旁边的男子说道："这是从四川来的李白。"

李白连忙站起来施礼，说道："蜀人李太白，请贺监指教。"

贺知章没想到自己一直想见的诗人，就站在自己身边！心中十分高兴，他问李白："太白近来有什么新作？"

李白看了看玉真公主，玉真公主从矮几上拿起几张诗笺，除了留下《赠玉真公主》之外，都递给了贺知章。

贺知章展开了《梦游天姥吟留别》，便朗声咏诵起来，当诵到精彩之处时，竟眉飞色舞，情绪激动！诵完了，长长舒了口气，说道："太白的诗，惊天动地泣鬼神，你并非人间所有，应是天下谪下来的神仙啊！"

知尘在旁边说道："李先生是天上的谪仙，公主和贺监都潜心修道学玄，将来也都是神仙啊！"

贺知章见天色不早，便说道："今日幸会，不可无酒！"接着命仆人去安排酒席。

谁知仆人显得有为难之状，便在贺知章的耳边低声说了一会儿，贺知章没有吭声。

知尘已从仆人的神态中看出了端倪，猜想仆人不是身上带钱不多，就是没有带钱，便打圆场为贺知章搬梯子下台，说道："你们都是贵客，贫道略备薄酒，请在贫宫小酌。"

贺知章听了，连忙摆手："不可，不可。"说着，解下佩带的金龟，递给仆人，说道："就用它抵酒钱吧！"

仆人听了，拿着金龟便出了紫极宫。

酒家见了金龟，吓了一大跳。因为只有朝廷三品以上的官员，才有资格佩带金龟！又听说是贺知章待客，立即置办了一桌丰盛的菜肴，又搬来了一坛陈年佳酿。

二人边饮酒边吟诗，一直喝到大醉，才尽兴而去。

贺知章金龟换酒待李白的新闻，很快便传遍了长安城。

此事也传到了玄宗那里。他召见贺知章时问道："听说贺爱卿将自己的金龟，拿去换酒喝了？"

贺知章连忙跪下谢罪，因为金龟是朝廷颁发的，也是代表身份的标志，把朝廷颁发的金龟换了酒喝，该当何罪？

玄宗并未怪罪他，问道："这位四川来的李白，到底有什么不凡之处，竟然值得爱卿如此敬重？"

贺知章说道："此人有天纵之才，是世间罕见之人，老臣认为，我朝有李白，是陛下之幸，也是社稷之福呀！"

玄宗曾听玉真公主多次说起过李白，又听了贺知章的推荐之后，决定让李白通过招贤馆考试入仕，这是玉真公主暗地里促成的！

2

暮春季节，正值桃花盛开，桃花山上的桃花开得如火如荼，山风吹来，落英缤纷。李白正在桃花坞前听儿子伯禽背诵《诗经》。伯禽站在一棵桃树下边，用童稚的声音诵道："桃之夭夭，灼灼其华，之子于归，宜其室家……"

还没等他诵完，李白就将他揽在怀里，笑着说道："伯禽乖乖，伯禽聪明！"

这时，于妮子从门外跑进来说："姑爷，门外有位道士，说是来找姑爷的。"

李白听了，连忙放下伯禽，出门迎客。

来人吴筠，是李白在终南山认识的朋友。他是道教的著名人士，也是玉真公主和元丹丘的挚友。他此次前来安陆，为李白带来了一封信。李白拆开信封一看，洁白的信笺上只写了两行楷字：招贤馆纳贤，盼太白前往应试。

虽然信笺上前无称谓，后无落款，但从秀丽的字体上看，李白已认出是玉真公主亲笔所书。吴筠告诉他说，让李白通过招贤馆入仕，是玉真公主的建议。本来招贤馆今年秋季开馆面试，但提前到六月开馆，其中原因，李白心知肚明。

第二天一早，李白告别了许月和儿女们，便与吴筠匆匆上路了。

坐落在长安皇城之南的招贤馆，平时冷冷清清，门可罗雀，今日却热闹异常，因为"吏部选院"今天开馆考试。天刚刚亮，门外边已来了不少峨冠博带的应试者，还有前来送考的家属和看热闹的居民，把招贤馆里三层外三层围了个水泄不通！

今天的主考官是丞相杨国忠，副主考官有两位，一位是史部侍郎崔应甫，另一位是御史中丞吉温。崔应甫和吉温都是李林甫的心腹，李林甫因为事先知道玄宗不想让李白归宗皇室，但又知道玉真公主力荐李白，若李白入仕为官，凭他的才气和能力，对自己是个威胁。昨晚，他已向崔应甫和吉温面授机宜：千方百计阻挠李白入仕。

杨国忠虽是李林甫的政敌，但不许李白通过考试，却与李林甫不谋而合。杨国忠注重穿戴和仪表，是朝野公认的美男子，但他听说李白长得秀眉长目，奇伟轩昂，惊为天人，且又才气过人，未仕已名扬天下，而自己武不能上阵，文不能提笔，与李白相比，相形见绌，嫉妒之心油然而生，他怎么会让李白过呢?

科举考试制度，是唐代正式确定的。唐代科举考试的举子来源，主要有三种：一是在各级官学学习，经考试合格后，送至尚书省参加考试的"生员"；二是经县州考试合格后选送的"乡贡"；三是参加科举的考生。

唐代的科举制度，除了文考之外，还有武考，文考以明经、进士两科为主，考试分为杂文、帖经、策问三场，内容以诗赋文章、儒家经典、理政才能为重点。

武则天执政时期，又增加了武举考试。武举考试以长垛、骑射、马枪、步射、应对为主。不过，同样考试合格者，身高六尺以上的举子为上等，以下为次等。唐代名将郭子仪就是参加武举考试夺魁，获武状元，才被授官“左卫长上”的，最后成为大唐赫赫名将。

道举考试，也是唐代创立的，朝廷对修道学者进行考试之后，脱颖而出的优秀道人，按科考及第者同等对待，授予官职，为朝廷效力。

3

考试开始了！

前三名的应试者，分别是山东的劳白，江西的孙有河和湖北的余光，面试之后，只有劳白面带笑容而出，孙有河和余光则低首而出，抱恨而去。

“传李白，入场应试——”

李白听了，应了一声，便分开人群，迈进了招贤馆高高的门槛。

坐在主考席上的杨国忠抬头看了看李白，拖着长腔问道：“应试人报上名来！”

李白不亢不卑地向前走了一步，只作揖而未跪拜，说道：“在下蜀人李白。”

杨国忠见他未拜，心中不悦，但也只好压住怒火，将李白的诗稿和文赋随手翻了翻，便递给了崔应甫和吉温。因为按照书、身、貌、文的规定，他实在找不出李白的毛病，但又绝对不能放过李白，正显得有些不知所措时，他的鼻子忽然抽了两下，立即皱起眉头，他问崔应甫和吉温：“两位考官，本官好像闻到了一种酒味，不知二位是否也——”

还没等他说完，二人便抢着说道：“对，对，是一种酒味！”

杨国忠指着李白说道：“招贤馆乃是圣上选拔人才之所，应试前应净手焚香沐浴，虔诚考试，你为何应试之前还贪恋酒杯？”

这简直是鸡蛋里挑骨头！

李白听了，知道他是故意找碴，节外生枝，便不慌不忙地问道：“请问主考官，此次考试考的是才能，并未规定不许饮酒呀！”

一句话把杨国忠问哑了！

崔应甫连忙站起来，大声吼道：“大胆李白，竟敢冒犯朝廷主考官，该当何罪？”

李白微微一笑，问道：“我来应试，何罪之有？”

吉温拍案大吼：“反了，反了，你竟敢扰乱考场！来人啊，给我掌嘴！让他尝尝在此撒野的味道！”

李白听了，仰头大笑起来：“我乃应试之人，并非罪犯，在此撒野的”，他指了指主考席上的三人说道：“恰恰是你们！”

吉温听了，一时语塞，满脸憋得通红。

杨国忠一看形势有些失控，便以右丞相、主考官的身份说道：“好酒之徒，如何能成为社稷的栋梁之才？为下官磨墨都不合格！”

高力士奉诏前来巡视，见此情景，他冷笑了一声，说道：“这样的人，只够为我脱靴子！”

李白听了，大声问道："请问丞相，你可知道杜康的来历吗？你曾听说过'以酒当歌'吗？你可知道饮酒的妙处吗？如若不知，待我告诉你吧！"说完，高声朗诵起来：

天若不爱酒，酒星不在天。
地若不爱酒，地应无酒泉。
天地既爱酒，爱酒不愧天。
已闻清比圣，复道浊如贤。
贤圣既已饮，何必求神仙？
三杯通大道，一斗合自然。
但得酒中趣，忽为醒者传。

还没有吟完，李白竟往地上一坐，呼呼大睡起来，一时鼾声如雷。杨国忠气急败坏地喊道："快把李白赶出招贤馆！"

门外的应试者和围观的人群听了，都一齐鼓起掌来。人们纷纷拥到招贤馆门前，迎接被卫士们推出来的李白！

杨国忠见了，恼羞成怒，连忙下令："今日停考，今日停考！"说完，在一群官员的拥簇下，气呼呼地离开了招贤馆。

4

招贤馆的新闻，很快传遍了京城，有人说："李白有种，敢在虎口里拔牙，是位真正的男子汉！"

也有的说："李白敢在招贤馆里耍酒疯，今后必会招来灾祸！"

还有人怕李白恃才不拘，会牵连自己，不敢再与李白交往，张垍等人就属于此类。

杨国忠回到杨府后，心里越想越纠结：自己从小读书就不多，肚子里的墨水本来就少，竟被一个布衣李白戏弄一番！他虽恨得牙根痒痒，却又无可奈何，不过不许李白通过招贤馆入仕的目的，已经达到了。

三天后，他去晋见玄宗时，玄宗问他："杨爱卿，此次招贤馆招了多少人才呀？"

他答道："应试者共有一百六十二人，已选出七十二人。"说着将选中的名册呈给了玄宗。玄宗看了看，问道："蜀人李白未入馆考试吗？"

杨国忠连忙答道："面试那天，蜀人李白因饮酒过量，在招贤馆大耍酒疯，故而未能面试。"

玄宗听了，并未深究，笑着说道："好，好，这就是李白！"

杨国忠听了，吓了一大跳！玄宗的这句话是什么意思？会不会因此事而怪罪自己？他琢磨不透，连忙说道："臣已命人转告李白，让他明日再来招贤馆应试。"

玄宗听了，并不答话，只是一笑了之。

第二天，杨国忠真的派人去了李白下榻的双塔客店，见他住的房舍大门洞开，人却不知去了何处！

既然找不到李白，也就无须再考了。

贺知章听说了李白大闹招贤馆的消息之后，便把他请到了贺府，又邀请了六位同道好友作陪，在家中设宴慰问李白。

在这些客人中，有汝阳王李琎，他是李显的儿子，因害怕玄宗怀疑他有谋反之心，便佯装嗜酒，流连酒色之中，玄宗称他是“谪仙人”。

李廷之是玄宗的孙子，生性刚直，因与李林甫不合，于是辞官在家，饮酒作乐。

崔宗之是宰相崔明的长子，他虽学富五车，却怀才不遇，常以酒解愁。

苏进也是满腹才华而不被重用的才子，因得罪权臣被贬到汝州，人称“才子庶人”。

张旭是当时的著名书法大家，其草书独具一格，常常一手端杯一手执笔，杯空书成，被人称为“草圣”。

焦遂是贺知章的诗朋酒友，以豪饮而被人称道。

在八人当中，贺知章虽已年过花甲，但性格依然狂放，和李白一样，都才高八斗，嗜酒如命。

他们在席间不分官职高低，不论年长年幼，都性格率直，一边饮酒，一边吟诗。酒饮多了，便在毯子上就地而眠，醒了再继续饮酒，一直狂饮了三天，留诗六十余首！自此，“酒中八仙”之名，便不胫而走了！

5

武惠妃死后，玄宗悲痛欲绝，每天散朝之后，回到兴庆宫，总是寡言少语，神情恍惚，身子日渐消瘦。后宫虽有佳丽三千，但都引不起他的兴趣，整日里郁郁寡欢，长吁短叹。虽然只有五十多岁，却忽然像老了许多。

高力士是玄宗肚子里的蛔虫，他深知玄宗的所喜所好，所爱所恨，他也知道，要想让玄宗从哀愁中解脱出来，就要有人来填补武惠妃留下的空白。可是，谁才是最好的人选呢？

过了霜降之后，天气渐渐变冷了。玄宗的寝宫冷火秋烟，孤独难耐。这时，高力士脚步轻轻地走到他的跟前，说道：“陛下，骊山华清池的温汤，冷热适中，在汤中泡上个把时辰，不但能舒筋活血，还有养生回春的妙处。想不想去那里的温汤泡一次呀？”

“爱卿说的也是”，玄宗懒洋洋地说道：“朕也想出宫散散心，爱卿就去安排吧！”

高力士听了，连声应道：“老奴这就去安排。”说完，退出寝宫。

就是这次温汤，却泡出了大唐帝国的一个特大绯闻！更是一个超级丑闻！

这个丑闻不但改变了一个女人的命运，也改变了包括玄宗在内的许多人的命运。

骊山在临潼县境内，距长安城不远，那里山清水秀，泉水清澈。山下有一座温泉宫，后来改为华清池。华清池外边，因沾了温泉的恩泽，松柏常青，百花不谢。在去骊山的辂辇上，高力士告诉玄宗说，当年，秦始皇巡游骊山时，曾遇见了一位神女，故赐名“神女温汤”。

这个传说，似乎勾起了玄宗的兴趣，问道：“可真有此事？”

高力士神秘地一笑：“老奴也是听人说的。”

皇帝御驾华清宫，前有羽林军开道，后有宫人相随，沿途净街，路人回避，前呼后拥地到达华清池时，已是暮色初现。远远看去，华清池上空弥漫着一层薄薄的白雾，只露出了宫阙的高高飞檐，好像是一座飘浮在云彩中的宫殿！

当玄宗走进华清池，掀开帘子时，见池中已有许多人正在沐浴，除了后宫的嫔妃和宫女之外，还有皇室的眷属。由于水面上缭绕着一层水雾，水雾中有一些朦胧的人影和一阵阵的歌声笑语，至于都是哪些人，他看不清楚，也不想知道。

他沐浴的汤池，地面上铺着汉白玉，四周以锦缎屏风相围，水温适中，周围安静，十分舒畅。他泡了半个时辰之后，便披衣出了汤池，坐在一张宽大的龙椅上品茶小憩。

忽然，他看到飞霞阁上站着一个似曾相识的倩影，可是又隐隐约约的看不清楚，难道是梅妃江采萍？还是经常随侍自己身边的念奴？或者是赵丽妃、钱妃、皇甫德仪、刘才人？不像，她们都不像！她更像武艳武惠妃！对，她就是武惠妃！他刚想喊她，又忽然哑声了，因为他最宠爱的武惠妃已离他而去了，再也回不来了！

这时，一阵清风拂来，飞霞阁上的倩影让他眼前一亮：她蛾眉微弯，双眸顾盼，体态丰满，肌白如雪。由于刚刚出浴，脸庞潮红，湿漉漉的长发如瀑布而泻，光泽如漆。她身披一袭薄薄的绿纱，犹若一支出水的莲花。

正当他看得如痴如醉时，那个倩影忽然转头一笑，更显得百媚千娇，夺人魂魄！他悄声问高力士：“高爱卿，站在飞霞阁上的人，是谁呀？”

高力士道：“是寿王的妃子杨玉环。”

玄宗听了，不再说话，似乎有些神不守舍。

回到宫中之后，玄宗又问：“玉环何时进的寿王府？”

高力士道：“已有五年了。”

玄宗自言自语地说着：“五年了，五年了……”

高力士看在眼中，想在心里。

6

又过了三天，高力士问玄宗：“陛下，前日去华清池泡温汤，龙体有何感觉？”

玄宗说：“好，好，泡过温汤之后，朕的手脚不似以往那么冰冷了。”

高力士："陛下龙体康复，是社稷大幸，老奴以为，陛下应去华清宫住些日子才好。"

玄宗听了，说道："朕也有此意，如今天下并无甚大事，若有重要奏章和边境战报，让右相快马送去即可，爱卿就去安排吧！"

高力士听了，正要告退，又被玄宗叫住了："此次驾临华清宫，不可兴师动众，只要一二人陪驾，至于何人陪驾，由爱卿斟定即可。"

高力士听了，心领神会。

坐落在皇城西侧的寿王府，近些日子似乎失去了往昔的热闹。武惠妃未病之前，坊间传说，玄宗皇帝有立寿王李瑁为太子的打算。寿王府里一天到晚客来友往。武惠妃病故后，就少有人前来走动了。后来忠王李亨被立为太子，李瑁便陷入了恐慌之中。因为武惠妃制造的"宫闱之乱"，太子李瑛和两位皇子已经惨死，加之王皇后被打入冷宫，郁郁而死，人们对武惠妃的怨恨便自然而然转到了他的身上。他的这个寿王还不知道能不能保得住！他除了思念母亲之外，也日夜为自己的命运提心吊胆！

五年前，杨玉环嫁进了寿王府，小夫妻恩恩爱爱，夫唱妇随，日子过得美滋滋的。自武惠妃死后，杨玉环对他更加体贴入微，经常陪在身边安慰他。这一天，杨玉环正陪着李瑁说话，忽然管家来报："高公公已经到了寿王府！"

二人听了，连忙出门迎接。

高力士站在寿王府的院子里，高声说道："陛下口谕：着寿王妃杨玉环前往华清宫伴驾！"

二人听了，面面相觑。

李瑁知道伴驾意味着什么，他也知道，爱妃出了寿王府，就再也回不来了！他紧紧抱住杨玉环不放。但又不敢违旨，连忙跪拜："臣李瑁遵旨。"

杨玉环见丈夫神情戚戚，连忙说道："贱妾走后，望你多多珍重。"说完，朝李瑁看了一眼，见李瑁满眼泪花，便连忙转过头去，上了停在府门口的一乘软舆，跟着高力士走了。

五年的夫妻，就这样恩断爱绝了。

杨玉环祖籍浦州永乐（今山西永济），生于蜀郡（今成都）。高祖杨汪是隋朝的国子监祭酒，唐初时被李世民所杀。父亲杨玄琰曾任蜀州司户，父亲去世后，她寄养在三叔家中。成人后，她出落得姿容秀美，身材丰腴，明眸皓齿，举手投足间更显青春少女的妩媚和艳丽，加之她天姿聪慧，又擅长歌舞，自嫁给李瑁后，还常进宫与婆婆武惠妃做伴，时常收赠各种珍奇玉玩等物。若无变故，她会与李瑁白头偕老。但她无论如何都不曾想到，自己会被召去华清宫伴驾！

到了华清宫的当天，在高力士的安排下，杨玉环服侍玄宗进御汤池沐浴。当时的情景，后人难以窥见，种种说法都是猜测，但白居易是唐代诗人，他说的倒是有些靠谱，

其中有这么两句：

春寒赐浴华清池，温泉水滑洗凝脂。
侍儿扶起娇无力，始是新承恩泽时。

沐浴之后，二人便去了华清宫。也就是这一夜，杨玉环被玄宗初次召幸。

在这天晚上，玄宗向她赠送金钗钿合，作为定情之物，又将“磨金步摇”亲自为她戴在发髻上，其宠爱之情，无以复加。

杨玉环在华清宫中度过了十八个日日夜夜，玄宗对他的心腹高力士说：“朕得玉环，如获至宝，实是平生第一快事！”

玄宗第一快事，却是寿王的第一伤心事。

这种父夺子妻的乱伦行为，本是天下所不齿的，但在大唐李氏，却是一种家传。唐太宗李世民夺得皇位之后，曾纳弟弟元吉的妃子杨氏为妾。唐高宗李治立的皇后武则天，原本是李世民的侍妾；到了唐玄宗这一代，竟明目张胆地直接夺媳为妾了！

不过，为了回避乱伦之嫌，给杨玉环一个名正言顺的身份，他让杨玉环自度为女道士，去为玄宗的生母窦太后荐福，移居太真观，并赐法号为“太真”。

太真观在禁苑西内的丛林之中，那里十分清静，是个修道的极好所在。杨玉环入住以后，高力士命人修了一条五尺宽的复道，直通玄宗的兴庆宫，以便他与杨玉环偷偷幽会！此时的杨玉环，因为还未进宫，更没有经过正式册封，只能算是玄宗包养的“N奶”或“准皇妃”，处境似乎有些尴尬。

玄宗为了补偿寿王李瑁，将左卫中郎将韦昭训的女儿，聘为了寿王妃，这样一来，难道父子之间就扯平了？

第十六章

大雪纷飞，日本诗人送他一件丝绵小袄；许月在弥留之际，终于盼到了归来的丈夫。

兰陵美酒郁金香，玉碗盛来琥珀光。
但使主人能醉客，不知何处是他乡。

——《客中作》

1

开元元年以来，大唐边境捷报频传，国内风调雨顺，四海升平。江南的白米通过大运河源源不断运往长安，黄河流域五谷丰登，百业兴旺。来自不同国家的使节、客臣和留学生们纷纷来到大唐。沿海港口停泊着波斯舶、南海舶、狮子舶、波罗门舶等外邦商船。

这些外邦使节和客臣中，有大唐周边的吐蕃、回纥、南诏、渤海、大食及东亚的新罗、高丽和日本等国。外邦的商人运来了珍珠、玛瑙、琥珀、麻布、人参、纸扇、稀奇禽兽等货物，又将大唐的丝绸、瓷器、纸张、茶叶、药材、典籍、乐器等运回了本国，仅在长安身着不同服饰、说着不同语言的外邦人士，就超过十万人！

入冬后，北风渐紧，天气寒冷，贺知章在家里生了一炉炭火，和李白坐在炉边边论诗边饮酒，十分投机。这时忽有仆人来报："晁衡先生前来拜访。"

贺知章对李白说道："晁衡是位日本人，也是我的一位诗友。你稍坐，我去接他进来。"说完，随仆人迎客去了。

当时的大唐帝国，对东海的邻邦日本，影响广泛而深远。在政治、经济方面，日本仿效大唐，进行"大化改革"，建立了中央行政制度，在农村实行类似大唐均田制的班田收授法。在城市建筑上，日本的京都仿效长安朱雀大街、东市、西市的布局格式；在文字上，来长安求学十七年的吉备真备回国后当了宰相，与留学回国的学问僧空海一道，参照大唐汉字的草书和楷书偏旁，分别创制了平假名和片假名，合为日本文字，一直使用至今。日本的饮食、服饰、医疗等诸方面，也都能看到大唐的影子。

大唐帝国从中央到地方，分别设置了鸿胪寺、主客郎中、市舶使、萨宝、押衙和总管等机构和官员，负责管理外来的异邦人员。

为了学习大唐的政治、经济制度，以及文学、书法、音乐、医学、历法、天文、建筑等技术，日本十余次向大唐派出遣唐使和留学生，最多的一次超过了四百人！遣唐使

中既有画师、乐师、阴阳师和留学生，也有各类工匠和僧人，晁衡就是其中的一位。他到了长安以后，进入国子监学习，通过参加科考，中了进士，在朝中任秘书监、左散骑常侍，最后官阶三品。他十分喜爱中国诗歌，与王维等诗友多有交往。

唐太宗在位时曾经下诏天下："自古皆贵中华，贱夷、狄，朕独爱之如一，故其种落依朕如父母。"正因为有如此宽广的胸怀，所以才有"万国来朝"的空前景象。

不一会儿，贺知章领着一位中年男子进了客室。贺知章指着李白说道："这位就是蜀人李太白。"又转身对李白说道："这位就是秘书监晁衡。"

晁衡听了，连忙说道："久闻太白大名，今日在此相见，实是三生之幸啊！"说完，连忙施礼。

李白还礼后说道："在下曾拜读过晁兄的《望乡诗》，游子思亲之情，感人至深。"说着，大声朗诵起来：

仰首望青天，神驰奈良边。
三笠山顶上，想又皎月圆。

晁衡听了，连声说道："惭愧、惭愧，说真的，在下最敬仰的两位大唐俊才，文是李白，武是郭子仪。拙作是拜读了太白先生的《静夜思》之后，大为感动，受了启发，才写下拙诗的。"说完，又从怀中取出一本用麻纸订成的册子，说道："在下将太白先生的大作都抄录在册子上，以备归国之后，好生收藏，传世后代！"

此际，铅灰色的天空忽然下起雪来了。这是入冬以来的第一场雪，洁白的雪花如撕碎的柳絮，自天空飘飘而落，不一会儿，地上就成了软软的雪毯了。

贺知章在炉中添了些木炭，炭火更旺，他又命人送来一副杯、筷，三人围炉而坐，炉火映红了脸庞。他们边饮边谈，天马行空，别有一番风趣。

就在这时，管家匆匆走来，将一封信递给了贺知章。贺知章接过一看，信封上写着：乞请贺监转李白。

李白拆开一看，脸上的笑容骤然凝固了。他说道："拙妻病重，嘱我速归，在下只好失陪了。"说着站起身来。

"等一等"，贺知章连忙吩咐管家！"为我的那匹'紫骝'备鞍！"

李白谢过贺知章之后，便匆匆出了客厅，正要上马，晁衡冒雪跑过去，说道："天气寒冷，穿上它路途上御寒。"说完，便脱下自己的上衣，披在了李白身上。

晁衡虽是朝廷命官，但不上朝时，常穿日本和服。因为今天天冷，他临出门时加上了这件日本的"丝绵小袄"。

李白本想婉拒的，但看到了他真诚、热切的目光，便点头表示谢意。于是，双腿一夹，"紫骝"便在漫天大雪中奔驰起来。

2

李白刚刚到了桃花坞的村头，就远远听见“父亲回来了！父亲回来了！”的喊声，接着，一个小女孩牵着个小男孩朝他跑过来。他一眼就认出了女儿平阳和儿子伯禽！连忙从马上跳下来，将伯禽抱在怀里，问道：“你们怎么在这里？”

平阳说：“是母亲叫我和弟弟来的！”

李白又问：“来这里做什么？”

平阳说：“母亲说，只要我和弟弟天天在村头上等，就一定能等来父亲！”

李白听了，心头一热，双眼也模糊了。

平阳又说：“母亲还说，她天天都梦见父亲回来。”说着，用小手擦了擦眼里的泪花：“父亲回来了，母亲的病就会好的。”

小伯禽说：“我也梦见过父亲。”说完，将小脸紧紧贴在李白的脸上。

李白悄悄问他：“你母亲好吗？”

小伯禽说：“母亲她，病了……”还没说完，便“呜呜”地哭了起来，泪珠儿滴在了李白的腮上。

李白让平阳牵着马，自己抱着伯禽，急急进了桃花坞。

刚刚走到家门口，见于妮子扶着许月已等候在门口了，好像她知道自己的丈夫今天一定会回来！

李白发现，许月虽然脸上的笑容依归，但颜色有些苍白，原先明澈如水的眸子，似乎有些浑浊，身子也瘦弱了许多。他心中一热，连忙过去扶住她，说道：“夫人，你怎么——”

许月连忙说道：“贱妾这不是好好的吗？”她久久地打量着李白，柔声说道：“夫君怎么也瘦了？”

李白宽慰她说：“不碍事的，我是在回安陆的路途上颠簸瘦的，吃上一顿夫人做的粳米饭，也就恢复了。”

许月朝门口看了看，问道：“平阳没随你回来？”

“我回来了！”声到人到，平阳牵着“紫骝”马已经进了院子。

一家四口终于团圆了！连冬季的太阳，都变得比往日温暖了许多。

许月患的是气血双亏之症，虽然郎中们多次诊治，也服了不少汤药，但都不见起色。到了后来，甚至多走几步路，都会觉得心慌气短，力不从心。后来，竟然卧床不起了。

于妮子见她病情日渐变重，想让她给李白写封信，除了告知病情，也希望他能回家探望。但许月不肯，她担心李白知道自己病了，会心中挂念，再说，也会影响他在外边干谒。

有一天，在九江做生意的十一郎因押运货物路过襄阳时，特意绕路到了安陆，来看望弟媳和两个侄儿。他看到许月病了，也说要给李白写信，让他早日回来。善良的许月

仍然不肯，说自己的病情并无大碍，服些药汤就会好起来的。

十一郎回到九江后，托人给她送来了一些高丽参、藏红花之类的补养品。当他得知李白仍然未回安陆时，才写了一封急信，托人带到了长安，托付贺知章转交李白。

也许是丈夫回来了的缘故，许月心中十分欣慰，觉得自己的病情已经好了许多，脸上天天绽着笑容，甚至还去了灶房，亲手为李白蒸了一锅粳米干饭，还炒了一盘红菜苔！她看到丈夫吃得狼吞虎咽，心里格外高兴。过去，她羡慕西邻的长玉嫂，她和丈夫晨出暮归，男耕女织，虽说干的是力气活，吃的是粗茶淡饭，但一家欢欢乐乐，恩恩爱爱。心想，若丈夫回来，他经营家中的田地，自己照料一双儿女，朝夕相处，该有多么温馨！

她向李白说了自己的想法，李白听了，爽朗地大笑起来，他说："夫人说的，也正是我心里想的！"

李白说的是实话。他早已厌倦了东奔西跑的日子，去向权贵们干谒，遭了多少白眼？碰了多少钉子？已过而立之年了，仍一事无成，壮志难酬！还不如回到安陆，淡泊名利，忙完了农事，或在家中读书，或在院子里舞剑，或与道友们一起修道论玄，该有多么自在！岂不比那些在宦海中你争我夺的人快活得多？

晚饭后，一家人在前厅里说话时，女儿平阳偎依在李白身边，问道："听说长安城很大很大，城里的人很多很多，皇宫里的房子很高很高，这是真的吗？"

李白笑着点了点头，问道："这是谁告诉你的？"

兄妹二人同时答道："是母亲告诉我们的。"

李白知道，许月从未去过长安，甚至没有出过安陆，她是在安慰孩子的，便说道："等你们的母亲康复了，咱们一家都去长安城逛逛！"

伯禽忽然问道："到了长安，我们住哪里呀？"

一句话问住了李白。是啊，自己浪迹天涯，像漂泊不定的浮萍，只是长安城中的一个过客，哪里会有自己的安身之所？心中不免泛起了一丝心酸。

许月看出了丈夫的心事，连忙对伯禽说道："等你们的父亲入仕为官之后，长安城就有咱们的房子了！"

为了不让孩子们失望，李白向他们讲述了在长安的一些见闻。直到小伯禽的眼皮打架了，一家人才熄灯安歇。

3

其实，许月的病与堂兄许光欺人太甚有关。他借去的地契不但未还，还将地契上的二百亩田地转手卖了！自他以成亲为由借了许府的五间北屋后，算是引狼入室了！前不久，他又以许家无嗣为由，向安陆县衙呈递了一份诉状，要求继承许府的房产。因此事有悖法理，在安陆县闹得沸沸扬扬的，师爷章夷吾害怕此事引起民愤，便与许光商量，打算过了这阵风头之后再递状纸。

许光可不是一盏省油的灯！他虽霸占了许府的五间北屋，又贼心不死，三番五次地来到桃花坞，向许月软硬兼施，讨要许府的房契。许月被他逼地日夜不宁，终于心力交瘁，卧床不起了。

安陆是许月的出生之地，也是她的故乡，如今却成了她的伤心之乡！她真想离开安陆，再不想见到许光了，可是又能去哪里呢?

有一天，有人送来一封信，李白拆开一看，原来是任城守备裴旻写来的，他问李白，何时迁往东鲁?

李白看了，心中大喜。

裴旻是李白在山东结识的朋友。

当年裴旻曾跟随幽州都督孙全北伐奚军，孙全率领的唐军被奚军包围，形势十分不利。裴旻为了保护孙全，拍马冲向了敌阵。奚兵连忙放箭阻挡。裴旻舞动着手中的宝剑，将蜂群般的箭矢斩断落地，自己却毫发未伤！奚兵见了，大为惊奇，纷纷逃窜而去，终于为孙全解了围！

裴旻任北平守备时，当时的北平附近十分荒凉，时常有猛虎出没，伤害人畜。有一天，裴旻身背箭囊，手持弯弓，率人出城猎虎。他一个人竟然猎杀老虎三十一只！可见他的箭法有多么高超了。

玄宗听说裴旻的剑法变化无穷，精湛无敌，特意将他召进宫中演练剑法。裴旻以为自己将会得到重用，将他派往边境去建功立业。谁知玄宗像欣赏梨园歌舞那样，看过他的剑技之后，只是连声称赞，赞完了，便打发他回去了！

李白十分敬重舞剑退敌、射虎英豪的裴旻，便前去拜访，表示“愿出将军门下”，也就是拜裴旻为师。裴旻当时并未应允。他陪着李白游览了泉城济南和大明湖之后，二人便分手了。

临别时，李白再次恳请裴旻教他剑法。裴旻说：“练剑并非一朝一夕能成，太白若真的想学剑法，就将全家迁来东鲁，在下一定收你为徒！”

李白十分执着，向裴旻学剑的愿望，便一直藏在了心里。

许月知道了李白想去东鲁学剑的心事之后，笑着说道：“若能离开安陆，犹如屈原离骚！贱妾愿随同夫君前往东鲁。”

许月之所以支持李白举家迁往东鲁，除了不想再受许光欺凌之苦以外，自己心中也有一种愧疚之感。丈夫独自一人在外为干谒而奔波、忙碌，受尽了种种磨难和屈辱，自己却不在丈夫身边，无法为他分忧，更不能尽人妻之责，让丈夫饿了有饭菜，冷了添衣物，在丈夫愁闷之际，给他以温存和安慰。

李白见许月支持自己东迁，便当即处理完了家产，辞别了四邻。临行前还领着平阳和伯禽去了许氏坟山，在岳父的坟前摆上了祭祀的供品，点燃了香烛，跪在墓碑前，大声说道：“岳父，李白即将举家东迁，特前来告别，祈求岳父在天之灵，保佑李白一家

平安无恙。”说完，领着平阳和伯禽叩过头之后，回到了桃花坞。

二人商定，待秋收过了之后，便举家东迁。

4

自从回到安陆之后，李白感到了一种从未有过的天伦之乐，女儿平阳和儿子伯禽整天都围绕在他的身边，许月悉心地照料着他的生活，一家人其乐融融。因田地里的庄稼无须李白操心，帮工王克明是位吃苦耐劳的庄稼汉，他虽然不识一字，但十分熟悉时令，哪块地该种什么庄稼？什么时候收割？哪块田里该施肥除草？他心里都有一本账。他还在河边的旱地里辟了一个菜园，种了不少菜蔬，不但足够一家人吃菜，还将多余的瓜菜分送给左邻右舍。虽然田地里的收成不如以往宽裕，但衣食无忧，年底还有些结余。他在家中读书、写诗、舞剑之余，不甘寂寞，以安陆为中心，经常外出漫游，寄情山水，也结交了一些新的朋友，其中有两位诗人走进了他的生活。

有一天，李白听说诗人崔宗之住在襄阳城里，便骑着贺知章送他的“紫骝”前去拜访。

崔宗之是前宰相崔日用的长子，二人都有相见恨晚之感，也都热爱诗歌，更是好酒之人。在论诗品酒中度过了一段难忘的日子之后，分手时李白特意为他写了一首五绝：

崔公生民秀，缅邈青云姿。
制作参造化，托讽含神祇。

崔宗之也还了他一首：

袖有匕首剑，怀中茂陵书。
双眸光照人，词赋凌《子虚》。

李良是李白本家的从侄，任杭州太守，他托人捎信给李白，邀他前去一游。李白十分高兴，便乘船顺江而下，到了杭州以后，受到了李良的热情款待，还陪他游览了杭州城里城外历代遗留的古迹。李白为他写了一首《与从侄杭州刺史良游天竺寺》：

挂席凌蓬丘，观涛憩樟楼。
三山动逸云，五马同遨游。
天竺森在眼，松风飒惊秋。
览云测变化，弄水穷清幽。
叠嶂隔遥海，当轩写归流。
诗成傲云月，佳趣满吴州。

离开杭州后，他想起了自己初游金陵的感受，忘不了那位甜甜笑着走进他梦境中的小歌姬，她用软软的吴语吟唱的《杨叛儿》，似乎总在身边萦绕着。于是，又身不由己地去了金陵的秦淮河。他在长干街上听到了一种熟悉的歌声，连忙赶过去时，看到了一位陌生的小歌姬在琴师的伴奏下，正在深情地唱着：君歌《杨叛儿》，妾劝新丰酒。何许最关人？乌啼白门柳……

音调还是当年的音调，歌词还是当年的歌词，但却不是当年的那个人唱的！他心中生出了一种浓浓的惆怅，便悄然离开了。

当他们路过当涂县时，船家将船停泊在牛渚矶旁边。李良告诉李白，当年，晋代的镇西将军谢尚曾夜泊牛渚矶。那晚的月亮很圆。坐在船舱里的谢尚正在烛下读书，忽然听见邻船上有人在高声咏唱诗篇，诗的音律整齐，文辞优美，意境高远。他想，咏诗之人绝非平庸之辈，使派人前去打听是何人在咏诗？咏的是什么诗？

不一会儿便打听清楚了，原来咏诗的人是船上的一位船工，名字叫袁宏。他咏的是刚刚作的一首《咏史诗》。

谢尚听了，立刻来到邻船，与袁宏相见。谢尚并不以身为将军而居高临下，袁宏也不认为自己是个平头百姓而自卑，二人坐在船头，谈天论地十分投机。谢尚问袁宏：“在下十分仰慕先生的学问人品，不知愿不愿意屈就下官的幕僚，以便早晚请教？”

袁宏听了，便点头应允了。

后来，袁宏终于成了晋代的一代名士。

李白听了，心绪难平。袁宏因遇到了谢尚这位伯乐，才终于有了出头之日，而自己却一直未遇到能改变自己命运的谢尚，这是苍天不公啊！想到这里，他口占了一首《夜泊牛渚矶怀古》：

牛渚西江夜，青天无片云。
登舟望秋月，空忆谢将军。
余亦能高吟，斯人不可闻。
明朝挂帆席，枫叶落纷纷。

与李良分手后，李白又逆江而上，去了洞庭湖畔的岳州，没想到在这里，巧遇“诗家夫子”王昌龄。

原来，李白到了岳州后，下榻在巴陵客栈里。安顿好了之后，便独自沿着崎岖小路，来到了洞庭湖边。他望着碧波荡漾的一湖秋水，想起了自己出川之后漫游的第一站，就是洞庭湖。安葬了申义之后，第二年又来到这里，亲手将他的遗骸迁到了武昌。此次再来洞庭，中间已隔了整整十个年头！当年心高气傲的毛头小子，因经历了太多的坎坷和

风雨，已经有些力不从心了。就像在湖面上翻飞的鸥鸟，明天还不知道飞往何处呢！

这时，他忽然看见不远处的一座破败的凉亭里，站着一位身着蓝布长衫的男子，因他面对湖面，看不清他的面庞，猜不出他的年龄。湖风吹拂着他的衣角，他一动不动地凝望着远处。他是谁？为何久久地站在那里？

忽然，从凉亭里传来一个低沉而略带嘶哑的声音：

琵琶起舞换新声，总是关山旧别情。
撩乱边愁听不尽，高高秋月照长城。

好诗！这是王昌龄的《从军行》中的一首！难道凉亭里的男子会是王昌龄？李白想进亭去问一问，但又怕打扰了男子的诗情，便想以王昌龄的《出塞》来投石问路，于是，大声咏道：

秦时明月汉时关，万里长征人未还。
但使龙城飞将在，不教胡马度阴山。

果然有效。李白刚刚咏完，凉亭里的男子忽然转过身来，双手作揖，问道："先生所咏，是少伯的拙作，请问先生是——"

少伯即是王昌龄。

李白走过去，笑着说道："在下李太白，打扰先生了。"

王昌龄连忙说道："在下王昌龄，久闻太白诗名，不想在这里巧遇，真是天遂人意啊！"

自幼家境贫寒的王昌龄，自考中进士以后，一直仕途不顺。他最初任秘书省校书郎，又授汜水尉，被贬后回到长安，授官江宁丞，再次被贬为龙标尉，都是些低品级的官职。

正因为王昌龄的人生旅程屡经磨难，所以才对官场、战争和底层社会观察细微，认识透彻，有"诗家夫子王江宁"之称。另外，他在入仕之前曾亲赴西北边塞漫游，写了不少边塞诗，描绘了边塞将士们的生活和感情，又因擅长七言绝句，被人赞为"七绝圣手"。

他这次因受到权贵们的嫉妒而再次被贬出长安，在去贬所的途中路过岳州，暂在这里歇脚，明天，还要继续赶路。

李白听了，知道难以挽留。他看见湖畔的一座茅屋上边斜插着一面酒旗，便和王昌龄进了这家只有一张木桌的酒肆。李白要了一壶酒和几个小菜，面对窗外的洞庭湖，他们像两位结交多年的朋友，边饮边谈起来。

王昌龄是位写边塞诗的大家，他将在贬途上写的另一首《从军行》递给李白，请李白赐教。李白展开诗笺，上面写着：

烽火城西百尺楼，黄昏独坐海风秋。
更吹羌笛关山月，无那金闺万里愁。

李白看过后说道：“少伯用‘烽火城西’四个字，一下就点出了青海烽火城的烽火台，四顾荒野茫茫，天高地远。‘独坐’二字，让人顿觉悲凉孤独之感，而最后的点睛之句，又婉转道出了征夫与眷属的思念之情。拜读大作，李白受益匪浅啊！”

王昌龄比李白年长十余岁，他告诉李白，自己在宦海中浮浮沉沉多年，看穿了官场上的恩恩怨怨，他已萌发了辞官归隐的念头，想躬耕于田野之中，以度余年。说完，口占了一首《巴陵送李十二》：

摇曳巴陵洲渚分，清江传语便风闻。
山长不见秋城色，日暮蒹葭空水云。

他在诗中劝说李白，不必太看重仕途，归隐田园自有另一番情趣。

李白十分敬仰王昌龄的才学人品，认为他今后必有不俗作为，也写了一诗送他：

耻学琅玡人，龙蟠事躬耕。
欲献济时策，建功及春荣。

第二天一早，李白将王昌龄送到了船上，二人挥手作别，小船便鼓帆而去了。

这是两位诗人的第一次见面，也是最后一次见面。后来，王昌龄再次被贬，他愤而辞官，回到了家乡，不想在战乱中被亳州刺史所杀！

5

李白刚刚回到安陆桃花坞，还没进门，就听见了一片哭声，家里发生了什么？该不会是——他不敢再往下想，便连忙冲进了大门。

一见李白回来了，小伯禽大声哭着扑了过去。他抱起伯禽进了卧室。见平阳坐在床头，轻轻地为许月梳理着头发。她边梳边说：“母亲让我为她梳好头发，说要等你回来，谁知她不肯醒来了……”说完，又大哭起来。

王克明和一些邻居正在忙着料理后事，见李白回来了，都围拢过来。王克明双眼通红，他说，夫人已经昏迷三天了，郎中也来诊治过了，吩咐要为夫人准备后事，谁知今天夫人又醒来了，说是要等姑爷回来后才肯走。说完，又昏睡过去了，至今未能醒来！

李白走到床前，双手抓住许月的手，大声说道："夫人，你醒醒，我回来了。"

许月双眼紧闭。

李白又喊："我回来迟了，对不起夫人呀！"

李白急了，一把把许月揽在怀里，声音都有些嘶哑了，高声喊着："夫人，你睁开眼看看我呀！"

忽然，许月的眼皮动了一下，住了一会儿又动了一下，双眼渐渐睁开了！她目不转睛地望着李白，喃喃问道："夫君真的回来了？夫君真的回来了？"

李白激动地将她的手贴在自己的脸上："夫人，我是李白，我真的回来了！"

许月的眼里渐渐有了光泽，嘴角也绽开了一丝笑容。

听说许月醒了，伯禽一边擦着眼泪一边喊着："母亲醒了，母亲醒了！"

正在忙碌着准备后事的邻居们听了，一齐围拢过来，房里房外，一片喜悦之情。

不一会儿，许月轻声对李白说道："夫君，贱妾饿了。"她望了望桌子上的一碗稀粥，艰难地道："你能喂贱妾吗？"

李白连忙端起粥碗，连续喂了三口之后，她笑着摇了摇头，表示不想再喝了。

到了午后，许月让李白将她扶起来，她靠在李白身上，似乎恢复了往日的精神，面颊上也渐渐红润起来。她让平阳和伯禽靠在她的身边，说道："我走了以后，你们一定要听父亲的话，记住了吗？"

"记住了！"姐弟二人边回答，边茫然地望着李白。

李白听了，心中一惊，他知道这是回光返照！连忙说道："夫人，要走我俩一起走，你可不能丢下我不管呀！"

此时的许月，十分清醒，她说："夫君不能走，因为平阳和伯禽还未成人，他们需要你呀！"

李白听了，生怕她悄悄而去，紧紧地将她抱在怀里。

此时，许月长长地舒了口气，断断续续地说道："贱妾终于……等到夫君回来了，贱妾走后，夫君迁往东鲁，望夫君续弦……两个孩子也有个安身之所……"说完，温顺地偎依在李白怀里，安详地睡着了。脸上像抹上一层朝霞，又红又亮。任凭李白和孩子们如何呼唤，她再也未能醒过来……

李白在王克明和邻居们的协助下，按照当地的风俗，将许月安葬在岳父的坟墓旁边。过了"七七"之后，他变卖了房产田地，还为王克明留下了几亩田地，让王克明耕种。王克明十分感激，他答应按当地风俗前来祭祀许氏父女。

这时，东鲁的朋友孔巢父受裴旻之托，送来一信，催李白尽早前往东鲁。

三天后，李白辞别了邻居和王克明，带着平阳和伯禽上了一辆马车，沿着驿道一路向东鲁驰去。

第十七章

安禄山用一个金瓜换来了两顶高含金量的乌纱帽。两种心情：失败的婚姻和长安的诏书。

日落沙明天倒开，波摇石动水萦回。

轻舟泛月寻溪转，疑是山阴雪后来。

——《东鲁门泛舟》

1

唐玄宗开元十年（722年），大唐帝国版图内的东北方向，契丹和奚族两大部落突然背叛大唐，并成了突厥部落的附庸。他们凭借着骑兵擅长在大漠中作战的优势，经常派兵侵犯大唐边境，抢劫财物和牲畜，对大唐帝国造成了严重威胁。

幽州、营州、平卢、朔方等节度使，奉诏发兵讨伐。战场上的捷报不断从边陲传到京师，朝野一片欢腾。唐玄宗不但亲自参加庆贺，对有功将士赐官晋爵，还派出重臣为“采访使”，前往边境，对官员进行“采访”。

“采访”，就是对军政官员的业绩进行考察。“采访使”，就是朝廷的钦差大臣，“采访”的结果，直接影响着官员的仕途。官员们对“采访使”既爱又怕，爱的是“采访使”的一句美言，自己就能荣升晋级，怕的是“采访使”的一句坏话，自己的前程就断送了！

御史中丞张利贞，奉命前往河北对各州县进行“采访”。他刚刚到了平卢，安禄山便以驿馆人多声嘈为由，亲自将他安置在城里最豪华的“仁义”旅馆里。在接风宴之后，又花钱雇了一名能歌善舞的胡姬作陪，让他在荒凉的塞北，也尝到了温柔乡的滋味。

安禄山虽然长得三粗五大，言行粗鲁，但心细如针，精于算计。在张利贞“采访”的日子里，他鞍前马后，殷勤侍候，与张利贞形影不离。有一天午时，天气酷热，安禄山命人送来一筐甜瓜为他解渴。谁知节令未到，甜瓜不甜！

当天晚上，他亲自将一篮瓜果送到了“仁义”旅馆，说是衙府有要事待办，便匆匆走了。

张利贞看到篮子里有一只金黄色的大甜瓜和几穗葡萄，正觉得口渴难耐，便想切开解渴。当他伸手拿瓜时，竟吓了一跳：甜瓜比铁还重，竟没拿起来！当他俯首仔细看时，发现竟是一只纯金甜瓜！那些葡萄，原是一串串晶莹剔透的玉珠！

安禄山原本是瞧不起张利贞的，但李林甫传信给他，说有人弹劾他治军不严，滥杀

无辜，谎报军功等劣迹。他已将奏章悄悄压了下来，让他好自为之。

这只金甜瓜和玉珠，是安禄山去年的一次“战绩”：他在大漠里抢劫了一支西域商队。将抢来的金佛、首饰等物，熔成了这只纯金甜瓜。再加上几十枚碧玉碾成的葡萄，作为礼物，供张利贞解了“渴”！

舍不得孩子套不了狼。安禄山可谓是位行贿的行家，这次他行贿采访使张利贞，虽然花费了些心思，也下了一些本钱，但收获却立竿见影！

不久，玄宗降旨：诏安禄山为营州都尉兼平卢兵马使。兵马使之职，相当于节度使之下的最高武职官员，也就是今天的参谋长之职！

到了天宝元年正月初一，也就是安禄山生日这一天，朝廷再降天恩。玄宗将河北道从幽州节度使分离出来，设置了平卢节度使，下诏安禄山为平卢节度使兼柳州太守、押两蕃（契丹和奚族）和渤海、黑水经略使。自此以后，东北地区的军事、行政、经济、交通、外交等大权，都握在安禄山手里了！

不过，这仅仅是安禄山在这场历史大剧中刚刚登台露面，后面的演出，那才叫荒诞不经和惊心动魄呢！

2

开元二十八年（740年）的三月初三，是上巳节。正是桃红柳绿的季节，兖州城里的一些人家，仿效长安城的风俗，纷纷来到城外的沙丘旁边，在长满萋萋芳草的坡地上，人们席地而坐，摆上酒具、菜肴，与亲友们小酌。有的则全家出动，在三月的惠风中踏青、会友。成群的孩子们在河边的柳林里，或折下枝条编成头盔，或做成柳哨，在树下追逐着、嬉闹着。还有些青春年少的女子，结伴在沙丘的草地上放飞各种各样的风筝，湛蓝的天空中，布满了燕子、蝴蝶和各种动物。

李白和孔巢文、张叔明、陶正、裴政、韩准，是诗友兼酒友。因为他们时常在竹林的小溪旁聚会，被人称为“竹溪六逸”。今天，“竹溪六逸”结伴来到泗水边上，举行“祓禊”。

“祓禊”是从周代传下来的风俗，祓，就是消除身上的疾病，禊，则是修洁净身。到了汉代，每逢三月上巳日，不论官民都要去水边洗濯，甚至帝王、妃子，也都要去水边除垢，祓除不祥之物，叫作“同禊曲洛”。

竹林六逸是模仿晋代王羲之在会稽兰亭举办的“曲水流觞”，来这里聚会的。

王羲之当年曾邀请了谢安、孙绰等四十一位文友，在兰亭修禊，举行“曲水流觞”活动。他们传承古俗，大家坐在清溪两旁，将盛满酒的酒觞放入溪中，由上游缓缓流下，经过弯弯曲曲的溪流，又与两岸的石头碰碰磕磕，酒觞时流时停，忽左忽右，在谁的面前停下，谁就要即兴赋诗，未赋诗者则要罚酒。这次“曲水流觞”，共得诗三十七首，有十六人因未赋诗而被罚酒！

王羲之将大家的所作收集起来，用鼠须笔在蚕茧纸上挥笔写了一篇《兰亭集序》，后人称此序是“天下第一行书”，王羲之也被尊为了“书圣”！

可惜的是，这篇出自“书圣”之手的《兰亭集序》，到了大唐初期，便在中原大地上神秘地消失了！

后来，坊间有个传说：唐太宗李世民十分喜爱书法，他曾秘密派人进行察访，又千方百计将《兰亭集序》真迹运到长安，放在自己身边。他驾崩之前下诏，将《兰亭集序》随自己下葬，在地下与他自己为伴！

“竹溪六逸”虽有王羲之的雅趣，但没有兰亭的曲水，所以不能“曲水流觞”。但这并不妨碍他们饮酒赋诗的豪情，直到过了午时，才尽兴而归。

李白由湖北安陆迁到山东兖州以后，在孔巢父等友人的帮助下，于东门外的泗水旁边，买了房宅和十余亩土地，还在北关的瑕丘置下了一座酒楼。安顿好了之后，裴旻前来祝贺“乔迁之喜”时，看到平阳和伯禽年纪尚小，而李白不但要随他学剑，还要时常外出漫游、访友，家中缺人照料两个孩子，便说：“太白老弟，家里没有女人，就会冷火秋烟。在下以为，还是续弦吧！”

李白听了，想起了许月临终前的叮咛，说道：“我也知道两个孩子须人照料，但像我这种外来户，在这里人生地不熟，如何续弦？”

裴旻笑着说道：“在下愿为太白贤弟做一次大媒！”

孔巢父听了，大声说道：“好呀，我还等着喝太白贤弟的喜酒呢！不知哪家的闺女？”

裴旻说，他有个远房表哥，住在曲阜城里，姓刘，叫刘大林，膝下有三个女儿，二女，三女均已出嫁，唯长女刘云彩，已有二十八岁了，仍然闺字待嫁。刘大林对女儿的亲事十分焦急，虽然有多人托媒提亲，但都无果而终，甚至有一家已经下了聘礼，定了婚期，不知什么原因又退了亲！

心直口快的孔巢文问道：“不知什么原因至今嫁不出去？”

裴旻笑着说道：“我听人说，刘云彩除了有点小脾气之外，长相、人才都还不错，再说，娘家还有陪嫁呢！”

孔巢文：“小脾气倒是不怕，怕的是常发大脾气的母老虎！”

裴旻调侃道：“太白贤弟在洞庭湖边的山里，连出来觅食的真老虎都不怕，还怕这只母老虎？她若敢欺负太白贤弟，我也饶不了她！”

在裴旻的撮合下，李白终于将刘云彩娶回了家。

刘氏进了李家不久，便露出了母老虎的真容。

就在亲朋好友们的贺喜宴刚刚散席，刘氏坐在客厅里，一边嗑着瓜子，一面对送客回来的李白说道：“你们三个人，谁去洗刷碗盘呀？”

李白说：“你是家中的女主人，当然应由你去洗刷。”

刘氏听了，把大腿一拍，圆睁着双眼，说道："老娘不是你们的女佣！这刷洗盘子的活计"，她指了指平阳和小伯禽："老的不洗刷，小的就得洗刷！"说完，"呼"地站起来，回卧室去了！

平阳怕父亲生气，笑着对李白说道："父亲，我已十二岁了，这些家务事，我都能做，你放心好了！"说完，连忙将碗盘送进了灶房，小心翼翼地洗刷起来。

五岁的小伯禽十分懂事，也帮着姐姐倒水、抹桌地忙碌着。

李白看到眼里，痛在心里。

盛夏的一个晚上，李白正在书房里看书，小伯禽偎依在他的身边，指着窗外的一轮明月说道："这里的月亮，跟桃花坞的月亮一样圆，它们是一个月亮吗？"

李白笑着说道："这里的月亮，也就是桃花坞的月亮！"说到这里，他忽然想起了与许月共同度过的那些温馨的日子，也想起了在四川青莲乡的童年生活。

自己离开青莲乡已有多年，但他觉得青莲乡的那轮明月，从来都没离开过他。他也想起了自己当年写的第一首诗的情景：那一天，他在院子里捕捉飞来飞去的萤火虫时，忽然看见一轮明月从东山渐渐升到了天空，又明又大。他连忙跑进父亲的书房，写下了他人生的第一首诗。于是，他对小伯禽说道："我来教你一首诗，我咏一句，你跟着咏一句，好吗？"

小伯禽听了，兴奋地对平阳说道："姐姐，我要跟着父亲咏诗了！"

李白咏道：

雨打灯难灭，风吹色更明。
若飞天上去，定作周边星。

小伯禽十分聪明，他只跟着李白咏了三遍，就能背诵全诗了！李白听了，乐得哈哈大笑起来。

"你们都是夜猫子呀？"从内室传来刘氏的喝斥之声："吵得老娘难以入睡！"

小伯禽听了，吓得再也不敢出声了。

李白强忍着心里的火气，对平阳和小伯禽说道："走，我们到院子里去捉萤火虫！"说完，领着两个孩子去了前院。

刘氏原以为李白名气大，家产也多，连兖州城的父母官都亲自登门拜访，不是个大官，也是个富翁！用现在的话来说，不是个手握实权的公务员，就是大款或富二代！谁知成亲之后才发现，自己的丈夫不但不是什么官员，家产也不过十几亩土地和两处房产而已！更让她难以忍受的是，自己刚刚进门就成了两个孩子的后娘！她经常在家里指桑骂槐，找碴儿吵闹！

有一天，孔巢父来看望李白时，见平阳正在为弟弟浆洗衣服，衣服洗完后又去生火做饭。他悄声问道："夫人不在家？"

李白朝内室望了一眼，叹了口气。

原来，刘氏还在卧室睡觉未醒呢！

今天，他们离开沙丘后，已是午时了，李白便邀请他们到自己家中歇息、品茶。当走到离家不足半里时，见平阳和小伯禽坐在一棵杏树下悄悄抹着眼泪。李白连忙走过去，问道："你们吃过饭了吗？"

两个孩子摇了摇头。

平阳告诉李白，因弟弟的肚子饿了，嚷着要吃饭，刘氏一听就火了，她说："老娘算是瞎了眼，才嫁给了一个穷鬼！要吃饭，找你们的父亲去！"说着，将姐弟二人赶出了家门！

住在前街的石榴姑娘见了，给姐弟二人送去了两个烙饼。谁知刘氏怒气冲冲地跑出来，从二人手里抢过烙饼，恶狠狠地说道："你们这是让老娘丢人现眼！"说着，将烙饼扔在了地上！

姐弟二人知道李白和朋友们去河边祓禊去了，便坐在杏树下等他回来。

"父亲，我的肚子饿了。"小伯禽委屈地说道。

孔巢父听了，左手牵着小伯禽，右手拉着平阳，说道："走，伯伯领你们去吃饭！"说完，将两个孩子领到了一家小饭铺，为他们一人要了一大碗烩饼。

李白和文友们回到家中，不见刘氏的人影。原来刘氏外出赶大集去了。太阳偏西时她才回来。李白问她："你去哪里了？怎么不给孩子们做饭呀？"

刘氏一听，立刻火冒三丈："老娘来到你李家，不是来当做饭的仆人！"她指着李白的文友们说道："你们可以作证，老娘宣布'休夫'，自今日起，与李白一刀两断！"

说完，气呼呼地回房收拾衣物去了！

在唐代，民间已出现了"放妻协议"，也就是协议离婚。夫妻双方因感情不和，可以离婚。请来双方的父亲和亲朋好友作证，好说好散，终止婚姻。在《唐律·户婚》中，对离婚有三条规定：一是协议离婚，二是仲裁离婚，三是强制离婚。

李白与刘氏的这段婚姻，还未足月，便宣告结束了。

3

天宝元年（742 年）正月初一，大唐的城乡都沉浸在浓浓的欢乐之中。家家户户的门上都贴着春联，窗上贴着窗花，锣鼓声、鞭炮声不绝于耳，耍龙灯的队伍刚刚过去，又来了舞狮的队伍，紧接着是踩高跷的队伍。大人们互相走亲访友，祝贺新春，孩子们穿着新衣，戴着新帽，口袋里装着压岁钱，在人群中跑着、跳着、嬉闹着。

几位修道的长者，拿着香烛祭品，走进了函谷关尹喜的故宅。因为这位尹喜先生在

任函谷关关尹时，遇到了骑着青牛西行的老子。在他的恳求下，老子在这里写下，道家的经典著作《道德经五千言》。他也成为了道教的无上真人。

当他们在尹喜故宅的台阶下点燃香火时，看见旁边有一块硕大而光滑的石头，用手一摸，感到温润凉泽，对着太阳一看，颜色鲜艳如霞，到了夜间，石头熠熠有光，可照书页。他们以为此石奇异，天下未见，便连忙送到了县衙，县衙不敢怠慢，连忙送到了府衙，最后送到了长安。朝廷的文武百官们见了，都纷纷称奇，以为是“天降祥瑞”。

玄宗称此石是“通灵宝玉”，他接受了朝臣们的奏请，于是，改“开元”为天宝，并下诏天下求贤：

凡儒学博道，文采英秀，及军谋武艺者，所在县以名荐京。

就是这道诏书，改变了一些不谙应试学子们的命运。为入仕奔波了大半生的李白，也终于有了出头的日子!

清明过后，天气渐暖。这一天，李白和裴旻正在泗水旁边练剑。裴旻教的是他独创的青蟒出穴。在教李白之前，他先演练了一遍。只见他单手持剑，忽前忽后出剑，忽左忽右收剑，劈、斩、削一气呵成。他出剑快若蟒蛇吐信，收剑如云中闪电。有时，只能看到一团银光，却看不到舞剑之人，人和剑已化为了一体。李白看得眼花缭乱，羡慕不已。此时他才明白，为什么人们将他的剑法和吴道子的丹青、张旭的草书，并称为大唐的“三绝”了!

当时的朝廷重臣、书法大家颜真卿，曾写过一首《赠裴将军》：

大君制六合，猛将清九垓。
战马若龙虎，腾凌何壮哉。
将军临八荒，烜赫耀英材。
剑舞若游电，随风萦且回。
登高望天山，白云正崔巍。
入阵破骄虏，威名雄震雷。
一射百马倒，再射万夫开。
匈奴不敢敌，相呼归去来。
功成报天子，可以画麟台。

就是这位剑术超群的将军，却报国无门，只好与剑为伴，隐居兖州!

李白学剑，十分认真，他练得浑身是汗，仍在一招接着一招地练习。直到裴旻的家人送来了茶水，二人才在河边歇息。

这时，李白指着远处影影绰绰的山影问道："那是什么地方？"

裴旻说："泰山。"

泰山和衡山、华山、恒山、嵩山，被称为天下的五大名山，但他不明白，高不及华山、大不如恒山的泰山，为什么又称为五岳之首呢？

裴旻告诉他，据传说，当初，盘古氏死时，是向东方倒下去的。于是，他的头便化为了泰山，脚化为了华山，左右双手分别化作了衡山和恒山，腹化为了嵩山。所以，泰山就成了五岳之首。

这更引起了李白的好奇之心。他自幼就有游遍天下名山大川的志向，却没有游过五岳之首的泰山！他想起了少年时读过的《诗经·鲁颂》，其中就有"泰山岩岩，鲁邦所瞻"；孟子也说过："孔子登泰山，而小天下。"汉武帝到泰山封禅时，称颂泰山："高矣，极矣，大矣，特矣，壮矣，赫矣，骇矣，惑矣！"而自己就在泰山旁边，若不攀登，将会遗憾终生！

裴旻曾随同玄宗皇帝前往泰山封禅，他对泰山上的古迹和路径十分熟悉，当他知道了李白的心愿后，说道："你我二人去爬泰山吧，一边游山，一边练剑，两全其美嘛！"

李白听了，正中下怀。

自刘氏走了，家里安宁了，李白感到身心都得到了解脱，他将平阳和伯禽托付给前街的石榴姑娘，便身背他的"龙泉"剑，随裴旻去了泰山。

4

泰山又称岱山，叫岱宗、岱岳。

李白和裴旻到了泰山脚下，先去拜谒岱庙。岱庙是历代帝王举行封禅大典和祭祀泰山神的地方，出了岱庙之后，便沿着一条陡峭的山路向泰山攀登。

李白忽然看到，前面山坡上长着五棵又粗又高的松树，树干合抱，树枝如虬，直指蓝天。有一位樵夫正在树下寻找什么。李白走到他的跟前，问他寻找什么？

樵夫说："寻找五大夫松的种子。"说着，指了指身边的松树。

李白有些好奇："为什么叫五大夫松呢？"

樵夫说，当年秦始皇登泰山封禅，路过这里时，恰遇阵头雨，因随行的官员未备遮雨之物，他便站在松树下避雨，未湿御服。他认为松树护驾有功，便下诏封这五棵松树为九品爵位的大夫，俗称"五大夫松"。如今，常有人在五大夫松下拾松子，回家培育幼松，进行种植，以承接五大夫松的运气。

谢过樵夫后，他们沿着十八盘登上南天门，看到不远处有一座巍峨的道观，门楣上写着"碧霞祠"三个大字。碧霞祠的住持杨果认识裴旻，连忙将他们迎进客室。在饮茶、休憩时，杨果向客人们讲述了碧霞祠的来历：

碧霞祠里供奉的碧霞元君，是位女神。

姜尚辅佐周武王伐灭了荒淫无道的纣王，建立了周氏王朝。天下统一后，周武王命令他分封有功之臣。

姜尚将天下的疆土都分封给了有功的诸侯，却把气势雄伟、景色绝佳的泰山留给了自己。谁知周武王的护驾大将军黄飞虎找到姜尚，要求姜尚把泰山封给他。就在这时，黄飞虎的妹妹、周武王的妃子也找到姜尚，要求将泰山封给她。姜尚有些左右为难，他谁也不敢得罪，于是想了一个办法。他说道："老臣愿意让出泰山，你们兄妹二人都先回到镐京，七天后从镐京出发，谁先到达泰山，我就把泰山封给谁！不知二位是否愿意？"

黄飞虎和黄妃听了，都表示赞同。

身体健壮又善于骑术的黄飞虎，认为自己准赢不输。

黄妃虽然身单力薄，但也毫无惧色。

七天到期后，黄飞虎骑着他的"玉麒麟"，朝泰山飞奔而来。当他到达岱顶时，没见到自己的妹妹，心想，泰山归我了！

就在他等待姜尚将泰山封给自己时，见黄妃赤着双脚，从山谷的小溪边走出来，笑道："太师，我两个时辰之前就到了泰山，将泰山封给我吧！"

黄飞虎不信，问道："你说你先到泰山两个时辰，有何凭据呀？"

黄妃指着一块石头说道："我到了泰山之后，将自己的一双花鞋压在了石头下面！"说完，过去掀开石头，下面果然有一双花鞋！她穿上花鞋后，问姜尚："既然我先到了泰山，请太师将泰山封给我。"

姜尚知道黄妃施了个小计谋，派人提前将花鞋压在了石头下面！但他要言而有信，只好将泰山封给了黄妃，并封她为"碧霞元君"，还在山上建了这座碧霞祠。

分封完了之后，姜尚便去了他的封地，当了齐国的第一代诸侯。

古籍上说，皇帝出巡泰山时，"大象驾辕，六龙拉车，蛟龙在前开路，虎狼在后护卫。群鬼列侍保驾，众神拥簇陪行。风伯扫地，雨师洒道。蟒蛇伏地，凤凰覆上。皇帝登泰山之巅，诏鬼神议国事，定大位，划疆域，祭天神，并作清角之音，似两凤双鸣，如二龙齐吟。玉皇大悦，天女作舞……"

到了唐代，高宗李治于麟德二年（665 年），曾率文武百官、各国使臣，武后率内外命妇，组成封禅大军，连绵百里，征召民夫十万，历时六十天，其浩大声势，超过历代。

裴旻参加的，是玄宗李隆基的封禅大典。

玄宗继位后，由于励精图治、革除旧弊、治蝗灭灾，使大唐进入了"开元盛世"。开元十三年（725 年），他诏贺知章为封禅主礼官，主持封禅大典。他问贺知章："历朝封禅的玉牒，为何秘而不传，藏于地下？"

贺知章说："玉牒是让天帝阅览的文书，所以秘而藏于地下。"

玄宗封禅泰山的大典，声势浩大，极为隆重，仅良马就有八万多匹！每种颜色各列一队，远远望去，像一片移动的彩云！

封禅大典开始之后，他先在行宫穿上衮冕，又在帐幔之中斋戒，乘法驾来到山下，再换乘御马登山。当主礼官宣告"请天子亲封玉牒"时，他走上祀坛，跪着取出玉牒，放入玉匮，再缠以金绳，封以金泥，而后以玉玺加在玉匮上，由太尉将玉匮藏于石检，盖上石盖，再一次缠上金绳，封上金泥，并以五色之土园封……

封禅大典结束后，山上山下齐声欢呼"万岁"，声震山外！

李白十分羡慕裴旻，因为他亲眼目睹了泰山封禅，这可是平生的一大幸事啊！

谁知裴旻听了，却皱起了眉头，说道："太白贤弟可知道泰山封禅，征用了多少民夫？调集了多少将士？为了天子登山，又毁了多少村庄？占了多少良田？一人封禅，万民遭罪，这才是天下最大的劳民伤财呢！"

李白听了，若有所思。

当天晚上，二人便登上了玉皇顶。为的是等待观看"泰山日出"。

当东方的天色渐渐发白时，见群山之上覆盖着一层云雾。云雾一望无际，起伏不定，就像大海中翻滚的波涛。忽然，波涛中冒出一点橘红色，橘红色越来越大，俄而，从波涛中跳出半个通红的橘子，谁知刚一眨眼，半个橘子就成了一团火球，冲出了波涛，将天空、大海和山上的树木岩石都涂上了一层鲜艳的红霞。

在下山的路上，裴旻又领他去看秦代的《泰山刻石》，汉代的《无字碑》和唐玄宗的《双束碑》《纪泰山铭》等，这都是难得一见的真迹。不过，裴旻说的"一人封禅，万民受罪，这才是天下最大的劳民伤财！"一直在李白心中萦绕着，泰山景致再好，他也提不起多少精神了。

5

回到兖州家中之后，李白将自己的"龙泉"剑向墙上一挂，便在书案前整理自己的诗稿。他将在泰山上的所见所闻所感，写成了六首《游泰山》，其中的一首是：

平明登日观，举手开云关。
精神四飞扬，如出天地间。
黄河从西来，窈窕入远山。
凭崖览八极，目尽长空闲。
偶然值青童，绿发双云鬟。
笑我晚学仙，蹉跎凋朱颜。
踌躇忽不见，浩荡难追攀。

就在他专心致志地整理诗稿时，正在门口玩耍的小伯禽忽然大喊起来："父亲，门外来了一位客人！我去打酒吧？"

小伯禽知道，每逢有客人来访，父亲都会打发他和姐姐去酒肆打酒，以招待客人。因姐姐去石榴姑姑家学裁剪衣裳去了，他便充当起打酒待客的角色。

李白笑着说道："好乖乖，你去打酒吧！"说完，放下笔便出去迎客。

自从到了东鲁以后，因路途遥远，除了东鲁的朋友之外，鲜有外地友人来访。今天的客人会是谁呢？刚走到门口，就看见身着道服的元丹丘站在门前！他连忙问道："师伯不是去了长安吗？怎么来了东鲁？"

元丹丘并不回答，他朝李白打量了一会儿，问道："太白的脸怎么晒黑了？又到哪里漫游去了？"

李白笑着说道："我三月去了泰山，五月归来。泰山之行，令我大开眼界，天天爬山攀峰，能不晒黑？师伯来东鲁——"

元丹丘："贫道是专为太白而来的！"

李白："为我而来？"

元丹丘点了点头："贫道为太白送来了一件稀罕之物。"

李白："是京城的佳酿？"

元丹丘摇了摇头："比佳酿贵重多了！"

李白："那会是什么呢？"

元丹丘卖了个关子："进屋再说吧。"

二人进了书房后，元丹丘从肩袋里取出一个锦盒，打开锦盒，取出一张暗纹的宫廷丝绢，双手递给了李白："你自己看吧！"

李白展开一看，上面写着寥寥数字：

诏蜀郡青莲居士李白即时来京择日另行任职。

这是真的吗？会不会是师伯跟自己开了个玩笑？他的目光从诏书移到了元丹丘的脸上，他看到的是一脸的真诚，心中一阵激动。因为他日想夜盼的那一天，如今终于等到了！他大声喊道："快取酒来！"

小伯禽连忙将酒罐子抱进了书房。

听说家中来了位外地的客人，平阳和石榴姑娘也匆匆来了，平阳洗菜、生火，石榴掌勺，帮着炒了几个下酒的小菜，送到了书房。

原来，去年秋季，正在颍阳山中隐居的元丹丘，忽然接到了朝廷的诏书，命他前往长安任职。今年正月，他被封为道门威仪，负责道教的祭祀大典。他上任不久，玉真公主要去游嵩山和黄河，玄宗恩准元丹丘随行。在出行的路上，他向玉真公主再次举荐李白。玉真公主告诉他说，司马承祯和吴筠两位师尊也向玄宗举荐过李白，玄宗已经认可，朝廷不久就会诏他进京任职。

玉真公主说的都是真话，但有一点她没有说出口。她自从读了李白的作品之后，便对这位从四川走出来的才子，有了一种仰慕之情。当她读了李白的《赠持盈法师》之后，总想见到这位才华横溢的诗人，当她在紫极殿里见到了这位豪放豁达、风流倜傥的奇伟男子写的《玉真公主词》之后，百种莫名的情愫竟搅乱了她平静的修道之心。不过，她一直约束着这种情愫，不肯轻易表露出来。其在向胞兄举荐李白时，她虽不露声色，但影响力绝不亚于两位师尊和元丹丘！

李白问道："师伯，我们何时动身去长安？"

元丹丘说："越快越好。"他忽然看到李白显得有些迟疑，问道："难道太白有什么为难之处？"

李白望了望站在一旁的小伯禽，说道："我走了之后，担心两个孩子无人照料——"

端着盘子进来送茶的石榴说道："太白大哥只管进京去吧，就将平阳和小伯禽交给我好了！"

李白听了，望着这位热心快肠的邻家女儿，一时不知该说什么才好。

石榴笑着说道："我还巴不得他们和我做伴呢！"又转身问平阳和小伯禽："你们愿意吗？"

姐弟二人齐声说道："愿意，我们愿意！"

石榴姓鲁，她的母亲早年去世，父亲中风，长年卧床不起。已经成人的鲁石榴一直侍候在他的身边，耽误了出嫁的最佳年龄。父亲病逝之后，她以给人家裁缝衣裳为业，独自一人打发着日子。李白一家搬来之后，她时常为平阳和小伯禽缝制衣裳。李白外出漫游，她便主动承担起照料平阳和小伯禽的责任。李白对她一直存有感激之情。他端起酒杯，对她说道："我去泰山数月，多亏石榴姑娘为我分忧，今去京城，又将孩子托付于姑娘，李白敬姑娘一杯酒，以表谢意。"

石榴大大方方地接过酒杯，只轻轻地抿了一小口，便红着脸去了灶房。

当天晚上，李白坐在窗前，写了一首《咏邻女东窗下海石榴》：

鲁女东窗下，海榴世所稀。
珊瑚映绿水，未足比光辉。
清香随风发，落日好鸟归。
愿为东南枝，低举拂罗衣。
无由一攀折，引领望金扉。

第十八章

君王也偷情，通过夹道夜夜与女冠幽会；招贤馆里的客舍，曾经住过一位皇家的活神仙。

北溟有巨鱼，身长数千里。
仰喷三山雪，横吞百川水。
凭陵随海运，辉赫因风起。
吾观摩天飞，九万方未已。

——《古风·北溟有巨鱼》

1

李白奉诏进京的消息，很快便在兖州城传开了，亲朋好友们纷纷前去祝贺。李白特意杀了几只肥鸡，又让小伯禽打来了白酒，平阳和石榴姑娘在灶房里炒了一桌菜，与众人同饮辞别酒。席间，大家说说笑笑，十分尽兴。

起程那一天，他一手牵着平阳，一手牵着小伯禽，一直走出了西门，孩子们仍不肯松手。小伯禽抹着眼泪问道："父亲什么时候才能回来呀？"

李白摸着他的头说道："等我在长安安顿好了，就回来接你们。"

小伯禽懂事地点了点头。

这时，忽见刘氏急匆匆地从后边追来，她的脸上笑成了一朵花，说话的声音也温柔多了，说道："听说李大哥要进京做官，两个孩子谁照看？你要是愿意，我就回来照料他们。"

李白摇了摇头，说道："谢谢你的好意，两个孩子的事，就不需你操心了。"说完，又转身对两个孩子说道："我走后，你们要听石榴姑姑的话，记住了吗？"

二人齐声答道："记住了！"说完，便一步一回头地回到了站在远处的石榴身边。

刘氏讨了个没趣，便悻悻地走了。

李白望了她一眼，拂袖而去。他一边走一边大声咏诵起来：

白酒新熟山中归，黄鸡啄黍秋正肥。
呼童烹鸡酌白酒，儿童嬉笑牵人衣。
高歌取醉欲自慰，起舞落日争光辉。

游说万乘苦不早，着鞭跨马涉远道。

会稽愚妇轻买臣，余亦辞家西入秦。

仰天大笑出门去，我辈岂是蓬蒿人！

咏完之后，他便翻身上马，一路向西驰去。

在这首《南陵别儿童入京》中，李白提到了一位古人。

诗中的“买臣”，就是朱买臣。汉代人。朱买臣自小家境贫寒，靠砍柴换米维持家中生活。但他人穷志不穷，白天砍柴，晚上读书，经年不断。其妻看不起他，认为像他这样的人，根本就不应该读书，而应当去多赚钱养家，还经常对他咒骂，与他吵闹。朱买臣四十岁时，其妻觉得他再也没有出息了，便提出要解除婚约。

朱买臣劝说她不要离家，并说自己五十岁时便会发迹，改变命运。但其妻根本不信，不愿继续过这种贫贱日子。朱买臣知道婚姻已无法维持，只好写了休书。

果然，到了五十岁时，朱买臣的才华终于被一位朝廷中的重臣发现了，这位“伯乐”将他举荐给了汉武帝。他后来辅佐汉武帝建功立业，终于成为了一位名臣。

李白诗中的“愚妇”，就是指为人尖刻、势利的刘氏！“仰天大笑出门去，我辈岂是蓬蒿人！”也说出了他自信、豪放的直率个性。

李白此次进京，绝非往日干谒权贵名流时的尴尬和无奈。这不但因为他的诗名已经天下皆知，还因为他是奉诏进京。奉诏进京的含义不言而喻，授官、任职、得宠、步入青云，什么奇迹都可能发生。他骑的虽然是一匹好马，但在路上时走时停。一路上受到了地方官员们的热情接待，往往是为他接风的宴席刚散，备有歌舞的洗尘宴席已在等着他的光临了！

他在席间谈笑风生，纵横古今，令东道主们赞羡不已。当然，他诗兴大发后挥笔留下的墨迹，更成了官员们求之不得的“墨宝”！从东鲁到长安的漫长驿道上，李白可谓是“马蹄千里留酒香”了！

就在李白奉诏进京时，大唐的京城正在上演一场豪华闹剧。一位转换了身份的绝色女子，一位风流痴情的帝王，和一个混血杂种，都十分投入地刻画着自己扮演的角色，给后世留下了津津有味的谈资，也留下了诸多警示。

2

随着黎明的到来，一阵钟声从太真观里传出来，显得有些悠远和单调，这是女冠们每天必需的早课：诵经。

在这里修道的太真，每当听到晨钟之声，便感到有一种说不清的幽怨和委屈。她虽然用不着和其他女冠们一样，坐在蒲团上诵经，但也不敢脱下道服在庭院里走动。她觉得白天的时光是一种折磨，恨不能太阳早早西沉！当太殿里响起暮鼓声之后，高力士提

着灯笼在前边引路，玄宗才会通过那条隐秘的夹墙，溜进太真观，与她偷偷幽会！

每次幽会，她都会问，自己何时才能还俗？

玄宗总安慰她说："等时机合适时，就还俗进宫，正式册封。"

二人缠绵到天亮时，玄宗不得不恋恋不舍地回去上朝。因为每天的早朝是一国之君的头等大事。一天不上朝理政，就不好向文武百官们交代。他每次来太真观，总是低着头，踮着脚，就像个偷了人家东西的小偷，生怕被人家发现。每次离开太真殿，又躲躲闪闪，东张西望，就像是一个逃窜的窃贼！

不过，他对这种偷偷摸摸的偷情方式，却乐此不疲。他的后宫有佳丽数千，无论宠幸哪一位，都是帝王的专利，而且佳丽们都争着让他宠幸，但他更偏爱这种偷偷摸摸的幽会！他曾问过高力士：有些官员，虽然家中有妻有妾，有的还蓄养着歌舞伎，为什么还爱在外边拈花惹草呢？

高力士说道："老奴曾听人说过一句话，叫作'妻不如妾，妾不如妓，妓不如偷。'"

玄宗听了，会心地笑了。

因为让杨玉环离开寿王府的主意，是高力士出的，安排杨玉环去骊山的华清池沐浴的，是高力士，安排杨玉环奉旨入度太真观的，还是高力士，下一步将她接进后宫的"钦差"，更是非这位骠骑大将军莫属。

玄宗问他："高爱卿，朕这几日为如何将玉环接进宫中，有些心神不宁，想听听爱卿的高见。"

一向忠心耿耿又办事稳妥的高力士只说了三个字：脱、舍、册！

玄宗有些摸不着头脑，说道："请爱卿将三个字说给朕听听。"

高力士不愧是阅历丰富、心机过人的老臣，用最简单的办法去办最复杂的事，是他的过人之处。他说："陛下，老奴说的脱、就是脱道还俗，也就是让玉环脱下道服，穿上常服，从道界回到俗世，还她的女儿之身。此事不须举办道门科仪，只要玉环愿意、太真观住持应允、道众们作证就行了。此事无须陛下劳神，交给老奴即可。"

玄宗听了，连连点头。这样一来，就为杨玉环由女冠变成女施主，再由女施主变成自己的妃子，铺平了道路。

高力士接着说道："不过这个'舍'字，就有些难了。"

玄宗问："难在何处？"

高力士说，婚姻讲究六礼，第一礼是"纳采"，由男家派人去向女家提亲，女家同意后，男家再正式派出使者带着羔羊、合欢、嘉禾、胶漆等礼物，正式登门求婚。

第二礼是"问名"，即询问女方名字、排行、出生年月日时等。

第三礼是"纳吉"，问名后女家正式认亲，送去"报婚书"，也就是正式订立婚约。

第四礼是"纳征"，即男家向女家送去聘礼。

第五礼是"请期"，即把迎娶的吉日告知女家。

第六礼是“亲迎”，即新郎于黄昏时分去女家迎娶新娘。

若是皇帝大婚，可派人发册代替“亲迎”。还要派出正副使臣，带皇帝亲笔书写的册文，前往皇后家中，奉迎皇后进宫。虽然皇帝是天下至尊，可以不必亲自前往“亲迎”，但隆重仪式不能马虎，需皇室派出玉辇、仪仗、羽林军、文武百官等随行。

玄宗听了，脸上有为难之色。本来就是一件羞于见人的丑事，若经过“六礼”这么一折腾，不就大白于天下了吗？他问道：“高爱卿，朕能否省去‘六礼’？”

高力士道：“这就是老奴说的那个‘舍’字了！女子出嫁，是她一生中的大事，谁不想‘六礼’排场、喜庆？谁不愿意看热闹的人越多越好？只是不知道玉环肯不肯舍得省去‘六礼’？”

玄宗连忙说道：“玉环一定会舍得省去‘六礼’，就省去‘六礼’吧！”

高力士心想，此事不难，杨玉环脱道还俗之后，用一乘二人小轿抬着她，悄悄离开太真观，进了兴庆宫，不就生米做成熟饭了？他连忙说道：“老奴遵旨，这就去办！”

繁杂冗长的“六礼”，就这样被高力士的一个“舍”字化解了。

至于“册”字，一点即破。杨玉环进宫之后，无须经过宗室和朝臣共议，等到上元节时，由玄宗皇帝下诏：“册封杨玉环为贵妃，礼数同于皇后”，即万事大吉了！

玄宗笑着说道：“高爱卿想得周到，正合朕的心意。此事，由高爱卿去办吧！”

高力士：“老奴遵旨。”说完，便走出了兴庆宫。

丽质天生、千娇百媚的杨玉环，今年刚刚二十六岁，老态龙钟的玄宗皇帝，已有六十岁了。自此以后，二人春夜漫漫，犹嫌其短，日上三竿，仍恋床第，正如白居易在《长恨歌》中所描绘的“承欢侍宴无闲暇，春从春游夜专夜，后宫佳丽三千人，三千宠爱在一身。”

一人得道，鸡犬升天，杨玉环由寿王妃、杨太真、杨贵妃这条曲线进宫受封之后，她的堂兄杨钊，也就是杨国忠，本是一个市井无赖，不学无术，因杨贵妃的裙带关系，被玄宗任命为度支郎中，掌管财经大权，后又授官御史，最后成为了宰相！

杨贵妃的三位姐姐崔氏、裴氏、柳氏，也被分别封为韩国夫人、虢国夫人和秦国夫人。她们依仗妹妹、妹夫这个后台，大肆敛财，奢侈骄横，在皇帝与妃子的闹剧之中，充当了几个风流荒诞的角色，终于惹得天怒人怨，血染野草！这是后话。

3

李白风尘仆仆地赶到长安城外时，已是暮色四合了。他从明德门入城，沿着大安坊、大通坊来到了光德坊，住进了顺和客栈。

安顿下来以后，已是华灯初上了，他望着不远处的长安西市，见一条条大街，成了一条条灯火的长河，映亮了半边天。灯影里是络绎不绝的行人和车马。店铺的吆喝声、行人的说笑声和酒楼上传出的丝竹之声，不绝于耳。这座世界上最大的城市，住着一百

多万大唐的居民，还有十多万异域他邦的外国人。万家灯火将这座城市映照得五光十色，如梦似幻，既豪华瑰丽，又有一种不确定的诱惑和神秘，让人难以捉摸。

他站在窗前远眺，长安景色尽收眼底。他分明感到今天的长安，不同于过去的长安。过去来长安，是为了踏上仕途到处干谒，虽然身在长安，但总觉得自己不属于这里，自己仅仅是个过客，好像是一片浮萍，一阵风吹来，还不知道会漂向何处！今天再来长安，他分明有了一种亲切感和归属感，觉得他属于长安，长安也属于他。他真想大喊一声："长安，我李白来了！"

还没等他喊出声来，便听到了一阵叩门声。

店小二在门外说道："有人求见李先生。"李白开门一看，原来是贺知章家中的老管家。去年，"酒中八仙"聚饮，他接到家书，要起程回安陆时，就是这位老管家为自己备好了那匹"紫骝"快马的。

老管家对李白说道："在下奉贺内监之命，前来接李先生去贺府小酌。"

李白问道："贺内监怎么知道我住在这里？"

老管家告诉李白，贺知章知道李白近日就能抵达京城，他特意派人在城里的客栈打听，才知道李白住在顺和客栈，便派他前来接他。

马车就停在客栈门口，李白上了车之后，车夫把鞭子一甩，便直奔贺府而去。

故人相逢，不可无酒，更何况是诗友兼酒友呢！

二人刚刚喝了几杯，贺知章放下酒杯，说道："太白老弟，你可知'奉诏进京'是怎么来的吗？"

李白笑着说道："是贺内监鼎力举荐的结果。"

贺知章摇了摇头："我的举荐无足轻重，使不上劲，真正使得上劲的，你猜是谁？"

李白知道，司马承祯、元丹丘，还有几位朝中的大臣都举荐过自己，但只听楼梯响，不见下楼来。自己这次"奉诏进京"，是谁在暗中相助呢？他一时猜不出来。

贺知章笑着说道："是吴筠！"

吴筠原是山东的一位儒生，自小聪慧好学，但科考落榜。他品格高洁，不奈流俗，愤然学道。他隐居嵩山，拜潘时正为师，尽得所传。他不但对道教始祖老子的《道德经》真义有自己的独特见解，还颇有文采。他的《高士咏》五十首，分别写了老子、庄子、列子、广成子、尹喜，荣启期、许由、陶潜等道家人物。玄宗皇帝读了他的《高士咏·混元皇帝》之后，十分敬佩：

玄元九仙上，道冠三气初。
应物方佐命，栖真亦归居。
贻篇训终古，驾景还太虚。
……

诗中的玄元，指的就是老子；九仙，是指道家的上仙、高仙、大仙、玄仙、天仙、真仙、神仙、灵仙和至仙。

玄宗不但亲注了《道德真经》，还把《老子》列为科举考试中的必考内容，并下诏：吴筠为待诏翰林，与群臣一起上朝，参与政事！

由吴筠向玄宗举荐李白，肯定比其他官员的效果好得多。

不过，李白心中一直有个心愿：吴筠举荐自己，功不可没，但真正起关键作用的，一定是玉真公主！不过，他并没有什么根据，只是凭着一种说不清道不明的灵感。

因李白是“奉诏入京”，属等待朝廷任官授职，按照尚书省的规定，应入住指定的官舍。第二天一大早，贺知章便陪着他，来到了招贤馆，等待皇帝的召见。

4

自住进招贤馆之后，李白知道玄宗皇帝随时都会召见他，他不敢喝酒，也没去逛长安的大街，整天都坐在自己的房舍里，专心致志地整理他的文稿，以应对玄宗的问话。他将早已写好又在进京途中修改过的《宣唐鸿猷》的文章，又看了一遍。文章中关于祖述太宗、宪章贞观、慎始慎终、清除时弊等十大重点，又反复改了几遍，最后再缮写工整，准备当面献给玄宗。

谁知十几天过去了，却没有人告知他何时召见。虽然招贤馆里人来人往，十分忙碌，但都与他无关。

有一天，李白发现招贤馆的官员十分忙碌，正在接待一批接着一批的外省道士。一位叫史原的官员告诉李白，这些奉诏来京的道士，要去参加王屋山的道箓。他还告诉李白，朝廷在长安城里大兴土木，修建道观。大唐各地也都在筑庙修宫。道观、道众难以计数。

原来，长安城里的道教，已成为了一种时尚。

这种时尚的推手，就是大唐的玄宗皇帝！

开元二十九年（741 年），是大唐开元盛世的最后一年，在一片歌舞升平中进入了天宝元年。也就在这一年，大唐帝国在神不知鬼不觉中渐渐滑向了下坡路。

过了八月，秋风渐起，长安城里树木的叶子纷纷飘落。人们出门时都穿上了夹衣。前往皇城上朝的文武百官们，虽然穿着朝服，但仍觉得有些寒意。好在他们并不急着走进大殿，因为玄宗总是姗姗来迟。

过去，玄宗每天的早朝，往往比文武百官们来得还要早些。

至于玄宗现在为什么常常迟到？其实大家都心照不宣，他们或相视一笑，或挤眉弄眼，但没有人敢说出来。只是五十多年后的白居易， 在他的《长恨歌》中说穿了玄宗不按时早朝的奥秘。不过，他只说了玄宗不按时参加早朝，而没说他的免朝。当文武百

官们在大殿里站得两腿变酸发麻的时候，忽然听见从后宫传出一声："奉陛下口谕：众爱卿免朝！"尽管有的官员手里拿着十万火急的军政大事奏章，也是枉然！

既然玄宗不上朝理政，大臣们也只好作鸟兽散了！

有一天，文武百官上朝时，都大吃了一惊。当他们刚刚迈过大殿的高高门槛时，看到玄宗已端端正正地坐在他的那乘龙椅上了。大家心里揣摸，不知发生了什么样的军政大事？

文武百官们刚刚按序列站好班，玄宗就开口了。他说："众位爱卿，朕昨夜做了一梦，梦见先祖老子托梦于朕，说他的画像将会在百里之外出现。他让朕派人前去迎回京城，则天下太平盛世，朕也可万寿无疆。为此，特意请众爱卿们为朕解梦。"

站在文官之首的左相牛仙客出班奏道："臣以为，陛下之梦乃属瑞祥吉兆。这是社稷之幸，也是陛下之幸，臣以为，应立即派人前去寻找，运回长安！"

众大臣们也都附和着说道："应立即派人前去寻找，运回长安！"

玄宗："准牛爱卿所奏。"

他正考虑派谁去寻找并运回画像时，牛仙客当即请缨，他说："臣愿前去寻找画像并运回长安。"

玄宗："准奏。爱卿前往寻找，朕与众爱卿们于金光门外迎接。"

第二天，牛仙客便率领着官员和黄冠、女冠们，浩浩荡荡地出发了。

三天后，他们果然在长安西南方向的楼台观，也就是老子当年讲经的地方，在石墙的洞穴中找到一个紫檀木匣，打开木匣一看，里边有一幅画，画的是一位白须老者，骑在一头青牛背上，手中持一柄拂尘，上面既无题款，也无落款。牛仙客连忙跪在地上，恭恭敬敬地叩了三个头之后，将画重新置于匣中，放在一辆专车上，便浩浩荡荡地凯旋了。

玄宗立即下令，命礼部、工部扩建位于大宁坊的老子庙，将老子的画像在大殿里供奉起来，还举行了隆重的祭祀大礼，参加祭祀的道众达八千余人！

刚刚迎回了老子的画像，陈王府又传来了喜报：参军田同秀上奏说，他于丹凤坊的大街上，忽然听见老子在半空中向他说道："我有一道手书灵符，存放在函谷关，可去取回。"

玄宗听了，连忙派李林甫前去寻找，果然在尹喜的故居中找到了灵符，上面写着"圣寿千年"四个大字。

李林甫将灵符带回了长安，供奉于玄宗的兴庆宫中。

田同秀因报祥瑞有功，官职连升三级。

接下来报喜的是玉真公主，她来到兴庆宫向玄宗说道："皇兄，昨晚子时，我忽得一梦，梦见老子托梦于我。他让我到谯郡（安徽）的真源宫去朝拜，尔后去王屋山的山顶去接受道箓。"

道箓也叫墨箓、丹书、符字，是一种笔画屈曲，似字非字的图形，道箓的道，是道法的钥匙，传承十分秘密。

玄宗听了，心中大喜，立即诏令天下著名道人前来长安，随玉真公主出行……

史原说完了，李白终于明白了朝廷未召见他的原因。

李白在招贤馆里枯坐了多日，仍没有召见的消息，便随着史原去了大宁坊。他对老子十分崇敬，也想进老子庙看看这位先祖的尊容。

当他走到庙前的山门时，看到上面写着“紫极宫”三个金字。宫中雕梁画栋，壮丽辉煌。大殿的匾额上写着“琼华”二字，是玄宗亲笔所书。殿中央供奉着老子的画像。他想过去仔细看看，但由于信众太多，拥挤不堪，又加上人人手里都举着香火，大殿里青烟缭绕，呛得双眼不住地流泪，什么也看不清楚，他只好退了回来，又回到招贤馆，等待应召。

5

李白在招贤馆里已经住了一个多月，他天天盼着玄宗的召见，却天天失望。自己进京之前，虽然住在泗水旁边的小城里，但常与诗友们相聚，诗友走了，有平阳和小伯禽在身边做伴，读书、舞剑，日子过得优哉游哉。而到了京城，住进了朝廷的招贤馆，食宿无忧，却总觉得寂寞难耐。这里没有朋友，也没有可去散心的地方，天天坐冷板凳，就像一只在山坡上自由惯了的野鹿，忽然被关进一个华贵的笼子里，心里除了郁闷就是纠结。

有一天，他正在窗前读书，看到史原送客归来，便问道：“史老弟，住在招贤馆里的宾客，怎么渐渐少了呢？”

史原说：“他们有的任职去了，有的跟随玉真公主去了王屋山，现在只剩下你这位宾客了。”

李白问：“不知何时才能召见我？”

史原摇了摇头：“你属陛下要召见的人，何时召见，在下并不知道。”

也许觉得招贤馆里的宾客不多了，自己的差事轻松了，史原便进了李白的客舍，二人闲聊起来。

史原指着房中的桌椅说道：“李先生可知道，谁在这间客舍住过吗？”

李白摇了摇头。

史原：“通玄先生！”

李白：“是陛下封为‘银青光禄大夫’的通玄先生吗？”

史原：“正是他。”

李白：“听说通玄先生是位数死复生的活神仙，是真的吗？”

史原点了点头。

这位通玄先生，姓张，名果，就是民间传说的张果老。

据说，在尧帝时，张果老曾任过侍中之职。他平时不骑马，总是倒骑着一头白驴，能日行万里。他的这头白驴能像纸一样叠起来，装在衣袋里，要骑的时候，用水一喷，就成了一头活驴。

唐高宗执政时，曾派人召他入宫，他未应召，住在深山中不肯出来。

武则天执政时，又派使臣前去召他入宫，这次他同意了，便随着使臣上路了。当走到妒女庙时，他忽地倒地不起！使臣大惊失色，大声呼唤，仍不见他醒来。住了一会儿，忽见他的尸体腐烂成灰了，风一吹，便吹散了！使臣只好回到长安。向武则天如实禀报。

到了开元二十五年（737年），有人说，张果老没有死，正在中条山中修道，还有人亲眼见过他。

玄宗听了，便派大夫裴晤为使臣，前往中条山，看看是不是张果老？若是张果老，就召他进京。

裴晤到了中条山之后，还真的找到了张果老。

裴晤向他转达了玄宗召他进京的诏令后，他坚决不肯进京。裴晤只好回到长安。

张果老越是不肯进京，玄宗就越是敬仰，他亲笔写了一份诏书，又派中书舍人徐峤再次进山，终于将他请进了宫中。

玄宗第一眼看到的张果老，与裴晤说的一样，牙齿快掉光了，头发也全白了，一副老态龙钟的模样，便问道："先生不是已经得道成仙了吗？为何齿、发衰朽成这种样子了呢？"

张果老说："我当年得道时，就已经齿缺发白了，所以现在才有这种样子。若陛下污目，我可除去齿发！"说完，便自己拔光了头发，敲掉了牙齿。

玄宗见了，连忙说道："请先生先去歇息，待会儿，朕要为先生洗尘。"说完，便命人扶着张果老歇息去了。

当玄宗再次看到张果老时，大为惊奇。他不但有了满口牙齿和满头黑发，而且也年轻多了！玄宗认定他就是一位活神仙！

有一天，玄宗率领羽林军去城外狩猎，在山坡上捕获了一头梅花鹿。玄宗心中大喜，命随行的御厨宰杀猎物，以犒劳随行的将士。

张果老连忙上前阻止。他说："陛下，这头梅花鹿已有八百多岁了，当年，汉武帝出城狩猎，曾捕获了它。汉武帝不忍杀他，便将它放生了。请陛下也放它回归山林吧！"

玄宗听了，难以置信。山林中的梅花鹿数不胜数，且又过了数百年，他怎么断定这就是汉武帝放生的那头梅花鹿呢？

张果老看出了玄宗的怀疑，便笑着说道："当年汉武帝放生这头梅花鹿时，我就在他的身边。他命人在鹿的左角上挂了一个铜钱大的铜牌，才放了这头梅花鹿。陛下如若不信，可派人察验。”

玄宗命人察看时，果然见到左角上有个小铜牌，由于年长月久，上面的文字已经磨得看不清楚了！

玄宗问道：“当年汉武帝狩猎时，距今有多少年了？”

张果老道：“已有八百二十五年。”

玄宗算了算，张果老说的果然无误！

狩猎回来后，玄宗下诏：封张果老为“银青光禄大夫”，赐号“通玄先生”。

就在李白和史原谈论“通玄先生”时，忽然听见有人在门外大声喊道：“蜀人李白听诏！”

李白听了，连忙出门迎接。

传诏的内侍高声说道：“陛下口谕，诏李白为翰林待诏，进住大明宫翰林院！”

翰林待诏，有时也称待诏翰林。

李白听了，竟激动得半天无语，还是史原大声提醒他说：“还不赶快谢恩！”

李白谢恩后，将传诏的内侍一直送出了招贤馆的大门口。

就是这道诏令，改变了李白的命运。他从一名布衣，一步登天，走到了大唐天子的面前，受到了不同寻常的礼遇。从而见证了一些或美丽或丑陋或欢乐或悲哀的历史碎片。

第十九章

诗人初进皇宫，天子亲手为他调拌八宝羹。四十二岁的干儿和二十六岁的干娘，一笔算不明白的糊涂账！

玉树春归日，金宫乐事多。
后庭朝未入，轻辇夜相过。
笑出花间语，娇来竹下歌。
莫教明月去，留着醉嫦娥。

——《宫中行乐词》

1

李白一到大明宫翰林院，就被大明宫的巍峨和壮丽所折服了。

大明宫本来是唐太宗李世民为唐高祖李虎修建的永安宫，因尚未竣工，李渊便驾崩了，遂更名大明宫。这里是大唐天子执政和寝息的主要宫殿，南北长五里，东西宽三里，宫墙周长超过十五里。大明宫设宫门十三座，正门是丹凤门，进了正门，依次是含元殿、宣政殿、紫宸殿、蓬莱殿、含凉殿、玄武殿，左右是麟德殿、中书、门下两省和弘文、弘史两馆，其间还有众多的亭台水榭，皆富丽堂皇，盛极一时。长安是大唐的中心，大明宫就是大唐的核心。

翰林院虽然设在偏殿，但也是丹柱黄瓦，宽敞明亮。因李白初来乍到，人生地不熟，不敢在大明宫里随意走动，只好坐在自己的桌前读书。在他对面坐的，也是一位待诏翰林，叫丁淮，是来自湖北的丹青高手。他擅长描绘道教人物。他画的男性观世音，每一根头发都分得清清楚楚。他还善于治印，正用刻刀在一块和田玉上刻字。他虽不认识李白，但也久闻李白诗名。他见李白在翰林院里无所事事，心绪不佳，便笑着说道："待诏翰林，在于待诏，是个闲职，朝廷用着你时，就召你前去，用不着你时，就在这里等待召见。在下闲来无事，就以治印消磨时间。等我将这方印章刻完，也为你治一方印章。"

李白听了，连忙道谢。

丁淮又说："太白老弟若有兴致，可去紫极宫看书，那里是皇家的藏书楼，天下许多孤本书籍，在那里都能找到。"

李白问道："可以随便进去看书吗？"

丁淮说："当然可以。紫极宫归贺内监掌管，他虽然是朝中的三品大员，但为人和蔼，尤爱结交天下名士，你去了就知道了。”

听说贺知章是紫极宫的主人，李白十分高兴，便出了翰林院，信步朝紫极宫走去。

刚刚过了弘文馆，见一位便服布衣、鹤发童颜的老者，手里拄着一根筇竹杖，正站在亭子里欣赏御苑中的兰草。走近一看，不由笑起来了，便大声喊道：“贺内监，你可好啊！”

贺知章转头一看，也笑起来了：“原来是太白老弟啊！听说陛下已诏你为翰林待诏，我正想前去祝贺你，不想在这里——”说到这里，他连忙出了亭子：“走吧，去我的紫极宫，那里有一罐上好的高粱酒！”说完，便挽着李白的手，说说笑笑地去了紫极宫。

二人坐在一间书房里边饮边谈，李白问道：“玉真公主去王屋山参加道箓，不知回京没有？”

贺知章说：“玉真公主已经回来了。”他忽然想起了什么，对李白说道：“东海子也去了王屋山，他路过长安时，让我转告你一件事。”

李白问：“什么事？”

贺知章朝四周看了看，低声说道：“东海子说，他从王屋山下来之后，又特意去了乾陵。他在无字碑前的蒿草丛中，又看到了白狐，一转眼工夫，这只白狐就从围墙的破洞里溜进了乾陵。”

李白问：“另外那两只呢？”

贺知章说：“那只老赤狐死了之后，韦后死时，一只白狐被野狼咬死，武惠妃死时，又病死一只，现在只剩下一只了。”

李白问：“他还说过什么？”

贺知章说：“他说，‘白狐入陵，社稷不宁’。还说，他不再云游天下了，要回东海崂山修道。”

“白狐入陵，社稷不宁”，李白一直在琢磨着这八个字的含义，却始终琢磨不透。

贺知章叹了口气，说道：“我已是八十六岁的人了，自中了进士离家后，已整整五十年了，落叶归根嘛，我已向陛下呈递了奏章，请求辞官归乡，在越州的镜湖之畔，安度余年，也就心满意足了。”

大唐允许官员退休。朝廷对官员退休的待遇，都有明确规定：五品以上官员，退休后可领取俸禄的半数以上，而那些有功之臣或经皇帝恩准的官员，可领取全额俸禄。对于官员退休的年龄也有规定，凡到了七十岁的官员，就可退休，但执行起来比较灵活。那些不满七十岁但身体病弱的官员，也可要求提前退休。有些官员的年龄虽然超过了七十岁，但身体尚好或经皇帝挽留的，仍可继续任职。贺知章曾数次请求辞职离京，但玄宗一直挽留不放。如今已有八十六岁了，仍担任太子知客和内监大臣之职。前不久他又写了辞呈，这次有希望了，玄宗派高力士传话贺知章，因朝廷上下正为册封杨玉环忙碌着，等册封大典过了之后，便恩准他辞官归乡。

李白知道贺知章决意辞官回乡，心里有些伤感，他说：“贺内监一走，李白在长安

便少了一位知音，酒中八仙也缺了一人！我们想你了怎么办？”

贺知章安慰他说：“你们可去越州看我嘛！越州酿造的黄酒，是天下一绝，开罐香半城，一杯醉三年！我们可在镜湖载酒泛舟，不是别有一番情趣？”说完，不由大笑起来。

回到翰林院不久，忽见内侍前来告知：明日巳时，陛下于兴庆宫召见翰林待诏李白。望衣冠整齐，准时前往应召！

李白听了，心中一阵激动，因为他终于等到这一天了！

2

第二天天刚亮，李白便起来了。他更换了衣服之后，便静静地坐在翰林院里等待召见。

这时，一缕早霞照进森严冷清的大明宫，在高高翘起的宫殿飞檐上涂抹上了一层金黄色，十分耀眼。他想，十二年前自己初到长安时，只能从远处向大明宫眺望，心里想象着宫中到底是个什么样子？如今自己走进了大明宫，还住进了翰林院！天下当面能见到当今皇帝的有几人？而我李白却即将见到大唐的天子！“天生我才必有用”，这就是命运！

他从卯时一直等到了辰时，仍不见有人前来传召，便有些心神不安起来，会不会是玄宗改变了召见的时间？还是因故取消了召见？为了这次召见，他昨天滴酒未沾，今天早晨也没吃早饭，生怕耽误了召见。正在他胡思乱想时，忽听门人喊道：“陛下口谕，传翰林待诏李白入宫！”

李白听了，心里“咚咚”地猛跳起来，便连忙跟着传诏的内侍出了翰林院，向巍峨的兴庆宫走去。

刚刚进了兴庆宫的大门，便看到玄宗坐在一乘缀着彩珠的大床上。李白早就听人说过，兴庆宫里有一乘七宝床，床上缀满了珠宝玉石，光彩夺目。李白猜想，这乘大床大约就是七宝床了。

玄宗见李白来了，便笑着向他招了招手。李白连忙小跑了几步，到了床前，跪地而拜，说道：“待诏翰林李白，叩见陛下。”

玄宗亲手将他扶起来，说道：“李爱卿，平身吧！”

李白听了，连忙站在了一旁。

玄宗朝李白端详了一会儿，见他修眉明目，器宇轩昂，卓尔不凡，十分高兴，说道：“朕早就听说蜀地有个奇才，叫李白，号青莲居士，今日终于见到了。”又朝周围说道：“赐坐！”一名内侍连忙送来了一乘椅子。

这时，一名内侍送来了一个楠木食盒，放在一边，说道：“请陛下用膳。”

原来玄宗和李白一样，都还饿着肚子呢！

玄宗命人又端来了一个食盒，笑着说道：“请爱卿与朕一道用膳吧！”

李白听了，正在不知所措时，一名宫女走过来盛了一碗羹，递给了他。

这是御厨们为玄宗做的八宝羹。

李白用小勺舀了一勺，刚刚入口，觉到碗中的八宝羹太烫了，他差点吐出来！玄宗见了，连忙用自己的一方丝巾为他擦了擦嘴角，又亲自用小勺为他调羹，待碗中的八宝羹不热也不冷时，才将小勺递给了李白。

李白接过碗吃了一口，觉得十分可口，便将碗中的八宝羹吃了个干干净净，至于八宝羹是什么做的？有什么滋味？他都没来得及品尝！

玄宗见他吃完了八宝羹，高兴地笑了起来。

李白受宠若惊，感到玄宗对他可谓是恩重如山了，哪位臣子能得到如此殊荣？这更加坚定了他为大唐安邦兴国平天下的志向。他从袖袋里取出《宣唐鸿猷》，双手递给了玄宗，说道："此文是小臣读古贤之书和观当今天下之势写成的，现呈陛下御览。"

玄宗接在手中，随手翻看了一会儿。

李白以为玄宗要与自己谈论治国之道和惠民之策，便在心中默默温习已经想好了的腹稿。谁知玄宗只看了一会儿，便将《宣唐鸿猷》递给了身边的高力士，说道："爱卿虽是布衣，但诗名远播，所以朕才知道天下有卿。爱卿的那首《玉阶怨》，有曹子建的'凌波微步，罗袜生尘'的意境。"说着，便咏哦起来。

玉阶生白露，夜久侵罗袜。
却下水晶帘，玲珑望秋月。

李白听了，当即作了一首《宫中行乐词》：

卢桔为秦树，蒲萄出汉宫。
烟花宜落日，丝管醉春风。
笛奏龙吟水，箫鸣凤下空。
君王多乐事，还与万方同。

玄宗听了，连声说道："好，好，爱卿情如泉涌，诗若珠玑！"说完，命高力士笔录下来。他又从御案上取来一张诗笺，递给了李白。

李白接过一看，上面是一首七绝：

罗袖动香香不已，红蕖袅袅秋烟里。
轻云岭上乍摇风，嫩柳池边初拂水。

这首诗的字迹秀丽、工整，应是出自一位女子之手。

玄宗问道："此诗如何？"

李白说："这首诗韵味独到，比喻生动，遣字用词妥切，是首佳作。"

玄宗问："爱卿可知道是何人所作吗？"

李白摇了摇头："小臣不知是出自哪位诗人之手。"

玄宗笑了，说道："住些日子，朕就让你认识这位诗人！"

君臣二人谈论过诗歌之后，李白以为，接下来玄宗就该听他的治国之道了，谁知玄宗朝他挥了挥手，说道："朕还有要事，请将李爱卿送回翰林院吧！"说完，便在众人的拥簇之下，离开了兴庆宫。

李白只好回到了翰林院。

3

天宝四年（745年）正月初一，是朝廷一年一度的大典，要举行隆重的正旦朝贺，王公大臣、六部九卿的文武百官，以及各国的使臣们，都要去兴庆宫向皇帝贺岁。皇帝不但要宴请贺岁的大臣和使臣，还要率领官员到郊外祭告天地、先祖，慰问阵亡将士的眷属。忙完了正旦大典，接着又要准备迎接上元节了。

农历正月十五日是上元，七月十五日是中元，十月十五日是下元。道教认为，上元天官正月十五日生，中元地官七月十五日生，下元水官十月十五日生。天官可赐福，地官能赎罪，水官会解厄。

每年的上元节，长安城里家家挂灯笼，户户吃元宵，到了晚上，人们成群结队地上街观灯，燃放焰火，热闹异常。玄宗还颁布了新的诏令：上元灯节，延续三天！

对于杨玉环来说，上元节尤为重要。因为玄宗曾在太真殿里向她许诺过：上元之日，朕将宣诏你为贵妃。今天，是他兑现诺言的时候了！

按大唐的规定，册封贵妃的仪式十分隆重，不但要有皇室宗亲的成员在场，文武百官都要参加，还要向受封者宣读册封诏书，授予印玺，并诏天下，以示祝贺。但由于玄宗碍于伦理，杨玉环也不肯抛头露面，于是，便派高力士前往后宫，宣读了玄宗的诏书：封杨玉环为贵妃！并向她颁发了统辖后宫的印信大宝。

为了掩人耳目，玄宗还特意诏告天下：为纪念故去的大宪皇后，朕不再另立皇后，由贵妃杨玉环执掌后宫，母仪天下。

从这一天之后，杨玉环便由候补贵妃晋级为正式贵妃了。她虽然没有皇后的名号，却成了不是皇后的皇后！

杨玉环由寿王妃、杨太真、杨贵妃，完成了身份转换。

杨玉环的三位姐姐，虽然分别封为了韩国夫人、虢国夫人和秦国夫人，但她们既非文官，也非武将，甚至不是官吏，却享受朝廷正一品官员待遇：给予永业田地一千亩，采邑五百户，每月报销粉脂钱十万！当时的米价每石不足二百钱，十万粉脂钱可买米五万斤！

4

天宝五年（746年）初夏，正是杏子成熟的季节，大明宫沉香亭外边的一片杏树上，结满了金黄色的杏子，连树枝都压弯了，远远看去，树枝上像挂了一串串滚圆的琥珀。

玄宗和杨玉环坐在亭子中，饶有兴趣地看着几个太监在树下摘杏子。高力士选了几个熟透了的杏子，在井台上洗干净了，盛在一只白玉盘里，端到了亭子中的石桌上。杨玉环拿起一个，用纤纤玉手掰成两瓣，自己吃了一瓣，将另一瓣塞进了玄宗的嘴里。玄宗咬了一口，觉得又酸又甜非常可口，便对高力士说道："派人给三位夫人送些杏子去，让她们也尝尝鲜。"

杨玉环说道："还不如将她们都请进宫来，在树下现摘现吃，岂不更新鲜？"

玄宗听了，便让高力士派人出宫去请。

三位夫人不知玄宗为何召她们进宫，便匆匆赶来了，韩国夫人和秦国夫人是乘软舆来的，虢国夫人是骑着她的那匹西域产的"雪里红"来的。

按照大唐的规定，凡进宫官员，到了丹阳门之后，文官必须下轿，武官都要下马。虢国夫人之所以敢骑着她的那匹"雪里红"进宫，原是玄宗皇帝亲自御准的！

中唐诗人张祜在他的《集灵台》中曾经写道：

虢国夫人承主恩，平明骑马入宫门。
却嫌脂粉污颜色，淡扫娥眉朝至尊。

几个人正在有说有笑地品尝杏子时，那匹"雪里红"挣脱了缰绳，进了御花园，正在啃食刚刚绽开的芍药花。

韩国夫人指着御花园说道："看，你的'雪里红'正在啃刚开的鲜花呢！"

虢国夫人努了努嘴，说道："'雪里红'偷啃鲜花怕什么！只要不偷吃杏子就行"，她转头望了望玄宗，"陛下，我说得对吗？"

玄宗有些尴尬，笑着说道："对，对，杏树太高，它想偷吃也偷不到！"

虢国夫人听了，手里拿了几个杏子，走到御花园旁边，说道："乖乖，过来吧，芍药花不如杏子好吃。"说完，将几个鲜杏塞在"雪里红"的嘴里。

这时，忽有当值内侍来报："陛下，平卢节度使安将军求见。"

玄宗连忙说道："请安将军去勤政殿候驾！"

还没说完，安禄山已大大咧咧地进了沉香亭，说道："臣安禄山是来为陛下报喜的。"

玄宗问他："为何事报喜？"

安禄山将背上的两个羊皮口袋放在地上，双膝跪地，说道："臣率军在柳树河北岸，斩杀了入侵的吐蕃军八百余人，战报已报给了兵部。"

玄宗听了连声夸赞："安爱卿不愧是大唐的社稷砥柱，朕将按功行赏，不知爱卿何

事来京？”

安禄山：“臣此次来京，有礼物献给贵妃娘娘。我们胡人有句俗话：主人不打送礼的人，贵妃娘娘不会怪罪吧？”

杨玉环看了一眼这位剽悍的胡杂将军，嫣然一笑，说道：“不怪罪安将军。”

安禄山听了，连忙打开羊皮袋，从里边取出一只描金漆盒，漆盒里有一只式样别致、工艺精美的发饰，说道：“这只‘金步摇冠’，是请西域的匠人精心打造的。”

杨玉环刚要伸手去接，安禄山又说：“我们胡人有个风俗，送头饰的人，要亲手为她戴在头上。”说完，笨拙地将“金步摇冠”戴在了杨玉环的头上。

杨玉环刚刚站起来，头上的“金步摇冠”在阳光下光泽耀眼，上面的翡翠吊坠随风摇动，丁丁作响，显得优雅高贵，将她的脸庞衬托得更加光彩照人了。

虢国夫人有些吃醋，说道：“安将军眼里只有娘娘，没有我们，我们还是走吧！”说着站起来想走。

安禄山连忙说道：“有，有，各位夫人都有礼物。”说着，又从羊皮口袋里摸出三个漆盒，每个漆盒中都有一枚“金步摇冠”，只是上面的配料不同罢了，有的是红珊瑚，有的是羊脂玉，有的是紫玛瑙。

三位夫人戴上后，一字排开，在沉香亭里款款地走了几步，头上的“金步摇冠”就像振翅欲飞的翠鸟，镂空的翅膀一闪一闪的，发出悦耳的丁丁之声。

玄宗看得双眼发直，他望着这个五大三粗的胡人汉子，觉得他虽然粗鲁、蛮横，却又心细如针，憨厚可爱，笑着问道：“安爱卿不能厚此薄彼啊，为何没有朕的礼物？”

安禄山连忙提起另一只羊皮口袋，说道：“这是臣献给陛下的礼物。”

虢国夫人说道：“安将军献给陛下的礼物，能不能让我们也见识一下啊？”

安禄山道：“那是让陛下补养身子的宝贝。按我们胡人的风俗，女人不能看。”说完，他将羊皮口袋递给了高力士，高力士转身送进宫中了。

原来，安禄山半年前率军巡逻时，抢劫了一支西域商队，发现一只骆驼上载着一个箱子，打开箱子一看，里边有一包珠宝，价值连城，为了灭口，他在一个月黑风高的晚上，派人将八名商人斩杀了。这八名西域商人，便变成了八百余名吐蕃兵卒，报了军功。他将抢劫来的珠宝，花重金请人打制了这四枝“金步摇冠”。

他献给玄宗的礼物，是一些又红又圆的花籽，这种植物生长在长城的山脚下。喜潮湿的阴坡，混在荆棘杂草之中，很难发现。它开花后结的花籽，像晒干的野酸枣，胡人叫助情花，有壮阳健体之效。安禄山曾派了两名百夫长，率兵在山野里找了两个多月，没找到一粒助情花的花籽！在他回营的路上，他们发现一户牧民家的院子里晒着一些助情花花籽，大约有半升多，便闯了进去。一名百夫长指着花籽说道：“奉上司之命，前来搜查助情花籽，以防被突厥人抢去！”

这家的老爹紧紧抱着花籽不肯松手，那名百夫长急了，一刀将老人捅倒了！为了灭口，这伙比突厥人还坏的大唐士兵，竟然将老人的全家杀光了！

安禄山得到了这半升助情花籽后，立即派出心腹送到了长安，又托高力士献给玄宗皇帝，让他泡在药酒里服用。谁知玄宗服用了几次之后，果然精力旺盛，妙不可言。安禄山此次进京，又特意为他送来半升助情花籽。

就在众人猜测羊皮口袋里装的是什么宝贝时，虢国夫人笑着说道："我知道羊皮口袋里装的是什么宝贝！"

韩国夫人和秦国夫人同时问道："是什么宝贝？"

虢国夫人向杨玉环努了努嘴："你们问玉环妹子吧！"

杨玉环听了，脸上泛起了一片红云，她连忙对高力士说道："把树上的杏子都摘下来吧，装在竹篮里，让众爱卿们都尝尝。"

高力士召来了一群年轻的宫女，她们上树的上树，装篮的装篮，杏树底下，你争我夺，笑语喧天。

玄宗的心情大好，高声说道："今晚备宴，为安爱卿接风！"

5

华灯初上时，大明宫的勤政殿里已是灯火通明。因为是玄宗为安禄山洗尘的宴席，赴宴的人不多，除了杨玉环的三位姐姐以外，只请了李林甫和杨国忠等亲信大臣参加。

酒至半酣时，杨玉环拉着一位姐姐为玄宗献艺。先由杨玉环出场。她跳的是一首《紫云回》，在梨园乐师们的伴奏下，她翩翩起舞，身影婀娜，如一朵彩云在轻轻飘荡，身上的彩带如滚动的长虹，让人看得如痴如醉。

坐在首席的玄宗离开座位，来到乐师们的身边，拿起一面羯鼓，亲自为她击鼓，打着节奏。

《紫云回》是玄宗亲自创作的一首乐曲。有一天，他在一座佛寺的墙壁上，看到了一幅壁画，画上是一位飞天的女神。他受到飞天的启发，回宫后便创作了这首乐曲。杨玉环是位对舞蹈无师自通的天才，她根据乐曲编排了《紫云回》的舞蹈。此曲此舞，已成了皇家梨园的保留节目。

坐在玄宗旁边的安禄山，忽然站起来，说道："臣要为陛下和贵妃娘娘献上我们胡人的《胡旋舞》，请陛下恩准。"

玄宗点了点头。

杨玉环看了看他硕大的肚子，笑着问道："安将军的身子有多重呀？"

安禄山道："臣进京前称过，只有三百六十二斤。"

杨氏三姐妹听了，都忍不住咯咯笑起来。虢国夫人说道："你那水缸粗的腰身，还能跳《胡旋舞》？"

安禄山拍了拍挺出来的肚子，说道："按我们胡人的风俗，凡是男子汉，都能跳《胡

旋舞》。"

安禄山一口一个"胡人的风俗"，把众人都逗乐了。

《胡旋舞》是粟特族的一种传统舞蹈。顾名思义，就是要求舞者快速旋转，有"快若旋风"之称。

安禄山看似肥胖、笨拙，但跳起舞来，却让在座的人都大为惊奇。只见他旋转得越来越快，开始还能看清他的模样，渐渐地只能看到一个飞速旋转的人影。众人都看得头晕目眩了，他却能稳稳当当地旋转着，像个滚圆的大陀螺！转着转着，他忽然戛然而止，站在那里，身子不歪，大气不喘，大殿里响起了一片喝彩之声。

玄宗走过去，递给他一条汗巾，让他擦汗。看到他憨态可掬，如孩童天真的样子，十分喜爱，情不自禁地说道："真难为禄儿了！"

安禄山听了，"扑通"一声双膝跪在了玄宗和杨玉环的面前，大声说道："臣儿安禄山，祝父皇和贵妃娘娘万寿无疆！"

玄宗听了，吃了一惊，问道："禄儿，你刚才说的什么？"

安禄山说道："父皇不是亲自叫我禄儿吗？天子口中无戏言！从今往后，臣安禄山就是父皇和贵妃娘娘的亲儿子！"

安禄山一本正经的样子，将杨玉环逗得眼泪都出来了！

玄宗也被他逗乐了，说道："亲儿子不可，朕和贵妃就认下你这个干儿子吧！"

安禄山听了，连着磕了三个响头，说道："臣安禄山这一辈子，永远都是陛下和娘娘的干儿子！"

勤政殿里的欢呼之声，几乎要掀开大殿的琉璃瓦！

这时，坐在一旁的虢国夫人故意冷着脸，对安禄山说道："我玉环妹子既然认下了你这个干儿子，你就是我们三姐妹的干外甥，按我们汉人的风俗，就应该叫干皇姨。要是不叫，按我们汉人的风俗，就要打屁股！"

安禄山顺从得像个刚刚懂事的孩子，连忙说道："干外甥安禄山，向三位干皇姨叩头！"

虢国夫人听了，解下腰间的一个香囊，扔给了他，她学着安禄山的腔调说道："按照我们汉人的风俗，这是送给干外甥的礼物，站起来吧！"

勤政殿里又响起了一阵欢呼之声。

生于开元七年（719 年）的杨玉环，比生于武则天长安三年（703 年）的安禄山，整整小了十六岁！他们创造了一个前无古人后无来者的奇迹！

勤政，勤政，大明宫里的这座勤政殿，见证了这出皇室的荒唐闹剧，今后，这座勤政殿还将见证这出荒唐闹剧是如何落幕的！

现在的官二代、富二代们，玩的那些坑爹的破玩意儿，和当年的胡杂安禄山比起来，还不够一碟小菜呢！他不但坑了干爹真龙天子，也坑了他干娘的卿卿性命，还差一丁点就坑了大唐帝国！

第二十章

洗儿礼上，被宫女剥光了的安禄山像只又肥又大的豆虫！优美绝伦的《霓裳羽衣舞》，貌似温柔妩媚，实酿干戈之祸。

葡萄酒，金叵罗，吴姬十五金马驮。青黛画眉红锦靴，
道字不成教唱歌，玳瑁筵席怀里醉，芙蓉帐里奈君何！

——《对酒》

1

唐代，是中国文学艺术十分繁荣的时期，可谓泰斗辈出，名人如星。假若当年也有作家协会的话，大唐的作协主席非李白莫属，至于舞蹈家协会主席，肯定是杨玉环的。

在翰林院里枯坐了多日的李白，今天终于接受了上任以来的第一项任务！

早饭后，李白像往常一样，正坐在案前看书，忽然听到外边喊道："奉陛下口谕，召翰林待诏李白，随驾前往温泉宫！"

李白听了，连忙放下手中的书，便跟着传旨的内侍去了兴庆宫，刚刚到了兴庆宫的宫门，便随着出行的大队人马浩浩荡荡地出了长安城，沿着一条又宽又直的驿道，向骊山进发。

出行队伍的仪仗，辇舆有序，车马排行。高高举起的伞、扇，走在前头，佩带兵器的禁军们紧随其后。队伍后边是朝中的卫尉卿等随从官员和宫人，内廷的梨园弟子们走在最后。仪仗队伍经过时，要封路净街，闲杂人员一律不得偷窥。队伍前后达数里之长！

李白并不知道为何召他随驾去骊山？心想，看这种架势，必定是为了军政大事！他真想问一问也在队伍中的贺知章，但按官阶贺知章紧随辇车后边，不能越职靠近。他望了望前头迎风飘扬的旌旗，只好作罢。

朝廷在骊山建有两大宫殿，一座是长生殿，另一座是华清宫。到了骊山以后，玄宗和杨玉环等人由宫人簇拥着进了长生殿，梨园子弟们去了偏殿，禁军四处警戒，其余官员各司其职。

这时，贺知章悄悄走过来，他告诉李白说，陛下来骊山，并无大事，他是来看《霓裳羽衣舞》的。

李白也被安排在偏殿里，这是梨园弟子们暂住的地方。正在指挥乐工们搬运乐器的李龟年，见李白来了，连忙说道："太白兄，不，不，李翰林能来看《霓裳羽衣舞》，是我

梨园弟子们的荣耀。”又悄悄说道：“梨园弟子们什么都不缺，就缺太白兄的新歌词了！”

李白笑了笑，问道：“不知哪位梨园弟子表演《霓裳羽衣舞》？”

李龟年神秘地一笑，说道：“今天上场表演的，并非梨园弟子”，他以手指了指大殿，悄声说道：“是贵妃娘娘亲自上场表演！”

李白听了，点了点头。

梨园，是玄宗亲自下诏成立的内廷乐舞机构，也就是皇家歌舞团。因设在御花苑的梨园之中，所以也称梨园。

梨园又分两部，男部有三百六十余人，住在梨园里，女部有四百余人，住在蓬莱阁旁边的宜春院里。宫外，在长安还设有梨园别园，有一千余人，由长安太常寺管理。在洛阳也设有梨园新园，有一千五百余人。

后来，人们对戏曲表演的场所，称梨园，艺人称梨园弟子，戏曲表演世家称梨园世家，就是由此演变而来的。

李龟年是位颇负盛名的乐师，他既善歌唱，能谱曲，还善打击羯鼓。他创作的《渭州曲》《荔枝香》等乐曲，名噪一时。现在他是梨园弟子们的领班。

二人正在说话时，贺知章匆匆来到偏殿，他问李白：“太白老弟，陛下适才问我，待诏翰林李白可有诗作？我特意前来向老弟告知一声。”

李白说：“在来骊山的路上，曾有一首腹稿，待我抄录给你。”

李龟年连忙取来纸笔，李白略一思索，便一挥而就。

贺知章拿起墨迹未干的诗笺，便匆匆离开了偏殿。

申时刚过，李龟年便率领梨园弟子们去了华清宫，随驾的众官员也都鱼贯进了大殿。

李白与众人一道拜见了玄宗以后，便坐在人群的后边，等待观看杨玉环的《霓裳羽衣舞》。

当乐师们的乐曲奏响时，从侧门走出一位小巧玲珑的年轻女子，她在优美的《凌波曲》中，边舞边唱：

羽林十二将，罗列应星文。
霜杖悬秋月，霓旌卷夜云。
严更千户肃，清乐九天闻。
日出瞻佳气，葱葱绕圣君。

她刚唱完，大殿里顿时掌声如潮。

李白听了一惊，这不是自己刚刚写的那首《宫中行乐词》吗？她怎么这么快就唱熟了呢？

同来的丁淮告诉李白，这位唱歌的女子不是梨园女弟子，她叫谢阿蛮，来自民间，因善舞《凌波曲》而纳于后宫。该舞是玄宗亲自配曲，表现了龙女在碧波起伏的大海里翩翩起舞的优美境界。

玄宗笑着问身边的杨玉环："此词如何？"

杨玉环说："此词气魄不凡，对仗工整，不知出自何人之手？"

玄宗说："是待诏翰林李白所作。"

杨玉环："贱妾最爱李白的诗句，请陛下向他讨要几首，由陛下谱上曲子，贱妾既唱且舞，岂不珠联璧合！"

玄宗笑着说道："朕将召李白去兴庆宫的沉香亭，你当面向他讨要如何？"

杨玉环听了，嫣然一笑。

这时，高力士来到玄宗身边，说道："陛下，李龟年恭请贵妃娘娘前去换装。"

杨玉环听了，由两名宫女搀扶着离开了大殿。

2

随着一阵悦耳而又陌生的乐曲，大殿里的六十二只硕大的红灯笼都点亮了，将大殿辉映得如同白昼，六十二只灯笼象征着玄宗已有六十二岁了。这时，只见杨玉环款款走进了大殿，众官员们的目光一齐聚焦在了她的身上。

杨玉环上身穿孔雀毛织成的羽衣，肩上披着宝蓝色的霞帔，头上戴着"金步摇冠"，下身穿月白色的长裙，腰间缀着闪闪发光的珠玉，她扮成一位自天而降的仙女，如一只美丽的凤鸟，体态优雅地走进了舞池，顿时大殿里鸦雀无声。她在众人的目光里跳起了只有在后宫才能见到的《霓裳羽衣舞》。

《霓裳羽衣舞》是玄宗亲自创作的。除了《霓裳羽衣舞》的舞曲之外，他还创作了《紫云回》《春光好》《秋风高》等乐曲。他不但精通音乐，还能演奏各种乐器，喜吹笛子，善击羯鼓，造诣超过了专业乐师。不但如此，他还能担当歌舞编导和教练。

开元初年，他下诏开办了梨园乐舞机构之后，将《十部乐》的演奏形式，改为了《坐伎部》和《立伎部》，扩大了皇家教坊，亲自向梨园弟子们教授丝竹之韵。每有新作，先让梨园弟子们演奏，常常亲自排练。对梨园弟子的佼佼者，他都赐予金帛紫绶，进行奖赏。他还兼收外来音乐，以丰富梨园音乐。他对大唐乃至中国的音乐，起到了发展和推动作用。

这首《霓裳羽衣舞》，原是西凉节度使杨敬述所献的一部舞谱，初称《波罗门舞》，经他修改润色而成。此舞由散序、中序和入破三部分组成，散序为散板，中序为慢板，入破时转为快板。到了尾声，则节奏变缓，余音袅袅。杨玉环每跳《霓裳羽衣舞》，玄宗必然到场，并亲自吹笛伴奏。杨玉环随着乐曲而舞，她身上的环佩珠玉不断地碰撞着，闪烁着，塑造出高雅优美的仙女形象，营造了神秘莫测的仙境气氛。

杨玉环是位天生的舞蹈天才。据说她出生时，手指上便戴着一枚小玉环，父母才为

她取了“玉环”这个名字。长大成人后的杨玉环，不但容颜绝佳，举止贤淑，雍容华贵，而且善歌舞，知音律。玄宗创作了《霓裳羽衣舞》之后，便交给了她，她只稍微浏览一遍，便心领神会地自歌自舞起来，歌声婉转若凤鸣鸟啼，舞蹈绰约多姿如散花仙女，舞曲与舞者相辅相成，天衣无缝。

玄宗是个风流帝王，一生好色。到了老年以后，精神空虚，一直渴望有个像武惠妃那样才艺双全的女性陪伴左右，而杨玉环年轻、娇美、妖冶，又善解人意，是歌舞知音。她没有后宫嫔妃们的那种死气沉沉的呆板和故作妩媚的脂粉之态。她柔美中透着纯真、直率、活泼，甚至有些放纵，言行举止也不甚循规蹈矩，有一种平民女子的野性，这恰恰给了玄宗濒于死寂的内心以强烈的刺激。

多情种子且多才多艺的玄宗，遇上了千媚百娇同样多才多艺的杨玉环，不闹出点故事，那才叫怪呢！

玩物丧志。这对老夫少妻虽然爱得大胆、疯狂，缠得如胶似漆，但二人也有遗憾，杨玉环一直未孕，二人精心培育的结晶，就是这部《霓裳羽衣舞》。

李白望着杨玉环在灯光下的婀娜舞姿，忽然想起了东海子说的无字碑荆棘丛中的那只白狐：“白狐入陵，社稷不宁。”

就在官员们如痴如醉观赏《霓裳羽衣舞》时，他又想起了李泌的警告：“此舞貌似温柔，实则凶险，将酿干戈之祸！”

李白听了，当时并未在意，至今也未悟出李泌的警告之意。

不过，十三年之后，杨玉环还未跳完《霓裳羽衣舞》，便“渔阳鼙鼓动地来”了！她什么都没拿，只匆匆带着舞谱随着玄宗逃出了长安！她在马嵬坡的梨树下自缢后，高力士又将此谱收藏起来，为的是回朝之后安抚他的老主子。后来他被肃宗贬到了巫州，遇赦回京时，路过朗州，听说与他相交六十多年的玄宗已经驾崩时，悲恸不已，吐血斗余而绝！他随身带的《霓裳羽衣舞》的舞谱，随他一起葬在了荒山坡上。

后来，一个盗墓贼获得了这部舞谱，几经转手后，到了南唐李后主的手上时，已经残破不全了。这位李煜也是一位多才多艺的多情种子，他与妃子娥皇精心修补全了以后，在宫中演唱时，轰动金陵城！

这位被称为“词国皇帝”的李煜，在城破被俘以后，被宋军押往宋都汴京时，还不忘珍藏着这个舞谱。成了阶下囚的亡国之君因为写了一首《虞美人》，被一壶鸩酒毒死，这部舞谱也随他埋进了邙山的墓穴。从此之后,《霓裳羽衣舞》的舞谱再也没有在人间出现。

这也是后话。

3

正旦刚过，来长安朝贺的安禄山，天天在他的官邸里忙得不亦乐乎。刚刚送走了前来拜年的几拨朝中大臣，接着就命他的胡人厨师在院子里支起一口大锅，将羊头、羊脑、羊腿、羊肝、羊肚、羊排、羊血等，一股脑儿地装进锅里，在下面架上松木劈柴烧了起来。在熊熊的烈火中，羊肉的膻味和锅中的热气在官邸里弥漫着。他们按照胡人的习惯，一手抓着羊肉，一手端着海碗，便狂饮滥喝起来，喝到高潮时，又纷纷围着羊肉锅跳起了《胡旋舞》。

安禄山就喜爱这种边啃羊腿边喝酒的场面，他觉得大唐官员们正襟危坐，规规矩矩，彬彬有礼的饮酒方式，是一种折磨！

这几年，安禄山喜事连连。在干爹干娘的关照和宰相李林甫的力挺下，他的官运一路顺通。

为了能让安禄山进出皇宫方便，玄宗特意口谕："安禄山可随时入宫觐见！"

这时，前门护卫陪着一名内侍进了官邸，将两份礼单递给了安禄山。因安禄山不识文字，便把礼单交给了他的心腹谋士高尚。

第一份礼单是玄宗皇帝赐的：

赐金花大银盒二，金花银双丝平二，金镀银盖碗二，金脱酒海一并盖，金平脱杓一，小马脑盘二，金平脱大盏四，次盏四，金平脱大马脑盘一，玉腰带一并金鱼袋一，平脱匣一，紫细绫衣十副，内一副锦袄子并半臂，每副四事，熟锦细绫三十六具。

第二份礼单是杨玉环赐的：

赐金平脱装一具，内漆半花镜一，玉合子二，玳瑁刮舌篦、耳篦各一，铜镊子各一，犀牛梳篦子一，骨合子三，金镀银盒子二，金平脱盒子四，碧帕子一，红罗绣帕子二，紫罗枕一，金平脱铁面枕一并平脱锁子一，银沙罗一，银碗一，紫衣二副，内副锦，每衣计四事件。

刚刚念完礼单，八名宫人便抬着装有礼品的两个大礼盒进了院子。

送礼的内侍和宫人走了之后，安禄山异常兴奋，他醉眼蒙眬地朝着众人说道："过年逢喜事，来来来，都用双碗饮酒！"说完，他连饮了两碗之后，把皮袄一脱，便跳起了《胡旋舞》。众人见了，也都随着他跳了起来。有的人因喝得晕头转向，舞着舞着，便像一头笨拙的黑瞎子，"咕咚"一声便倒在院子里的积雪中了。

就在安禄山和他的心腹们狂喝滥饮时，高力士乘着一辆软舆进了官邸。这位冠军大将军、骠骑大将军、右监门卫大将军刚刚走出软舆，就闻到了一股扑鼻的酒味。他皱了皱眉头，尖声说道："东平郡王安禄山听旨！"

安禄山和满院子的胡人连忙跪在院子里。

高力士念道："召安禄山于初四巳时前往兴庆宫候驾，不带随扈，勿误！"

安禄山还没听清楚，高力士已转身走了！

安禄山虽然胆大包天又狡猾过人，却被这道圣旨吓了一跳，为什么要召我进宫？为什么不允许带上随扈？又为什么不能迟误？虽然不少大臣和将军多次上书弹劾他大量贮藏武器，私自招兵买马，不是都被玄宗和左相李林甫摆平了吗？会不会又有人在玄宗那里告了他的状？会不会自己一进兴庆宫，就被埋伏的羽林军剁成了肉酱？明天是进宫还是不进宫呢？

就在安禄山疑虑重重时，一直细心观察着他的高尚说道："安大哥，你只管大胆进宫吧，说不定会有更大的赏赐呢！"

铁杆心腹悉干也表示同意，他说："安大哥福大命大，兄弟们还想沾你的大光呢！"

安禄山听了，把手一挥，大声说道："今天是正月初四，兄弟们敞开肚子，喝个够吧！"

他的话音刚落，院子里顿时响起了一片划拳声、行令声和吆喝声……

4

天色刚亮，安禄山便早早起床了，他的贴身护卫李猪儿正在为他准备朝服朝靴和朝冠，又为他梳理了发髻，为的是能戴上那顶极少戴过的朝冠，但他肥胖的肚子却无法修饰，穿上朝服以后，就像里边撑着半个锅底！

他临走前，又特意向他的心腹严庄交代了一会儿。

严庄原本是安禄山的一名掌管簿书，由于他心机深远，料事如神，得到了安禄山的重用，成了他的第一军师，有关安禄山的作战计划以及与朝中大臣们的交往，都由他决定和安排。他是安禄山军政活动的实际决策者。

高尚是在范阳出生、长大的范阳人，原名叫高不危，当年也是学富五车的文士，因贫困潦倒，又怀才不遇，便投靠到安禄山的麾下而受到了重用，遂更名叫高尚，成了安禄山的一名高参。

二人对安禄山的交代心知肚明，为了防止不测，二人连忙安排了应急准备。

安排好了之后，安禄山才骑上他的那匹黑色的纯种西域马，在几名心腹卫侍的护送下，出了官邸。当他来到皇宫门前时，便被八名手持兵器的禁军拦住了。

安初山心中一惊，宫中的禁军不是都知道他有权进出宫掖吗？为什么今天拦住他？他心里犯起了嘀咕。

这时，见高力士笑眯眯地走了过来，他对禁军们挥了挥手，禁军们连忙闪到了一边。他说道："请安将军随老奴进宫吧！"

安禄山便跟在高力士身后进了后宫。他发现，路边的宫女们见了他都装作没有看见，却又低头偷笑。安禄山分明觉得，那是一种不怀好意的坏笑！但又不便停留，只好硬着头皮朝前走。

刚刚走到沉香亭旁边，忽然呼啦冲来一群宫女，将安禄山围了个密不透风！她们想干什么？他顿时觉得自己身上起了一层鸡皮疙瘩。

这时，有几名宫女将一扇屏风移开，他看到杨玉环坐在屏风后边，便连忙叩拜，说道："儿臣给娘娘叩头。"

杨玉环道："免礼。"

安禄山说："陛下召见儿臣进宫，不知何事？"

杨玉环笑着说道："不是陛下召见禄儿，是本宫的懿旨召你进宫的，你可知道今天是什么日子吗？"

安禄山说："儿臣知道，是正月初四。"

杨玉环说："禄儿的生日是哪一天呀？"

安禄山说："正月初一，是儿臣四十二岁的生日。"

杨玉环说："你们胡人有胡人的风俗，我们汉人也有汉人的风俗，按照汉人的风俗，新生儿出生三天后，为娘的要为儿子沐浴，也就是为婴儿行洗身之礼，禄儿听明白了吗？"

没等安禄山明白过来，又听杨玉环对宫女们说道："开始洗吧！"

宫女们听了，便朝安禄山一拥而上，抱头的抱头，按脚的按脚，有的解腰带，有的扒衣服，平时胆小怕事、弱不禁风的宫女们，让五大三粗的安禄山吃尽了苦头！这群丫头片子不但扒去了他的衣服，还趁机狠狠地拧上一把！疼得他像挨了刀的肥猪，"嗷嗷"地尖叫着。这位孔武有力的胡杂将军，很快就被剥光了衣服，赤条条地躺在了地上！宫女们发现，他像一只不断蠕动着的又肥又大的豆虫！在他又大又圆的肚皮上，长着一层黑毛，就像猪鬃一般！

宫女们拿来了一床红色的锦被，将安禄山抬到锦被上，像包粽子一样，将他包了个结结实实，又从四边提起锦被，在御苑的小径上游走，她们边向他撩泼井水，边大声唱着："洗儿洗儿，三日洗儿，大吉大利！"

而锦被中的安禄山，此时也已明白召他进宫的原因了。他被这群宫女们折腾得够呛，虽然他像挨了刀的肥猪不断地号叫着、哀求着，其实心里正乐着呢！

坐在屏风后的杨玉环，看到干儿子安禄山的狼狈丑态，笑得前俯后仰，不断地用手帕擦拭着笑出来的眼泪。

玄宗正在兴庆宫中与几个皇室晚辈观看斗鸡，听见外边传来一阵阵的喧闹声，便问高力士。高力士告诉他说，是贵妃娘娘正在为干儿安禄山执行"三日洗儿"之礼。

玄宗听了，非但没有怪罪，反而来了兴趣。既然干娘为干儿行"三日洗身"之礼，作为干爹，也应当有所表示才好！于是，他命高力士，从国库中支出了三万钱的"洗儿钱"，让杨玉环赐给了安禄山，作为对禄儿洗身的赏钱。

好事不出门，坏事传千里。

大唐皇宫中这类丑闻丑事，虽然有高高的宫墙所挡，但还是传到了市井乡野。身为贵妃娘娘的杨玉环，为干儿子安禄山行“三日洗儿”礼，是皇家的家中私事，与平头百姓无关，顶多是他们茶余饭后的话题罢了。

其实，大唐富丽堂皇而又无比威严的皇宫，犹如一个七宝锦盒。外表鲜亮光彩，里面装着的，除了天子的至尊玉玺“受命于天，既寿永昌”之外，也有见不得人的丑恶之物，这场杨玉环一手导演的“三日洗儿”的闹剧，就是其中之一。

这位被他的干娘洗过身子的胡杂将军安禄山，若干年后，对他干娘的报答，却是一出凶残血腥、不忍目睹的悲剧！

这也许就叫报应。

5

杨玉环虽然容貌绝代，倾国倾城，被誉为大唐第一美姬，在中国的四大美女中有其芳名，但也并非是贤淑善良之辈。她与第一任丈夫李瑁恩恩爱爱地生活了五年，却又服服帖帖地当了女冠，而后进入皇宫为妃，身份由儿媳变成了贵妃娘娘。虽然是被迫受命，但她也可以用投河、撞墙、上吊、吞金、绝食等方式进行抗争呀！遗憾的是她屈服了，顺从了，从寿王妃，摇身一变成了实际母仪天下的贵妃娘娘！

当了贵妃娘娘的杨玉环，既有纯真可爱的一面，也有放荡不羁的时候。她虽然要死要活地爱着玄宗，七夕晚上，二人跪在长生殿里山盟海誓：“在天愿为比翼鸟，在地愿为连理枝。”又为什么与胡杂安禄山缠绵不清呢？《资治通鉴》上对二人的这种关系说得比较含糊：自从玄宗授予安禄山自由进出内宫的特权以后，“自是禄山出入宫掖不禁，或与贵妃对食，或通宵不出，颇有丑闻于外，上亦不疑也”。

其实，玄宗并非受了蒙蔽而不知其事，因为杨玉环出轨的时候，玄宗和杨玉环的二姐虢国夫人，正如胶似漆地缠绵着呢！

在《青琐高议》的《骊山记》中，曾绘声绘色地记述了一个故事：

有一天，杨玉环在华清池中沐浴完了之后，来到一面为她专门精制的大铜镜跟前。她身上披着一条雪白的纱巾，一面梳理头发，一面欣赏铜镜中的丽影。由于刚刚出浴，头发湿漉漉的，梳理起来不太滑顺，也许用力过猛，披在身上的纱巾从肩头滑了下来，落在了地上，她的全身便暴露在铜镜里了。

这时，玄宗和安禄山走了过来，他们亲眼目睹了这一幕。玄宗不但不觉得尴尬，反而笑了起来，笑完了，他当即吟了一句：“软温新剥鸡头肉。”意思是，杨玉环的双乳又软又暖，嫩的像新鲜的鸡头肉一样！

安禄山连忙凑了一句：“滑腻如同塞上酥。”意思是，杨玉环的双乳又滑溜又细腻，就像塞北的酥饼一样可口！

这一对君臣，是两个活脱脱的流氓加淫棍！

这件事，《尧山岭外记》中记载得更为详尽，不知是否可信？

在《隋唐演义》中，更直截了当地写着：

禄山与贵妃，鬼混了一年有余，甚至将贵妃的胸乳抓伤。贵妃未免暗泣。因恐玄宗瞧破，遂作了一个柯子来，笼罩胸前。宫中未悉深情，反以为未肯露乳，多半仿效。

从这里看，杨玉环和安禄山不仅有频繁的肌肤接触，而且行为也有些狂放、大胆。

《隋唐演义》并非史料，它记述的故事也未必可信，但有一点可以说明：杨玉环和安禄山的关系，印证了一句俗语：情人眼中出西施！

虽然安禄山是个胡杂，又长相丑陋，行为粗野，但在杨玉环眼里，却是一位真正的英雄！美人爱英雄，天经地义！

至于二人到底有没有一腿？《新唐书》和《旧唐书》都没有说清楚，《青琐高议》中也说得比较含糊。《隋唐演义》也只是点到为止。后人对他们的这些绯闻，也无法考究，只能是一笑了之罢了。

第二十一章

三首《清平调词》征服了君王和贵妃，却为自己埋下了一条祸根。郭子仪护粮途中巧妙用兵，俘获了六百余名突厥士兵。

小小生金屋，盈盈在紫微。
山花插宝髻，石竹锈罗衣。
每出深宫里，常随步辇归。
只愁歌舞散，化作彩云飞。

——《宫中行乐词》

1

从骊山华清宫回来之后，李白眼前一直浮显着两个影子，一个是衣袂飘飘、美轮美奂的仙女，一个是手持拂尘、形若修竹的道人。在《霓裳羽衣舞》天籁般的乐声中，分明有一种警告："此舞貌似华丽温柔，实含干戈之祸！"

李泌是位奇人。他能成为东宫太子李亨的挚友和伴读，是十六年前的一次偶然机遇。

那一年四月，玄宗皇帝在含元殿大宴天下文士，又请儒、道、释三教的知名人物登坛辩论，意在仿效齐桓公当年的"百家争鸣"。

玄宗当时正与左相张说在书房中下围棋，宦官抱来一个叫李泌的小男孩，说他能出口成章，聪明无比。玄宗便让张说出道题考考他。张说指着棋盘说了四句诗：

方如棋盘，圆如棋子。
动如棋生，静如棋死。

他让李泌以方、圆、动、静四个字为题，也作一首诗，但不许用"棋"字。

李泌听了，笑着说道："这太容易了！"他看了看棋盘上的棋子，说道：

方如行义，圆如用智。
动如逞才，静如遂意。

玄宗听了，十分喜欢。当听说他只有七岁时，便让他住进宫中，当了太子李亨的伴读，自此，他与太子感情渐渐笃厚，形影不离。

自唐太宗发生了“玄武门之变”后，唐高祖李渊就立下了一个规矩：太子以下亲王宗室，不得结交江湖人氏和私藏武器！但对李泌，却是网开一面。

李泌经常骑着一头白蹄黑驴外出漫游。他先后去了朔方、河西、幽州、河东、营州、苑阳、平卢等大唐的北疆，除了在民间私访，他还结交了大唐的张守珪、郭子仪、李光弼、哥舒翰等将帅，隐隐察觉到安禄山这位封疆大吏已露不臣之兆。还知道他在雄武城大兴土木，以贮藏军粮的名义，私藏了大量军械兵器！还在突厥、同罗、奚族中挑选了八千精兵，组成了一支由他指挥的“曳落河”部队。这支神秘的部队正在大漠里由史思明日夜进行训练。一直守卫着边陲的张守珪、郭子仪、李光弼等高级将帅们认为，外族犯境，难动大唐的根基，一旦内乱，则难以控制了，所以也都心存疑虑。再说，安禄山如今身兼平卢、范阳、河东三大节度使，手中共有兵力十八万三千九百人，而大唐的兵力总数才五十八万人，他的兵力占大唐兵力的三成！他还掌管全国军马！最近，他又得到玄宗的恩准，将他的五百名部下提升为将军，一千余人提升为中郎将……他又安排亲信吉温充当河东节度副使，张道儒为自己的留守判官。安禄山一旦成了气候，必反无疑！

这也正是太子李亨所忧心的。

他的另一个忧心，还有来自他父皇身边的三个人：一个是大奸若忠的高力士，一个是口蜜腹剑的李林甫，另一个则是阴险刁钻的杨国忠。玄宗因天天迷恋着后宫的歌舞，朝廷的军政大事，都被这三个宠臣瓜分了！

听了李泌对天下大势的分析之后，李亨心焦如火，二人商量了一夜，由李泌以太子李亨的名义，起草了一份奏章，冒着冒犯天威的风险，去了兴庆宫，觐见玄宗皇帝。

玄宗今天心情很好，正在鸟架前喂一只外国进贡来的洁白如雪的大鹦鹉。李亨和李泌叩拜了以后，便垂手站在了一旁。

玄宗笑着问道：“你们二人这么早就进了宫，有什么急事吗？”

李亨连忙说道：“儿臣有要事奏知父皇！”说着，从怀中取出奏章，双手呈了上去。

玄宗略微看了看奏章，便随手递给了高力士，说道：“李泌呀，你是太子伴读，这份奏章是出自你的手笔吧？”

李泌连忙答道：“陛下说得对，奏章是草民所撰。”

因李泌淡泊名利，不肯入仕，故至今并无官职，只好以布衣草民为称。

李亨连忙解释，说道：“奏章虽是李泌所撰，但其内容是儿臣与他商讨过的。”

玄宗看了李泌一眼：“那好啊，你是一位三清弟子，不但有忧国忧民之心，还有安邦治国之策，朕想听听你有些什么高见？”

李泌已从他的口气里听出了他心中的不快。心想，既然来了，就没有退路了！再不阐明他和太子的忧虑，恐怕以后就难有机会了！于是说道：“陛下，太宗在《帝范》中

说过：‘以铜为镜可以正衣冠，以人为镜可以知得失，以史为镜可以见兴亡’。”

玄宗听了，点了点头。

李泌逮住这个机会，便像竹筒倒豆子一般，将想说的话都说了出来。他将自己的所见所闻所思说了之后，话题一转，说道：“外臣拥兵太多，一旦生变，将危及社稷，朝中重臣把持了朝政，则会蒙蔽陛下，下情难以上达……自古明君皆能见微而知著，明察风起于青萍之末。陛下应不忘抑骄奢，施仁德，近君子，远小人——”

没等他说完，玄宗就坐不住了。他说道：“李泌呀，你虽然文才武略在胸，有经天纬地之才，但也不应一叶遮目！安禄山虽是一名番将，但他忠心耿耿，屡建奇功，是大唐社稷的中流砥柱。有多少官员曾在朕的面前密告他有谋反之心，都是嫉才妒贤所致！朕已将弹劾他的奏章转给他看了，他还不是满肚子的冤屈！爱卿才高八斗，学富五车，若想从政，就参加朝廷的科考，若无意为官，就去潜心修道吧！”

这是玄宗的逐客令！

李泌听了，心中不由悲凉起来。他本想据理力争，将高力士、李林甫、杨国忠等权臣们收贿卖官、结党营私的劣迹揭露出来，但又担心会给太子李亨招来祸害，只好作罢。他知道玄宗已是吃了秤砣铁了心，执迷不悟，听了玄宗说的还是“去潜心修道吧”这句话之后，心里反倒有一种解脱。

出了兴庆宫之后，李泌便收拾好了自己的书籍，身背长剑和琴盒，离开了长安城。

李亨本想与他一起向玄宗进谏的，没想到不但没见效果，反而彻底得罪了玄宗，心中十分懊悔。他一直将李泌送到了长安城外的灞桥，二人才停下来。

李亨命随行的侍卫将带来的酒馔，摆在一棵柳树下，二人席地而坐，边饮边谈，不觉太阳已经偏西，才依依不舍地告别。李亨顺手折了一根柳枝，递给了李泌，说道：“兄弟，今日一别，不知何时才能相见？”他的语气里透着一种无奈和伤感。

李泌手持柳枝，骑上了他的黑驴，边走边回头说道：“用不了多久，我们就能后会有期！”

当李泌走出数里之远时，又回头看了看，见李亨仍然站在桥头上向他挥手……

玄宗不用李泌，是他犯的一个致命的错误！

李泌绝非沽名钓誉之徒，他后来辅佐了大唐的三位皇帝，为唐王朝的延续，立下了汗马之功。

这位“白衣山人”在少年时，曾写过一首歌词：

天覆吾，地载吾，天地生吾有意无。不然绝粒升天衢，不然鸣珂游帝都。焉能不贵复不去，空作昂藏一丈夫。一丈夫兮一丈夫，平生志气是良图。请君看取百年事，业就扁舟泛五湖。

李泌虽然走了，但他的一只眼在修道读经，另一只眼，却一直看着大唐的风云变幻。

2

四月的沉香亭，正是春深如海的季节。御花园里百花斗艳，万紫千红，东圃的芍药刚刚绽放，西院的牡丹已耐不住寂寞，开成一片五彩缤纷的花海了！如火红的烈焰，又如艳丽的早霞。就连院墙边上的兰草，也来凑起了热闹，淡淡的、羞答答的浅黄色花骨朵，虽不怎么起眼，却散发出袭人的幽香，似乎在提醒人们：你们赏花时，可别忘了我们呀！

玄宗今天的心情格外舒畅，因为他阅览了几份奏章，有三份是江南报来的，说江浙闽湘等地因去年稻米丰产，今年米贱，每斛不足二百钱！苏、杭、扬等地的蚕丝调运，已由大运河运往京师。朔方节度副使、定远城使兼营田使郭子仪，率领三百余人的大唐巡逻队，击败了前来偷袭的突厥军队，还俘获了一百八十名番兵。还有一件让他“尤为大悦”的是：安禄山为他打造了一乘重达数千斤的白玉床，已运达骊山的华清宫，与白玉床同时进奉的一百二十粒助情花籽，已由高力士送进了兴庆宫……

玄宗用过早膳后，便由高力士陪着，信步向沉香亭走去。池边的垂柳在南风中飘拂着、摇曳着，几只紫燕在柳条下翻飞。他便信步进了沉香亭。

正在亭子里赏花的杨玉环，一见玄宗来了，连忙跪下请安。

玄宗笑着说道：“贵妃请起吧！”说着，双手扶起了杨玉环。

此时，一缕阳光透过树枝，照在她的脸上，她的发髻上斜插着一朵大如碗口的白牡丹，愈发显得面容洁白如雪，双眸流盼，楚楚动人。

玄宗久久地看着杨玉环，竟看得她不好意思起来，她低声说道：“陛下，你看什么呀？”

玄宗说：“看你，也看盛开的牡丹花呀！”

杨玉环听了，脸上泛起了一片红云，连忙低下了头。

这时，乐师李龟年向远处招了招手，不一会儿，梨园弟子们便在亭子外边摆放了乐器，李龟年轻轻敲击了一声银铃之后，箫笛和丝竹便齐奏起来。奏的是杨玉环最喜爱的《清平调》。

一曲终了，玄宗并不像平时那样，听完《清平调》连忙击掌叫好，倒是显得十分平淡。杨玉环连忙问道：“陛下，是玉环唱得不好吗？”

玄宗摇了摇头：“玉环唱得倒是很好，只是唱来唱去，还是那几句旧词，听多了，也就听腻了！”

杨玉环有些委屈，她说道：“臣妾也有同感，都怪教坊没换新词！”

玄宗脸上露出了愠色，他转头看了看正在击鼓的李龟年，问道：“难道梨园中没人能作新词？”

李龟年连忙跪下：“臣不才，失职。”

梨园弟子们见玄宗生气了，都齐刷刷地跪在地上请罪。

站在玄宗旁边的高力士连忙向杨玉环使了个眼色，杨玉环会意，她捧起一只琥珀杯，递给了玄宗，娇滴滴地说道："《清平调》的歌词，都是教坊司写的，唱多了，就有陈词滥调之嫌，玉环听说，当今写词最好的，莫属玉环的那位同乡了！"

玄宗连忙问道："贵妃的同乡？他是谁？"

杨玉环笑着说道："就是陛下新封的翰林待诏、也就是翰林院学士、蜀人李白呀！陛下可召他进宫，让他多写几首歌词。"

李白的诗名还是李龟年告诉杨玉环的。

玄宗听了，连声说道："李白是太子宾客贺知章向朕引荐的，说李白有谪仙之才，当年玉真公主也举荐过他，朕已将他诏为了翰林待诏，并在宫中特意召见过他，还让他随驾去过长生殿。若玉环不提及，朕都忘记此人了！"他转身对高力士说道："高爱卿，你速去翰林院，召李白入宫，为玉环填写新词。"

高力士受命后，便匆匆出宫了。

到了翰林院以后，众翰林们都端端正正地坐在自己的座位上，或读或写，十分安静，唯独李白的座位空置。高力士问旁边的丁淮，李白去了哪里？

丁淮说："李翰林与朋友喝酒去了。"

高力士问："去了哪里喝酒？"

丁淮摇了摇头。

喝酒，必定去酒楼！高力士立即打发小太监们去长安东西两市的酒楼里打听，最后，好不容易在一家胡姬开的酒楼上找到了李白。但此时的李白已经有八分醉了。当太监传达了玄宗的口谕，要他进宫去写新词时，他醉眼蒙眬地说道："我要吃酒……不去写词！"说着，又端起了酒杯。

与李白同桌饮酒的几位酒友，见是高力士和一群太监来了，因没见过这种场面，都悄悄离座回避了！

几个太监看到李白醉成了这般模样，心想，就是去了宫中，也拿不稳笔呀！不过，皇命难违，于是几个人让他喝了三大碗醒酒汤，又把他塞进一乘软舆里，抬着就去了沉香亭！

李白下了轿，看到玄宗时，酒已醒了一半。他刚想跪下叩拜，身子一歪，竟坐在了地上，惹得宫女们都"吃吃"地偷笑起来。

玄宗的心情格外好，他望着酒意未消的李白，也忍不住笑了。他说："朕今日来赏春季名花，听贵妃唱歌，却无新词，特召爱卿前来，为贵妃写一首新词，不知爱卿意下如何？"

没等李白回话，高力士已命人搬来了案子，铺好了诗笺，两个宫女连忙在墨池里磨起墨来。

此时，李白已清醒了许多，他接过毛笔，朝沉香亭外的御花园看了看，又转头望了望站在玄宗身边的杨玉环，刚要下笔，忽然觉得双脚无法站立。原来，因今天穿了一双新靴，靴子小了些，勉强能伸进脚去，不想时间一长，双脚被挤得又痛又痒，便放下了笔。

高力士走到他的身边，悄声说道："李翰林，你怎么还不落笔呀？"

李白忽然想起了当年他在招贤馆应试时，高力士曾说，"让他给我穿靴都不够格！"杨国忠说，"让他给我磨墨，我都嫌笨！"于是，他指了指自己的靴子："脚上不舒服，帮我脱下来！"

高力士听了，一下子蒙了！自己虽是个太监，却是朝廷的一品命官！因是玄宗最贴心的宠臣，诸王、公主们都称他阿翁，驸马称他阿爷，太子称他为二兄！而眼前的一个区区翰林待诏，却将自己当成了一般的太监，竟要他脱脚上的靴子！但他不敢当着玄宗的面发作，在主子面前，俯首听命是奴才的本性，于是，只好满脸堆着笑容，半蹲半跪地替李白脱下了靴子。

不穿靴子的李白，觉得舒服多了，于是挥笔写下了：

云想衣裳花想容，春风拂槛露华浓。
若非群玉山头见，会向瑶台月下逢。

在这首词中，李白将杨玉环比喻成了美貌女神西王母身边的仙女，杨贵妃心里自然十分受用。

李龟年见高力士向自己示意，便连忙指挥众乐工们弹奏起来。杨玉环手里拿着墨迹未干的诗笺，在乐器的伴奏之下，启动朱唇，如百灵试音，轻声唱完了这首《清平调词》，歌虽唱完了，但人们仍在倾听，好似天籁之音还在沉香亭里缭绕。

就在大家沉浸在歌声之中时，李白的诗情像喷泉之水，倾泻而出，又接连写了两首《清平调词》：

一枝红艳露凝香，云雨巫山枉断肠。
借问汉宫谁得似，可怜飞燕倚新妆。

名花倾国两相欢，常得君王带笑看。
解释春风无限恨，沉香亭北倚栏干。

在三首《清平调词》中，李白最得意的是第一首。他是一边看园中的牡丹花一边构思而成的。第一句写的是杨玉环之美，连天上的彩云都想变成她的衣裳，牡丹花也想变

成她的容颜。第二句则以“露华浓”来渲染花的美艳娇丽，盛开的牡丹在晶莹的露水中更显得瑰丽、娇艳。第三、四两句，李白的想象又升腾到西王母的群玉山和瑶台，比喻杨玉环的容颜只有在天上的仙境中才能看到！暗指她是下凡的仙女！

瑶台是西王母最初的居住地。她最初是西方某个母系氏族的首领，后来演变成了一位美貌无比的中年妇女，她身边的侍女，个个都是衣裳华丽，年轻美貌的仙女。

李白在诗中，将杨玉环比喻成了西王母身边的侍女。杨玉环不但觉得飘飘然起来，也十分佩服李白的才华。

玄宗听了杨玉环唱的三首《清平调词》之后，觉得顿时耳目一新。他走到御案旁边，拿出自己用过的一支金杆御笔，笑着说道：“李爱卿作诗，须用此笔才好。”说完，将金笔赐给了李白，并特许李白移至兴元宫居住，还派了两名宫女服侍李白。

第二天，杨玉环命人为李白送来了两只鹦鹉。在宫女们的调教下，一只鹦鹉能唱“云想衣裳花想容”，另一只会唱“常得君王带笑看”。它们模仿杨玉环的歌喉，唱得惟妙惟肖！只可惜它们只会唱这两句，其他诗句，总是学不会！

李白的这三首《清平调词》，经杨玉环唱过之后，很快便在大唐的后宫传开了，连那些刚刚选进宫的小宫女们，都能唱得声情并茂。不久，此歌便传出了宫外，长安城里的酒肆茶馆和高宅深院，都能听到《清平调词》。因为这不仅是贵妃娘娘唱过的，还是诗仙李白亲自作的歌词！

三首《清平调词》虽然征服了玄宗和杨玉环，但也为李白埋下了一条祸根。因为显赫一时的高力士，永远都忘不了李白的脚臭味！

3

日本国第十次遣唐使团，在长安住了半年之久，即将乘船回国。作为大唐秘书监兼卫尉卿的晁衡，心中十分激动，因为他已得到了玄宗皇帝的恩准，同意他随遣唐使团回国。

晁衡是日本国关西府的世家子弟，十六岁时，他随日本国遣唐使团来到大唐的长安。进入朝廷的太学读书时，将他的日本名字阿倍仲麻吕，改成了中国名字晁衡。由于他勤奋好学，二十岁时通过科考进入大唐政界，在大唐生活了三十多年，官职由九品升到了九卿之一的卫尉卿。游子思亲，是人的本性。他时常思念自己的家乡，曾写了一首绝句：

翘首望东天，神驰奈良边。
三笠山顶上，思又皎月圆。

归心似箭的晁衡，在归国之前，逐一向同僚和友人们告别。今天午后，他又去了东宫，向太子李亨拜别。

因卫尉卿的职司中，有监督太子、诸王与朝臣、边将的交往之责，故而他与李亨交往颇多。

见晁衡来了，李亨连忙将他领进了书房，二人边饮茶边叙谈起来。李亨问他："晁爱卿啊，我大唐有五千多个姓氏，爱卿为何选晁姓呀？"

晁衡告诉他说，他从小就仰慕汉代名将晁错。晁错建议汉景帝刘启应当削藩，以巩固朝廷的一统天下。刘启采纳了他的意见，巩固了汉朝的统治。在"七国之乱"中，他虽然惨遭杀害，但其功绩和高风亮节，却得到了后人的景仰，所以他选定了晁姓。另外，日本国又名扶桑，是太阳升起的地方。日本国的神武天皇称为太阳之子。"晁"字又是太阳在上，太阳之下是个兆字，代表万万黎民。"衡"字是为了感恩大唐君王的隆恩，他要像忠于天皇一样忠于大唐皇帝！

李亨又说："爱卿归国，本宫虽然不舍，但也为爱卿回到故国故土而感到欣慰。"

晁衡说："臣来大唐已有三十春秋，不忘大唐恩泽，感激天恩浩荡。归国之前，心中难以割舍，臣前来辞别，也恳求殿下转告李泌先生。"

李泌与晁衡也有交情。当他听说李泌因替李亨撰写奏章弹劾安禄山等人，受到玄宗的斥责，已愤然离京而去了，二人临别未能见上一面，他心中感到难过。

李亨听说他还要去向玄宗拜别时，便将他和李泌对大唐内忧外患的分析和应对办法，告诉了晁衡，让他拜见玄宗时加以提醒。因晁衡对大唐的现状也有同感，便点头答应了。

第二天，玄宗移驾含元殿，接见并设宴招待了日本国遣唐使团和大食、高丽、同罗、波罗、吐蕃、康居等国的使臣和客人共一千余人，仅日本国的使节、官员、学者、僧人、工匠等就有二百余人。

宴会之后，玄宗又命晁衡陪同他们参观了皇城的三大宫殿，还去了左藏大库，让他们见识了库中堆积如山的金银和钱币。客人们看了，纷纷赞叹不已。

当天晚上，梨园弟子们还为他们演奏了孔子称颂的韶乐，观看了《紫云回》《胡旋舞》等歌舞，并派宫廷画师为各国使节画了画像，挂在大明宫的宫墙上，显示了"四夷来朝"的盛世景象。

这天晚上，兴庆宫御书房里的灯火通明。玄宗在御书房里召见了晁衡。当晁衡说到"陛下圣明贤德，但也须听取各方进言，以防'千里之堤，溃于蚁穴'"时，玄宗便打断了他的话，说道："爱卿即将归国，朕为爱卿作了一首五言，以示君臣之情。"说完，提起书案上的御笔，挥笔写下了《送日本使》：

日下非殊俗，天中嘉会朝。
念余怀义远，矜尔畏途遥。
涨海宽秋月，归帆驶夕飚。
因惊彼君子，王化远昭昭。

写完了，又从头至尾看了一遍，便交给了高力士。

第二天一早，高力士就去了晁衡的府邸，将玄宗写的五言诗送给了他。

原来，宫廷的匠人，已将这首御制诗以金线绣在了一幅白绢上，四周还环绕着花纹锦边。晁衡看了，双眼含泪，跪谢玄宗的隆恩。他知道，此诗到了日本国之后，不仅是遣唐使团的荣耀，也是家族的传世之宝！

他更衣净手之后，将这首御制诗供于桌上，感慨良久之后，写了一首《御命还国作》。

御命将辞国，非才忝侍臣。
中天恋明主，海外忆慈亲。
伏奏违金阙，騑骖去玉津。
蓬莱乡路远，若木古园邻。
西望怀恩日，东归感义辰。
平生一宝剑，留赠结友人。

第二天，在长安东市的望乡楼上，李白、王维和丁淮等人置酒为晁衡送行时，王维当场为他作了一首《送秘书晁监还国日本》。

丁淮将刻着“晁衡之印”的一方石章送给了他。

李白端着酒杯说道：“待晁兄再从日本回到长安时，我等还在这里聚会，不喝三百杯，不许下楼！”

大家听了，都大笑起来。

第二天，晁衡便随着日本国遣唐使团离开了长安。

谁知日本遣唐使团的四艘大船出海不久，便遇到狂风大作，巨浪滔天，桅断船破了！

晁衡下落不明，人们心焦如焚……

4

十万火急的快马，将一份唐军战报，从朔方传到了长安：万松岭大捷！左吾卫大将军兼横塞军营田使郭子仪，在护送军粮途中斩杀突厥军七十三人，俘获三百六十六人，大唐将士未失一颗军粮，未损一兵一卒！

接到战报后，朝廷上下，一片欢腾。消息传到宫外，长安城里，人们奔走相告。

这一喜讯是贺知章告诉李白的。

翰林院里的官员们并没有什么紧要的大事，不是写写画画，就是品茶聊天。李白是翰林待诏，朝廷不召，就无所事事，十分清闲。他正在伏案吟哦谢朓的《玉阶怨》，这时，贺知章风风火火地走进来，他对李白说道：“太白老弟，郭子仪将军大败突厥军，喜讯传来，陛下大喜！”

李白虽然已是翰林待诏，但贺知章仍然称他是“太白老弟”。

李白连忙说道：“太好了，应为郭子仪将军请功！”

贺知章十分兴奋，连声说道：“对呀，应为郭子仪将军请功！”

丁淮连忙放下手中的雕刀，问道：“贺监，郭将军是如何大败突厥军的？”

贺知章道：“他是以逸待劳，以少胜多，杀得突厥军丢盔弃甲，胆战心惊呀！”接道，他大略讲述了发生在万松岭下的这场战役。

长期驻扎在北疆的大唐军队，除了要随时准备抗击进犯的敌军之外，还要忍受大漠中的风沙和冰雪，除此之外就是军粮了，要时时算计着军粮还有多少储备？能吃多少天？营地至少应有一个月的存粮。一旦缺粮，则会军心惶惶，斗志锐减！为了保障军粮供应，江南的白米经大运河运到长安后，再由长安发往各节度使。为了保证运粮途中的安全，各节度使都会派出精兵强将一路护送。运往朔方的三十万石军粮，由郭子仪亲自率兵护送。驮着军粮的骡马绵延数十里，浩浩荡荡地向朔方进发。

当运粮队伍到边界的干河床时，郭子仪发现，在西北的荒漠里，有三个骑马的牧人，总是不远不近地跟随着运粮的队伍。于是，他策马来到了一座荒岗上，朝远处警惕地眺望着。

身边的郭暖问道：“父亲，他们不就是三个放牧的胡人吗？难道会有什么敌情？”

郭子仪摇了摇头，说道：“他们的打扮是放牧的胡人，可他们牧放的牲口在哪里？虽然他们只有三个人，但他们的背后却有一支劲旅！”

郭暖问：“他们是突厥的探子？”

郭子仪点了点头，他告诉郭暖，当前正是青黄不接的季节，我军不但有屯田收获的粮食，还有朝廷运来的军粮。突厥历来缺少粮食。突厥军队在这个季节，既缺口粮，也缺马料，所以才派出探子一路跟踪运粮队伍，一旦遇到有利地形和时机，就会长途奔袭，抢劫军粮！他悄悄向郭暖交代了一会儿，郭暖便策马而去了。

运粮队伍到达万松岭时，太阳才刚刚西沉。按照以往的行军惯例，还可再行军两个时辰才能宿营。但郭子仪却下达了命令：“造炉做饭，就地宿营！”

宿营的营地选在岭下的一片平坦的沙滩上，周围有两座小山坡相护，就像一个宽敞的大天井。沙滩上垒起了百余座炉灶，灶里的熊熊火焰映红了半边天，饭锅里飘散出诱人的米香味。营地里架起了一堆堆的篝火，将士们围着篝火席地而坐，有的人在不断地敲鼓、跳舞，有的人在哼着家乡的小调，划拳声和说笑声响成了一片。不知谁不小心打碎了一只酒罐，阵阵酒香随风飘向了远处。

天完全黑了以后，营地里渐渐安静下来。也许长途跋涉赶路太累了，将士们在残余的篝火旁边，渐渐进入了梦乡……

到了子夜，一队马蹄上绑了羊皮的骑兵，悄无声息地越过了边界，向大唐护粮队的营地奔来。在离唐军只有五里之遥的一座小山坡下下了马，将马匹赶进了一个山谷。其余士兵由突厥将军羊落天率领，悄悄潜进了大唐军的宿营地。他看到篝火旁边是一袋袋的军粮，心里一阵窃喜，但军粮旁边却不见一名唐军士兵！

他发现不远处有一排木桩，每根木桩上都拴着一只老山羊，山羊下边放着一只羊皮鼓。当突厥士兵走近时，山羊受了惊吓，便拼命地挣扎起来，四只羊蹄子不住地踢打着羊皮鼓，发出一阵阵急促的击鼓声！

这时，一名突厥士兵去搬粮袋时，发现粮袋很轻。他用腰刀划开粮袋，原来里边装的是一些干草！

羊落天顿时吓出了一身冷汗！他知道自己中了郭子仪的诱敌之计，已身陷险境，便连忙打了三个呼哨。这是事先约定的信号：听见三声呼哨，看守马匹的士兵则立即从山谷中牵出战马，便于上马突围。

谁知三声呼哨响过之后，却不见马匹前来接应。羊落天情知有变，只好率领部属沿原路撤退。

原来，看守马匹的突厥士兵，已被郭暖率领的唐军捆了个结结实实，正跪在地上求饶呢！

羊落天是突厥军中能战善谋的将领，据说他出战数十次，没失过一次手，今天却栽在了郭子仪的手中！

突厥士兵善于骑马，骑兵在大漠中奔走如风。这些没有了战马的突厥士兵，像群被赶出水塘的鸭子，笨拙地朝边界逃窜。人跑不如马快，当离开边界不足三里路时，忽见郭暖率领一队骑兵，像一把出鞘的利剑，拦腰将突厥士兵一分为二，俘获了三百多名！羊落天只带了百余名残部没命地朝边界窜去。

郭暖见羊落天将要逃过边界了，正想乘胜追击，却见郭子仪摇了摇手，示意他不要再追了。

郭暖有些不解，问道："父亲，你想放了羊落天？"

郭子仪点了点头。

因没俘获羊落天，郭暖心中有些不甘，但他不敢违背父亲的军令，只好眼睁睁地看着羊落天越过了边疆，逃向了大漠深处。

更令郭暖不解的是，郭子仪命人煮了几大锅米饭，让这些饥肠辘辘的突厥士兵们吃了一顿饱饭之后，又从他们中挑选出一个叫可途途的突厥士兵，让他带上郭子仪的一封亲笔信和路上吃的干粮，放他回到了突厥军的营地。信上说，他打算将俘获的突厥士兵每人携带三天的口粮，全部遣返出大唐的边界，并望他善待这些被俘的突厥士兵。

羊落天读了信之后大为感动。他派人将自己的一封信送到大唐护粮队的营中，信上说，他十分感激郭将军的仁慈和宽宏大量，并保证不再越过边界，还将过去劫持去的三十余名汉人工匠，送回了大唐边界。

遣返了突厥士兵后，郭子仪将缴获的六百余匹突厥战马，当作运粮马匹，加快了行军速度，打扫完了战场之后，郭子仪便护送着军粮凯旋了。

贺知章说完之后，李白情不自禁地大喊起来："战神胸怀，社稷栋梁！走，咱们去喝一杯庆功酒！"

众人听了，立即表示赞同，于是，他们便说说笑笑地出了翰林院，去了东市的京兆酒家。

第二十二章

千里单骑，营救出大唐战将郭子仪；一封写在鹿皮上的国书，难住了大唐的文武百官。

明朝驿使发，一夜絮征袍。
素手抽针冷，哪堪把剪刀。
裁缝寄远道，几日到临洮？

——《子夜吴歌》

1

一行人刚刚走进京兆酒家，就听见酒客们在高声议论万松岭大捷的喜讯。李白等人落座不久，忽然有人传来一条惊天消息：郭子仪因私放番兵、助敌军粮，已被朔方监军姜福关押起来了！若查证属实，可判死罪！

私放番兵、助敌军粮，属通敌大罪，犯此罪的人，不但自己的性命不保，还会株连家族！

有人不信："郭子仪可是堂堂的武状元，他决不会通敌！一定是听错了！"

还有人说："消息是从左相府第传出来的，姜福就是李林甫的义子，不会有错！"

刚刚端起酒杯的李白，被这一突来的消息惊呆了。待他回过神来时，把手中的酒杯一丢，大声说道："我不信！我要去营救郭子仪将军！"说完，便不顾一切地冲出了京兆酒楼。

一匹快马在驿道上奔驰如飞，但李白还嫌它跑得太慢，不断抽打着自己的坐骑。

想说就说，想做就做，是李白为人处世的做派，他不像朝廷的命官，更像一个任性的毛头小子，不碰南墙不回头！作为翰林待诏，李白不经告假就私自出京，本来就是违例的行为，违例的原因又是去营救被监军关押的囚犯，而囚犯又犯的是杀头重罪！但李白心里只有一个念头：郭子仪是大唐的英雄！郭子仪决不会叛国！他要去营救郭子仪！至于自己此举的后果，他连想都未曾想过。

好在他的名声帮了他的大忙。他每到一个驿站，便要求更换快马。驿站的官吏们谁没听说过李白的大名？玄宗亲自为他擦嘴、调羹，高力士半跪着为他脱靴子，贵妃娘娘唱的三首《清平调词》，就是出自李白之手等传说，早已沿着驿道传遍了天下。人们在传说的时候又添枝加叶，这些传说便演绎成了口口相传的故事。人们只知李白之名，却无缘见到李白其人。如今，李白真的到了驿站，驿吏们都争相迎接，想近距离看看这位从玄宗和贵妃身边来的诗人。除了侍候食宿外，还向他提供马厩中最好的马匹。

经过数日的奔跑，今天，终于进入了朔方节度使的地界。他觉得浑身的骨头都快散架了，肚子也饿了。忽然看见路边上有一家挂着酒旗的小酒馆，便翻身下了马。

他怕饮酒误事，只要了三个面饼和一盘辣椒牛肉，便坐在桌前大吃起来。

“太白老弟，一路辛苦而来，不喝一杯解解乏吗？”

李白回头一看，见李泌独自坐在窗下的桌子旁边，桌子上摆放着两副酒具。

异乡遇故人！李白在偏远的小酒馆里看到了李泌，心中十分激动，他指着空着的座位问道：“李兄等候何人？”

李泌笑着说道：“等的就是太白老弟呀！”

李白有些不解，问道：“李兄来这里干什么？”

李泌神秘地笑了笑，说道：“山人和太白老弟一样，是来营救郭子仪将军的。”

李白一直都十分佩服这位太子陪读，见他一副漫不经心的样子，说道：“救人要紧，我们上路吧！”

李泌将他按在座位上，为他斟满了酒，说道：“此处叫三十里铺，离朔方只有半天路程，喝上几杯也不迟。”

李白一边饮酒，一边打量着这位仙风道骨的布衣道人，心里一直在想，他来朔方做什么？他怎么知道自己要去营救郭子仪？但他顾不上细问，饮了几杯之后，就沉不住气了，说道：“李兄，救人要紧，我们还是赶路吧！”

李泌道：“太白老弟骑马，山人骑驴，马比驴快，这样吧，太白老弟先走，我随后就到，在朔方校场上见面。”

急病遇到了慢郎中，李白只好与李泌分手，上了马之后，便朝朔方奔去，马匹后边，扬起了一团团的黄尘。

2

朔方节度使署衙的大门，一直紧紧地关闭着，大门外边人头攒动，喊声四起。人群大多是大唐的将士们，也有一些商人和路过的行人，将大街堵了个严严实实！一辆牛车被挡在了人群外边，赶车的是位中年汉子，他问旁边的一名校尉：“官爷，这么多人堵在这里干啥？”

校尉告诉他说，郭将军护送军粮回来，监军姜福说他犯了通敌之罪，要将他押往长安问罪，将士们不服，要求他释放郭将军。

汉子听了，问道：“就是那位逮了三百多名番兵的郭子仪将军？”

校尉点了点头。

汉子听了，大声说道："我不信！我的儿子就是郭将军的部下，他还亲手逮了三个番兵呢！郭将军是大唐的英雄，怎么又成了通敌的罪人了呢？我不信，我就是不信！"

校尉道："是啊，我们也都不信，谁知道监军葫芦里装的是什么药？"

汉子急了，他扬了扬手中的牛鞭："谁敢动郭将军一根毫毛，俺就跟他没完！"

这时，从远处又冲来了一群士兵，他们大声呼喊着："郭将军无罪，释放郭将军！"

署衙外边的人群越聚越多，呼喊之声也越来越高，大有一触即发之势。

坐在署衙议事大厅里的监军姜福，心中又急又怕，他知道，一旦局势失控，就会发生兵变，其后果难以想象！他要立即押解郭子仪上路，摆脱眼下的混乱局面。他向身边的侍卫低声交代了几句，侍卫走到门外，大声说道："监军有令，立即押解郭子仪进京'亲按'！"

"亲按"，就是由玄宗皇帝亲自审问，决定郭子仪的生死。

他本想以"亲按"来压服愤怒的人群，谁知此话一出，犹如烈火堆中又泼上了一盆油！外边的人群立即炸开了。守门的卫兵被推到了一边，两扇厚厚的大门被人群推开了！

姜福大惊失色，浑身哆嗦起来，但还强作镇静，指着冲进议事厅的将士们说道："你们想造反吗？"又命令身边的侍卫："将他们都赶出去！"

没有人应声。

他转头一看，侍卫们早已不见了踪影！

愤怒的将士们将他团团围住，让他立即释放郭子仪。他知道众怒难犯，吓得脸如土色，说话也结巴起来："郭将军犯的是'私放番兵，助敌军粮'之罪，本监军不能释放。"

站在一旁的郭子仪，虽然五花大绑，但英雄气概不减，他理直气壮地说道："其一，战场上的三百余名番兵已俘，若押解回营，至少要派三百名大唐士兵看管，这样一来，护粮队就会减员三百人，一旦路上发生暴乱，则局势难以收拾，请问，郭子仪犯了何罪？其二，从万松岭到朔方大营的路程，有三百余里，路上须走六天。番兵每人每天耗损二斤口粮，须多耗大唐军粮七千二百斤，遣返了他们，则可节省这些军粮，郭子仪犯了何罪？其三，我军留下番兵的战马，充作运粮之用，加快了护粮的行军速度，郭子仪犯了何罪？其四，遣返了番兵，不但有利于边界安定，吐蕃还释放了劫持去的三十余名大唐工匠，他们已回到家中，与家人团聚了，请问，郭子仪犯了何罪？"

郭子仪不亢不卑，一席话说得有根有据，问得入情入理，把姜福质问得哑口无言。他望着围在身边的将士，似乎每个人的眼里都冒着怒火，呼喊声一阵高过一阵：

"郭将军有功！"

"释放郭将军！"

"监军误军，该当何罪？"

……

忽然，人群安静下来，大家让出了一条通道，一位身着青布长衫，手执拂尘的男子走到了监军跟前。他朝姜福抱了抱拳，说道："山人李泌，想向监军请教一二。"

姜福过去在宫中见过太子伴读李泌，也知道李泌和李亨的关系非同一般，便站起身来还礼，说道："本监军不知李先生驾到，有失远迎，万望恕罪。"

李泌单刀直入，问道："山人适才已听说了郭子仪将军的申诉，请问何时释放郭将军？"

姜福说："本监军无权释放郭将军，万望李先生见谅。"

李泌说："山人愿以自己身躯，换下郭将军。"说完，取下后背的琴盒和宝剑，放在姜福的面前，对他旁边的一名亲兵说道："将山人绑了吧！"

那名亲兵吓得连连后退。

姜福连连摆手，一时不知所措。

这时，听见人群外边有人高声喊道："我来了！"

有位曾经见过李白的校尉对身边的将士说道："看，翰林待诏李白也来了！"

听说李白来了，人们群情激奋，大声喊道："李白来了！李白来了！"

姜福早年在宫内当太监时，李白还没有入朝，但早已听说过李白之名，他被李林甫派到朔方任监军后，听说李白已被玄宗封为翰林待诏。他大老远地跑来做什么？监军是正四品官阶，翰林待诏只有九品。但他还是离开座位，迎上前去，笑着说道："李翰林前来朔方，是朔方之幸，更是我姜某之幸，不知李翰林——"

李白指着郭子仪说道："我是为郭将军而来的！"他看了看身边的李泌："若太子伴读李先生的分量不够，李白愿以翰林待诏顶替郭将军之罪！请监军立即释放大唐的军中栋梁郭子仪将军！"

姜福知道，这是两位重量级的人物！尤其是李白，他可是当今红得发紫的人物，他若在玄宗和贵妃娘娘面前弹劾他，再硬的后台也保不了他！他一时慌了神，不知道该说什么才好。

监军是大唐军事体制中的文职官员，由朝廷选派皇室成员或心腹太监，充任各节度使的监军。监军的职责就是监视军中的一切，虽然监军不谙军事，不需领兵作战，但有直接向朝廷报告的特权。

姜福是左相李林甫的义子。为了向朝廷邀功请赏，他本打算将郭子仪俘获的三百余名番兵就地斩杀后，割下番兵的左耳，穿成一串，派人送到长安，朝廷可按人数进行奖赏。

谁知他的军令还未到达，郭子仪已将番兵战俘全部释放了！他的邀功之梦也就泡汤了！他十分恼怒，便以"私放番兵，助敌军粮"的罪名，关押了郭子仪，准备将他押送到长安，由玄宗"亲按"他的生死命运。

但是，这一阴谋也未得逞。当将士们得知了这一消息后，立刻炸了营！不但郭子仪的部属愤怒难忍，包围了署衙的议事大厅，就连友邻军队的将士们也都纷纷不平，要求释放郭子仪！

现在，不但太子伴读李泌要以自己的性命来赎郭子仪，李白也赶来了，要用玄宗亲自赐封的翰林待诏来换郭子仪！他知道自己已无路可退了，若一意孤行不放郭子仪，必会被愤怒的将士们剁成肉酱！他连忙走到李白跟前，脸上堆着笑容，说道："多谢翰林和李先生的指教，下官这就释放郭子仪将军！"说完，亲手解开了郭子仪身上的绳索，谦卑地说道："郭将军受委屈了，本监军要在大帐设宴，为将军压惊。"

郭子仪冷冷地对他说道："不必了！"

姜福有些尴尬，他讪笑着说道："那就改日吧！"

郭子仪连忙拉着李白和李泌的手，说道："谢谢二位营救，子仪铭记在心。"

将士们见郭子仪已经获救，一齐欢呼起来。他们拥簇着李白、李泌和郭子仪，走出了议事大厅……

3

在回长安的路上，李白才为自己的莽撞感到不安起来。自己虽然已是朝廷命官，但却像一个血气方刚的愣头青。自己前往朔方，并未向上司告假，若有人问及自己去了何处，自己如何应答？在离京期间，玄宗是否召见过自己？若召见不至，会不会怪罪自己？总之，一时心血来潮，后果难以预料！后来又转念一想，心里的郁闷便一扫而光了。若因营救郭子仪而被免职罢官，自己心甘情愿！大不了像李泌那样，仗剑辞职，去漫游天下！

谁知回到翰林院以后，并没有人问他去了哪里？玄宗也未曾派人来召见过他。原来，玄宗临幸骊山华清宫去了，杨玉环的三位姐姐韩国夫人、虢国夫人、秦国夫人随驾。她的从兄杨铦已被封为四品朝官，另一从兄杨锜还娶了皇室的一位公主，封为了驸马。杨国忠升为宰相后，一人领四十余职，权倾天下。他们都奉命去了华清宫。杨氏每家一队，每队的衣裳颜色相同，逶迤十余里！他们到了骊山后，诸家合欢，往来穿梭，遍山锦绣。

民间对家族承宠、声势煊赫的杨氏权贵，流传着一首歌谣，其中有两句。

生男勿喜女勿悲，
君今看女作门楣。

门楣是指门框的上方横木。在这首民谣里，就是"门户"的意思，即说如今的闺女，也可以光耀门户了。

玄宗和杨氏诸家在华清宫逗留期间，在尽享荣华富贵的同时，也弄出了一些闹心的绯闻来。

有一天，杨玉环邀约三位姐姐去新修的海棠池沐浴，一同去看安禄山进贡来的"九龙九凤合欢玉床"时，韩国夫人和秦国夫人都去了，唯独不见虢国夫人的人影。杨玉环对这位既美艳又风流的姐姐十分了解，没等沐浴完，她就出了汤池，更衣后便匆匆去了玄宗的寝宫。当她发现玄宗不在宫中时，便醋劲大发，向高力士追问玄宗的去向。高力士让她在宫中等候，他去各宫各院寻找。两个时辰后才乘软舆回来，说是玄宗到宫外的老君观进香去了！

待杨玉环回到海棠池时，见虢国夫人手持一枝红莲，一面向身上撩着水花，一面朝她笑着。杨玉环又恨又气，却又无可奈何，只好暗暗地用心防着，不给他们偷情的机会。

华清宫中的玄宗连军国大事都没有心思打理，哪里还顾得上翰林院里的翰林待诏李白！

李白修道打坐，可连续数日不挪动身子，但在翰林院里枯坐半日，就会觉得浑身不舒服起来。于是，又依然故我，不是与“酒中八仙”觥筹交错，就是在长安的酒楼中独斟独饮，在酒中寻求快乐，也在酒中消磨着意志。

不过，朝廷中的一次突发事件，终于让这位翰林待诏有了一次“英雄用武之地”，朝廷上下不得不对待诏翰林李白刮目相看了。

4

一年一度的千秋节即将来临，大唐皇室的后妃外戚以及朝廷的六部九卿，都在为这一隆重庆典忙碌着。

千秋节是庆贺玄宗皇帝的生日。

这是当年的宰相源乾曜和张说上书，奏请以玄宗的生日为千秋节，以接受群臣和各国使节的朝贺。此节到了宋代，皇帝的生日称圣节，明清两代又为万寿节。

往年的千秋节，朝野一片喜气洋洋，普天同庆。没想到今年的千秋节，却被番国的一封国书搅得不但“龙心”不悦，群臣也都十分狼狈，难以收场。

千秋节这一天，玄宗按照沿袭的礼仪，身穿赫黄色的衮冕朝袍，头戴金冠，坐在含元殿的御座上，贵妃娘娘杨玉环坐在他的身边。百官和公卿们则依照品级，分别身着紫、绯、青、绿色朝服，肃立于朝堂左右。皇子、公主以及各国使节分列两侧。吉时刚到，右监门卫将军、知内侍省事高力士，用太监们的那种公鸡嗓子高声宣布：“皇恩浩荡，大唐威扬，天地共贺，千秋吉祥。梨园奏乐，请诸皇子、公主献寿——”

礼部尚书田平引领太子李亨、诸王子、公主们向前，行跪拜大礼之后，各献上寿辞、寿幛、寿桃等祝寿礼物。

皇室族人祝寿之后，文武百官们出列，鱼贯走到玄宗跟前跪拜祝寿，各国使节用不同的施礼方式，进行朝拜、祝贺。

待所有人贺寿之后，高力士拖着长腔喊道：“大唐瑞气呈祥，吾皇万寿无疆。”

大厅里一齐山呼起来：“祝吾皇万寿无疆！”其声贯耳，在大殿里经久不息。

此时已近午时，一个个都站得腿也酸了，人也乏了，正等待着千秋宴的美酒佳肴时，

忽然看见一位头戴尖顶帽，身穿紫短衣，脚穿羊皮靴，长着络腮胡子的外国使节走出列班，他指着玄宗“哇啦哇啦”说了一阵子，玄宗没听清一个字！众大臣们也都听得一头雾水。

这时，那位番国使节发现无人回答他的话，显得十分生气，便从衣襟里掏出一只羊皮袋子，从袋子里抽出一张鹿皮方巾，他指着鹿皮方巾上的文字，又“哇啦哇啦”地说了一阵子。这次，大家只听清了三个字：渤海国。

原来，他是渤海国派来祝寿的使臣，说的是渤海国的语言，难怪大家听不懂呢！

玄宗见他神态傲慢，心中虽然不快，但还是忍住了。他问道：“请问渤海国使节，你想说什么？”

渤海国使节指着手中的鹿皮方巾，结结巴巴地说道：“……国……书。”

这时大家终于明白了，原来写在鹿皮方巾上的文字，是渤海国的国书！

田平接过鹿皮方巾，双手呈给了玄宗。

玄宗展开一看，上面是一片密密麻麻的蝌蚪，一个字都不认识！他将鹿皮方巾递给高力士，让文武百官们传阅，满朝官员没有一人能认出一字！

这时，渤海国的使节得意起来，他朝着玄宗伸出了三个指头，又比比画画地说了一阵子，便自鸣得意地出了含元殿。

田平从他的手势中，猜出了他要说的意思：限三天之内，答复国书上提出的条件。

渤海国使节走了之后，玄宗拿起御案上的鹿皮巾，扔给了站在旁边的杨国忠，怒气冲冲地问道：“渤海国的国书，为何不译成大唐的文字？”

杨国忠连忙跪下，说道：“臣只知道渤海国使节前来祝寿，并不知道他会呈上国书，臣失职有罪。”

玄宗道：“你身为大唐宰相，可译出渤海国国书上文字？”

杨国忠道：“臣才学浅薄，译不出来。”

玄宗向四周环视了一遍，问道：“哪位爱卿能译出渤海国国书上的文字？”

文武百官们你看看我，我看看你，竟没有一人开口，大殿里鸦雀无声。

玄宗道：“我泱泱大唐天朝，人才济济，竟无一人认识渤海国文字，受此弹丸小国所嘲！”又对李林甫说道：“尔身为左相，对此事也有失职之嫌！”

李林甫连忙跪下，诚惶诚恐地说道：“臣知罪。”

玄宗叹了口气，说道：“都起来吧！渤海国使节显然是欺我大唐无人认得他们的文字，借以羞辱我大唐天朝！限三日之内，若无人识此文字，一律停俸！六日无人识此文字，一律停职！九日无人识此文字，一律问罪！朕将另选贤良饱学之士扶持社稷！”

文武百官们听了，都紧张起来，一个个头不敢抬，声不敢出，生怕玄宗问到自己。

玄宗见无人再奏，便朝高力士摆了摆手，气呼呼地离开了大殿。

高力士高声喊道：“散——朝。”

众人听了，如释重负！

第二天，早朝时辰未到，玄宗便由高力士搀扶着来到了太极殿，他朝群臣们问道："诸位爱卿，昨日渤海国呈来的国书之事，你们可曾寻访到认识该国文字的高人？"

田平奏道："臣以为，渤海国有不少人学过我大唐文字，他们之所以用渤海国文字写国书，是在故意为难我大唐。"

杨国忠也附和着说道："臣也以为，渤海国想以此来羞辱我大唐——"

还没等他说完，玄宗把龙案一拍，说道："难道朕还不知是渤海国对我大唐的挑衅？眼下最要紧的，就是找一位能译出渤海国国书的高人！"

李林甫奏道："在长安西关，住有一些商人，可请他们译出国书上的文字。"

玄宗听了，高兴地说道："对呀，让渤海国商人翻译渤海国文字，不就迎刃而解了吗？"

高力士连忙说道："渤海国商人也不认识鹿皮巾上的文字。"

玄宗道："为什么不认识？"

高力士道："臣已派人去了西关，也找了几个商人，他们说这是渤海国辛可女王执政时流行的卢尼文字，现已不使用这种文字了，所以无人能译出国书上面的文字。"

玄宗听了，叹了一口气，说道："看来，渤海国虽小，但羞辱我大唐的目的，已经达到了！"

这时，贺知章忽然出班奏道："臣向陛下推荐一人，可译出渤海国的文字。"

玄宗连忙问道："爱卿荐举的是哪位博学之士？"

贺知章道："翰林待诏李白。"

杨国忠听了，心中一惊，李白若真的能译出渤海国文字，不但为玄宗解了燃眉之急，他的威望也会胜过自己！于是连忙说道："陛下，此事非同小可！若李白译不出渤海国的文字，耽误了回复时间，岂不误了国事？臣以为——"

玄宗瞪了他一眼："杨爱卿，你能否推荐新的人选？"

杨国忠连忙摇头："臣不能。"

玄宗又瞪了他一眼，大声说道："高爱卿传朕口谕：右相杨国忠、驸马张垍、太子宾客贺知章，代朕请翰林待诏李白进宫！"

他将"代朕"二字说得很重。

三人听了，连忙高声答道："臣领旨！"

玄宗似乎还不放心，又加了一句："高爱卿督办此事。"

高力士道："臣领旨。"

玄宗朝高力士摆了摆手，高力士说道："散朝！"

文武百官们依序出殿。

5

一向安静清闲的翰林院，今天，一下热闹起来了。高力士领着宰相杨国忠、驸马张垍和太子宾客贺知章，在一队禁军和宫人的簇拥下，突然风风火火地来到了翰林院。那些舞文弄墨的翰林们从来都没见过这种架势，不知道发生了什么，都诚惶诚恐地站起来迎接。

高力士大声宣诏："奉陛下口谕，召翰林待诏李白进宫！"

等了半天，未见李白应诏。

丁淮知道李白闲来无事，去东市的酒楼饮酒去了，但他不敢明说，只说李翰林因事外出了。

未见到李白，渤海国的国书就无人能读，玄宗的难题也就无法解开！李白到底去了何处呢?

贺知章忽然想起了什么，说道："下官知道李白去了何处！"

高力士连忙问道："请贺监快说，李白到底去了哪里？"

贺知章："西市的朱雀酒家。"

原来，李白从朔方回京后，贺知章等酒中七仙在朱雀酒家为他接风时，他对朱雀酒家自酿的"九月红"连声称赞。"九月红"是用当年九月收割的高粱酿造的白酒，酒味绵长，香味扑鼻。听李白说过，今后饮酒，就到朱雀酒家。

在贺知章的带领下，一行人出了翰林院，又匆匆去了朱雀酒家。

朱雀酒家的楼上，酒客不多。李白面对一壶酒临窗而坐，正在独斟独饮。他目光明亮，脸色红润，看来已有五分醉意了。这时，忽听楼下大堂里传来一阵喧哗之声，接着就听见酒家掌柜的大声说道："李翰林确实在本店楼上吃酒，我这就去喊他下来听旨。"

高力士摇了摇手："我等要亲自上楼去请。"说完，便领着众人登上了二楼。

当他们走到李白的酒桌前面时，见他伏在桌子上，旁边是一只倾倒的酒壶，散发着浓烈的酒香。看样子，他已经酩酊大醉了！

高力士连忙走到他跟前，附在他耳旁说道："杨相国、张驸马、太子师奉旨前来，接李翰林进宫。"

李白抬了抬头，眼皮没睁，语无伦次地说道："酒，酒，快送酒来……"还没说完，头一歪，便伏在酒桌上"呼呼"大睡起来。

高力士、杨国忠、张垍轮流大声喊他，李白就是不醒。

召李白进宫，是贺知章推荐的，所以大家都眼巴巴地望着贺知章。

贺知章轻轻拍了拍李白的肩膀，说道："太白老弟，陛下召你进宫，是想让你解读渤海国的国书，你若不去，我们四人——"他指了指身边的杨国忠、张垍和高力士："就无法回去交旨呀！"

其实，李白是假装醉酒。他听说杨国忠来了，气就不打一处来！他永远都忘不了当年在招贤馆应试时，因为自己喝了酒，被高力士和杨国忠赶出考场时的屈辱。高力士说，李白为他穿靴子都不够格！杨国忠说，李白连墨都磨不好，还应什么试！玄宗让李白为杨玉环作《清平调词》时，李白当着玄宗的面让高力士为他脱下了靴子，算是报了当年之仇！但一直没有机会让杨国忠亲自为他磨墨！今天机会终于来了！他半睁着眼皮问道："贺老兄，你说什么？"

贺知章："是陛下口谕，召你进宫。"

高力士、杨国忠和张垍也连忙说道："是陛下命我等前来接你进宫。"

李白："我还有半壶酒没，没，没喝完呢！"

杨国忠："太极殿里有的是佳酿美酒，陛下会让你喝个够的！"

李白："你说的可是真的？"

杨国忠："真的，是真的。"

贺知章也说："是真的，宫中的软舆正在酒家门前等候呢！"

李白听了，伸了个懒腰，被众人扶持着来到了大堂。他有些站立不稳，连忙坐在一张椅子上。

高力士向侍候在一旁的太监们打了个手势，太监们一拥而上，将李白塞进了软舆，便一溜烟地朝太极殿奔去了。

第二十三章

蛮文国书，平息了一场国际事件；宠极生悲，两次被逐回娘家，又两度复召回宫。

箫声咽，秦娥梦断秦楼月。秦楼月，年年柳色，灞陵伤别。

乐游原上清秋节，咸阳古道音尘绝。音尘绝，西风残照，汉家陵阙。

——《忆秦娥》

1

高力士率领着众人刚刚到了太极殿，便大声禀报起来："臣等已将翰林待诏李白，接来宫中。"

玄宗听了，不顾自己的九尊之体，连忙离开御座，亲自来到门前迎接。

此时的李白，酒已经醒了，他刚跪下朝拜，便被玄宗扶起来了。玄宗将鹿皮方巾递给了李白，李白朝鹿皮方巾上的文字瞟了一眼，轻蔑地说道："这是渤海国早年使用过的文字，不过，如今早已不使用这种文字了。"

玄宗听了，大喜过望，问道："李爱卿是否认识上面的文字？"

李白微微一笑，说道："臣认识上面的文字。只是上面的文字对我大唐不敬，臣不敢读。"

玄宗说："恕李爱卿无罪，请爱卿读来听听。"

李白听了，展开鹿皮方巾，大声朗读起来：

渤海国大可毒书达唐朝官家：

自你占了高丽，与俺国逼近，边兵屡屡侵犯吾界，想必出自官家之意。俺如今不可耐者，差使节前来，可将高丽一百七十六城，让与俺国，俺有好物相送。大白山之菟，南海之昆布，栅城之鼓，扶余之鹿，鄚颉之豕，率宾之马，沃州之绵，沱河之鲫，九头之李，乐游之梨，你官家都有份！若还不肯，俺起兵来厮杀？且看哪家胜败？

李白读完了，见玄宗的脸色铁青，十分难看。大臣们也都面面相觑，谁也不敢说话，太极殿里一片死寂。

玄宗向文武百官问道："此区区渤海小国，竟然出言无礼，还想占我大唐城邑，兴兵讨伐高丽！是可忍，孰不可忍！诸位爱卿有何良策，以回击渤海国的挑衅？”

有人说，我大唐兵多将广，应发兵前去讨伐！

很多人也认为出兵讨伐，是最佳选择，要让渤海小国尝尝挑战大唐的严重后果！

玄宗听了，心中有些犹豫不决，他问道：“除了发兵讨伐，还有何策可以回击渤海国的嚣张气焰？”

贺知章出班奏道：“大凡发兵讨伐，必会祸及生灵！当年太宗皇帝，曾三征高丽，不但未能取胜，还耗尽了大唐的国库。高宗皇帝时，曾派遣老将军李勋和薛仁贵，统领大唐的百万雄兵，经过百余次战斗，方才获胜。而今我大唐承平日久，亦无战事，军力主要应对回纥、突厥等国侵犯，切不可抽调兵力远征渤海国。若大动干戈，虽然能胜，但亦得不偿失！”

玄宗：“爱卿所言，固然是可行之策，但如何才能不发兵出征，又能让渤海小国甘心情愿臣服，彻底断了冒犯大唐之念？”

贺知章转头看了看李白，对玄宗说道：“陛下圣明，李白读书万卷，游遍天下，胸有大略。当年他在西域时学过胡人文字，陛下可向李白问策。”

李白看到玄宗左右为难的样子，满朝官员又都如寒蝉噤声，便说道：“启禀陛下，渤海小国，貌似强硬，实则心虚。陛下不必担忧，待臣当场修书渤海国使臣，渤海国的可毒便会服服帖帖向大唐臣服！”

玄宗：“可毒又是何人？”

李白：“渤海国称其国王为可毒，犹如回鹘国称可汗，吐蕃国称赞普，河陵国称悉莫一样。”

玄宗听了，一直悬着的心终于放下了。

为了应对渤海国使节的刁难，玄宗特意将李白留在宫中，说道：“朕知道李爱卿爱酒，今晚朕陪爱卿开怀畅饮，休拘礼法。”

当晚，宴设沉香亭，玄宗命人将宫中封存多年的美酒搬了出来，在宫商迭奏、琴瑟齐鸣之中，杨玉环亲自为李白斟酒，宫女们在席间传杯。宴后，玄宗特意让高力士将李白安排到侧殿安寝，李白一觉睡到了大天光！

2

次日五更，早朝升殿。净鞭三响之后，文武百官们鱼贯进了太极殿，分列左右而立。

玄宗怕李白宿酒未醒，连忙吩咐内侍，让御厨熬制了一碗醒酒鱼汤。他怕醒酒鱼汤太烫，还特意用竹签调了一会儿，端给了李白。李白跪而食之，顿觉头脑清醒，浑身爽快。

众官员们见李白受到如此礼遇，都羡慕不已。而高力士、杨国忠虽然脸上泛着笑容，但心里却酸溜溜的。

早朝时辰已到，高力士高声喊道：“宣渤海国使节进殿！”

渤海国的那位络腮胡子使节，在三名随员陪同下走进了太极殿。他冷笑着说了一阵子，

李白立即译成了汉语："请问大唐皇帝，我渤海国国书提出的条件，大唐肯接受吗？"

李白的角色又由翻译转换成了大唐的官员，他身穿紫色朝服，头戴黑色纱帽，飘飘然有如神仙凌云之态，信步出列，走到渤海国使节跟前，一字不差地大声朗读起渤海国的国书，渤海国的使节大为惊骇！

李白读完了渤海国的国书，厉声说道："你渤海国失礼冒犯，实乃螳臂当车！本官当场修书一封，由使节带回渤海国，交予可毒！"

渤海国使节听了，面如土色，浑身颤抖起来。

这时，早有宫人在大殿里设了锦墩，取来玄宗平时用的御笔、御砚和五色金花宫笺。李白朝高力士看了一眼，对玄宗说道："臣为贵妃娘娘写歌词时，因高公公为臣脱下了靴子，故而脚底下舒坦，一口气写下了三首《清平调词》，其快意至今不忘。"

高力士听了，连忙低下头，他怕李白再一次让他脱靴，便悄悄绕到了玄宗的身后。

李白将鼠毫金笔在砚池里蘸了蘸，却皱起了眉头，说道："陛下，墨池里的墨汁太浓，写起来拖不动笔，请杨相为臣再磨一次。"

玄宗听了，连忙说道："杨爱卿，为李爱卿重新磨墨！"

杨国忠听了，知道李白在故意为难他，但又不敢违旨，只好卷起衣袖，重新为李白磨墨。磨好了，李白试了试，摇着头说道："墨汁磨得又太淡了，写出来会浸纸，须再磨！"

玄宗道："杨爱卿，重新再磨！"

杨国忠不敢怠慢，又笨拙地磨了一次，心想，你李白今天算是扬眉吐气了，在玄宗和大臣们面前羞辱于我，看我今后如何收拾你！

李白看到这位不可一世的杨太师奉旨磨墨，就像一个书童侍候着主人，心中的气也出得差不多了，便让杨国忠双手捧着砚台，他左手捋着长须，右手握着鼠毫金笔，在五色金花宫笺上挥洒起来。他笔下的文字如飞龙腾天，又如凰鸟起舞。不一会儿就写满了三张五色金花宫笺，写完了，将金笔向笔架上一搁，双手呈给了玄宗。

玄宗看了，又传给了文武百官，无奈文武百官们都认不出上面的文字！玄宗说道："李爱卿，请你把上面的文字读出来。"

李白站在御座前面，用汉语高声朗读起来。他读得声情并茂，铿锵有力：

大唐皇帝，诏谕渤海国可毒：向昔石卵不敌，龙蛇不斗。本朝应运开天，抚有四海，将勇帅精，甲坚兵锐。颉利背盟而被擒，弄赞铸鹅而纳誓；新罗奏织绵之颂，天竺致能言之鸟，波罗献捕鼠之蛇，拂林进曳马之狗；白鹦鹉来自河陵，夜光珠贡于林邑；骨利干有名马之纳，泥婆罗有良酢之献。无非畏威怀德，买静求安。高丽拒命，天讨再加，传世九百，一朝殄灭，岂非边天之咎征，衡大之明鉴与！况尔海外小邦，高丽附国，比之中国，不过一郡，士马刍粮，万分不及！若螳怒是逞，鹅桥不逊，大兵一下，千里流血，君同颉利之俘，国为高丽之续。方今圣度汪洋，恕尔狂悖，急宜悔祸，勤修岁事，毋取诛戮，为四夷笑。尔其三思哉！故谕。

李白刚刚朗读完，大殿里顿时掀起一阵欢呼之声。

因怕渤海国不识大唐文字，玄宗又命李白用渤海文朗读了一遍。渤海国的使节听了，连忙朝玄宗俯身而拜。高力士将加盖了玉玺的诏书交给了渤海国使节，由贺知章将他送出了太极殿。路上，他悄悄问道："适才读诏的是何人？"

贺知章道："他叫李白，官拜翰林待诏。"

使节不信，又问："翰林待诏是朝中多大的官职？为何太师为他磨墨，太尉为他脱靴？"

贺知章笑着说道："太师、太尉都是朝中重臣，属人间之极贵，而李白却是天上的太白金星下凡，这是天辅大唐，何人能及！"

渤海国使节听了，佩服之极。他回到渤海国之后，向可毒呈上了大唐的诏书，又把在长安的所见所闻说了一遍。于是可毒连忙命人起草降表，又派人送到了长安。降表上说，渤海国"愿年年进贡，岁岁来朝，永不犯边"。

一场突发的国际事件，就这样被李白的一篇文字摆平了！

3

李白醉草写蛮书的消息，就像三月的春风，很快便传遍了长安城的大街小巷，人们欢欣鼓舞，奔走相告。

长安城除了皇城、西内苑和大明宫之外，还有一百一十多个里坊，把庞大的长安城分割成整齐严密的棋盘状。今天，李白成了全城议论的热点。在延平门外的仁和里，一大群人聚集在那里，正议论李白在太极殿里写蛮书、吓蛮使的新鲜事儿。一位中年汉子说道："在下只听说翰林待诏李白是位诗仙，他的诗百读不厌，没想到他还能识蛮字、写蛮书，为大唐争了脸，为皇上争了光，他可是大唐的有功之臣啊！"

一位茶馆的老板说道："李白连喝了三杯酒之后，拿起鼠毫金笔，在五色金花宫笺上写下了一封蛮书，吓得蛮使浑身发抖，连连叩头！"

这时，走来一位瘦弱的老者，他怀里抱着几册书，手里拿着一张诗笺，像是个教馆的老先生，他说："我在京兆酒楼的墙壁上看到了这首《客中作》，落款是'蜀人李白'，读起来朗朗上口，便抄下来了。"

有人接过去，高声朗读起来：

不向东山久，蔷薇几度花？
白云还自散，明月落谁家？

众人听了，都齐声称赞。

老者将诗笺夹在书中，得意地说道："我已在长安的酒楼里，抄录了二十三首李白的诗，要留给我的子弟们。"

一位挑着菜担子的青年后生说道："李白醉草吓蛮，胜过雄兵十万！朝廷一定会重重赏他！"

……

不过，也有人为此事而坐卧不安呢！他们是当今大唐的三驾马车，一位是左相李林甫，一位是右相杨国忠，还有一位就是冠军大将军高力士。

他们虽是大唐帝国的重臣，彼此见了都谦卑和气，但却是同床异梦。他们有时因各自的私利恨不得咬断对方的脖子，有时也会结成联盟，相互配合，施展他们翻手为云覆手为雨的本领。

原来，李白前往朔方，营救郭子仪一事，朔方监军姜福已派人密报了李林甫。姜福是李林甫的义子，又是他的举荐被玄宗诏为了朔方监军的，李林甫知道姜福想戮杀被俘的番兵来向朝廷邀功。其一，此事有悖唐军的军律，应追究罪责，其二，郭子仪运粮路上智取三百名番兵，战报早已由兵部呈奏了玄宗，玄宗已首肯了郭子仪的战功。若再以郭子仪"释放番兵，助敌军粮"为由弹劾郭子仪，岂不是犯了欺君之罪？若玄宗追问起姜福的罪责，自己也会吃不了兜着走！他对这个脑子进水的义子又气又恨，于是，决定息事宁人，将他调回京城任职。

安禄山自认了杨玉环为干娘以后，有了自由进出宫掖的特权，对朝中的大臣们根本不放在眼里，唯独对李林甫服服帖帖，唯命是从。而杨国忠却是安禄山的眼中钉，肉中刺。因为杨国忠不但到处搜集安禄山违规越章的行径，还多次向玄宗进言，说安禄山私募亲兵，私铸兵器，有谋反之嫌，二人已水火不容。

杨国忠恨李白，李白不但抢他的风头，还让他捧砚磨墨，令他丢人现眼！

高力士也恨李白，因为李白当着文武百官和玄宗的面，让他脱过靴子！

他们虽然你奸我毒，都想将对方置于死地而后快，但如何对付李白？却用不着去沟通，都心照不宣。他们从不同的方向用各自的手法，向李白发起了反扑。

紧接着杨国忠向玄宗进言："臣闻翰林待诏李白，常呼朋唤友，脱冠解衣，在京师酒肆狂饮滥醉，领着朝廷俸禄，却不尽官员之职，有失体统。"

玄宗听了，只是一笑，说道："我大唐天朝，国库丰盈，难道还养不起一个会作歌词的诗人？再说，人称李白是位诗仙，他的诗，就是在酒中泡出来的，诗仙若不喝酒，哪来的好诗佳句！杨爱卿过虑了！"

杨国忠碰了一鼻子灰，只好唯唯而退。

而真正对李白有杀伤力的，还是高力士，他不露声色，悄悄选定了一个最佳出击方向——贵妃娘娘杨玉环！

高力士原名叫冯元一，是广东高州人。圣历元年（698年），岭南讨击使李千里将他送入宫中，武则天见他聪明伶俐，便将他留在身边，当了个小太监。后因犯了过错而被逐出了后宫，又被太监高延福收为养子，将他改冯姓高，不久又入后宫应差。玄宗为皇太子时，他日夜侍候左右，授朝散大夫、内给事。玄宗即位后，诏他为银青光禄大夫。

在镇压太平公主时，他全力支持玄宗，又帮助玄宗平息了韦皇后之乱，终于深得玄宗宠信。凡四方进奏的文表，必先呈他审阅，然后再转给玄宗，一般政事则由他直接决断。玄宗常说："高力士在宫中，朕睡觉也安稳！"

大唐的重臣李林甫、韦坚、杨国忠、安禄山、高仙芝等人，都是依靠于他才有了将相之位的。他已被封为了冠军大将军、右监门卫大将军、渤海郡公。而后宫中的太监、宫女们，背后都称他是"陛下肚子里的蛔虫"。

只要这条"蛔虫"一出手，诗仙李白就必败无疑！

4

作为翰林待诏的李白，算得上是大唐朝廷中的一位特殊官员。待诏二字的学问很大，朝廷诏他时，他是奉旨行事，无非是为杨玉环写几首新词，或与玄宗谈论诗歌；若朝廷不诏他，则任由他出入宫禁，还可信马由缰地去逛长安的东西二市，饮遍长安的酒楼小店，就是半个月不在翰林院当值，也没有人过问。

昨天，他听说太子宾客贺知章乞求辞官、回归越州的奏章，玄宗已经应允了，但诏书尚未发出。贺知章是"酒中八仙"中的首仙，又是自己的挚友，他准备邀约诗友们在"江南春"酒楼为他送行。为此，他亲自上门邀约诗友。

今天要去拜访的是住在贤良里的张旭。

张旭是大唐著名书法大家，他善作草书，作书之前，必先饮酒。醉中作书，若有神助，变化无穷，一气呵成！他作的《古诗四帖》和《王子晋赞》，通篇笔画丰满，毫无纤弱浮滑之感，行文跌宕起伏，动静交错，满纸如云烟缭绕。因他作书时常呈癫狂之态，时人称他"张颠""草圣"。李白想请张旭作一幅狂草，送给贺知章。

当他路过破旧的松风寺时，忽然听见一阵悠悠的琴声，心中感到一动，连忙停住了脚步。原来，有人在寺中弹琴，琴声中有一种久违了的音调，那是蜀山蜀水特有的音调。此音调勾起了他对家乡的思念。他在门前驻足听了一会儿，便迈步进了寺院。看见一位年迈的僧人，正坐在一棵半枯的柏树下弹奏一只古琴。

也许僧人弹琴弹得太专注了，竟连有人走到了身边仍浑然不知。当他弹完一曲，抬头时看到了李白，连忙站起来，说道："贫僧不知先生前来，万望恕罪。"

李白施礼后问道："师父尊号大名？"

老僧："贫僧以蜀为姓，字濬。"

几句乡音，便把二人的距离拉近了，他们像久违的老朋友一般闲聊起来。蜀僧虽已过了花甲，但精神旺盛，吐谈清楚，他说，他云游天下已有数年，今后再也不能长途跋涉地奔波了，游过长安之后就回峨眉山。因为尚有两件心愿未了，所以才多逗留了些日子。

李白问道："不知大师有哪两件心愿？"

蜀僧道："其一，贫僧仰慕诗仙李白，想向他求一首佳作，其二，贫僧想求得草圣

张旭的一幅墨宝。如今，来长安已经月余，一直无缘见到他们。”说到这里，他轻轻叹了口气：“看来，贫僧只有遗憾而归了！”

李白听了，见旁边桌上放置着笔墨，便走到桌旁，挥笔写下了一首《听蜀僧濬弹琴》：

蜀僧抱绿绮，西下峨眉峰。
为我一挥手，如听万壑松。
客心洗流水，余响入霜钟。
不觉碧山暮，秋云暗几重。

在这首诗中，前两句交代了蜀僧的来历，诗中的“绿绮”，原本是汉代司马相如的一张古琴的名字。三、四句写了琴声之美，五、六句写了自己听琴的感受，暗合了俞伯牙和钟子期的故事：伯牙善鼓琴，子期善听琴。

李白写完以后，在落款处写下了“蜀人李白”四个字。

蜀僧见了，大为惊讶。自己走遍天下苦苦寻找的这位诗仙，竟然就在自己的眼前！他连忙放下古琴，起身欲拜，被李白拉住了。他问道：“大师不是还想求得一件张旭的草书吗？请跟我走吧！”

蜀僧听了，连忙背起古琴，随李白离开了松风寺。

一到贤良坊张旭的门口，李白就高声喊道：“张颠在家吗？我来了！家中有酒吗？”

张旭正在书房里读书，听说李白来了，连忙出了书房迎接。

李白指着身边的蜀僧说道：“这位大师，是太白的同乡，他想求一件张兄的墨宝。”

张旭心直口快，问道：“好呀！写什么呢？”

李白将《听蜀僧濬弹琴》展开，说道：“就请张兄书写这首拙作吧！”

张旭吟哦了数遍之后，走到一旁，连饮酒三杯，拿起笔来，在砚池中将笔头蘸满墨汁，口中念念有词，脸色红润，额头青筋突出，时而呼喊大叫，时而踉跄奔走，如痴如醉，似癫似狂，刹那间纸上墨迹淋漓，文字变化多端，如骏马奔腾千里，如群龙跃然纸上，斐然跌宕，波涛起伏。

这位蜀僧还是第一次看到张旭作书。他的目光随着笔端不断游动着，紧张得连大气都不敢出，额上已渗出了汗珠。忽然，他听见张旭高声呼叫了一声，还没等他明白过来，张旭已将毛笔放在书案上了！

蜀僧将这两件作品紧紧抱在怀里，感动得热泪直流。他说他明天就离京返蜀，将这两件作品送往峨眉山。说完，才千恩万谢地辞别而去了。

5

暮春的灞河，流水淙淙，涟漪不断，两岸的垂柳在南风的吹拂下，摇曳着绿色的枝条。几只燕子在河面上飞舞着、追逐着，呢喃之声不绝于耳。

贺知章被众诗友们拥簇着来到了灞桥。他的心情十分复杂。当年，他从家乡越州来到长安，考中状元后一直在朝廷中任职，一转眼已过去了五十余年。他曾数度上书，乞归故里，以度晚年，但玄宗一直舍不得放他走。半个月前，这位八十六岁的老臣，终于被恩准辞官。他想，自己马上就能回到日思夜想的故乡，见到只有在梦里才能见到的亲人，心中激动不已。不过，一想到要与巍峨的长安城告别，和自己的那些诗友们分手，又有了一种难以排解的惆怅。今日一别，尚不知还有没有再相见的日子！

长安城外的这座灞桥，是人们分别时常常选择的地方，朋友分手，选择这里，情人送别，也选择这里。折柳相送，已成人们送别的一种最好的方式，桥头边的几棵柳树，已被人们折去了不少枝条。

送客的人群刚刚走上灞桥，李白顺手折了一枝柳条送给贺知章。笑着说道："送君千里，终须一别，就让这柳条陪伴着贺兄赶路吧！"

说到这里，声音有些呜咽起来："只是你走了之后，就没有人陪我饮酒了！"

他的话感染了送行的朋友，有的人眼里已有泪花了。

贺知章握着柳条，大声说道："你们若想我了，就去越州找我！越州的黄酒和鉴湖的鲜鱼，不亚于长安的美酒佳肴！请诸位留步吧！"

分手后，贺知章上了马，跟在装载行李、书籍的马车后边，向远方走去，直到他的身影消失在了视线之外……

送走贺知章后，李白总觉得心里空落落的。有一天，他填了两首词，便去了梨园，想请乐师李龟年谱上乐谱。

进宫之后，他发现宫中冷冷清清的，既没听见平时的丝弦之音，也没看到梨园弟子们跳《胡旋舞》的身影，连那些学舌的鹦鹉们，都显得无精打采的，半天不说一句话，空气中弥漫着一种紧张与不安。他觉得有些奇怪，便问道："龟年师傅，宫里怎么这么冷清呀？"

李龟年朝四周看了看，低声说道："她被逐出宫了！"

李白道："谁被逐出宫了！"

李龟年道："贵妃娘娘。这已是第二次了！"

李白大吃一惊："这可是真的？"

李龟年点了点头。接着，便将杨玉环第一次被逐的经过说了一遍。

玄宗是痴情帝王。年轻时，他虽然拥有"三千宠爱"，但他偏爱赵丽妃、武惠妃等人，这显然有"泛爱"和"纵欲"的色彩。但他对所爱和所恨的人，并不着眼家世门第，赵丽妃虽是歌伎出身，但他爱得深挚。而王皇后是他创业时的贤内助，由于二人性格不合而遭到了他的废黜。到了晚年，他对杨玉环情有独钟，这是因为既有品貌才气的考量，也有怜香惜玉的"唯美"成分，还有志同道合的因素。他们之间的感情，是古代帝、后爱情传奇的典型。

就是这样的爱情，有时也会出现危机。

梅妃江采萍是福建莆田人氏，世代名医。她自幼读书学字，习舞绘画，养成了文静含蓄、深沉高雅的性格。她身材窈窕，仪态端庄，且酷爱梅花。她进宫后，玄宗在她的寝宫旁边遍种梅花，还为她建了一座梅亭，并封她为梅妃。

杨玉环进宫后，梅妃渐渐失宠。有一年元宵观灯时，二人不期而遇。按宫中规矩，尚无封号的杨玉环应向梅妃施礼。谁知杨玉环自恃受宠不肯施礼。梅妃讥笑她说："看你的身材丰硕，可算是个肥婢呀！"说完，带着侍女们扬长而去。

梅妃斗不过杨玉环，不久，她便被贬到了上阳宫。

身居冷宫的梅妃，心里凄凉，便写了一首《一斛珠》，托太监捎给了玄宗。玄宗见了，勾起了对梅妃的怀念，特意命人将她召到翠华阁叙旧。此事被杨玉环发现后，她醋意大发，把后宫闹了个天翻地覆！玄宗气极，当即命高力士将她送到了其兄府中。

在唐代，遣妃，如同民间的休妻，遭到此种对待的女子，或被废为庶人，或赐自尽，极少有遣而复归的。

杨玉环被逐后，唐玄宗像丢了魂一般，坐卧不安。高力士奏请将杨玉环的衣服、帏帐、物品等装了一百余车，送往杨府。玄宗还特意吩咐，将他吃的膳食分出一半，送给杨玉环吃。

到了半夜，玄宗终于熬不住了，他命禁军打开宫门，又将杨玉环接回了宫中……

说到这里，李龟年笑着说道："第二次被逐出宫，是贵妃娘娘的三姐惹的祸！"

这位虢国夫人生性风流，举止轻佻，早年孀居，便与堂兄杨国忠私通。因经常与杨玉环结伴同行，出入宫掖，便与妹夫玄宗"心有灵犀一点通"了。

妻不如妾，妾不如妓，妓不如偷。身为真龙天子的玄宗，也深谙此道。他和虢国夫人便频繁地偷起情来。有一次，二人正在芙蓉苑偷情时，被杨玉环逮了一个正着。她既恨又恼，便与玄宗大吵大闹起来，指责他不该在外边偷腥！玄宗十分生气，以她"忤旨"为由，又将她遣送回了杨家！

杨氏家族十分震惊。若玄宗不再召她回宫，不但依靠她的庇护得到的富贵荣华都将化为乌有，而且还会招来新的灾祸！于是一家人都苦劝杨玉环以大局为重，认错请罪，又派人去活动高力士。当太监送来玄宗的御膳时，杨玉环便用剪刀亲自剪下了一缕秀发，嘱他带给了玄宗。

玄宗见了她的那缕秀发，睹物思人，连忙命高力士亲自去接她回宫。

现在，不但玄宗火急火燎地等待着杨玉环，梨园弟子们都在随时准备迎接这位国母回宫。

李白听到这里才弄明白宫中为什么这么冷清的原因了。

第二十四章

她是一只凤凰，但美丽的羽毛后边却有一道无法愈合的伤口；赐金还山，他是此种殊荣的大唐第一人。

宋玉事楚王，立身本高洁。
巫山赋彩云，郢路歌白雪。
举国莫能和，巴人皆卷舌。
一惑登徒言，恩情遂中绝。

——《宋玉事楚王》

1

自贺知章去了故乡越州之后，不久，李适之去了洛阳，崔宗之被贬出长安，去了湖南的湘阴。张旭去了太原，焦遂、苏晋结伴游黄河去了，“饮中八仙”中只有汝阳王李进因抱病在家，极少外出见友。朋友们都离开长安了，李白心里觉得空落落的，他是个不甘寂寞的人，虽然独斟独饮是一种情趣，但日子久了，便感到冷冷清清，十分孤单。这几天他几乎天天进宫，让李龟年教他吹奏竹箫，以消磨无聊的时间。

今天，他一到梨园，李龟年就将他领到了廊外的水榭里，笑着告诉他说，他前日写的《忆秦娥》和《菩萨蛮》，均已谱上了曲谱。

李白听了，十分高兴，他拿起一支竹箫，随着李龟年的歌声，吹奏起来。

李龟年是位出色的宫廷音乐家，他声音虽然不大，但音调悠扬，萦绕回肠，而李白的箫声却显得有些生涩，这是因为他刚刚学箫不久，指法尚不熟练。李龟年安慰他说，熟能生巧，多练几遍，就能随谱演奏了。

李白又吹起了竹箫。

沉香亭里，杨玉环手里拿着三首《清平调词》，一遍接着一遍地唱着。自从第一次演唱过这三首新歌之后，此歌已成了天籁之音，风靡天下！

也许她唱得太投入了，以至于玄宗走到了她的身旁，她都没发现。

“玉环呀，你怎么总是唱这三首歌呢？”玄宗笑着问道。

杨玉环连忙起身施礼，道：“梨园虽然为臣妾写了不少新词，不知为什么，臣妾最爱李白作的这三首《清平调词》。”

玄宗又问：“在这三首《清平调词》中，玉环以为哪一首最值？”

杨玉环道："三首都是佳作，不过，臣妾最爱的，还是第二首。"

玄宗听了，点了点头，杨玉环便低声唱起来：

一枝红艳露凝香，云雨巫山枉断肠。
借问汉宫谁得似，可怜飞燕倚新妆。

杨玉环唱完了，低声问玄宗："三郎，臣妾唱得好吗？"

在众人面前，杨玉环称呼玄宗时，都是规规矩矩地称"陛下"或"圣上"，若跟前无人，她则像民间夫妻那样，称玄宗为三郎，显得更为自然亲昵。

玄宗听了，点了点头，说道："好，好，玉环唱这首歌时，缠绵深情，回味无穷，有绕梁之韵。"

这本是玄宗的溢美之词，以取悦杨玉环罢了，但杨玉环听了，却倍感得意。她回眸一笑，羞涩地说道："三郎取笑玉环了。"

玄宗连忙说道："朕说的是真的，当玉环唱到'借问汉宫谁得似，可怜飞燕倚新妆'时，朕似乎看到了一位身轻如燕的倩影，正在一只铜盘上翩翩飞舞呢！"

这时，远处忽然传来了李龟年的那种带有磁性的歌声。二人仔细听了一会儿，都被这首《忆秦娥》打动了。于是，二人循声来到梨园，见是李龟年和李白站在水榭里，李龟年在唱歌，李白在旁边吹箫。玄宗笑着说道："好啊，一个是诗坛领袖，一个是梨园高手，这才叫珠联璧合呢！"

李白和李龟年连忙上前叩拜："不知陛下和贵妃娘娘驾到，臣请罪。"

玄宗招了招手："都平身吧！"又转身问李白："这是爱卿的新作吧？"

李白点了点头："此调是前朝的一种词谱，臣偶尔获得，试着填写了两首词。"说完，将《忆秦娥》和《菩萨蛮》呈给了玄宗。

玄宗看了看，又递给了杨玉环。杨玉环看过之后，说道："李爱卿才气过人，不但作诗，还能填词！"她转头对玄宗说道："臣妾要拜李爱卿为师，向他请教如何作诗填词。"

李白听了，连连摇手："不敢，不敢，臣才疏学浅……"

玄宗笑着打断了他的话，说道："李爱卿休要谦虚，你就收下玉环这个女弟子吧！"

杨玉环听了，连忙命宫女端来一只玉杯，杯里斟满了西域的葡萄酒，双手捧给李白，权作拜师酒。

玄宗一边吟哦着两首新词，一边捻着长须说道："既然玉环成了李爱卿的女弟子，朕一定要设酒庆贺，高爱卿——"

没听见高力士的回应。

玄宗转头一看，见高力士站在御花苑旁边，正和左相李林甫、中书舍人、驸马都尉张垍在低声说着什么。玄宗又大声叫了一声："高爱卿——"

高力士应声来到了玄宗身边："臣在。"

玄宗："传御膳房置酒，朕要宴请翰林待诏李白！"他朝远处的李林甫和张垍看了一眼，没有理会他们："传下话去，不召勿扰！"

"臣遵旨。"高力士朝李林甫和张垍摇了摇手，二人只好转身而退了。

算来，张垍应是李白在长安认识的第一位朋友。当年，李白带着岳父的亲笔信和自己的诗赋文章去干谒右相张说时，便认识了张垍。他受其父所托，陪着李白游览了长安城的大雁塔、曲江和几座御花苑。他对李白十分热情，并将李白引为自己的同道知己。

但后来他忽然变了，变成了一个陌生人！

张垍今天进宫，就是冲着李白而来的。

自李白被诏为翰林待诏以后，便受到了朝野的关注。张垍以为李白必会受到玄宗的重用，心里一直忐忑不安。当渤海国的使节送来国书，朝中文武百官无人能识上面的字，君臣们一筹莫展之际，李白不但当场读了渤海国的国书，还以渤海国文字写了一封大唐诏书，狠狠批驳了渤海国的无理要求，平息了一场突发的外交事端，受到了玄宗的称赞和文武百官们的敬重和爱戴。许多人私下议论，凭李白的才华，朝廷必会对他加官晋爵！

昨天，他去拜访左相李林甫时，李林甫对李白也存戒心。于是二人商量，今天进宫求见玄宗时，由他在自己的岳父面前弹劾李白。弹劾的理由是：其一，李白因受宠而妄自尊大，胡说什么"天子唤来不上船"，有失为臣之道。其二，李白虽为朝廷命官，但常勾留街巷酒肆，不守职责，若不惩处，则贻害不浅。其三，诽谤军中重臣，散布平卢节度使安禄山私募亲兵，私贮兵器，有谋权之嫌等等，应将他逐出朝廷，永不录用！

谁知他和李林甫进到了宫中，就看到玄宗、杨玉环和李白正在谈诗论词。杨玉环要拜李白为师，玄宗还要设宴宴请李白，他知道自己来的不是时候，打算另找机会弹劾李白。

临走时，他和李林甫交换了一下眼色，将弹劾李白的奏章悄悄交给了高力士，才悻悻出宫了。

2

兴庆宫的御书房，过去是玄宗下朝之后必去的地方，他在那里审阅官员们的奏章和各节度使送来的军报，若有时间，便读秦汉晋隋以来的历朝律书。有空闲时，也读一些当时流传较广的诗词文章。自从开元以来，他感到年龄越来越大，对日理万机的军政大事，处理起来感到有些力不从心，便将政事交给了左相李林甫处理。

李林甫掌管朝廷的实权之后，他伙同酷吏吉温等人，将自己的政敌、刑部尚书韦坚，以玄宗的名义赐死之后，又将陇右节度使皇甫明贬出京城，不久便派爪牙将他刺杀于客舍！宰相李适之被贬后，愤而自杀身亡，当时备受世人尊崇的名士杜有邻、王曾、曹柳勋等人，都被他相继处死！一提到李林甫的名字，朝野闻之色变！

自杨玉环进宫封妃后，玄宗日夜迷恋着能歌善舞又天姿绝代的杨玉环。“云鬓花颜金步摇，芙蓉帐暖度春宵。春宵苦短日高起，从此君王不早朝。”兴庆宫的御书房里，就极少看到玄宗的身影了。

又不知道为什么，御书房的大门今天忽然打开了。玄宗一大早就来到了御书房，忠心耿耿的高力士一直守候在门口。

玄宗坐在御书房里，既不是批阅奏章军报，也不是阅读书籍，而是被一些事闹得心烦意乱，才来到御书房里清静清静。

原来，自李白写蛮书平息了渤海国的国书事件，渤海国派人送来了降表，表示愿意岁岁进贡称臣，永不侵犯大唐。许多官员纷纷上书为李白请功，但此事也受到了一些人的阻挠。

今天一早，高力士就将几份奏章工工整整地放在了御桌上，玄宗粗略看了看，面有愠色，便顺手丢在了一边。

这时，杨玉环前来请安，她走到御案旁边，问道：“陛下为何不快？”

玄宗指着手边的奏章说道：“李白为大唐社稷立有殊功，朕本打算对他晋级行赏，谁知却引来一些人的非议，都是嫉功妒贤！还说这首诗是对朕的大不敬，欲加之罪，何患无辞！”说着，将一首《玉阶怨》递给了杨玉环：

玉阶生白露，夜久侵罗袜。
却下水晶帘，玲珑望秋月。

杨玉环看了，说道：“宫怨之句，自古皆有。说此诗是对陛下的大不敬，乃是风马牛不相及！”说完，掩嘴而笑。

玄宗道：“玉环笑什么？”

杨玉环道：“幸亏三郎是圣明之君，才不会被这些谗言谤语所惑。”

玄宗道：“玉环以为，朕应对李白封赐何种职位为好？”

杨玉环道：“臣妾曾问过李白，他说他并不在意官阶高低，只求能侍候于陛下左右，与陛下品酒论诗，听陛下论治邦之道和惠民之策，就心满意足了。”

玄宗听了，笑着说道：“看来，李白书生之意太重，恐难赋重任。”

杨玉环道：“臣妾不喜装腔作势，故作高深，只喜李白这种书生气，他心中无俗物，笔下才有真情。”

这时，高力士前来禀报：“左相李林甫在门外候诏。”

玄宗听了，没好气地说道：“高爱卿可问问他，若他是为弹劾李白而来，就免开尊口！”

不一会儿，高力士复又回到御书房，说道：“左相是前来报捷的，蜀中的新鲜荔枝，已经送到长安了！”

杨玉环听了，又惊又喜：“这可是真的？”

高力士点了点头。

杨玉环有些激动，说道：“臣妾自离开蜀地之后，已有十九年没吃过荔枝了！”她转头对玄宗说道：“三郎，玉环要好好谢谢你！”

玄宗笑着说道：“趁着荔枝新鲜，快去尝尝吧！”说完，挽着杨玉环的手，去了芳林苑。

三个月之前，玄宗和杨玉环正在欣赏画师季方的一幅《荔枝图》，画面上是一株荔枝树，枝上的荔枝又圆又大，水汪汪的，把树枝都压弯了。杨玉环指着画面说道：“我家南园有一株荔枝树，结的荔枝又甜又酸，那种滋味一辈子都忘不了！”说完，她久久地望着画面上的荔枝。

玄宗笑着说道：“这有什么稀罕的！普天之下，莫非王土。蜀地也是我大唐的疆域，只要是大唐疆域上所产之物，玉环皆可享用，你就等着品尝蜀地的新鲜荔枝吧！”

画面上的荔枝，勾起了杨玉环肚子里的馋虫，也勾起了她对故土的思念，她等啊，等啊，从荔枝树开花、结果，一直到成熟。今天，终于能品尝到家乡的新鲜荔枝了！

几名宫女将一只扁形竹筐放在亭子的石桌上，揭去盖在竹筐上的荔枝叶子，取出一串紫红色的荔枝，放在一只翠玉盘里，端在了玄宗和杨玉环面前。

杨玉环轻轻摘下一颗荔枝，亲手剥去了外皮，露出洁白如脂的荔枝肉，她舍不得吃，将第一颗荔枝轻轻地塞进了玄宗嘴里。

投之以李，报之以桃。玄宗也剥了一颗，塞进了杨玉环的嘴里。二人相视一笑，一边品尝荔枝的味道，一边品味这种前无古人的浪漫。

荔枝产在南方，盛夏时结果，果熟后可在清凉处存放三至四天，超过四天，便会因失水而变腐。为了运往长安的荔枝保持新鲜，蜀中的官员们绞尽了脑汁，头一天在荔枝园中选好八成熟的荔枝树，次日凌晨进园采摘。运送荔枝的专员、专马就等候在树下，摘下的荔枝装进一只半扁的竹筐，上面盖上新鲜树叶，便马不停蹄地向下一驿站飞奔而去。

头顶炎炎烈日，骑者汗流如雨。刚刚到达驿站，便连人带马瘫倒在地上了！新换的骑者和马匹接下竹筐，继续奔跑！就这样，千里飞骑，日夜不停。当新鲜荔枝送达长安，玄宗和杨玉环享受新鲜荔枝的口福时，他们哪里知道，为了这筐新鲜荔枝，路上已累死了驿站的八匹好马！有三位口干舌焦的骑者倒下之后，再也没有爬起来……

若干年后，有位叫杜牧的诗人路过骊山脚下的华清池时，远远望着山中绿树掩映下的宫殿屋顶，想到了玄宗和杨玉环的这段史实，他感慨万分，写下了一首《过华清宫》：

长安回望绣成堆，山顶千门次第开。
一骑红尘妃子笑，无人知是荔枝来。

3

在李白眼里，杨玉环不仅是六宫之主的贵妃娘娘，倾国倾城的绝代佳人，也是一位才华横溢、能歌善舞的艺术知音。她聪慧、热情、率真，甚至有些任性和泼辣，她不关心天下大势和人事更迭，只关心自己在玄宗心目中的分量。歌舞是她的生命，受宠是她的专利。她是君王的精神支柱，玄宗的生活伴侣，也是他难以割舍的玩偶。人们见了她，既有崇拜也有奉承，没有谁敢在她的面前说个“不”字，更没有人敢指责她的过失！

今天，就有人当着她的面，说出了没有人敢说的话！这个人，就是翰林待诏李白。

在杨玉环眼里，器宇轩昂、身材修长的李白，不但是位豁达豪放的诗坛巨擘，也是一位值得敬仰和信赖的师长和朋友，但她也知道，自己与李白之间，有一条永远都难以逾越的鸿沟。

李白自从填写了《菩萨蛮》和《忆秦娥》之后，又连夜作了《碧荷生幽泉》等十余首古风。第二天一早便去了梨园，想请李龟年谱曲，以供杨玉环挑选。

杨玉环接过诗笺看了看，眉头渐渐皱起来了，她说：“李爱卿的新作，意境不俗，诗词清新，不过，玉环读后，觉得不宜宫中演唱。玉环还是喜爱《清平调词》。”

李白说道：“其实，三首《清平调词》，是当时的应景之作，属宫廷诗体，有些浮艳浅薄，难登大雅之堂。”

杨玉环听了，有些似懂非懂。

这时，乐工们开始排练《胡旋舞》了，《胡旋舞》是杨玉环从安禄山那里学来的，她也格外喜爱这种近似疯狂的旋律和跳跃动作。当她跳完一曲之后，微微有些气喘，发际间香汗涔涔，脸庞也有些潮红。她一面以纱巾揩汗，一面笑着说道：“李翰林喜欢《胡旋舞》吗？”

李白摇了摇头，说道：“此舞疾若旋风，跃若奔马，声若旱雷，粗犷有余，而含蓄不足，让人有眼花缭乱之感。”

杨玉环低声说道:“这是玉环从安禄山将军那里学来的,陛下也十分喜爱《胡旋舞》。”

李白听了安禄山这个名字，心中顿时有了反感，说道：“正是因为从安禄山那里学来的，所以此舞难以与《霓裳羽衣舞》相比肩。两者有天壤之别！”

这是杨玉环第一次听人评论《胡旋舞》，她问道：“为何会有天壤之别？”

李白：“娘娘跳《霓裳羽衣舞》时，若仙人自云霄而降，超凡脱俗，高雅高贵。属阳春白雪，可流传千古；而安氏所教的《胡旋舞》，只适宜荒漠大野中的即兴宣泄，尚不及下里巴人。”

杨玉环听了，虽觉得李白对她《胡旋舞》的评论有些尖刻和不屑，但也觉得他敢当面说出自己的感受，就十分难得。看来，李白不但是自己敬仰的老师，也是一位敢说真话的难得朋友，更是关心自己的兄长，她从心里对李白有了一种感激之情。

不过，李白接下来的一句话，就让她难以承受了。李白说道：“娘娘，李白有句心里话，不知当说不当说？”

杨玉环道：“请李翰林直说无妨！”

李白一本正经地说道：“娘娘不该认安禄山为义子！”

此话犹如一声惊雷，几乎将杨玉环炸爆了！她的脸色也骤然红了。她迟疑了一会儿，说道：“认安禄山为义子之事，原本是逢场作戏，再说，也是陛下之意，陛下想安抚安将军，本宫没想到……唉！”

李白将心里想说的，都说出来了，感到心里舒坦多了，他并没有顾及杨玉环的感受。他把几张诗笺递给了杨玉环，说道：“这是下官昨晚写的几首《宫中行乐词》，请娘娘过目。”

杨玉环接过诗笺，幽怨地望了李白一眼，说道：“玉环累了，要回宫歇息。”说完招了招手，几个宫女连忙走过去，搀扶着她离开了梨园。

这一切，都被站在远处的高力士看在了眼里。他虽然听不见杨玉环和李白说了些什么，使他分明察觉到了什么。

4

高力士是宦海中扯帆使舵的高手。他凭借自己的才智、经验和对玄宗的忠贞不贰，能在复杂的风云变幻中把握进退时机。他时时观察着杨玉环，也处处保护着杨玉环，他有恩于杨玉环。

但他对李白就不一样了。开始时，他与李白并无恩怨可言。在他的眼里，李白仅仅是位御用诗人，和那些养在宫中的乐工、歌者们一样，只不过李白是舞文弄墨的诗人，被诏为了翰林院的待诏，随时听从玄宗和杨玉环的传唤而已，他对自己的地位构不成什么威胁！但因为李白当着玄宗和文武百官们的面，让他脱下靴子一事，令他至今耿耿于怀，但却一直没有机会对李白进行报复！

近些日子，他发现，不但李林甫、杨国忠两位宰相在玄宗面前对李白进行诋毁，而张垍、崔隐甫两位驸马也先后对李白进行过弹劾。他知道，这些人难以撼动玄宗对李白的信任和喜爱。玄宗曾多次说过，大唐养士上万，难道还不能多养一位诗人？还说，李白有功于朝廷，其功不亚于十万大军！那些诽谤李白的流言蜚语，便渐渐销声匿迹了。

高力士高就高在他不动声色。他知道应当何时下手、从何处下手，才能不留痕迹地置李白于死地！

今天，他终于等来了下手的时机。

他看到杨玉环独自站在沉香亭的回廊里，手里拿着一张诗笺，有些闷闷不乐，便轻步直过去，问道：“娘娘可有什么心事？”

杨玉环将手中的诗笺递给了他，说道：“李翰林的这三首《清平调词》如何？”

高力士说道：“奴才曾听娘娘唱过，有耳目一新之感。”

杨玉环道："为什么李翰林却说是宫廷诗体，浮艳浅薄呢？"

高力士指着第二首《清平调词》说道："娘娘可知道第二首的含义吗？"

杨玉环摇了摇头。

高力士低声说道："诗中的'借问汉宫何所似，可怜飞燕倚新妆'，乃是李白影射娘娘！"

杨玉环一时没有明白过来，问道："影射本宫什么？"

高力士见四周无人，问道："娘娘可知道飞燕是何许人吗？"

杨玉环疑惑地摇了摇头。

高力士便向她讲述了赵飞燕淫乱后宫的故事：

赵飞燕原名叫赵宣主，初生时便被父母抛弃，成人后去了阳阿公主府中，因她身轻如燕，能在手掌上翩翩起舞，故名赵飞燕，一时传为美谈。后入汉宫被封为了婕妤，其父封为成阳侯。不久她被汉成帝立为了皇后。由于她一直未孕，便以借种为由，常召见年轻俊秀的官员与其淫乱。有一日，她正与一个叫燕赤凤的男子在宫中偷情时，汉成帝突然驾临，慌忙中，她将男子藏于柜中。谁知男子当时受了风寒，忍不住咳嗽起来。汉成帝认定柜中藏有奸夫，他本想命人拖出杖杀，但顾及天子颜面，便拂袖而去了。

后来，赵飞燕因淫乱后宫，被汉成帝黜为庶人，在冷宫中自杀身亡。

杨玉环听了，心中不由一惊，李白将她比作了赵飞燕，不是把她与安禄山的那种说不清道不明的隐私点破了吗？她既羞也恨，又难以启齿。她无论如何都不曾想到，自己最仰慕的诗人、最信赖的朋友，却这么无情地羞辱了自己，让她无地自容！想到这里，眼泪便"刷"地滚落下来。没等高力士安慰，她便掩面而去了。

凤凰的羽毛后边，有一道难以愈合的伤口，却被李白的笔尖戳疼了。高力士望着她远去的背影，嘴角上泛起一丝不易察觉的笑容。

5

翰林院是玄宗继位后不久设置的，主要是掌管批阅各方送来的表疏和应和文章，所选官员皆是文学之士，称翰林待诏。开元二十二年，改翰林院为学士院，翰林待诏为翰林学士，掌管拜免将相、号令征伐等事，皆以白麻纸书写。李白虽是翰林学士，但并未授其他官职，有的称他翰林学士，也有的人仍然以翰林待诏相称。

自从他指责了杨玉环不该认安禄山为义子之后，他就明显感到有一种无形的压力，正在悄悄向他逼近。过去，玄宗经常召他入宫谈诗论赋，饮宴听歌，有时甚至留宿宫中，令人羡慕不已。但现在不一样了，他已有数日未奉诏进宫了，所以一直未能见到玄宗和杨玉环。开始时他还说进宫伴驾是一种荣耀，也是一种负担，因为他讨厌宫中那些礼仪和应酬，心里十分矛盾，而长时间未应诏进宫，又觉得有一种失落，感到寂寞难耐。既然玄宗不召见，他便自己进宫，去梨园找李龟年，向他学习吹箫。

谁知进宫以后发现，一向笑容可掬的高力士，总是远远地躲着他。他曾在沉香亭旁边遇到过杨玉环，她如同不认识李白一样，冷着脸转身而去，眼里似有一丝怨恨！连梨园里的那些无忧无虑的年轻乐工和歌舞伎们，似乎也在躲避着他！

他将刚刚写完的一首新作递给李龟年：

汉帝重阿娇，贮之黄金屋。
咳唾落九天，随风生珠玉。
宠极爱还歇，妒深情却疏。
长门一步地，不肯暂回车。
雨落不上天，水覆难再收。
君情与妾意，各自东西流。
昔日芙蓉花，今成断根草。
以色事他人，能得几日好？

李白的这首《妾命薄》，用的是汉武帝宠爱陈皇后的典故。阿娇即是陈皇后，她被立为皇后之后，擅宠娇贵，却十年无子。她听说汉武帝宠爱卫子夫时，十分妒恨，受到了汉武帝的冷落。后又因串通女巫在宫中作法，被汉武帝所废，打入了长门宫中。

李龟年读了诗稿以后告诉李白，近期以来，不知为什么，杨玉环一直未进梨园，也没听过她再唱《清平调词》，更没见她再跳《胡旋舞》，他答应为《妾命薄》谱上曲调后，请杨玉环演唱。

半个月后，李白问起那首《妾命薄》时，李龟年没说什么，只是摇了摇头。

一向以为自己"治国平天下，舍我其谁"的李白，已渐渐感觉到自己像个弃妇，已被人冷落了。他知道，自己除了奉命作诗填词以媚权贵之外，留在翰林院里，毫无意义可言，心中的抱负更难以施展！再说，自己的朋友们大都先后离开了长安，心中倍感孤独。他想起了当年学道修身，仗剑行侠，漫游天下的岁月，便萌生了辞官还山的念头。

他在朝堂上以渤海国文字写了大唐的国书之后，玄宗决定为他加官晋爵时，他曾当面谢辞，他对玄宗说道："臣不愿再授重职，只想逍遥散淡，供奉御前，如东方朔故事。"

玄宗听了，当即问他："爱卿既然不愿受职，朕所有黄金、白璧、奇珍异宝，任爱卿所好而取！"

李白说道："臣亦不愿受金玉，愿从陛下游幸，日饮美酒三千杯，足矣！"

玄宗知道李白清高志远，不忍强赐爵位，而从此时时赐宴，留宿宫中，恩幸日隆，为朝臣们所羡所妒。

今天，李白决定辞官还山。他担心玄宗会挽留他。谁知他将奏章呈上之后，玄宗竟爽快地答应了。他说："朕许爱卿暂还，不日再来相召，但爱卿有殊功于朕，岂能白手

还山？卿有所需，朕一一赐予。”

李白听了，连忙奏道：“臣一无所需，但愿手头有钱，一日一醉足矣！”

玄宗听了，当即赐金牌一面，牌上御书：“朕赐李白为天下无忧学士，逢坊吃酒，过库支钱，府给千贯，县给五百贯，文武官员人等，有失敬者，以违诏论。”

李白刚要谢恩，玄宗再次下诏：“再赐李白黄金千两，锦袍玉带，宝鞍笼子，从者二十人！”

李白听了，谢恩离殿。

这种荣耀，在大唐帝国，李白是第一人，也是唯一的一人！李白离京时，除高力士、杨国忠、张垍等人之外，文武百官和士人学子千余人，从长安城送出百里之远，又流连三日，依依不舍。

李白临别时靠在马上，挥笔写下一首《还山别金门知己诗》，递给了李龟年。

李龟年高声唱道：

恭承丹凤诏，数起烟萝中。
一朝去金马，飘落成飞蓬。
闲来东武吟，曲尽情未终。
书此谢知己，扁舟寻钓翁。

李龟年唱完了，眼眶里已满是泪花，他用衣袖擦了擦，泪花便成了晶莹的泪珠！

这时，忽然听见身后传来“嘚嘚”的马蹄声，人们纷纷回头观望，见三位骑者从长安方向飞奔而来。当到了李白跟前时，连忙滚鞍下马。为首的一人对李白说道：“陛下口谕，赐翰林学士李白金花两朵，御酒三盏，以壮行色！”说完，先奉上两朵珊瑚金花，又双手将酒盏捧到李白跟前。

李白接过酒盏一饮而尽！他跃身上马，回过头来，朝送行的人群，也朝长安城，挥了挥手，便策马而去了……

第二十五章

诗坛上的双子星座在梁园相遇；古吹台下的浪漫故事：红颜知己千金买下了一方照壁。

杨花落尽子规啼，闻道龙标过五溪。
我寄愁心与明月，随君直到夜郎西。

——《闻王昌龄左迁龙标遥有此寄》

1

李白还未到达华阴县，县令孙云山已率领本县的官员和乡绅、文士们出了北门，站在驿道旁边迎接了。

原来，孙云山已经得到了李白将要路过华阴县的消息，他想让李白在华阴县城多逗留几天，以当面看看这位高力士为他脱靴、杨国忠为他磨墨的天才诗人的风采，听听他在大唐皇宫中的所见所闻。他已命人在城里设下了宴席，只待李白一到，就将他接到望京酒楼。

当天晚上，望京酒楼的楼上灯火通明，宾客满堂，杯来盏往，听歌观舞，十分热闹。因赶了一天的路，李白感到十分疲倦，加之他厌烦这种官方宴请的虚情假意，入席不久便佯装醉酒，被人搀扶到驿馆歇息去了。

到了子夜，李白醒来时，看到院子里的月光下有人在巡逻。这时他才猛然想起，这是玄宗派来的随从们在驿馆里守夜！

第二天一早，驿馆里的一位驿吏去请李白吃饭时，见他的房门洞开。进去一看，房中空无一人！只在桌子上看到了一封未封口的书信，上面写着：

孙公之谊，太白感激不尽。

今太白乃无职小民，万望告知随行人等回朝复命，且盼。

李太白敬启即日

驿吏连忙将信送到了县衙，交给了孙云山。孙云山问道：“翰林待诏是何时离开驿馆的？”

驿吏摇了摇头。

孙云山叹了口气，对驿吏说道：“去告知李翰林的随从们，请他们回京复命去吧！”

离开长安的李白，就像冲出樊笼的一只大鹏，如今打发走了随从，更觉得无拘无束，自由自在了。他本想去汴州的，又怕汴州的地方官员迎来送往，穷于应酬，便改变了主意，绕道去了洛阳。

李白离开长安前夕，已托人将玄宗赐给的财物带回了兖州任城，交给了鲁氏，自己单人独马上路，身上没有多余之物所累，心中少了名利之绊，一身轻松。他逢山登临，遇庙拜祭，可急可缓，可走可留，好不自在！在长安时，他要像个女佣一般，随时奉诏，写一些浅薄媚上之句！虽然自己并不甘心情愿，但也不能违背君王的意志！现在解脱了，舒坦了，骑在马背上，可高唱，可浅吟，用不着看别人的脸色了，赶起路来，也不慌不忙，兴致来了，便披星戴月赶路，真正体会到了什么叫天高任鸟飞的意境！

今天，他整整赶了一天的路，到了夕阳西下时，早已人困马乏了，而且肚子里还不断地响起“咕咕”之声。原来，自早饭之后，他粒米未进。在这前不着村后不着店的驿道上，没看到酒肆饭铺，他朝前头看了看，见远处有一处城郭，便朝坐骑狠抽了一鞭子，那匹马便驮着他朝城郭奔去。

到了城门口，见城门上写着“商丘”两个大字，心想，先找个饭铺填饱肚子，再给坐骑喂些草料，以便继续赶路。谁知那匹马像中了邪一般，一直将他驮进了县衙的大门！

这时，一位当值的衙役连忙拦住了马头，大声吼道：“你是什么人？竟敢乱冲县衙？”

还没等李白解释，衙役将李白一拉，便把他拉到了马下！李白打了个趔趄，差一点摔倒！他指着衙役说道：“你好大的胆子，竟敢对我无礼！”

衙役也不示弱，说道：“大爷不管你是何人，只知乱冲县衙，就该挨打！”说着，挥动着拳头走到了李白的跟前。

李白大声喊了一句：“快让你们的县令前来见我！”

二人的争论声惊动了县令周则夫。他气呼呼地走出大堂，见一个身穿青衫的中年男子正在院子里悠悠地踱着步子，不由火气直冒：“哪里来的狂妄之徒，竟敢在县衙撒野？”

李白听了，哈哈大笑起来：“我本过路之人，因肚子饥饿，特来县衙讨碗饭吃！”

周则夫听了，心中一怔，试探着问道：“你是——”

“李太白！”李白说着，从褡裢中取出玄宗赐给他的金牒，问道：“认识上面的字吗？”

衙役接过金牒，递给了周则夫。周则夫看了之后，连忙走过去，一面向李白跪拜，一面说道：“下官有眼不识泰山，不知李学士驾临本县，万望学士恕罪！”

将李白拉下马的那名衙役，见县令跪下了，吓得面如土色，他跪在地上，一面叩头，一面唠叨着说道：“小人冒犯了学士，小人有罪，罪该万死……”

李白笑着说道：“不知者不罪，都请起来吧！”

周则夫如释重负，他连忙对身边的师爷说道：“快去备宴，为李学士洗尘。”

听说李白到了商丘，县衙里一下热闹起来了，人们在悄悄议论着李白的一些传闻：

玄宗皇帝用龙巾为他擦唾，还亲手为他调羹；贵妃娘娘亲自为他斟酒；高力士为他脱过靴；杨国忠为他研过墨；他的一篇蛮书，把渤海国使节吓得屁滚尿流……

周则夫殷勤侍候着李白。李白吃饱喝足之后，他的那匹马也沾了金牒的光，不但吃的是好草精料，马夫还特意为它梳了毛，理了鬃，让它享受一次免费美容！

周则夫本想挽留李白多住几天，以尽地主之谊，但李白执意要走。周则夫连忙命人从库房里取出了五百贯钱，放在他的褡裢里，又率领着官员们一直将他送到了城外。

李白原以为玄宗赐他的金牒只是装点门面的礼物，没想到凭着它不但能吃饭饮酒，还可支取路上的盘缠！

可是转念一想，这金牒虽是玄宗所赐，若指望它去饮酒吃饭，岂不是嗟来之食？于是，他收起了金牒，从此之后，再不肯将金牒轻易示人了。

2

听说李白离京回鲁，将要路过汴州时，汴州的诗友们十分兴奋。过去，因为身份和地域的缘故，诗友们虽然在心里都把李白认作是自己的同道，但一直无缘见面，更无缘交往。此次机会难得，大家想挽留李白在汴州多逗留几天，李白还没到达汴州，诗友们已在开封酒家备下了洗尘酒宴。

李白刚刚到了汴州西门，就见四位男子笑吟吟地朝他走去，其中一位头戴方巾的中年男子施礼后问道："请问先生，你可是翰林学士李白？"

翰林待诏也称翰林学士。在长安的翰林院，人们都称他是翰林待诏，似乎"待诏"二字与朝廷召见有关，是一种荣耀。但李白对"待诏"二字心生反感，总觉得有种被唤来呼去之意。今天，在汴州听到有人称他翰林学士时，心里便有了一种亲近之感。他连忙点了点头，说道："在下正是李太白！"

男子听了，连忙施礼，说道："在下郭时，受汴州众诗友们所托，在此专候学士来汴州"，又转身向同伴们介绍道："这位就是翰林学士李太白！"

三人听了，连忙过去相见。寒暄了一会儿之后，一行人便说说笑笑地去了开封酒家。

在这次以诗会友的宴会上，李白看了众人带来的诗作之后，也应邀作了三首《行路难》，以回应众诗友们的盛情和自己当时的心态。其中第一首《行路难》写的是：

金樽清酒斗十千，玉盘珍馐值万钱。
停杯投箸不能食，拔剑四顾心茫然。
欲渡黄河冰塞川，将登太行雪满山。
闲来垂钓碧溪上，忽复乘舟梦日边。
行路难，行路难，多歧路，今安在？
长风破浪会有时，直挂云帆济沧海。

诗的前两句，写了诗友们的盛情款待，菜肴丰盛，花钱不菲。但他心事重重，四顾茫茫。第三句道出了前途未卜，不知该去何方。

从第四句起情绪渐渐高涨。他想到了两位古人，一位是姜尚，他须发雪白时遇到了周文王，另一位是伊尹，他当宰相时梦见乘舟绕日月而过。两位古人虽然都历经坎坷，但终于成就了一番事业，这让诗人对前途充满了幻想。

最后两句，表现了诗人对人生旅途中的艰辛、困难的轻蔑。

众人听了，都称赞不已。有的在一遍接着一遍地吟哦，有的要求抄录下来。“汴州酒店”的主人余来，不但是位诗歌发烧友，也是李白的忠实粉丝。他连忙取来笔墨，又用鸡毛掸子将大堂的粉墙掸干净了，让李白将这首《行路难》书写在粉墙上。

见众人盛情难却，李白爽快地站起来，他借着酒劲，在粉墙挥笔书写起来。写完了，犹觉兴致未尽，又接着题写了第二首《行路难》，博得了一阵掌声。

看来余来不但有商业头脑，还有长远眼光。李白将两首《行路难》写在大堂的粉墙上之后，不但汴州城的官员和文士们前去饮酒品诗，还有慕名而来的外地客人来到酒楼，为的是亲眼目睹李白留下的墨迹！一时“开封酒家”的名声远播，人气大旺。

离开汴州后，李白应友人所邀，又去了东都洛阳。

有一天，李白去赴友人的聚会，路过一家车马客栈时，忽然听见有人正在咏唱：

大道如青天，我独不得出。
羞逐长安社中儿，赤鸡白狗赌梨栗。
弹剑作歌奏苦声，曳裾王门不称情。
淮阳市井笑韩信，汉朝公卿忌贾生。
君不见昔时燕家重郭隗，拥篲折节无嫌猜。
剧辛乐毅感恩分，输肝剖胆效英才。
昭王白骨萦蔓草，谁人更扫黄金台？
行路难，归去来！

这不是自己写在“开封酒楼” 粉墙上的第二首《行路难》吗？

车马客栈是供赶车牵马行客落脚的地方，客栈设备简陋，饭菜便宜，院子里还备有马厩可喂马和存放货物。谁会住在这里呢？他有些好奇，便进了车马客栈。

一位身材清瘦、面容肃穆的男子正在院子里动情地咏唱着。他不经意地抬头朝李白看了一眼，忽然激动起来，问道：“先生莫非是翰林学士李太白？”

李白笑着点了点头：“请问先生是——”

“杜甫，襄阳人杜甫！”杜甫十分激动，他说道：“在下听说太白先生去了汴州，便从洛阳赶到了汴州，想向先生求教，谁知先生已经离开了汴州！我在‘汴州酒店’粉墙上抄录了先生的大作。听说，先生来了洛阳，在下也赶到了东都，不想在这里与先生相遇！”说到这里，他的情绪有些激动：“杜甫惭愧，心中不安！”

李白听了，一把拉住杜甫的手，大声咏唱起了他写的《望岳》：

岱宗夫如何？齐鲁青未了。
造化钟神秀，阴阳割昏晓。
荡胸生层云，决眦入归鸟。
会当凌绝顶，一览众山小。

这是杜甫当年游齐鲁时写下的一首诗。虽然全诗没有一个“望”字，但句句都是向岳而望，意境是自远而近，时间是自朝而暮，并由望岳想到将来登岳。李白在长安时读了这首《望岳》之后，杜甫这个名字便牢牢记在心里了。他一直想结识同住在长安的诗人，但却阴错阳差地失之交臂了。正因为如此，二人对洛阳的不期而遇，都倍感珍惜。

诗仙和诗圣在洛阳相会，这是上苍的安排。中国诗坛上的双子星座相会于洛阳，也是中国诗史上值得大书特书的一页！

四十四岁的李白，不但比杜甫年长十一岁，而且诗名早已传遍天下，他的名字几乎家喻户晓，妇孺皆知。虽然他只是一个职阶不高的翰林待诏，但却受到玄宗皇帝的恩宠。而杜甫风华正茂，才气初显，但却干谒无门，科考落榜，功名全无，至今仍是一介布衣，贫寒窘迫。尽管二人的经历、地位、名气不可同日而语，但二人一见如故，彼此都有神交已久、相见恨晚之感。他们白天携手同游，夜间秉烛论诗，困了便同被而眠，真情实意，亲如手足。杜甫对洛阳的这次相遇，曾写了一首《与李十二白同寻范十隐居》：

李侯有佳句，往往似阴铿。
余亦东蒙客，怜君如弟兄。
醉眠秋共被，携手日同行。
更想幽期处，还寻北郭生。
入门高兴发，侍立小童清，
落景闻寒杵，屯云对古城。
向来吟橘颂，谁欲讨莼羹。
不愿论簪笏，悠悠沧海情。

不知是偶然兴至，还是命中注定，二人同游洛阳的古吹台时，李白遇见了一位出身

不凡的神秘女子，这位神秘女子与李白结下了一段奇特的姻缘。

3

杜甫曾多次游过洛阳，他陪着李白游遍了历代遗留的宫阙、花苑之后，对李白说道，洛阳城东，有一座古吹台，是春秋时的盲人音乐家师旷留下的遗迹。因他在台上吹奏乐器，后人便称那里是古吹台。古吹台旁边有一座梁园，园中景致绝佳，到了洛阳而不游梁园，将会留憾终生。

李白听了，游兴大发，于是二人便携手出了洛阳城，去了古吹台。杜甫边走，边向他介绍梁园的来历。

梁园是西汉的梁孝王所建，故称梁园。

梁孝王是汉景帝的同母胞弟，甚得太后喜爱。他出行时，往往是千乘万骑，东驰西猎，不亚于天子的排场。他尤喜爱营筑宫室苑囿，他看中了古吹台旁边的山水景致，便在此修建梁园。梁园方圆三百余里，园中宫连殿接，连绵数十里，奇树异果遍地。又以巨石堆砌了一座百灵山，山上怪石奇峰，异兽出没其间，还在旁边辟有雁池、鹤洲、珍禽游于碧水。梁孝王常与宾客文士在梁园中游宴弋钓。当时名噪天下的辞赋大家枚乘、司马相如等人，都是梁园的座上客。

当二人进了梁园不久，忽然听见有人喊道：“来的可是太白贤弟吗？”

李白驻足一看，见一爽朗洒脱、器宇轩昂的中年男子正在朝他挥手，待男子走近时他才认出，原来是在朔方结识的边塞诗人高适！

高适是沧州人，开元初年到了长安，因科考失利，与仕途无缘，便在开封、商丘一带漫游。后来虽然当了封丘县尉，但他在《封丘作》中大吐苦水：“拜迎长官心欲碎，鞭挞黎庶使人悲。”任官不久，便投奔河西节度使哥舒翰麾下，当了记室参军。他曾两度出塞，到过辽阳、河西等边塞地区，写下了《塞下曲》和《别韦参军》等作品。他写的《燕歌行》，李白读了之后，深受感动，二人遂成了朋友。

高适没想到会在梁园遇到自己敬仰已久的故友李白。

李白向高适介绍了杜甫，于是三人结伴而行。当他们登上古吹台后，极目远眺，地阔天空，风光无限，诗情和豪情油然而生。杜甫指着远处的山峦说道：“抚今怀古，心生感情，若有酒助兴，必有好诗。”

高适点头表示赞同：“是啊，无酒难成诗，可此处无酒可沽。”

这时，李白示意二人不可高声，他侧耳听了一会儿，听见有琴声从一片林子后边传来，他笑着说道：“二位在此稍候，我去沽酒。”说完，便匆匆下了古吹台。

他循着琴声，走进了一座禅寺——报恩寺，听见琴声是从东厢房里传出来的。他并未在意，找到了一位值守僧人，托他去买些酒菜和笔墨回来。午时刚到，僧人已将酒菜和笔墨送到了客舍。

三人举杯相敬，杜甫和高适先敬了李白，李白也回敬了他们。于是，觥筹交错，开怀畅饮，到了半醉时，杜甫说道："今游古吹台，应当有诗，请太白兄出题吧！"

因高适大李白一岁，他附和着说道："对，请太白老弟出题。"

李白摇了摇头，笑着说道："诗歌本是因心有感而发。我等不必泥古，也不须一人拟题，众人作诗。不妨各发其声，各抒其情吧，不知二位意下如何？"

杜甫、高适听了，都表示赞同。不足半个时辰，二人各写了一首七律。

不知为什么，被称为"斗酒诗百篇"的李白，却落在了杜甫和高适的后边。他的思绪总是被时隐时现的琴声所扰，一连写了数次，都未能成篇，只好将写了的诗稿撕碎再写，再写再撕。他又饮了一杯酒，再去取纸时，发现已经用完了。当他四处寻找纸张时，忽然眼前一亮：院子里的照壁刚刚用石灰水刷过，平整而洁白。于是，他一手端着墨汁，一手挥笔，走到照壁跟前，乘着酒兴，写下了《梁园吟》三个大字，接着便笔走龙蛇，洋洋洒洒地写了起来。

他一边写，杜甫站在旁边一边咏诵：

我浮黄河去京阙，挂席欲进波连山。
天长水阔厌远涉，访古始及平台间。
平台为客忧思多，对酒遂作《梁园歌》。
却忆蓬池阮公咏，因咏渌水扬洪波。
洪波浩荡迷旧国，路远西归安可得？
人生达命岂暇愁，且饮美酒登高楼。
平头奴子摇大扇，五月不热疑清秋。
玉盘杨梅为君设，吴盐如花皎如雪。
持盐把酒但饮之，莫学夷、齐事高洁。
昔人豪贵信陵君，今人耕种信陵坟。
荒城虚照碧山月，古木尽入苍梧云。
梁王宫阙今安在？枚、马先归不相待。
舞影歌声散渌池，空余汴水东流海。
沉吟此事泪满衣，黄金买醉未能归。
连呼五白行六博，分曹赌酒酣驰晖。
且歌谣，意方远。东山高卧时起来。
欲济苍生未应晚。

李白写完了。杜甫也咏诵完了。

李白在诗中借古人之事表达了自己的旷达高远，也倾吐了内心的不堪痛苦和纠结，

心中十分痛快。

令李白不曾想到的是，写在照壁上的这首《梁园吟》，竟然引起了一场纷争，纷争又演绎出了一段传奇爱情。

4

李白在照壁上写完了《梁园吟》之后，杜甫指着上面的诗句说道：“太白的诗，真可谓落笔惊风雨，诗成泣鬼神啊！”

高适也说：“此诗字字珠玑，掷地有声，绝妙，绝妙！”

也许心情大好，三人又对饮了一会儿，不久便酩酊大醉了。于是三人便席地而卧，不一会儿，客舍中就响起了鼾声。

忽然，三人被院子里的争吵声吵醒了。出门一看，见不少游人围在照壁旁边，有的在吟咏上面的诗句，有的则拿着笔，悄悄地抄录着。

这时，一位年轻沙弥，看到雪白的照壁上被人涂了鸦，写上了一大堆文字，便问道：“这是谁将照壁乱画成了这般模样？”

人们只管咏诗、抄诗，没人回答。

沙弥急得快要哭了，他说：“方丈让我刷白照壁，准备迎接进香的施主，谁知——”说到这里，他气呼呼地去了井台，提了一桶井水来到照壁跟前，又从墙边找来一把扫帚，准备蘸着井水洗去照壁上的文字。

人们见了，连忙夺下了他手中的扫帚。有位年长的游客说道：“你行行好，留下这首诗吧。”

沙弥有些委屈：“弄脏了照壁，方丈要罚我抄三遍《黄庭经》！”

一位中年男子说道：“小师父，你可知道这是什么人写的吗？是李白！”

沙弥十分固执：“我不管是李白还是李黑，只知道迎客的照壁要一尘不染！”说着，提起水桶，要向照壁上泼水。

“休得无礼！”话音刚落，一位年轻女子走出东厢房，她指着照壁说道：“小师父，你高抬贵手，留下照壁上的诗吧！”说着，朝身边的女仆使了个眼色，女仆会意，将一桶井水倒在花圃里了。

沙弥连忙双手合十施礼，说道：“请宗施主见谅，明天的香客前来进香，还答应施舍千金，以修缮佛堂。若看到照壁涂鸦，不再施舍，方丈必会生气，还会将小僧逐出佛门！”说完，竟嘤嘤地哭了起来。

宗姓女子听了，笑着说道：“此事好办，由我出资千金，将这方照壁买下来，方丈就不会惩罚小师父了。”又转头对女仆说道：“彩华，将钱取来！”

女仆应声而去。

沙弥不敢当家，连忙说道：“请宗施主稍候，小僧这就去禀报方丈。”

不一会儿，沙弥领着白须老方丈来到院子里。他朝宗姓女子深施一礼，说道："照壁之事，就按宗施主所说，留下上面文字。至于买壁，只当戏言。"

宗姓女子摇了摇头："我既然答应买下照壁，就决不失言！彩华，将买壁之钱交给方丈！"

女仆连忙将钱放在了照壁旁边。

宗姓女子指着多余的钱说道："这二百钱，权当是请小师父代为看管照壁的酬劳，请笑纳。"

在场的游客亲眼目睹了千金买壁的经过，都为宗姓女子的豪放和决断所感，纷纷鼓起掌来。

不过，人们也都对她的身世、背景产生了浓厚兴趣。就在大家悄悄议论时，她走到照壁跟前，默默地吟哦了上面的诗句之后，便与女仆回到了东厢房。

大唐的文人要想发表自己的作品，既没有报纸、刊物，也没有网络微博，除了少数刻版刊印之外，就是口口相传，手手相抄，再就是发表在墙上、柱上和石碑上。不过，那些写在墙上、柱上和石碑上的文字，大都在风雨和兵火中消失了，剩下的少之又少。李白写在照壁上的这首《梁园吟》，因为宗氏出手相护，才得以流传下来。

这位宗姓施主，叫宗姬，她和李白的相遇、相识、相知，是偶然，也是必然。

宗姬的曾祖宗楚客，曾是唐中宗时的宰相，也是武则天的表侄，在平定"韦氏之乱"时，被玄宗所杀。

宗姬自幼读书，家学渊源深厚。她不但喜爱诗歌，又喜弹箜篌。她是李白的忠实"白丝"。她听说李白曾在汴州的"汴州酒店"里写下两首诗，便专程去了汴州，还抄录了大堂里的那两首《行路难》。

今天，她带着女仆来到报恩寺，是为她的双亲还愿的。她在东厢房弹奏箜篌时，听到院子里有争论之声，出来一看，原是因为李白写在照壁上的一首诗！她便毅然千金买壁，以留下上面的《梁园吟》。她在心里问自己：今天前来还愿，难道是一种天意？

见众人离开了报恩寺，李白特意去了东厢房，想向她表达谢意。他看到宗姬面若满月，目似清泉，体态端庄，正坐在窗前弹奏箜篌，便躬身作揖，说道："蜀人李白，感激小姐千金买壁的侠义之举。"

宗姬犹豫了一会儿，说道："买壁护诗之事，请太白不必在意。"

李白："请问贵府是哪里？"

宗姬："在洛阳的禹王台旁边，若太白不弃，宗姬恳求拜太白为师。"

李白："拜师不敢，可一起探讨诗歌，相辅相成。"

宗姬听了，说道："既然太白应允，拜师酒宴就定在四月初八吧！"说到这里，她又补了一句："请太白师的诗友同来，宗女不胜荣幸！"

李白知道，她说的诗友，是指杜甫和高适。

这时，女仆已将箜篌装进了琴袋，问道：“小姐，我们回府吧！”

宗姬点了点头。她走出报恩寺时，又回头朝李白看了一眼，莞尔一笑，才转身而去。

四月初八，李白、杜甫和高适三人，一大早就去了禹王台的宗府。拜师酒宴撤席之后，宗姬便将李白等人领到了她的书房。书房明亮宽敞，书架上放满了书籍，壁上还挂有不少前朝字画。一张书案上摆放着文房四宝，显得书卷之气极浓。宗姬告诉他们说，这是当年祖父的书房，如今父亲已将书房传给了她。她从书架上取下一只木匣，从里面取出用紫绢包扎着的诗集，封面上写着《试音集》，双手捧给了李白。她说，这是从她八岁至今写的诗，都抄录在上面了，一共有六百八十三首。

《试音集》是用竹纸装订而成的，上面的每首诗都附有为何而写，写于何地。从隽秀的蝇头小楷，工工整整的笔画中，可以看出她对这些作品的钟爱。她指着最早的几首诗说道：“请太白师莫要笑我，这是我孩童时的习作。”

李白看着那些稚气的诗句和文字，想起了自己当年写《萤火虫》时的情景，禁不住笑了起来。

高适向杜甫做了一个手势，二人便悄悄离开了书房，来到后院的一块玲珑剔透的太湖石旁边，观赏水池中的鱼儿。

这时，宗姬的姑姑笑吟吟地走过来，三人便在水榭中闲谈起来。她说，宗姬从小心高气傲，聪慧好学，父母爱她、宠她如掌上明珠。由于家中遭遇变故，她极少与外人交往，成人后不知有多少豪门显贵、公子俊士登门提亲，她不是嫌人家养尊处优，不学无术，就是说人家满眼名利，不可托付，将人家拒于门外。她最讨厌媒人拜访，一听说有媒人前来“串门”，便毫不留情地将人家轰出去！父母只好任她、由她，让她自己选婿，只要是她中意的，父母便会尽力玉成。但是，至今也没遇见称心如意的知己！

说到最后。宗姬的姑姑把话题一转，笑着说道：“自从千金买壁的好消息传开以后，我曾向她问起李白，她只说了五个字：‘诗好，人也好。’说完了，便红着脸回房去了！”

杜甫和高适听了，相视一笑。

宗姬的姑姑又说：“不过，此事也令全家为难起来。”

杜甫和高适同时问道：“为何为难？”

“女儿出嫁，谁是大媒呀？”

这时的杜甫和高适才恍然大悟，原来宗姬的姑姑是来求他们做媒的！于是爽快地说道：“我们二人愿登门提亲！”

宗女的姑姑听了，脸上笑开了花，连忙去向哥嫂回话去了。

事情进展得并不顺利。当姑姑将杜甫和高适愿当媒人，前来提亲的事告诉宗姬时，谁知她连连摇起头来。

姑姑问她："女儿家没有大媒就出阁，是名不正、言不顺呀！"

宗姬听了，笑着说道："怎么没有大媒？报恩寺里的那方照壁，就是最好的大媒！上面的《梁园吟》就是最贵重的聘礼！杜甫和高适，就是最合适的证婚人！"

开始，大家还以为宗姬说的是调侃之语，但仔细一想，她的主意不但超凡脱俗，而且寓有新意和诗意，这将是一场天下独一无二的婚礼！

三天后，宗府举办定亲之宴，李白的那首《梁园吟》，已装裱一新，两侧是杜甫和高适在梁园写的七律，宗姬用楷书记述了诗坛三杰周游梁园的始末。珠联璧合，相映生辉。大厅里洋溢着浓浓的诗情和友情。

第二天，高适要去塞北，李白要和杜甫去济南，而后再转道去任城。分别时，宗姬为李白牵着马，一直将他送到八里亭，才依依不舍地挥手道别……

第二十六章

只因迟去了八天，竟与知音成了永别！金丹未炼成，还险些丢了性命！

青莲居士谪仙人，酒肆藏名三十春。
湖州司马何须问，金粟如来是后身。
——《答湖州迦叶司马问白是何人》

1

李白回东鲁之前，在与宗姬商量迎娶之事时，显得有些为难。其实，宗姬知道，在这之前，李白已与鲁女结为了秦晋之好，并为他生了个男孩，李白为他取名“天然”。鲁女不但要哺乳襁褓中的小“天然”，还要照料平阳和伯禽姐弟二人的生活。虽说家中衣食无忧，但鲁女既要照料三个孩子，又要操劳家务，十分不易。好在鲁女无怨无悔，她只盼望着李白早日归来。鲁女虽然贤惠，但却是农家女儿，出身低微，而宗姬不但出身高贵，且知书达理，让她位居鲁女之后，李白实在难以启齿。

豁达直爽的宗姬已察觉到了李白的内心矛盾，她笑着说道：“操持家务我不及鲁姐。因为我过惯了饭来动口、衣来伸手的日子，对居家过日子，可说是还没入门。到了任城后，我不但要向鲁姐学做女红，还要请她教我如何做饭炒菜呢！你回任城后，一定代我问候鲁姐。”说到这里，她向使女招了招手。

使女连忙从房中取来一个包袱，解开包袱，里边是几件孩子们的衣褂，还有两匹缎子衣料。

李白说道：“我代孩子们向夫人道谢。”

宗姬笑了：“别谢我，要谢就谢姑母吧，这都是她托人连夜赶制的。”又指着衣料说：“我不知道鲁姐的身材，这两匹衣料，请她为自己缝制几件衣裳吧！”

李白没想到宗姬会如此通情达理，他想说些什么，但又一时不知该说什么才好，只是深情地望着宗姬。心想，待料理完家务之后，就立即来洛阳迎娶宗姬。

第二天，高适去了长安，而后转道北上，去投奔哥舒翰去了。杜甫说要送李白一程，谁知一送就送到了洛南！他们携手游了泉水众多的泉城以后，又结伴去了北海郡。北海郡设在青州。他们要去拜访北海太守李邕。

李邕是当代的书法大家，文坛巨子。李白当年未出川时，曾向时任渝州刺史的李邕投递过诗稿文章，希望能得他的推荐，结果却吃了闭门羹！他当时对这位前辈心有不满，曾写了一首《上李邕》，以回敬这位前辈。数十年过去了，当年的渝州刺史，熬到如今，成了一名太守！而当年不知深浅的蜀人李太白，却成了名声大振的诗仙了！不过，此时的李邕，已经少了当年的豪放和傲慢，对世事已经看得很淡了，李白也从红极一时的顶峰跌落下来，被玄宗“赐金还山”了！

当李邕设宴招待他们时，笑着说道：“当年在渝州时，我未接见太白，事后得到了太白《上李邕》。此诗豪气冲天，文才斐然，下官本拟再与太白深谈时，太白已离开了渝州！不过，《上李邕》一诗，下官至今难以忘怀。”说到这里，他站起身来，大声咏哦起来：“大鹏一日同风起，扶摇直上九万里……”

李白听了，脸上骤觉发烫，笑着说道：“太白当时年少气盛，又不识世事之险，乞盼前辈见谅。”

李邕笑着摇了摇头，说道：“今日太白来访，实乃幸事，下官愿为太白作一拙书，以补当年之失。”说完，命书童取来笔墨，当场在四尺竹纸上挥写了一首谢朓的《游东田》。

李白双手接过。

李邕也为杜甫作了一幅屈原的《天问》。

李邕放下手中的笔，对李白说道：“太白现在有陛下的金牒，可以天马行空，周游天下，令下官羡慕不已。太白若有兴趣，不妨去边塞看看。”说到这里时，脸色突然凝重起来。他轻轻叹了口气：“不过，同僚和至友们对幽州的异象，都有所警惕，下官亦有察觉，曾经上书陛下……不说这些了，免得败了我们的酒兴！来来来，我们三人同饮一杯！”说完，喝尽了杯中之酒。

临别时，李邕告诉李白和杜甫，青州的山上有一种桃树，每到霜降时桃子才成熟。桃子虽小，半红不青，其貌不扬，剥开后桃肉紫红，甘甜如蜜，当地称为雪桃。他邀约二人待秋尽时再相会青州，去山中品尝雪桃。二人爽快地答应了。

不过，他们都不曾料到，青州一别，竟是诀别！

离开北海后，杜甫要回洛阳，李白要去任城，二人在青州的南门相别，便各自上路了。

2

李白回到任城不久，收到了贺知章托人带来的一信，信中告诉了他一个天大的喜讯：晁衡随日本国遣唐使归国途中，因在海上遇到风暴船沉人亡的消息，是一种误传，晁衡还活着！他正在去长安的途中，不久便将路过扬州！

李白读了信，心中十分激动，他决定前往扬州，去探视这位死而复生的异国诗友！安排好家务之后，第二天就直奔扬州而去了。

扬州，不但是李白挥金如粪土，结交众多友人的浪漫之地，也是他穷困潦倒，险些绝命的伤心之处！二十四年后再来扬州，有一种恍若隔世之感。

在瘦西湖的运河旁边，有几只搭着绿绸遮阳的游船，在荷花丛中划过，从船上传来

一阵阵软绵悠长的吴歌，吴歌的余韵撩人思绪。他不由转头朝湖面望去，似乎觉得那些游船在什么地方见过，那种吴歌也曾在哪里听过，至于在哪里见过、听过，却一时记不起来了。

他顾不上欣赏瘦西湖的诱人景色，便匆匆去了扬州驿馆。

听说李白来了，晁衡连忙出门迎接。二人站在台阶上无声地对望了一会儿：这就是已葬身海底的大唐秘书监？

这就是自己日思夜想的翰林待诏？

忽然，二人同时大喊起来：

“晁兄！”

“太白弟！”

晁衡连忙拉着李白去了他的客舍。

故人相逢，不可无酒。晁衡让驿吏将酒菜送到客舍，二人边饮边谈起了各自别后的经历。

李白想起了当年在长安辞别时的情景，问道：“晁兄呀，你随遣唐使归国时，陛下作诗赠你，贺知章置酒为你送行，王维、包佶等诗友都作诗赠别。我当时曾对你说过，晁兄此次回日本，一定还会回到大唐的，就不为你送诗了，等你再从日本回来时，我们要共饮三百杯！还记得吗？”

晁衡：“记得，记得！此话被太白兄言中了，实乃天意！”

李白放下酒杯，声音有些哽咽，说道：“晁兄离开长安后，我和诗友们一直没能得到你的音讯，以为东海茫茫，航途遥远，书信迟来。谁知——”

原来，晁衡离开长安后，从山东崂山的徐福岛升帆东渡，头三天，海上风平浪静，谁知到了第四天，忽然狂风大作，巨浪滔天！遣唐使乘坐的三桅大船，先是桅杆被大风折断，继而船舷被巨浪撞碎，船舱进水，人们纷纷落海！有的人抱着断折的桅杆，有的人抱着箱子、木凳，在浪涛中哭号着、挣扎着。晁衡抱着自己的书箱，在波涛中挣扎了一会儿，呛了不少海水，体力已有些不支，便扔了书箱。又游了一会儿，觉得身子渐渐下坠，他已经绝望了。海面上忽然飘来一块长长的船板，他连忙紧紧地抱住了……他不知道自己在大海中漂泊了多少天，等他醒来时，发现自己被潮水推到了一片沙滩上！

几位安南的渔民将他抬到岸上，为他喂了些米粥，又换上了干爽的衣服。当渔民们听说他是大唐的三品朝官时，连忙报告了当地的官府。官府不敢怠慢，逐级上报到长安。玄宗得到消息后，立即下诏：待晁衡调养之后，即刻派员护送回京！

扬州，是晁衡回京的必经驿站。

李白听了晁衡的叙述，一面擦着泪水，一面说道：“晁兄呀，我在长安时听说了遣唐使的官船发生海难，船上的人全部遇难，以为再也见不到晁兄了，还写了一首诗祭奠你呢！”说完，又抹起了眼泪。

晁衡笑着说道："你我情深谊长，上天不忍心把我们分开，这不，我们又见面了！"

李白听了，点了点头。

看到李白的眼眶里还有泪花，晁衡改变了话题，他说：太白弟，你不是信奉道教吗？你听说过秦代方士徐福吗？遣唐使的官船就是从徐福岛出发的。当年，秦始皇统一天下之后，听说海上有仙山，山上有灵草，可制长生不老之药，他便派人入海寻找，但皆无功而返。方士徐福请命，率童男童女各三千人，并带上种子、药草、百工、用具，由崂山的一座小岛起航，出海后再也没有回来！他起航的那座小岛，后人称为徐福岛。

晁衡还告诉李白，徐福岛在东海崂山旁边。崂山是道教丛林，听人说常有神仙在山中出没，嘱他若去崂山修道，别忘了去看看徐福岛。

晁衡的一席话，果然勾起了李白的兴趣。他说道："在下赋闲在家，正想外出拜师修道。崂山既然是东海仙山，岂有不去的道理！"

晁衡见他脸上已无悲伤神情，便笑着问道："太白弟不是写了一首祭奠我的诗吗？可否让我这个被阎王爷打发回来的人拜读呀？"

李白听了，从一卷随身携带的诗笺中抽出一张，递给了晁衡。晁衡展开一看，诗题是《哭晁卿衡》：

日本晁卿辞帝都，征帆一片绕蓬壶。

明月不归沉碧海，白云愁色满苍梧。

诗中的帝都，就是大唐的长安城，蓬壶，是传说中的蓬莱仙境。开头点明了晁衡归国之事，第二句是描写海上情景，第三句将晁衡遇难比作沉没大海中的明月，表达了李白对这位异国诗人的赞美和惋惜，最后一句，说他听了噩耗后的悲痛心境。

晁衡看了，泪水不由自主地夺眶而出，他当即写了一首《致李太白》，表达了自己对李白的真挚感情。

3

离开扬州之后，李白未回任城，而是南下去了越州，他要去看望推荐自己入朝的师长、诗友贺知章。他至今还记得在长安城外临别时，贺知章对他说过："你要是想我了，就去越州看我！镜湖的鲜鱼和会稽的黄酒，可是人间的一绝哟！"今天，他终于来到了贺知章的故乡。

三十六岁的贺知章考中进士后，便离开了越州，在长安任官五十年，直到八十六岁时才获准辞官，回到了他日思夜想的家乡。但家乡已物是人非了，双亲和长辈们都已作古，童年时的小伙伴，有的垂垂老矣，有的已不在人世，唯独碧波万顷的镜湖依然如故。他每天都拄着竹手杖在湖边漫步，走累了，就在凉亭里歇歇脚，读读书，或吟哦几句诗，

心里十分舒坦。

有一天，一群在湖边戏水的孩子，看到一位胡须雪白的老者，正坐在凉亭的石凳上看书，心里有些好奇，又看到他身穿丝绸长衫，腰系一只玉佩，以为他是外地来的客人，于是，便在他旁边叽叽喳喳地议论起来。

老者身边的老仆人怕孩子们打扰了他，要将他们赶出凉亭，但却被老者制止了。老者放下手中的书，问道："你们是谁家的孩子呀？读没读书？都读了些什么书？"

孩子们见他和蔼可亲，便围拢过来回答他的话。

有个十多岁的孩子问道："你是谁家的客人呀？来这里干什么？"

老者说："我就是越州人呀！来这里看看湖景，吹吹湖风。"

孩子："老爷爷，你的家在哪里？"

老人用竹杖朝湖边的一座高大房舍指了指："那里就是我的家！"

孩子们不信："老爷爷骗人！"

老者慈祥地笑了，说道："我说的是真话。"

孩子说："我听外公说过，那座大房子里当年出了一位年轻进士，进士在京城里当了大官，皇帝很敬重他，让他当太子的老师。"

老者说："那就是我呀！"

孩子们仍然不信："那位进士很年轻，而你却是个白胡子老爷爷！"

老者捋了捋胡须说道："一晃就过去了五十年，我就变成今天的模样了。"

孩子们听了，有些半信半疑。

老者说："你们若是不信，就用这里的口音跟我说话，看我能不能听得懂？"

孩子们听了，都七嘴八舌地用当地的越语跟他交谈起来……

当孩子们走了之后，老者感慨万分，在凉亭的石桌上写了一首《回乡偶书》，记述了他与孩子们的对话情景。

李白来晚了！

当他来到镜湖旁边的贺府时，见大门上贴着一副白纸挽联，身着缟素的老管家见李白来了，哭着说道："若太白早来八天……"

李白一听，什么都明白了！他问道："贺监葬在何处？"

老管家指了指远处的山坡，呜咽着说道："葬在贺家的祖坟山上。"

李白向老管家讨了些香烛冥钱和酒菜，便跟随他前去祭奠。

李白双膝跪在墓前，默默地拜祭完了之后，对着墓碑说道："贺监呀，我接到你的信后，便去扬州看望了晁衡，他已奉诏去了长安，你放心好了！"

老仆人似乎想起了什么，他从衣袋里取出一张折叠起来的诗笺，说道："这是贺监在湖边凉亭里写的，他曾说过：'等太白来了，要请他指教。'"说完，将诗笺递给了李白。

李白展开诗笺，上面写着：

少小离家老大回，乡音无改鬓毛衰。
儿童相见不相识，笑问客从何处来？

4

鲁女善良。李白在长安三年，虽然是翰林待诏，却是不折不扣的“月光族”。他本来就好酒，又喜交友，翰林待诏的那点俸禄，他大都付了酒钱，有时还不得不向同僚们借钱，用以招待来访的友人。好在鲁女吃苦耐劳，省吃俭用，一文铜钱恨不能掰成两半用！孩子们的四季衣裳和鞋袜，都是她一针一线缝制出来的。因她的裁剪手艺好，还经常为大户人家做些针线活，以补贴家用。李白辞官离京时，玄宗赐给他的千金，他已托人送到了任城。鲁女收到后连包袱都没解开！鲁女最大的心愿，就是盼着李白能早日回家，一家人团团圆圆地过日子。就是粗茶淡饭，只要一家人围坐在桌旁一块儿吃，比山珍海味都香！

鲁女命薄。当她得知李白要娶宗姬之后，虽然偷偷地哭了一夜，但天亮后就像什么事都没发生过。她认命了，以为这都是上天的安排。她用宗姬送她的衣料，为李白缝了两件长衫，让他外出访友时穿，又为两个孩子各裁了一套衣裳。剩下的衣料都压在了箱底，打算等宗姬过门后，也为她量身缝几件衣裳。

就在她憧憬着今后如何过日子时，死神却盯上了她！

李白离京之后，鲁女天天扳着指头数日子：丈夫该走到半路了，丈夫快进山东地界了，丈夫明天就能到家了……但生性喜爱漫游的李白，因在回家的路上遇到了杜甫，结伴去游汴州梁园时，遇到了高适，没想到在梁园与宗姬结下了一段奇缘，归期一误再误！就在他到达任城的前一天，鲁女在河边洗完了衣裳，刚一站起来，突觉眼前一黑，便栽倒在河滩上了！幸亏旁边有几位洗衣裳的大嫂，将她抱到树荫下，轮流用手指掐她的人中，掐了半个时辰，她才醒过来。

她以为自己是做针线活熬了一夜，没睡好引起来的，并未把此事放在心上，更没告诉李白。

李白回家不久便去了扬州，他看望了晁衡之后，又借道去了越州，拜访在越州颐养天年的贺知章。不想贺知章已于八天前谢世了！因耽误了行程，迟回了几天。他无论如何都接受不了眼前的残酷事实：他刚刚走到家门口，三个身穿孝服的孩子一齐扑到了他的怀里！他们哭着告诉李白：三天前，母亲在灯下为李白纳靴底时，身子忽然一歪，便倒在地上了！孩子们慌了，都拼命地哭着、喊着，但鲁女没有应声，好像睡熟了，不过，再也没有醒过来……

李白心如刀绞，他扑在一座刚刚垒起的坟包上号啕大哭着，他本想与鲁女商量，准备再盖几间新房，添置些家具，还要买几亩河边上的土地，谁知鲁女却撒手而去了！

也许李白的哭声惊动了上苍，灰蒙蒙的天上忽然落起雨来，雨水随着他的泪水滴落在新坟上。他怕雨水打湿了坟中的鲁女，连忙脱下身上的衣衫，盖在坟头上……

连续三天，李白未出大门。他亲自为鲁女撰写了墓志铭，又亲笔为她题写墓碑。

5

得知鲁女病逝的噩耗之后，宗姬便命人连夜备车，前往任城奔丧。

宗姬虽然没见过生前的鲁女，但心里把她当成了自己的亲人。到了任城之后，尽管她在驿道上不分昼夜地奔波了八百余里，已十分劳累了，但她下车之后，顾不上歇息，穿上孝服，执意要去祭拜她的鲁姐！于是，李白便陪她去了鲁女的墓地。

宗姬拜祭了鲁女之后，在坟前长跪不起。她流着眼泪，哭得十分伤心，边哭边说：“鲁姐，宗姬在你坟前起誓：宗姬会像你那样，照料好三个孩子，你在九泉之下放心好了……”说完，又大哭起来。

太阳已经偏西了，李白劝了几次，宗姬不肯起来。平阳、伯禽和小天然走到她身边，对她说道：“宗娘别伤心，我们回家吧！”说完，将她拉了起来。宗姬抬起头时，李白发现，她的双眼哭得又红又肿！

令李白没有想到的是，宗姬到了任城之后，就不打算再走了。她不但学会了做饭、洗衣，到了晚上，待孩子们都睡下了，她便坐在灯下，一边学着做针线活，一边陪着李白读书。过了子夜，还能看到卧室里的灯光！

细心的宗姬知道，自鲁女去世后，李白一直未能从悲哀中走出来。经常能听见他的叹气声。她怕他憋出病来，心中一直不安。

有一天，杜甫来看望他时，二人去游览了曲阜的天门山。回家后，他写了一首《鲁郡东石门送杜二甫》：

醉别复几日，登临遍池台。
何时石门路，重有金樽开？
秋波落泗水，海色明徂徕。
飞蓬各自远，且尽手中杯。

宗姬读过之后，笑着说道：“夫君何不与诗友们结伴漫游，去散散心呢？”

李白摇了摇头。

宗姬见他整天都少言寡语，偶尔也去院子里舞一会儿剑，累了，便抄录道教的经书。因她也信奉道教，心里暗想，也许道家的玄机能把李白解脱出来，于是说道：“青州有位北海仙人，俗名叫高汝贵，人称他天师，他能向道众传授‘道箓’，我愿陪夫君前去求教。”

李白听了，立刻答应了。安顿了家务之后，二人便去了青州，献上了“贽礼”之后，便拜在了这位天师的门下，学习“道箓”。

道教的“道箓”仪式，十分奇特，道书上说：

初授《五千文箓》，次受《洞箓》，次受《洞玄箓》，次受《上清箓》。

受箓者必先洁斋……斋者有人数之限，以次入棉葩之中，鱼贯面缚，陈诉愆咎，告白神祇，昼夜不息，或一二七日而止……

也就是说，受箓之人要把自己的双手背剪起来，要七天七夜围绕坛坫鱼贯而行，还需不进水米，口中要不断向神祇忏悔。第一个七天之后，还须重复一次，凡熬过这一关的人，才算取得了“道箓”，成为一名合格的道士。

有了“道箓”的李白，取号“青莲居士”，也就是在家中修炼的道士。青莲，是他的四川老家青莲乡。

听说吴筠在天目山中炼丹，夫妇二人又前往拜访，向他学习道教的九转炼丹之法。

晋代的葛洪得道之后，在《抱朴子·金丹篇》中透露了九转金丹的神妙：

一转之丹，服之，三年得仙；
二转之丹，服之，二年得仙；
三转之丹，服之，一年得仙；
四转之丹，服之，半年得仙；
五转之丹，服之，百日得仙；
六转之丹，服之，四十日得仙；
七转之丹，服之，三十日得仙；
八转之丹，服之，十日得仙；
九转之丹，服之，一日得仙。

李白的最终目标是“九转之丹”。他认为，服了九转之丹之后，便可身生双翼，飞升而去，与宗姬一道，成为一对“神仙伴侣”了！

不过，金丹可不是能轻易炼出来的。不但要花钱修筑丹炉、砍伐硬木老树，购买炼丹的矿石，雇用杂工，还要日夜不停地往炉内填柴。更要命的是，要七七四十九天不得离开炼丹炉！

李白在《题嵩山道人元丹丘山居》中写道：

拙妻好乘鸾，娇女爱飞鹤。

提携访神仙，从此炼金药。

在炼丹的日子里，李白满身满脸都是乌黑的炭灰，衣袖和前襟还烧出了几个大窟窿！人累得筋疲力尽，眼被烟火熏得通红，视物不清，炼出来的却是几粒不白不灰的粗砂子！也就是所谓的丹砂。他偷偷吃了几粒，觉得淡而无味，不久便腹中不适，精神恍惚，还大病了一场，险些丢了性命！

宗姬为了安慰他，告诉他说，听江南来的道士们说过，庐山有位女道士，她能白日升天，往返自如，人们都叫她李腾空。宗姬想陪他前去拜师。李白对道教的炼丹升天，已经绝望了，他没去庐山，只是为她作了一首《送内寻庐山女道士李腾空》，便离开天目山，独自回到了任城。

第二十七章

孤身探幽州，亲眼看到山谷里在打造兵器，裁缝铺里在赶制官服，只是没法看到大漠深处那支神秘的“曳落河”。

幽州胡马客，绿眼虎皮冠。
笑拂两支箭，万人不可干。
弯弓若转月，白雁落云端。
双双掉鞭行，游猎向楼兰。
……

——《幽州胡马客歌》

1

自济南与杜甫分手后，不知为什么，李白总是对他放心不下，自己虽然未能实现匡扶社稷、造福苍生的抱负，但毕竟得到了玄宗的赏识，当了一名令世人羡慕不已的翰林待诏。辞官时又得到了玄宗“赐金还山”的待遇，更重要的，是“诗仙”之名已天下皆知。而杜甫呢，至今不但仍未入仕，连生活都捉襟见肘，而且瘦弱多病，自己当年也有过这种经历。他同情杜甫，也为他的才华未能受到世人的重视而愤愤不平。

回到东鲁之后，李白购置了一些田亩，还在任城买下了一座规模不大的酒楼。他想请杜甫到东鲁住些日子。杜甫不是未能登上泰山而遗憾，只写了一首《望岳》吗？自己要亲自陪他同游泰山，再去曲阜拜谒圣人留下的孔府、孔庙和孔林！但他不知杜甫如今身在何处？日子是怎么过的？心中一直挂念着。

其实，杜甫也在日夜思念着李白，就像弟弟思念着自己的兄长！这种情谊不但真诚，而且随着年月越久，就越笃厚。

听说礼部尚书林大雅已诏为集贤院的主考之职，杜甫便精心挑选了自己满意的诗篇和文稿，前往林府“干谒”。第一次“干谒”时，林府的门房说，尚书去拜会宰相杨国忠去了，他只收下了杜甫的名刺而未接受诗文。第二次去“干谒”时，他在林府门口等候了一个多时辰，这次是管家接待了他，说尚书正与洛阳尹在商谈政事，无暇接见，让他择日再来，说完，便转身走了。上巳节时，朝廷六部九卿的署衙皆依律放假。出城踏青。天色未亮，他便赶到了林府门前，心想，一旦林尚书出门，他便当面将诗文呈给他。他认为，尚书的职位虽高，架子再大，总不至于当面拒绝他的“干谒”吧！

天亮后，只听“吱纽”一声，林府的朱漆大门终于打开了，紧接着，三辆马车载着府中的女眷们驶出了大门。杜甫看到林尚书微笑着坐在最后一辆马车上，便连忙跑过去，双手捧着诗笺文稿，刚刚说了一句“草民杜甫拜见……”还没等他说完，马车已从他身边疾驰而过！他向前紧追了几步，不想被一个随行的彪形家丁猛地推开了，他打了一个趔趄，摔倒了。等他抬头再看时，三辆马车已经绝尘而去了！

他气愤，他不平！但也无可奈何。

这时，一个中年男子走到他的身边，将他扶了起来，问道：“没摔痛吧？”

杜甫摇了摇头，问道：“先生是……”

男子说道：“我叫高云。”

杜甫：“先生来这里——”

高云：“跟你一样，也是来‘干谒’的。”他叹了口气，接着说道：“我已来过六次了，都无缘见到这位林尚书。看来，得另找人家了。”

同是天涯沦落人，相逢何必曾相识。高云是湖北鄂城人氏，自幼饱学诗书，志向高远，赴京科考落榜，便滞留长安，在权臣和贵胄之间“干谒”，但不是遭人白眼，就是热脸贴人家的冷屁股！他已心灰意懒，正准备回家，不料遇到了也是“干谒”无门的杜甫。惺惺惜惺惺，二人边走边谈，像一对结识已久的友人结伴而行，不知不觉间，也汇入了出城踏青的人流……

2

有一天，杜甫在寄给李白的信中说，为了“干谒”权贵名士，他已搬到了长安，住在贤良坊的三间民宅里。由于朝中无人，“干谒”之门难以叩开，尝遍了世间的冷暖，还随信附上了一首《奉曾韦左丞文二十二韵》：

朝叩富儿门，暮随肥马尘。
残杯与冷炙，到处潜悲辛。
……

李白不但喜爱杜甫的诗，也看中了他的人品，认为他是当今诗坛上的后起之秀，将来一定会是诗界的泰斗！对他目前的处境，自己感同身受。于是，便告别了宗姬和孩子们，赶往长安去看望杜甫。

见李白来了，杜甫十分激动，他连忙取出近些日子写的诗稿。李白十分佩服杜甫的勤奋，他数了数，共有八十六首，其中有一首《丽人行》：

三月三日天气新，长安水边多丽人。

态浓意远淑且真，肌理细腻骨肉匀。
绣罗衣裳照暮春，蹙金孔雀银麒麟。
头上何所有？翠微盍叶垂鬓唇。
背后何所见？珠压腰衱稳称身。
就中云幕椒房亲，赐名大国虢与秦。
紫驼之峰出翠釜，水精之盘行素鳞。
犀箸厌饫久未下，鸾刀缕切空纷纶。
黄门飞鞚不动尘，御厨络绎送八珍。
箫鼓哀吟感鬼神，宾从杂遝实要津。
后来鞍马何逡巡，当轩下马入锦茵。
杨花雪落覆白蘋，青鸟飞云衔红巾。
炙手可热势绝伦，慎莫近前丞相嗔。

李白吟哦完了，连声说道："佳句养目，好诗润心！杜贤弟是如何写出此诗来的？"

杜甫边为李白斟酒边说："上巳节那天，长安城里万户空巷，倾城而出，我与友人去城外曲江岸边踏青时，看到从西门驰出四队马车，皆是肥骢华轮，珠光宝气，旌旗招展，仪仗林立。前有军士开道，后边跟着一群家丁奴仆，人人衣着艳丽。他们四家来到曲江之滨，在地上铺展红毡，四周围有锦幛，仆人送上酒盏，在丝弦声中女伶们翩翩而舞，其声其势不亚于皇家！听人说，这是杨国忠和杨氏三姐妹出城踏青！于是，我就写下了此诗，请太白兄赐教。"

李白又吟哦了一遍，拍案叫绝。

杜甫忽然问道："太白兄，北海太守李邕已经谢世，你可知道？"

李白听了，吓了一跳。因他在天目山炼"九转金丹"，对世事知之甚少，连忙问道："李邕死了？他是怎么死的？"

杜甫简要地告诉了他：

年纪越来越老的玄宗皇帝，自得到了安禄山贡献的助情花籽之后，整日迷恋在后宫的温柔乡中，大唐的军政大事，皆交给左相李林甫"酌处"。

口蜜腹剑的李林甫，因视胡杂安禄山为嫡系，与他结拜为兄弟，并竭力推荐他入朝。凡对揭发安禄山谎报军功和怀疑他有谋反之心的官员，皆遭到了他的迫害。他常借进言之机，在玄宗面前陷害朝中政敌，中伤正直大臣，屡兴大狱，排斥异己。他还制造了一个"拥立太子李亨"的冤案，大开杀戒！他派出爪牙前往北海，审问太守李邕时，李邕拒不认罪，竟被他们以棍棒活活打死！接着，他又下令审问淄州太守裴敦复，又故伎重演，在公堂上活活将他杖毙！酒中八仙之一的李适之，被李林甫贬谪之后，知道李林甫不会放过他，为了免受酷刑折磨，竟服毒而死！与他交往颇深的崔成辅，因受到株连，

也被贬到了湘阴……

当年的武状元王忠嗣，是陇右节度使，也是大唐的著名战将。因他上书劝阻李林甫攻打吐蕃石堡的计划，指出此城易攻难守，取之无益。李林甫以“阻挠军功”的罪名，将他贬为汉阳太守，又推荐哥舒翰为节度使，并命他率军前去攻打石堡城。此城虽然攻下，却有五万将士战死沙场！而刚刚占领的石堡城又得而复失！王忠嗣听到这一消息后，气愤难当，吐血而亡！

在中国历史的奸臣榜上，名列前茅的李林甫在宰相位置上整整干了十九年。到了晚年，他不仅要使尽浑身解数服侍好唐玄宗和杨玉环，时时提防着自己的冤家对头杨国忠，还要腾出手来安插自己的亲信，千方百计地保护着胡杂安禄山。

安禄山并不怕玄宗，也不怕杨国忠，更不怕满朝的文武官员，他只怕一个人：李林甫！他怕到什么程度呢？就像老鼠遇上了眼镜蛇！史书上记载：安禄山“每见左相，虽盛冬，常汗沾衣！”他曾对人说过：“我安禄山出生入死，天不怕，地不怕，当今天子我也不怕，只是害怕李相公。”

恶有恶报，一人之下万人之上的李林甫，忽然卧床不起，又过了几天，竟然翘了辫子！

李林甫死后，杨国忠仍不甘心。他暗中安排人上书玄宗，弹劾李林甫生前策划谋反，而且人证俱全！玄宗听了，大为震怒，立即下诏：削去李林甫的一切官职！

杨国忠趁火打劫，他命人将李林甫的尸体从棺材中拖出来，掏出了他含在嘴里的珠子，剥去了他身上的紫金朝袍，改用庶人之棺下葬，并将他的子孙们全部流放到了岭南和黔中！

李林甫一死，杨国忠松了一口气，因为再也没有人敢与他争夺权力了；安禄山也松了一口气，因为大唐再也没有让他害怕的人了！

如今的杨国忠，已成了大唐宰相。他把大唐江山当成了杨家的菜园子，他想吃什么菜就种什么菜！怪不得他和韩国夫人、虢国夫人、秦国夫人出城踏青，会有如此张扬的阵势！

杨国忠原本是个不学无术、不知廉耻的市井无赖。自依仗杨玉环的裙带关系当了宰相之后，不但对文武官员颐指气使，还好大喜功，力谏唐玄宗发兵讨伐南诏。因他毫无军事才能，屡屡在云南边陲损兵折将，几乎全军覆没，使大唐王朝大伤元气。他派鲜于仲通率领八万唐军进攻西洱河时，开战不久，将士已死六万余人！为了邀功请赏，他不但隐瞒战况，还派出御史在两京（长安、洛阳）和河南、河北等地强行抓捕男丁，以补充兵员。被抓的男丁以枷锁相连，押赴战场。男丁们别亲离乡，哭声震野，泪洒千里！为此，杜甫还写了一首《兵车行》，诗的末尾写道：

> 君不见，青海头，古来白骨无人收。
> 新鬼烦冤旧鬼哭，天阴雨湿声啾啾。
> ……

3

天宝十年（751年），李白一路南下，经扬州到了金陵，在夫子庙前，他忽然看到了一个熟悉的身影，走近一看，竟然是长安诗友崔宗之！

崔宗之因受刑部尚书韦贤的连累，被李林甫贬到了湖南，没等李白走近，崔宗之已认出站在他面前的，竟然是李白！他乡遇故人，彼此都十分惊喜，二人进了夫子庙旁的一家酒肆。

他们对面而坐，边酌边谈。原来，崔宗之被贬出京城之后，李林甫仍不放过他，又将他贬到了金陵。一个是被当局放逐、"赐金放还"漫游天下的诗人，一个是学通古今、才高八斗却遭到一贬再贬的前朝宰相之子，他们不但是当年长安的"酒中八仙"，也是志同道合的挚友，今天在金陵不期而遇，都有说不尽的话题。他们不但痛恨李林甫的专权和阴险，残害了不少朝廷的忠良之士，也痛恨当今宰相杨国忠，他不但大权在握，一人兼文部尚书等四十余职，搜刮民脂民膏，还以防止安禄山谋反为由，干涉军事，安插亲信，"当面叫哥哥，背后捅家伙"，二人明争暗斗，更加剧了局势的恶化！谈到江山社稷危在旦夕时，都禁不住失声痛哭起来，崔宗之当即在酒桌上写了一首《赠李十二白》：

我是潇湘放逐臣，君辞明主汉江滨。
天外常求太白老，金陵捉得酒仙人。

李白也回赠了一首《酬崔侍御》：

严陵不从万乘游，归卧空山钓碧流。
自是客星辞帝座，元非太白醉扬州。

当秦淮河岸华灯初上时，二人才相互搀扶着，投宿夫子庙旁边的"悦来客栈"。

第二天一大早，店小二推开房门，说道："有客人求见李太白先生。"

李白问道："是谁要见我？"

店小二说："是位何姓官家。"

李白听了，连忙穿好衣服，随店小二下了楼。

一位四十多岁的男子连忙迎上去，一边施礼一边笑着说道："下官何昌浩，专程前来拜访太白学士。"

李白与何昌浩私交不深，只是在诗友们聚会时见过数面，后来听说他去了边塞，已是幽州幕府判官了，自此再未见过面，便问道："何公自何处而来？"

何昌浩说："幽州。"

幽州？那不是节度使安禄山的大本营吗？他为何前来拜访自己？

李白又问："何公怎么知道我来了金陵？"

何昌浩说："是驸马张垍告诉我的。"

李白说："何公前来——"

何昌浩没等他说完，便连忙从随身携带的书箱中取出一摞诗笺，笑着说道："下官虽身在边塞，却心在中原，常将所思所梦之事写入诗中，以抒胸怀，今特意前来求教太白学士。"说着，将诗笺双手递给了李白。

李白随手阅读了几首，虽然诗作对仗工整，辞藻华丽，但写的皆是些风花雪月、宫怨闺愁，并无新意。他不便道破，只是泛泛而论，说道："何公大作，遣字用典皆有功力，太白望尘莫及。"

何昌浩连忙说道："太白学士的诗名，天下已家喻户晓，妇孺皆知，连既不识胡文也不识汉字的安禄山将军，都十分敬仰，他还能吟哦其中的一些佳句呢！安将军还嘱咐下官，请太白学士前往幽州一游。"

一听到安禄山的名字，李白顿时警惕起来。他的目光虽在诗笺上游移，心中却想起一个人来：刘骆谷。

刘骆谷虽是汉人，却是安禄山的心腹。他是安禄山的京城留守，也就是驻京办事处主任，其实是安禄山设在长安的情报站，负责收集朝廷的军政动向和官员调配等信息，秘密派人送往幽州。他还奉命以重金贿赂一些举足轻重的文武官员，也收买、拉拢一些文人谋士，为安禄山摇旗呐喊，出谋划策。当他听说李白"赐金放还"时，便备了一份厚礼，邀请他去幽州，李白便以内眷患疾为由委婉拒绝了。没想到安禄山并不死心，竟派何昌浩追到了金陵，再次邀请他前往幽州。

原来何昌浩是安禄山派来的说客！

李白一边假装吟哦何昌浩的诗稿，一面默默地思忖着如何应对他的来访。

何昌浩见李白半天无语，笑着说道："安将军十分仰慕太白学士，邀请太白学士前往一游，欣赏塞北风物，品尝胡人的全羊大席。若太白学士愿意，下官愿推荐学士入安将军的幕府，一展才华，建功立业，前程无量！"

当听到这里时，李白本想立即拒绝，不想何昌浩又说出了一个人的名字：高适。

何昌浩告诉李白，年初时，安禄山曾派判官畅璀去了睢阳。睢阳县尉高适既有文才，也有军事才干，畅璀的任务就是劝说高适前往幽州，并答应他可在安禄山麾下担任要职！不想他去迟了一步，高适已投奔了哥舒翰！

听了何昌浩的一席话，李白忽有心动，这倒不是他真的想去投奔安禄山，也不是想去欣赏大漠风光和享用全羊大席，而是想趁机一探安禄山巢穴的虚实。他和许多人一样，都知道安禄山不但有谋反之心，也有谋反之实。有不少有识之士向玄宗皇帝上书，揭发安禄山的谋反前兆，有的大臣甚至将弹劾安禄山的奏章呈到了玄宗的御案上，但玄宗就是不理不睬，认为都是空穴来风！他甚至还将举报安禄山的官员押送到安禄山那里，任由安禄山处置！太子李亨曾亲自出面举报、弹劾安禄山，玄宗竟然也置之不理！这让太子和忠心耿耿的文武官员们心灰意懒！李白心想：自己何不趁此机会前往幽州，去实地察看安禄山到底有哪些谋反迹象？若有了真凭实据，回来后就直接向玄宗进谏！于是，他说道：“谢谢何公盛情邀约，在下愿意前往幽州一游。”

见李白答应了，何昌浩当即在一家酒楼里订下一桌丰盛的宴席，恭请李白和崔宗之赴宴。

崔宗之借故未去赴宴，临分手时，他告诫李白说，此行凶险难料，让他三思而行。

李白笑着说道：“太白心中有数，请崔兄放心好了。”还说，自己的幽州之行，为的是试探安禄山的虚实，以便向朝廷揭露他的狼子野心。

次日，他告诉何昌浩，自己先回东鲁，待料理好家事后，就动身前往幽州。何昌浩听了，喜形于色。因为他可以向安禄山交差了。

回到任城以后，李白将自己要去幽州漫游之事告诉了宗姬。谁知宗姬听了，连声反对，她说道：“夫君去幽州，无疑是进了虎穴！安禄山不但骄横跋扈，而且出尔反尔，狡诈凶残，而夫君品性坦诚，话语直率，若有什么闪失，恐凶多吉少！”

李白笑着说道：“幽州虽然是虎穴，但不入虎穴，焉得虎子？我若探到安氏的谋反真相，便可向朝廷进言，将战祸止于未萌之时，也可为社稷苍生建立一功，岂止一功，也是大唐的不朽之功！江山安危，匹夫有责。我此次去幽州，乃大丈夫平生实现抱负之举！”

宗姬听了，心中虽不愿意，但还是勉强同意了他的幽州之行。

4

初秋季节，天高气爽，正是出行的大好季节。李白从东鲁出发，一路向北，途中游历山水，以诗会友，无拘无束，潇洒自在，到达汴州时，应诗友于逖之请，写了一诗：

> 悲吟雨雪动林木，放书缀剑思高堂。
> 劝尔一杯酒，拂尔裘上霜。
> 尔为我楚舞，我为尔楚歌。
> 且探龙潭向沙漠，鸣鞭走马凌黄河！

李白在诗中告诉朋友们，自己姑且放弃平素喜爱的书和剑，要去探一探幽州的虎穴，会一会令天下闻之色变的胡杂安禄山！

次年初春，他到了河北的魏州，写了一首《魏郡别苏明府因北游》，路过洺州，他

写了《登邯郸洪波台置酒观发兵》等诗。到了暮秋时，终于抵达了幽州节度使幕府所在地——蓟州。

当天晚上，何昌浩在驿馆里设宴为他接风时告诉他说，安禄山和安思顺、哥舒翰三位将军已奉诏去了长安，与圣上商讨军政事宜，近期不会回来，请他在幽州多住些日子。还说，凡在幽州、平卢和河东三个节度使辖境之内，任由李白漫游。他离京时玄宗赠给他的金牒规定，他可“逢州吃州，逢县吃县”。在幽州，他是安禄山将军的贵宾，也是东平郡王安禄山请来的客人，凡李白所到之处，军政官员均会隆重接待，天天大宴！

开始几天，李白出门时，都由何昌浩亲自陪同，后来李白告诉他说，幕府的判官公务繁忙，自己只是随意走走，看看，就不必惊动他了。何昌浩便答应了他，另派幕府小吏马原为他的随从，替他牵马，为他服务。

此时的幽州，已是秋风瑟瑟，寒气逼人。不过，在寒气中也透着一种杀气。城外烽火台上的狼烟时熄时升，一辆辆战车在大街上滚滚而过，身着盔甲的士兵一队连着一队，长戟上闪烁着点点寒光，战马卷起的尘埃迷人双眼，猎猎的旌旗抖动着鲜红的血色，军校场上正在日夜进行操练，呐喊声和兵器的格斗声令人心惊肉跳……这一切，既让李白感到新奇，也感到了一种疑惑。

有一天，李白在军校场上观看了骑兵的操练之后，饭后正在看书，平卢节度使幕府判官崔度来到驿馆拜访，二人便秉烛长谈起来。崔度是李白在长安时结识的朋友，他是前朝礼部员外郎崔辅国的长子，因屡试进士不中，一气之下，便弃文就武，现在是平卢节度使幕府的判官。他见李白身边无人，便低声告诉他说，安禄山不但蓄有不臣之心，也有叛乱之实：他在范阳修筑了一座雄武城，在城里秘密贮存着大批兵器、军粮，还养了数万只牛羊、骆驼！现在，他手里虽然握着大唐的半数兵力，但仍以加强边事为由，到处招兵买马，扩充实力，其谋反祸心路人皆知！多少有识之士上书揭发、弹劾安禄山，劝谏玄宗削减安禄山的兵权，以防不测，玄宗非但不信，还不断地给他封官加爵，认定他就是社稷的肱股重臣，大唐的栋梁，百姓的福祉，这是养虎为患啊！今后，大唐必受这只恶虎之害！说到动情处时，竟然呜咽起来。他还警告李白说，幽州是天下的灾祸之源，不可久留，劝他早日离开幽州，以免受其之灾！

李白觉得他说的颇有道理，但只是听说而已，因为自己并未看到安禄山谋反的真凭实据，难以回去向玄宗进言。

崔度见他半信半疑，便说道：“太白兄倘若不相信，明天可去城北的裁缝坊看看。”说完，便告辞了。

5

第二天一早，他就和马原出发了，刚刚出了城门，就见远处的山谷里火光闪闪，半空中还弥漫着一片黑烟，“叮当”之声不绝于耳。走近时，见数十辆牛车迎面走来，车上盖着一层茅草，当牛车走到身边时，李白顺手掀开了茅草，见茅草下面是刚刚锻打的军刀！有的车上还载着矛头和箭镞。李白心中骤然一惊，按大唐律法规定，私制私藏军械者，罪该当死！大唐将士使用的兵器，皆由朝廷调拨，安禄山在山谷中打造的这些兵器，是作何用途呢？

到了裁缝坊，见是一家挨着一家的裁缝铺，裁缝匠们正在忙碌着。有的在裁制军服，有的在赶制披巾、鞋帽，并无特别之处。在裁缝坊的尽头，有两家窗子紧闭的裁缝店，门口站着两名带着腰刀的士兵，这引起了李白的好奇。他信步走了过去，刚要叩门，两个士兵同时大喊起来：“站住！”

李白吓了一跳。

一个长着络腮胡子的士兵走到李白身边，恶狠狠地问道：“你是谁？来这里做什么？”

李白毫不胆怯，反问道：“我来这里，犯了什么法？”

络腮胡子说：“你犯了安将军的军法！”

李白冷笑了一声：“那又怎么样？”

络腮胡子冷笑着说道：“看了不该看的东西，剜眼，进了不该进的地方，砍脚！”说完，对身边的一个年轻士兵说道：“拿麻索来，捆了！”

年轻士兵将一根手指粗的麻索，递给了络腮胡子，络腮胡子刚要捆绑李白，这时，马原匆匆赶来，他指着络腮胡子的鼻子吼道：“住手，不可无礼！”

络腮胡子连忙丢下了手中的麻索，指着李白问道：“他是什么人？”

马原说：“他是翰林大学士、安将军请来的尊贵客人，尔等怎敢无礼！还不向大学士请罪！”

两个士兵听了，连声求饶：“我们有眼不识泰山，万望大学士恕罪！”说完，连连弯腰行礼。

李白笑着说道：“不知者不罪，不必介意。”说完，若无其事地进了房子，看了看案板上的衣料和缝制好了的成衣。看着看着，心里“咚咚”猛跳起来。左边的条案上正在剪裁绯衣银带，靠墙的条案上正在缝制紫衣玉带！在库房的柜子里，整整齐齐地码放着一堆朝廷命官穿戴的官服吏袍。节度使虽是封疆大吏，但谁也无权私制朝廷官员的官服！安禄山秘密赶制这些官服，其野心和祸心已昭然若揭：他是在为另立朝廷时封赐亲信官员做准备的！

李白这才明白了崔度让他到裁缝店看看的用意。

晚上，崔度再次来到驿馆。李白将自己的所见所闻告诉了他。崔度说，在大漠深处，有一座用牛皮搭建的营帐，那是安禄山最精锐的部队“曳落河”的营地。“曳落河”是安禄山从契丹、突厥、同罗、奚族等少数民族中挑选出来的一些勇士，个个强悍无比，共有八千余人，都被安禄山收为了假子，他们也都发誓效忠义父安禄山！“曳落河”们

在大漠深处日夜操练，那里到处都是刀光剑影，铁骑飞奔，杀声震天，若有外人闯入，格杀勿论！

这支神秘的“曳落河”军队，勾起了李白的冒险探营的念头，崔度听了，竭力阻止，他说：“去不得！去不得！那里可是虎狼之窝啊！”

李白笑着说道：“我只想在营地外头看一看，他们敢奈何于我？”

崔度说道：“那些‘曳落河’们个个善射，箭无虚发，只要发现有陌生人靠近，便会放箭射杀！‘曳落河’的大营在大漠深处，单人独骑，根本无法到达。再说，何昌浩也不敢让你前去探营。”

李白听了，只好打消了前去打探的念头。

天宝十一年（752 年）冬初，李白凭借着自己的直觉和所见所闻，认定安禄山必反无疑！唯一不能确定的，是这个野心勃勃的胡杂何时发兵叛乱？

他决定尽快离开幽州，前往长安。他要向玄宗进言：当机立断削去安禄山的一切头衔！彻底粉碎安禄山的叛乱阴谋！于是，他写了一首《赠何七判官昌浩》，托马原转交给何昌浩，便连夜离开了幽州，去了长安。

他走得恰到好处。半个月后，安禄山由长安回到了幽州。假若李白仍然滞留幽州，安禄山岂能轻易让他离开？

试想一下，若李白滞留幽州，并成了安禄山的座上宾，将会是什么样的命运？他的人生之旅会是一种怎样的走向？

第二十八章

与玉真公主“姐弟恋”，注定修不成正果；在崂山，他终于梦见了九百多岁的安期生。

众鸟高飞尽，孤云独去闲。
相看两不厌，只有敬亭山。

——《独坐敬亭山》

1

回到长安后，因为没有诏令，李白无法进宫，更不能当面向玄宗揭露安禄山的种种劣行，于是便写成奏章，想托人送进宫去，但却无人敢于代转。他心急如焚，竟在客店里病了数日，一筹莫展。

有一天，听人说玄宗和杨玉环去了华清宫，他便立即从病榻上爬起来，雇了一辆马车，直奔骊山而去。

刚到华清宫门前，就被守门的禁军拦住了，任凭他如何哀求，禁军们毫不理会。就在这时，忽见驸马张垍来了，他是进宫面圣的。

原来，杨国忠鼓动玄宗两次发兵征讨南诏，不但未取得胜利，还先后阵亡了二十余万大唐将士！但他谎报军功，又指使一些亲信大臣联名上书，请求玄宗为他立碑，以表彰他的功绩！张垍就是受杨国忠所托，将众臣的联名奏章送进华清宫，恳请玄宗恩准为他立碑！

见了张垍，李白如同遇上了救星，他连忙拿出自己的奏章，委托张垍当面呈给他的老丈人！

回到客店后，李白整整等了十多天，不但自己揭发安氏的奏章如石沉大海，后来连张垍的影子都见不到了！他又恨又气，没等病好，便坐在榻上写了一首《远别离》。在这首诗里，他托言舜帝和二妃的生死别离，道出了自己心中的悲怆。诗中的“君失臣兮龙为鱼，权归臣兮鼠变虎”之句，表明了自己将与“圣明天子”彻底诀别的决心。

李白对安禄山必反的判断，是一种预言，他还在《古风》中发出了“明年祖龙死”的警告，果然，两年不到，“安史之乱”就爆发了！

极度苦闷的李白，十分渴望向人倾诉自己的心声，他第一个想到的，就是将他推荐来长安的元丹丘。谁知元丹丘听说司马承祯在终南山炼丹时仙逝，便匆匆去了终南山，

为他整理修道的手稿去了。

其实，他最想倾诉的人，是玉真公主。因为她是唯一能见到玄宗的人，可委托她向玄宗进言，让他提防安禄山。再说，他和玉真公主之间既有道友之谊，又有知遇之恩，另外，还有一种超乎道友与感恩的复杂情感，一直萦绕在他的心头。

开元十七年（729 年），李白与玉真公主相识时，只有二十九岁，比玉真公主小八岁。二人第一次见面，李白便对玄宗的这位胞妹产生了一种敬慕情愫，在他写的那首《赠持盈法师》中，用了鸣天鼓、腾双龙、弄电行云等辞藻，把玉真公主写得像九天玄女那样浪漫；而玉真公主对风流倜傥、潇洒不羁、高庭阔步的李白，也关爱有加，不但慷慨赠金，还多次向玄宗举荐。当玄宗对李白"赐金放还"时，她赌气对玄宗说："我的公主名号也不要了，皇室的待遇取消了吧！"她还散尽了家中资产，专心修道，不回京城。李白和玉真公主之间到底发生没发生什么故事？文学史和唐史上虽然没有记载，但细心的学者们还是从浩如烟海的古籍中，发现了蛛丝马迹：李白和同时代的诗人王维，竟是一对情敌！

大唐皇室，有爱荤偷腥的家传基因：唐太宗把自己的弟媳收入了房中；唐高宗"接管"了自己的小妈武则天；高阳公主私通和尚；太平公主爱玩男宠；唐玄宗的"扒灰"戏法玩得破绽百出；一些公主、嫔妃虽然出家为道，实则是另类的放荡！

还有人有根有据地说，开元八年（720 年），王维科考落榜后，为了"干谒"权贵，常在宁王和岐王府中进出。他怀抱琵琶，像伶人一样在宴席上向玉真公主献唱。玉真公主听了他弹奏的《郁轮袍》后，命宫女将王维召入室内，换上华丽衣衫，并安排他坐在宾客们的上首！席间，玉真公主见王维"妙年洁白，风姿郁美，言语谐戏，不禁一再瞩目"。第二年，王维便顺顺利利地"进士及第"了！

试想，大唐公主们一向如狼似虎，况乎公主已是三十多岁的"剩女"，能对奶油书生王维轻易放过？

不过，王维被封为八品的乐丞之后，忽然又被贬到了偏远的济州，其原因是：王维未经玉真点头便回家娶了妻子，不能侍候公主身边，公主便在穷乡僻壤里将他冷藏了四年半！

开元十九年，王维之妻病逝后，他一直孤身未娶，但他的仕途一路通天，一直干到了尚书右丞！

笔者认为，李白虽不是守身如玉的少年维特，但他与玉真公主的隐私就不必深究了，他们之间顶多属于柏拉图式的精神情人。

不过，从年龄上来看，李白与玉真公主属于一种姐弟恋。有史料为证：玉真公主卒时七十岁，李白于同年辞世，时年六十二岁，二人都死在当涂。

原来，今天娱乐圈中时尚的"姐弟恋"，是从李白和玉真公主那里学来的！

李白听说玉真公主去了安徽的敬亭山，第二天，他便离开了长安。

2

宣城郡长史李昭，是李白的从弟。他曾给李白写过一封信，说宣城自古就是“名邑上郡，星分斗牛，地控荆吴，为天下之腹心，实江南丰饶之处。既有山川之胜，又兼陆海之富。永嘉之后，衣冠避难，多来江左；六朝文物，萃于此邑”。他特邀李白到宣城小住。因李白去了幽州，未能成行，于是，便于天宝十三年（754 年）秋，在去敬亭山看望玉真公主的途中，又绕道去了宣城。

当走到长江北岸的横江渡时，因风大浪高，舟船无法渡江，他只好在渡口旁边的客店里等了半月之久。在等待渡江之前，他以女儿家的口吻，写了六首《横江词》。

渡江之后，李白受到了李昭的盛情接待，并陪他近看宛溪水，远望敬亭山，追寻前贤谢朓留下的遗迹。当他走进谢公亭时，一种敬畏之情油然而生。

李白是谢朓的粉丝，他十分敬慕谢朓的才华人品。

谢朓字玄晖，生于南朝齐代陈郡阳夏。其母是宋文帝之女、长城公主。谢朓成人后曾在诸王幕府中任职，是“竟陵八友”之一，曾任过宣城太守，世称谢太守。官至尚书礼部郎时，因受到政敌萧遥先的诬陷，死于狱中，令世人惋惜。李白尤爱他的诗，认为其诗清发，独具一格，便挥笔在亭壁题写了一首《谢公亭》：

谢亭离别处，风景每生愁。
客散青天月，山空碧水流。
池花春映日，窗竹夜鸣秋。
今古一相接，长歌怀旧游。

听说翰林大学士李白在谢公亭上题诗，宣城的文人墨客纷纷前去欣赏、抄录。自此，谢公亭里游人络绎不断，吟哦之声不绝。

第二天一大早，李昭告诉李白说，监察御史李华出巡东南各郡，路过宣城，听说李白也在宣城逗留，十分高兴。论辈分，李华是李白的族叔。见面之后，二人都有说不完的话题。

在谢朓楼上，李华告诉李白说，自己出巡塞北时，路过几处古战场，看到半埋在风沙中的森森白骨，还拾到数支锈迹斑斑的箭镞，感受颇深，他写了一篇《吊古战场文》。说完，将文稿递给了李白。

李华写的是一篇骈文，不但文字精练，其所见所思，令人惊心寒胆：“尸填巨港之岸，血满长城之窟……苍苍蒸民，谁无父母，畏其不寿？谁无兄弟，如足如手？谁无夫妇，如宾如友？生也何恩，杀之何咎？……呜呼噫嘻！时耶？命耶？”

在文章中，李华谴责战争造成的灾难，也暗示新的战争随时都会爆发！李白不但深

有同感，也触动自己的心事，便作了一首《陪侍御叔华登楼歌》：

弃我去者，昨日之日不可留。
乱我心者，今日之日多烦忧。
长风万里送秋雁，对此可以酣高楼。
蓬莱文章建安骨，中间小谢又清发。
俱怀逸兴壮思飞，欲上青天揽明月。
抽刀断水水更流，举杯消愁愁更愁。
人生在世不称意，明朝散发弄扁舟。

李华读罢此诗，眼中已溢出了泪花。李昭连忙命人送来纸笔，先为自己抄录了一份，再将李白原诗置于一只锦匣，交李华收藏。

也许是宣城的山水古迹令李白触景生情。三天后，他一口气写下了十七首《秋浦歌》，几乎篇篇都离不开一个愁字！

一天午后，李昭领着一位中年客人前来拜访李白时，客人看了他放在书案上的《秋浦歌》，感叹道："太白学士的大作，怎么句句有愁，字字是泪呢？"

没等李白回答，客人便道出了自己的来意："在下汪伦，家住泾县的桃花潭，那里有十里桃花，万家酒店，风光绝佳，不知太白学士有无兴趣前往一游，以解心中之愁呀？"

李白听了，便爽快地答应了。二人约定：四月初八，李白准时前往桃花潭。

3

汪伦曾任过泾县县令，卸任后喜爱当地景色，便隐居在泾县西南的桃花潭边。

他也是李白的忠实粉丝，不但喜爱李白的作品，也关心李白的命运和动向。听说李白到了宣城，他心中欣喜不已。他知道李白喜爱饮酒，便特意买来最好的糯米和高粱，配以桃花潭的潭水，酿成了香润甜绵的桃花酒，封于罐中，窖于地下，若有机缘，就请李白亲口品尝。今天，自己的心愿终于实现了。但他又担心李白的朋友多，应酬也多，不会到桃花潭这样偏僻的山村来，于是便编出了十里桃花和万家酒店的美丽谎言！

四月初八，春风习习，天气晴朗。李白乘坐的江船还未靠岸，见汪伦已站在江堤上恭候多时了。

刚进了汪家的大门，李白看到他的家人正在忙碌着，客厅的大方桌上已摆满了菜盘，刚刚开启了酒罐，满屋已尽是酒香……

汪伦将李白让上首席，他举着酒杯说道："太白学士肯亲来桃花潭，是在下盼望已久的盛事，也是桃花潭乡亲们的荣幸！来来来，我先敬太白学士一杯。"

李白连忙说道："太白多谢汪兄的盛情。"说完，一饮而尽。他觉得此酒清醇无比，回味无穷，是多年的佳酿，连声称赞：“好酒，好酒！”

汪伦见李白喜欢此酒，便一再为他斟酒。李白连饮了数杯之后，忽然问道：“汪兄曾说，这里有十里桃花，此时定然是繁花如海，艳丽如霞，太白怎么没看到呢？”

汪伦听了，笑着说道：“村前有一水潭，名叫桃花潭，十里之外，有一个桃园，桃花的落英随溪水漂到潭中，所以在下才说这里是十里桃花。”

“汪兄不是说这里有万家酒店吗？太白怎么只在江堤上看到了一家孤零零的小酒店，不知万家酒店何处？”

汪伦：“太白学士有所不知，江堤上的那家小酒店的店家，姓万，故而在下才说‘万家酒店’。实不相瞒，在下因仰慕太白学士，但又担心自己人微言轻，难以请动学士，所以才把万姓开的酒店，说成是‘万家酒店’了。”

李白听了，恍然大悟，但仔细一想，汪伦所说，也有些道理，乐得哈哈大笑起来，说道：“汪兄用实话哄我，该罚三杯！”

汪伦见李白并不生气，立即连饮三杯。

酒后，汪伦陪同李白前往桃花潭时，随口诵道：

江城如画里，山晚望晴空。
两水夹明镜，双桥落彩虹。
人烟寒橘柚，秋色老梧桐。
谁念北楼上，临风怀谢公？

李白十分惊奇，此诗是自己刚刚在宣城所作，没想到汪伦竟脱口而出，心中颇为感动。

到了桃花潭，见碧波荡漾，清澈见底，旁边山花斗艳，松竹倒映水中，如诗似画，赏心悦目！远处有鸡犬之声，茅房上炊烟袅袅，安静祥和，令人向往。到了晚上，二人在灯下谈诗论文，直到子夜方才歇息。虽然二人只结识只有数日，却已结下了深情厚谊。

再盛的宴席也会散场，再好的朋友，也会分手。二人临别时，汪伦将李白送到了古渡口，还在古渡旁设下了酒宴，为李白饯行。宴后，汪伦将他送到船上，又命人将送给李白的八匹名马和十箱锦衣另行装船，紧随其后。

见李白乘坐的江船离开了渡口，汪伦命安排好的一群歌者，在岸上用脚踏着节奏，高声唱着离别之歌。

船，航行得越来越快，岸上的人影也越来越远了。李白听着岸上悠扬婉转的送别歌，心中感动不已，连忙找来纸、笔，在船上写了一首《赠汪伦》：

李白乘舟将欲行，忽闻岸上踏歌声。
桃花潭水深千尺，不及汪伦送我情。

岸上的踏歌之声已经听不见了，但李白仍然站在甲板上凝目远眺。他想，若有机会，自己一定会再来桃花潭，品尝汪伦酿造的美酒。

但令他意料不到的是，一场突来的灾难，将他再来桃花潭的心愿，化为了泡影……

4

敬亭山上的清凉观，虽然观中道士不足百名，但在道界颇有名气，观中除道长、住持和一些道众之外，因玉真公主在这里修道，便多了一些身着道服的宫女和内侍，另有从长安派来的一队禁军负责道观的警卫。

李白赶到清凉观时，当值的一位道长告诉他说，持盈法师三天前回长安祭祀她的生母窦德妃去了。

窦德妃是被玉真公主的祖母武则天召进后宫，秘密处死的。窦德妃死时，唐玄宗九岁，玉真公主刚刚三岁。慑于武则天的淫威，年幼的玄宗兄弟和玉真公主，战战兢兢地度过了少年时代。但他们手足情深，玄宗的大哥李成器（后改名李宪，封宁王），本应继承帝位的，但他诚心悦意地将帝位让给了玄宗。玄宗登极之后，找遍了后宫，也没找到生母的尸骨！九月初七，是窦德妃的忌日，每到这一天，玉真公主都会回到长安，为生母焚香祭拜。

李白问道："持盈法师何时回来？"

道长说："说不准，至少要半年吧！"

李白听了，感到心里空落落的。也许赶路过度劳累，他觉全身乏力，眼前直冒金花，差点晕倒！道长连忙命人将他扶进观中，为他送来了热茶和饭菜，但他不吃不喝，只是默默地呆坐着。

忽然有人问道："是太白贤侄吗？"

李白抬头一看，原来是崂山的东海子！他连忙站起来施礼，问道："师伯怎么会在这里？"

东海子告诉他说，自己从西北云游归来，暂在观中歇脚几日，便回崂山的太平宫。

当晚，二人同歇一舍，东海子向他讲述了一件怪事——

他路过乾陵时，又特意到无字碑前看了看。

那是一个雷雨后的下午，他看到一只狩猎的黑犬正朝着一蓬茅草狂吠，天上还有两只老鹰在头顶上不断盘旋，他有些好奇，便拨开一人多高的茅草，看到了一只白狐躲在草丛中，有惊恐之状，雪白的身上还有斑斑点点的血迹，不知是被猎犬咬伤的，还是被天上的老鹰抓伤的？或者是被无字碑前的乱石碰伤的？当他悄悄走近时，白狐受到了惊吓，连忙从围墙的破洞钻进了乾陵！

他断言，这只剩下的白狐，将像原先的赤狐和那两只白狐一样，不久将会暴毙！

李白从他的暗示中悟出，那只年老的赤狐就是武则天，那两只已死的白狐，一只是韦皇后，另一只就是武则天的侄女、杨玉环的前任婆母武惠妃！这只白狐会是谁呢？她将何时暴毙？怎样暴毙？此事连料事如神的东海子，也一时说不清楚。

东海子听了李白对安禄山的顾虑之后，又与他分析了天下的大势，他认为，人算不如天算，大唐的劫数已到！还说，崂山远在东海，乃道教丛林，他劝李白随他去崂山住些日子。

李白想，反正玉真公主半年之后才能回来，不如随东海子前往崂山暂时修道，待玉真公主回来后，自己再来敬亭山拜访。再说，他曾听海难不死的晁衡说过，东海有三山，山上住着仙人。秦代的徐福奉秦始皇之命，前往海上求长生不老之药，从崂山脚下的徐福岛出发后，再也没有回来！此事引起了李白的极大好奇。

第二天，他便跟随东海子去了东海崂山。

5

傍海拔地而起的崂山，是“海上名山第一”，峰奇水秀，谷深洞幽，山上遍布道家的宫观庙宇，被世人称为“神仙宅窟，灵异之府”。因东海子在这里学道修炼多年，对崂山了如指掌。当他们到了三清殿时，东海子说，崂山的道教，是江西张廉夫所创，他二十二岁时科考取第一名，授官至上大夫。后“因碍于权要，弃职入道，精研玄学，后去终南山修道数载，得师而成”。他于西汉武帝建元元年（前 140 年）来到崂山，率弟子修筑了三清殿，成为崂山道教的开山鼻祖。为了推进各地道教经书典籍的交流，八十五岁时又去鬼谷潜修，一百岁时，仍往返于大江南北！殿前的两株桧柏，就是他亲手所植，树龄已有二千余年，但至今仍枝叶繁茂，四季常青。

到了琅琊台，东海子指着一方石碑问道：“秦始皇统一中国后，曾五次出巡，其中三次到了琅琊台，太白可知是什么原因吗？”

李白摇了摇头。

东海子道：“他命丞相李斯在这里筑台立碑，并以小篆撰写了四百九十七个文字，‘立刻石，颂秦德，明得意’。从表面上看，他是为了炫耀功德，镇服四海，其实是为了寻找长生不老之药！”

秦始皇在位期间，曾先后多次派徐福出海寻找仙人仙药，但均空手而归。徐福害怕秦始皇降罪，便要求挑选童男童女各三千人，打造百余艘大船，由琅琊台东渡出海寻找。谁知出海后再也没有回来！

原来，徐福的船队航行到了一个叫“平原广泽”的地方，便在那里定居生息。日本的《神皇正统记》中说：“秦始皇即位，始皇好神仙，求长生不老之药于日本。日本欲得彼国之五帝三王遗书，始皇悉送之。其后三十五年焚书坑儒，孔子之全经遂存于日本。”

日本的歌山县，至今仍有一座徐福祠。

在田横岛上，远远看到一群人，面北而跪。旁边有燃烧未尽的香纸。李白觉得奇怪，这里既没有坟墓，也没有人家，他们在祭奠什么人呢？

一位泪流满面的老者告诉李白说，他们是从陆地来的，正在拜祀齐王田横。接着，他讲述了一件令天地惊、鬼神泣的往事：

当年，汉王刘邦派谋士郦食其为说客，前去说服齐王田广和相国田横归顺刘邦。田广和田横热情接待了他。谁知汉将韩信突然偷袭了齐军！齐王田广被杀，田横自主为齐王，并率领部属五百人来到此岛坚守。汉朝建立之后，刘邦下诏田横："来，大者王，小者乃侯耳。不来，且举兵加诛焉！"

田横以大局为重，将部属留守岛上，只带两名门客前往洛阳。当三人走到偃师时，田横得知刘邦并无诚意，只是想"斩头一观"罢了！他气愤难忍，于是举剑自刎而死！他的两名门客遵照他的遗言，将他的首级送到了洛阳后，也拔刀殉职！

消息传到海岛后，五百名部属哀唱着："薤上露，何易晞。露晞明朝更复落，人死一去何时归？"唱完后，五百名部属集体拔刀自刎！

今天，就是这五百志士的忌日。

李白听了，心中感到一震。他双膝跪地，朝着飘散的纸灰，深深一拜。

6

离开琅邪台以后，东海子指着崂山石壁上的"东海扬波"四个大字说道：这是秦始皇东巡时留下的刻石，当年，他就是在这里遇见了神仙安期生的，安期生告诉他，东海里有三座仙山，山上住有仙人，岛上奇异之草能制成灵药，人服之能长生不老。这正中了这位千古一帝的下怀，于是才命徐福率众出海，寻找仙草灵药的。

到了晚上，山风习习，满天星斗，正在院子里观看天象的东海子突然问道："太白还记得'山中只半日，人间一百年'的传说吗？"

李白笑着说道："记得，记得。"

"记得就好，记得就好。"东海子自言自语地说道：

据说在崂山脚下，有位进山砍柴的汉子，走到棋盘石旁边时，见一黑须老者和一白须老者正在下棋。他放下手中的斧头，站在旁边看了半天，便回家吃饭去了。当他走进家门时，见家里有几个年轻后生，后生问他找谁。

汉子说："这是我的家啊，你们怎么住在这里？"

后生们说："不，这是我们的家，你是谁呀？"

汉子说了自己的名字，后生们听了，大为吃惊，原来他们爷爷的爷爷就是这个名字。当年他进山砍柴，再也没有回来！

汉子听了，叹了口气。便离开了家，当他又去了棋盘石时，两位下棋的老者已经走了，自己扔下的那把斧头仍在地上，不过，斧柄已经朽了！

这时他才明白，原来下棋的老者就是南极和北斗！自己虽然只看了半天的棋，人间却过了一百多年！

东海子道："太白应该回家了，若回去迟了，恐怕就找不到自己的家了！"说完，又专心致志地观看着天上的星斗，不再与李白说话了。

李白不知道师伯为何突然催他下山？但又不便再问，再说，自己从幽州回来后，还一直没回过家呢，心里常常思念宗姬和孩子们。于是，第二天便离开了崂山。

在回家的途中，他仍念念不忘崂山的奇人异事。晚上做了一梦，竟梦见了那位已活了九百多岁的安期生！醒来后，便写了一首《崂山寄王屋山人孟大融》：

我昔东海上，崂山餐紫霞。
亲见安期生，食枣大如瓜。
……

第二十九章

渔阳鼙鼓动地来，大唐天子竟开了小差！大燕皇帝刚刚即位，太极殿前已经血流成河。

谈笑三军却，交游七贵疏。
仍留一支箭，未射鲁连书。

——《奔亡道中》

1

天宝十四年（755年），是大唐帝国在炼狱里遭受煎熬的第一个年头。

就在李白忙着赶路的时候，还有几个人也很忙，一个是范阳的安禄山，他正在日夜忙着叛变前的最后准备工作：他一口气将属下的32名汉将，全部换成了番将，以便夺取他干爹的大唐江山。

另一位很忙的人，是华清宫里的唐玄宗，这几天，他正忙着在自己和杨玉环的御池旁边“别治一汤”，也就是为他的干儿子再修建一个专用温泉，待立冬之后，让安禄山美美地泡个温泉澡！

除此之外，他还忙着干儿子的儿子安庆宗和荣义公主的大婚庆典。参加庆典的宾客除了皇室成员、文武大臣和外国使节之外，还要邀请亲家安禄山出席。另外，新驸马前来拜见时，还要给他一份见面礼吧，除了贺金、财物，至少要赐他一个四品以上的官职！

第三个最忙的人，是安禄山的弟弟安思顺。安思顺曾上书唐玄宗：揭发、弹劾其兄安禄山的不臣之心！但唐玄宗就是不信！他看过奏章之后，认为是无稽之谈，便顺手扔到了一边。谁知安思顺十分固执，他不但连续上书，而且口气十分肯定：他的哥哥必反无疑！

玄宗看了之后，只是一笑了之，认为这是捕风捉影！若是其他大臣弹劾、揭发安禄山，他会将奏章转给安禄山！为了安氏兄弟俩的团结，他将安思顺奏章处理的办法是：束之高阁！

安思顺为何要告自己的哥哥阴谋造反？他是为了自己救自己！若安禄山真的起兵造反，肯定打不过大唐的军队，他兵败之后不但身败名裂，脑袋也得搬家！作为安禄山的弟弟，必会受到株连！若自己上书举报了安禄山，不但有大义灭亲之举，还可撇清他和安禄山的关系，表明自己忠于朝廷。

第四个最忙的人，就是当朝宰相杨国忠了。他正忙着修理安禄山的几个亲信。他首先将兵部侍郎吉温贬为了澧阳长史，谁知吉温刚到贬所，又被贬为了合浦的端溪尉，将他从权力之巅一下子扔到了地上！不久，他便在大牢里自缢身亡了，让安禄山失去了一个嫡系亲信！

紧接着，他指使御史郑益包围了安禄山在长安的府邸，将安禄山的亲信李超、安岱，缢杀于御史台里！他的真正目的就是逼着安禄山造反！此举可有三大收获：一是证明他在玄宗面前告发安禄山，是准确而及时的；二是安禄山一旦造反，便成了人人皆可诛杀的乱臣贼子，大唐军队很快就会平定叛乱，为自己提供立功的机会；三是安禄山兵败后，他的那个猪头般的首级就会被砍下来，也就解了自己的心头之恨！

安禄山蓄谋已久的叛乱大计，终于在十一月初六拉开了序幕！

原来，十一月初五，由于吉温死于大牢的消息传到范阳后，安禄山听了，大惊失色。既然杨国忠敢对吉温下手，也必定敢对自己下手！他本来想在十一月底起兵的，因吉温之死，他决定提前起兵，以防夜长梦多！

他令贴身侍卫李猪儿通知孔目官兼大仆丞严庄、掌书记兼屯田员外郎高尚、番将阿史那承庆三人，立即到他的大帐紧急议事！这三人是安禄山的核心谋士班子。

安禄山的大帐设在署衙的后院，外边设了三层卫士警卫，不经安禄山的同意，任何人都不许走近大帐一步！

大帐里正在秘密商谈起兵计划。

正当他们商量以什么理由起兵时，李猪儿来报：派驻长安例行奏事的幕府判官杜川，带着唐玄宗的御笔诏书回到了范阳！说完，将诏书呈给了安禄山。

安禄山不认识汉字，便交给了严庄，严庄念道："十二月十二日，贤婿庆宗驸马偕荣义公主长安大婚，望爱卿前来，切切。"落款处钤着唐玄宗的朱砂印章。

头脑灵活的高尚听了，笑着说道："起兵的理由送来了！"

安禄山："谁送来的？"

高尚："圣上！"

三人听了，都不解其意。

高尚不愧是心深谋高的高参，他名叫高尚，却出了一个并不高尚却能立竿见影的歪点子：就说杜川带来了圣上的密旨，诏令安将军率兵入朝，讨伐奸相杨国忠，以清君侧！

安禄山等人听了，皆连声赞同。

历史上的那场惊天动地的"安史之乱"，终于在范阳的这座牛皮帐篷里制造出来了！

安禄山拍板：大唐天宝十四年十一月初九日，勤王大军从范阳出发！

2

当天晚上，李猪儿向各将领传达了安禄山的命令：圣上派员送来一罐御酒，安将军

特意在节度使署衙的前厅设宴，要与众将领们共饮！

太阳尚未落山，高尚、严庄、阿史那承庆和安守忠、崔乾佑、蔡希德、李归仁、尹子奇、何千年等将领们都陆续到了前厅。李猪儿还特意在席旁设了一个座位，那是为安禄山的拜把兄弟悉干设的。安禄山当年在幽州牲口市上当互市郎将时，结识了这个贪财、好色、诡计多端的流浪儿，二人拜了干兄弟。在那段不堪回首的日子里，悉干曾为安禄山惹了不少麻烦，也为他出了不少点子。在安禄山走投无路的时候，他听了这位干兄弟的建议，投奔了幽州节度使张守珪，才有了今天的显赫。

后来，他领着悉干进京奏事，玄宗见他瘦如干猴，又奇丑无比，便问他："爱卿贵庚呀？"

悉干答道："臣四十岁了。"

安禄山连忙介绍说，悉干是自己的拜把兄弟，他智谋过人，已立战功无数，是不可多得的将才！

玄宗听说他已四十岁了，便说了一句："爱卿大器晚成呀！可喜可贺。"遂诏他为大将军、北平太守之职，还赐了他一个汉人名字——史思明。

不过，安禄山还是称他"干老弟"。

就是这个好色、贪财又奇丑无比的干瘦猴子，在"安史之乱"的历史大剧中，他扮演了反派男二号的角色。

天宝十四年（755 年）十一月初九。

天刚亮，一队队的士兵踏着地上的薄霜，陆陆续续地来到了范阳城南的荒野上，他们大多穿着大唐的军服，也有些人身穿突厥、契丹、同罗、奚族和韦室等部落的军服，共有十五万人之多。荒原上一派杀气腾腾的气氛。

身穿节度使官服的安禄山，骑着一匹皂色的高头大马，在史思明的陪同下，由百余名侍卫拥簇着，来到了昨晚刚刚垒起的土台上。他下马时，贴身侍从李猪儿连忙蹲在地上，用后背做他的踏脚，他才笨拙地下了战马。他朝人头攒动的台下看了一眼，将手中的《伐杨檄文》递给了身边的严庄。

这是严庄连夜撰写的，虽然他读书颇多，古文造诣不俗，但要写起兵檄文，还是大姑娘上轿——第一次。为了撰写这篇讨伐杨国忠的檄文，他曾反复读了上官仪当年讨伐武则天的檄文。上官仪就是大唐才女上官婉儿的祖父。据说，武则天读了檄文之后，十分欣赏上官仪的才华。严庄显然不及上官仪，但他是照着葫芦画瓢写成了这篇檄文。

严庄将檄文递给了大理寺司直张通儒。张通儒清了清嗓子，先用汉语念了一遍，又让契丹和奚族将军用自己部落语言念了一遍。其大意是：大唐东平郡王、范阳、平卢、河东节度使安禄山将军，奉大唐皇帝亲笔密诏，率兵入朝，讨伐奸相杨国忠。杨贼欺君罔上，结党营私，贪污受贿，嫉贤妒能，陷害同僚，征镇惨败，损兵折将，祸国殃民，罪行累累，不诛民愤难平，不伐社稷不保！奉旨勤王，天经地义，君侧荡荡，乾坤朗朗……

不论是大唐将士还是部落兵卒，都糊里糊涂地成了保卫大唐皇帝的正义之师，将来灭了奸相杨国忠，都是有功之臣！少不了要论功行赏，一个个都激动不已！

檄文宣读完了之后，安禄山站在土台上，连续下了三道军令：第一道军令，任命与自己同甘共苦的铁杆朋友史思明为范阳、平卢、河东三镇的总留守，主持三镇军政要务，负责勤王大军的粮草供应！

第二道军令是，命令贾循镇守范阳；命令高秀岸镇守大同。

第三道军令是，命令孙孝哲率兵一万充作大军的先锋，蔡希德率兵两万，以作接应，其余人马，由他自己亲自统领！

命令宣布完了之后，安禄山又踏着李猪儿的后背骑上了马背。他将手中的帅旗一挥，这支号称二十万的勤王大军，便浩浩荡荡地向南开拔而去，一路上旌旗猎猎，战鼓咚咚，刀枪如林，尘埃遮天，北国大地被“嘚嘚”的马蹄踏得颤抖起来。

3

十一月初，叛军抵达大唐重镇太原。太原留守杨光羽不知安禄山已经叛变，便率领一群随从出城迎接。谁知刚出了城门，忽然遭到一队奚族大兵的狂砍乱剁，随从们至死都不知道是怎么死的！杨光羽被捆着双手押到了安禄山的跟前。安禄山下令：以他的人头，祭勤王大军的旗，以壮军威！

自玄宗继位以来，除了边界有些摩擦以外，国内一直没有战事。由于唐军缺少训练，且军纪松弛，刚与叛军接触，便溃不成军，有的官员弃城而逃，有的官员献城降敌。叛军势如破竹，攻易县，破涿郡，占曲阳，夺正定，如入无人之境，一路向洛阳杀来！

就在安禄山发兵造反的第六天，唐玄宗在杨玉环的搀扶下，来到一处刚刚竣工的温池，这是专为安禄山修建的专用温池。玄宗脱了鞋袜，沿着汉白玉台阶缓缓走进池中，觉得水温不凉也不烫，十分宜人。周边的真丝幔帐华丽轻柔，池边的珊瑚台上燃着印度产的沉香，香气在水面上飘荡着。他边看边点头，笑着说道：“此温甚好，禄儿来了，定会喜欢的。”

杨玉环听了，微微一笑。

忽然，一向说话小声低语、走路脚步轻挪的高力士，一把掀开了温池的门帘，慌慌张张地说道：“陛下，陛下——”

玄宗连忙问道：“高爱卿，有什么事？你慢慢说。”

高力士指了指跟在后边的杨国忠。

杨国忠道：“陛下，安禄山已经反叛了！他率二十万叛军南下，河北的二十四郡，已被他占去了二十个！”

杨国忠的话，如同一声炸雷，将玄宗震得浑身一颤，差一点跌在温池里！高力士和杨国忠连忙扶着他，仓皇回到了长安。

独自坐在兴庆宫里的唐玄宗，整夜未眠。他对安禄山的叛乱极为震惊，也对临阵脱逃和投降叛军的官员十分痛恨，同时也为自己的大意和糊涂感到懊悔。当天夜里，他一连发出了五道诏书：

第一道，诏命陈玄礼连夜率领禁军包围安禄山在长安的官邸，斩杀安庆宗和安禄山的妻子康氏及内眷，赐死荣义公主！

荣义公主死得太冤枉了！当初，赐婚的是玄宗，今天赐死的，也是玄宗！虽然她和安庆宗尚未成婚，却成了这场叛乱的替罪羊！

第二道，诏命朔方节度使安思顺回京任户部尚书，以防不测。

第三道，诏五十八岁的朔方右厢兵马使、兼九原太守郭子仪，为卫尉卿兼朔方节度使、武郡太守。

第四道，诏命封常清为平卢、范阳节度使，立即在洛阳募兵，以守洛阳。

第五道，诏命荣王琬、高仙芝和封常清在长安募兵，以抵贼军。

发完了五道诏书，已是天亮了。

当李白赶到汴州时，叛军已从河北攻到了河南。他一路上见到的，尽是逃难的人群！他们背井离乡，携儿带女，一路向南，哭声千里，其状不忍目睹。

刚刚到了家，见宗姬和孩子们正在收拾行李，准备南逃。见李白回来了，都十分欣慰。李白未回家时，外边一片兵荒马乱，又多时未见到李白的信，宗姬担心他被叛军劫持去了！

李白听说洛阳失守时，他特别关心杜甫的去向，不知他此时身在哪里？

当天晚上，传来了三个不同的消息，好消息是郭子仪出兵河北，大败叛将史思明，收复了一些城池，正在奔袭安禄山的老巢范阳，压住了叛军的气焰，安禄山只好退缩洛阳，令他欣喜若狂，大受鼓舞。坏消息是杜甫在逃难的路上被叛军抓去，生死不明，令他心急如焚。还有一个比坏消息还坏的消息，令他愤怒难忍：常山太守颜杲卿和他的堂兄、平原郡太守颜真卿，城破后竟然投降了安禄山！二颜都是他的文友，尤其是颜真卿，乃天下书法泰斗。他为人谦和，志高心洁，是人杰贤士，在社稷危难之时，为何不杀身成仁呢！他为他们的行为感到羞愧！

他对宗姬说，自己想去救出杜甫。

宗姬问道："你可知道杜甫囚在何处？"

李白摇了摇头。是啊，如今的大唐中原，十城九空，兵祸遍地，说不定没救出杜甫，自己却像杜甫一样，也落入虎口！

他又想去投奔郭子仪。他说："郭子仪将军出师大捷，威名大振，收复失地指日可待！这正是大丈夫报国建功的大好时机，我想前去投奔郭子仪将军！”

宗姬笑了，她说：“现在的大唐，已乱成了一锅粥，唐军和叛军犬牙交错，哪里分得清敌我呀？怕是你路上误闯进了敌营，就有口难言，怕是跳进黄河也洗不清了！还是暂时找个地方避一避，等有了机会再去建功立业。”

李白觉得她说得十分有理，便打消了去投奔郭子仪的念头。

第二天一早，一家人便汇进了逃难的人流，过了长江之后，经浔阳到了剡中，之后去了庐山，暂时在屏风叠避难。

在避难逃亡途中，李白将所见所闻作了五首短诗，不过没写在纸上，而是腹稿。待安顿下来之后，他将五首冠名为《奔亡道中》。其中的一首是：

苏武天山上，田横海岛边。
万重关塞断，何日是归年？

在诗中，李白觉得自己就是奉诏持节，远赴匈奴，在大漠中牧羊的苏武，又像秦末汉初的齐王田横，在国破家亡之后，被迫逃往孤岛，最后在赴京途中，挥剑自刎！

4

十万火急的战报一件接着一件送达京师兴庆宫：

叛军攻破平原郡！

叛军占领河津！

大同太守弃城出逃！

叛军攻打荥阳！

忻州沦陷，叛军屠城，杀三千二百余人！

……

封常清和荣王琬、高仙芝很快就招募了十七万新兵，未经任何训练便派往了战场。因叛军训练有素，且有骑兵配合，两军刚一接触，唐军便败下阵来，死伤无数！未死的皆弃甲而逃，洛阳终于落入了安禄山之手！

封常清命大，他逃出洛阳后便与兵马副元帅高仙芝会合，共同坚守长安的大门潼关，凭借坚固的城墙与叛军对峙，拖住了叛军进军的速度。但玄宗偏听了杨国忠的主张，犯下了一个致命的错误：以“指挥不当，作战不力”为由，派专使带着玄宗的诏书，在战场上将二人斩首！令官兵们顿感寒心。

在“安史之乱”中，玄宗也创造了一个奇迹：一天之内斩杀两名大唐的封疆大吏！

为了守住潼关，以保长安，玄宗诏命哥舒翰为兵马副元帅。但此时的哥舒翰不但年迈体衰，而且重病缠身。但他毅然赴任履职，去了潼头。他能守住潼关吗？

上任后，他的部将王思礼反复劝说他上书玄宗，要求诛杀杨国忠，以谢天下！同时也让安禄山失去了叛乱的借口！

但哥舒翰坚决不同意。

王思礼是个铁血男儿，他又提出，他请缨率领三十铁骑，潜回长安，生擒杨国忠！

但哥舒翰仍不同意。

其实，安禄山之所以造反，其一，他本来就有造反之心，其二，唐玄宗宠他，他才敢于造反，其三，是杨国忠逼他造反。若杀了杨国忠，不失为一项临时灭火的措施。但哥舒翰下不了手。

此事传到了杨国忠的耳朵里，他心中十分惊恐。他过去的冤家对头是安禄山，今天又多了一个哥舒翰！于是，他想出了一个歪点子：经玄宗点头，他在长安招募了一万名新兵，交给他的亲信杜乾运指挥，派往潼关，以制约哥舒翰。谁知杜乾运刚进潼关大门，脑袋就被哥舒翰砍了下来！一万新兵也划归哥舒翰指挥！

一计不成又生一计，杨国忠对玄宗说，围困潼关的叛军不足四千人，若哥舒翰的二十万大军出城作战，必胜无疑，还可一举收复洛阳！

玄宗听了，又犯了一个不该犯的大错误：他立即诏令哥舒翰出城作战，以图收复洛阳！

哥舒翰接到诏书后，连夜起草奏章：唐军坚守潼关越久越有利，叛军久攻不下必会疲惫，待叛军麻痹之时，唐军出其不意乘机而出，则可一举击溃叛军，生擒安贼！

郭子仪、李光弼等将领也都上书朝廷，认为守住了潼关，叛军必陷进退两难之境，有利唐军调配兵力，保卫京师。请求玄宗改变主意，收回成命。

但玄宗仍认为杨国忠的主张万无一失，二十万唐军对付四千名老弱病残的叛军，岂不是小菜一碟？于是连续下诏，敦促哥舒翰率兵出城。

天宝十五年（756年）六月初四，这位征战一生，立功无数，令敌人闻风丧胆的老将军，他知道出战意味着什么，于是，他将老弱病残的将士留在潼关，自己恸哭着率军出了潼关的东门。

等待着他和唐军的，是狞笑着的死神！他们中了叛军的埋伏，全军覆没，他自己也受伤被俘！

叛军将他押送到洛阳后，因他不肯降贼而被安禄山斩杀！

潼关失守，京城的大门已经毫无遮挡了！

庐山五老峰下的屏风叠，风景如画，山风宜人，但李白却无心绪欣赏眼前的美景，他的心早已飞往遍地流血的中原大地。他时时关注着郭子仪和李光弼在战场上的动向，也极想知道京城长安有何作为？还想知道杜甫被叛军关在了何处？叛军如何对待这位诗人？他怎么打发牢笼中的日子？但山高路远，他什么都不知道！心中十分苦闷，每逢愁闷难解的时候，过去是以酒解愁，因山上无酒，他便以舞剑解愁。

那柄已跟随他四十余年的龙泉剑，剑鞘已有破损，上面的花纹已磨得看不清楚了，但剑锋依然雪亮如初，闪烁着寒光。他来到一处平坦的山坡上，剑随人舞，人随剑动，他越舞越快，也越舞越累，汗水渐渐湿透了衣衫，但他仍不肯收剑。他多么想持剑下山，奔赴战场，将叛贼杀个人仰马翻！他还想将杜甫从叛军的囚笼里解救出来！他恨自己，在山河破碎、百姓遭罪的日子，却报国无门！想着想着，泪水顺着脸颊滚落下来。

舞剑舞累了，他登上了一块巨大的山石，放眼北望，天地茫茫。他想到了惨遭叛军铁蹄践踏的芸芸众生，高声吟道：

洛阳三月飞胡沙，洛阳城中人怨嗟。
天津流水波赤血，白骨相撑乱如麻。
……

此时的杜甫，虽被叛军关押，失去了人身自由，但谁也夺不走诗人的良知，他在看守不在的时候，写下了一首《潼关吏》：

哀哉桃林战，百万化为鱼。
请嘱防关将，慎勿学哥舒。

潼关沦陷后，杜甫十分痛心，他既痛恨杨国忠卑劣无耻，也谴责玄宗昏庸，更为哥舒翰冒险出战的结局深为叹惋。

5

潼关失守的消息传到京城后，宫里宫外一片恐慌。在朝会上，群臣们纷纷上奏表达自己的意见。有人建议，人在城在，要求玄宗悉数发放国库资财，以招募兵卒，坚守长安；有人请求，将郭子仪和李光弼调来长安，以拒叛军；还有的要求玄宗御驾亲征，叛军必会望风而逃……

玄宗转头问杨国忠：“杨爱卿有何良策？”

杨国忠只说了两个字：“幸蜀！”

幸蜀，就是前往四川避难。

众大臣听了，都一头雾水。

杨国忠向玄宗分析了当时的形势。他认为，东都洛阳已落入了贼手，潼关丧失，长安就无险可守了；其次，哥舒翰的二十万大军已经覆没，京城已无作战之军。最后他说，郭子仪和李光弼两位将兵正在河北作战，远水救不了近火，“战”或“守”都不可取。

有位大臣问道："天下之大，为什么非去四川不可呢？"

杨国忠说，四川天险，易守难攻。他已事先命长史崔园在四川练兵贮粮，有备无患。

他的潜台词却是：本相是从四川出来混的，还担任过剑南节度使，人脉很多，根基扎实，若玄宗去四川避难，杨氏家族就稳如泰山了，说不定还可以"挟天子以令诸侯"呢！

文武大臣们似乎并不买他的账，大殿里顿时响起了一片争论之声。

是走还是留？留是留不住了，走又走向何处？玄宗一时拿不准主意，便有气无力地说道："众爱卿的高见，待朕好生想想再议，退朝吧！"

散朝后，因秦国夫人已经病故，杨国忠立即找来虢国夫人和韩国夫人，一同到了后宫，与杨玉环紧急密商后，三姐妹轮番对玄宗发起了进攻，玄宗终于被她们的眼泪和红粉击败，他当即决定"幸蜀"，但要绝对保密，以防群臣闹事！

在第二天的朝会上，高力士宣读了玄宗的诏令：朕应群臣之请，御驾亲征，与叛军决战于沙场。为此，特诏魏方进任御史中丞，兼西京留守；命边令诚掌管宫闱！

散朝后，玄宗密召陈玄礼，命他收拢六军，也就是京城的禁军，备足良马，又吩咐高力士挑选随行人员，还规定了出宫时间：当晚子夜，秘密出宫！

天将晓时，有数份战报传来，但宫门未开，无法送达，信使们只好在宫门外边耐心等候。

天亮后，文武官员们前来上朝时，见宫门紧闭，还以为玄宗正在被窝里与杨玉环缠绵呢！

也有人觉得有些反常，有的用手拍打宫门，有的大声询问，但宫内毫无声息。

忽然，宫门从里向外打开了！只见一群宫女、太监手里挽着包袱，大声哭着冲出了宫门。这时众人才知道，玄宗、妃子和皇子皇孙们都不见了，后宫竟无一人！

群臣们这才回过神来，原来玄宗皇帝扔下他们跑了！

玄宗扔下的，何止是这些准备上朝的大臣，他也扔下了大唐的都城，扔下了社稷江山，扔下了太庙的祖宗牌位和天下的百姓！

玄宗一行是半夜出宫的，随行的除了高力士、杨氏家族和韦见素、魏方进等亲信之外，还有皇太子李亨和一些皇子皇孙们。他们出了延秋门之后，便一路向西狂奔而去了。

中午，他们到达了咸阳的望贤驿。这里的官员们早已跑光了！一路上玄宗滴水未喝，粒米未吃，他只好坐在一棵老槐树下歇息。附近的百姓听说当今皇帝来了，都纷纷献上家中高粱、荞麦、玉米等粗粮馍馍。那些习惯了锦衣玉食的皇子皇孙们，压根儿就没见过这种食物！他们一个个狼吞虎咽地吃光了自己的那一份，还争着抢玄宗身边的高粱饼子！

第二天，忽见一骑从山坡上飞奔而来，待走近了才看清来者是潼关守将王思礼。

原来，王思礼的部队被叛军打散之后，便逃入山中。听说玄宗要去四川，便单骑赶来，哭着向玄宗报告了哥舒翰兵败被俘的经过。玄宗认为他战败不降，又冒死前来见他，心中十分感动，立即任命他为陇右河西节度使，让他即刻上任，招募士兵，抗击叛军！

陈玄礼送他时，他趁着身边无人，悄声说道："杨国忠祸国殃民，在下曾劝哥舒翰将军上书除掉杨国忠，可惜将军不肯，才导致他兵败被俘。陈将军若想为国除奸，为民除害，切勿错过良机！"

陈玄礼听了，只是笑了笑。

昨晚，太子派近侍李静曾找过陈玄礼，也谈到了见机诛杨之事，他也是笑了笑。

临别时，陈玄礼拍了拍王思礼的肩膀说道："祝王将军马到成功！"

王思礼会意，说道："谢谢陈将军之意，后会有期。"说完，拍马而去。

第三十章

洛阳陷，长安乱。马嵬坡上留下一个说不尽的凄美故事。

天地惊，鬼神泣。乱世烈火塑造出多少刚烈壮美的灵魂！

函谷如玉关，几时可生还。
洛川为易水，嵩岳是燕山。
俗变羌胡语，人多沙塞颜。
申包惟恸哭，七日鬓毛斑。

——《奔亡道中之四》

1

天宝十五年（756 年）正月初一，这一天也是安禄山的生日。

叛军攻下洛阳后，安禄山在一群亲信们的山呼万岁声中，在显德殿即位，自称“雄武皇帝”，定国号为“大燕”，改元圣武元年，以洛阳为国都，范阳为东都；封安庆绪为晋王，安庆和为郑王，安庆长为赵王，安庆恩为秦王；达奚珣为左相，张通儒为右相，严庄为御史大夫。其余文臣武将也都得到了封赐。

玄宗弃城西逃后，安禄山移驾长安。他登上太极殿后，旋即下令：后宫嫔妃一律不得放走！凡不降的大唐官员，即可杀之！另命人在宫中寻找安庆宗的下落。

这时，大唐驸马张垍和宰相陈希烈，率领着一群降臣，跪在大殿门前请求“面圣”。

听说张垍求见，安禄山十分高兴。因为论辈分，安禄山是玄宗和杨玉环的干儿子，张垍是玄宗的驸马，二人应是连襟关系，如今却成了君臣关系！他笑着问道：“张爱卿啊，你带来了多少位旧臣啊？”

张垍答道：“臣共带来了六十三人。”接着，他将降贼名单递给了安禄山。安禄山将名单交给严庄后，说道：“传朕口谕，诏命张垍为大燕国宰相，陈希烈为御史中丞，其余人等，视才任职，论功行赏！”

这时，高尚进殿奏道：“臣在宫中搜出了二百六十名宫女、太监，现押在殿外，请陛下定夺。”

安禄山知道，权贵重臣早已随唐玄宗逃出城了，躲在宫中的大都是些小吏、宫人。他想放了他们，以博仁爱之名。

谁知就在此时，安守忠匆匆进了大殿，他向安禄山耳语了几句，只听安禄山“啊”

地大叫了一声，他双眼冒火，脸色铁青，怒不可遏，指着院子里被搜出来的人群，高声喊道："砍！都给我砍了！"

一队如狼似虎的叛军，挥动着手中的腰刀，一顿乱砍乱剁，转眼工夫二百六十余条鲜活的生命，就成了一堆肉酱！殷红的鲜血在院子里漫淌……

原来，安庆宗已被玄宗下令腰斩了，尸骨至今未能找到！

此时的安禄山像一只被激怒了的大棕熊，他咆哮了一阵子之后，咬牙切齿地说道："要是逮到了李三郎，我非剥了他的皮，抽了他的筋不可！"

李三郎就是唐玄宗，除了李家长辈之外，就是杨玉环敢称他三郎。

安禄山后悔来迟了一步，不但李三郎逃走了，还把他的干娘也带走了！

不妨试想一下，假若唐玄宗和杨玉环落入了安禄山之手，将会是什么结局？

对于唐玄宗，其命运不外乎有三种：杀（也不排除抽筋剥皮）、囚、养（软禁供养）。对于杨玉环，安禄山也许会效仿他干爹"纳媳为妃"的方式，将干娘纳于自己的后宫？

也许唐玄宗命不该绝，他提前三天逃出了长安！

2

六月十六日，天阴路湿，西行的车队马匹终于抵达了陕西兴平的马嵬坡驿站。

也许老天有意，让这个默默无闻的偏僻小驿站发生了一个故事，故事留在了史籍中，也留在了百姓们的口头上。

趁着高力士服侍唐玄宗和杨玉环在驿馆里歇息，陈玄礼布置了警戒后，立即在路边召集将校们紧急密商。他说："四川是杨国忠的老巢；我们去了四川恐怕就难回来了！大家说，应该怎么办？"

禁军们都知道，这场叛乱是杨国忠引发的，因他专权误国，大家才别妻离子来到这里，祸根不除，无路可走！

正当将校们极度愤怒时，忽见杨国忠和韩国夫人骑在马上，说说笑笑地走了过来，他们好像不是在逃难，倒像是双双骑马在郊外踏青！众人见了，都怒目而视。

该当二人倒霉。这时，吐蕃使团刚好匆匆赶来，他们连忙拦住了杨国忠的马头，不知在谈论什么。原来使团询问原先答应给他们的粮食，何时可以发运？

陈玄礼趁机说道："看，杨国忠私通吐蕃谋反，你们说，怎么办？"

将校们异口同声地说道："杀了他！"

陈玄礼把手一挥，愤怒的禁军立即舞动着手中的兵器冲了过去。杨国忠和韩国夫人躲避不及，被几支长枪挑下马来，紧接着又是一顿刀砍，便躺在地上气息全无了！城门失火，殃及池鱼。那些前来讨要粮食的吐蕃使节，也都成了刀下之鬼！

御史大夫魏方进是杨国忠的亲信，他听见有喧哗之声，刚想过去看个明白，便身中数刀，倒在血泊中了。

杨国忠的长子杨暄见了，吓得魂都飞了！刚想逃跑，就被禁军砍倒了！他的弟弟杨铦和杨锜来不及逃跑就被禁军围住，刀枪齐下，不一会儿便认不出原来的模样了！

杨国忠的妻子裴柔听说丈夫和儿子们已被夺命，知道自己难活，便央求虢国夫人先杀了她。虢国夫人抽出一柄短剑，她先刺死了裴柔，正想举剑自刎时，便被禁军夺下短剑。她后来死于囚中。

紧接着，杨国忠的五子杨咄、六子杨晞也被捕获，被禁军斩下了首级！唯有四子杨晓因在外任职而漏网，但他逃到汉中时，亦被当地官员所杀。自此之后，显赫一时的杨氏家族，便断子绝孙了。

收拾完了杨氏一家之后，陈玄礼率领一群将士去了驿站。他对玄宗说，因杨国忠专权误国，又勾结吐蕃阴谋造反，已被禁军当即处置了！

杨玉环听说杨氏全家被杀，吓得浑身哆嗦起来。她拉着玄宗的衣袖大哭不止。

玄宗知道若再留在驿站，凶多吉少，于是催促陈玄礼率军继续西行。陈玄礼领命而去，但去了不久又回来了，说道："陛下，虽然丞相已经作古，但贵妃尚在，恐有后患，故将士们仍不肯离开马嵬坡！"说着，指了指窗外。

玄宗伸头向窗外一看，只见驿站已被愤怒的将士们围了个水泄不通，他们的怒吼之声惊天动地。他说："贵妃身居深宫，不问政事，何罪之有？"

杨贵妃听到窗外传来一阵阵的喊声，一面苦苦哀求玄宗，一面大声哭着。也许惊吓过度，竟瘫软在地上！

高力士是个顶精明的人，他向窗外看了看，知道贵妃不死，禁军们决不会罢休，若拖延下去，说不定还会连累自己呢！他走到玄宗身边，低声说道："臣知道贵妃无罪，但将士们已诛国忠，而贵妃仍留在陛下身边，岂肯罢休？将士们消怒了，陛下也就安全了，否则……请陛下圣裁。"

高力士是劝玄宗赐死杨贵妃。

玄宗听了，全身抖动，心如刀绞。他紧紧拉住杨贵妃的手，久久不肯放开。他不想失去杨贵妃，但听到窗外一阵高过一阵的怒吼声，知道已留不住与自己朝夕相处、形影不离的贵妃了，他最后看了杨贵妃一眼，流着眼泪，扭过头去，朝高力士摆了摆手，便以袖掩面，扶墙大哭起来。

此时的杨贵妃反倒冷静了许多，她转头望了一眼唐玄宗，便跟着高力士进了一座佛堂。高力士将一条白绢结了个死扣，悬在屋梁上，又在梁下摆了一张椅子。做完了这一切，他向杨贵妃拜了一拜，问道："娘娘上路前，不知还有什么话吩咐奴才？"

杨贵妃默默地从怀中取出一册《霓裳羽衣舞谱》，递给了高力士，说道："请公公将此谱交给三郎。"说完，长叹了一声，便站上椅子，将死扣套在了自己的脖子上。

高力士轻轻将椅子一蹬，这位倾城倾国的大唐美人，便气绝身亡了，时年三十八岁。

杨贵妃死后，高力士将陈玄礼等人领进佛堂，验明白绢覆盖的那个女子，确实是杨玉环之后，禁军们高呼万岁，逼宫之围终于解除了。

因事发突然，附近的村庄找不到棺木，玄宗只好命宫女将杨玉环的遗体以锦被相裹，葬在了一棵老梨树下。

说什么“在天愿作比翼鸟，在地愿为连理枝”。说什么“情深如海，山盟海誓”，到头来都成了一阵风，转眼而逝。

杨玉环虽然死了，却为后世留下了诸多谜团。

有的人说，杨玉环未死，是高力士找了个身材和长相相似的宫女，当了她的替死鬼，又派人将她护送到东海，她沿着徐福和鉴真和尚的航路，去了日本。

有的说，杨玉环去了日本后，在日本皇宫中教授唐宫的舞蹈，活到八十五岁时辞世。有一部日本出版的小说是这么说的。

作家俞平伯说，杨玉环逃离马嵬坡之后，出家当了道姑，她隐姓埋名，云游天下。世人不知其所踪。

台湾学者魏矛贤在《中国人发现美洲》一书中说，杨玉环去了美洲！

日本历史学家邦光史郎说，杨玉环确实去了日本，死后葬在了久津的二尊院，当地至今还保存有杨玉环的五轮塔。

日本的《中国传来的故事》中记载：“唐玄宗平定安禄山之乱，回驾长安，因思念杨贵妃，命方士出海搜寻，至久津，向杨贵妃面呈玄宗赐的佛像两尊，贵妃则赠玉簪以为答礼，命方士带回长安献给玄宗。虽然通了消息，但杨贵妃未能归国，在日本终其天年。”

还有，一位日本少女，通过电视台向观众展示她的家谱，并以肯定口气称：自己就是杨贵妃的后裔！曾引起了不小的轰动……

杨玉环是个有故事的人，生前有故事，死后仍有故事。

除掉了杨国忠，埋葬了杨玉环，将士们的士气大振。随着陈玄礼的一声令下，这支“幸蜀”的皇家队伍，又风尘仆仆地向西而去。

队伍刚刚走出里许，忽听“嘚嘚”之声由远而近，一匹快马奔到队前，喘着粗气的马匹倒地而死！骑者爬起来，将一只精美的竹篓递给了高力士。高力士走到一个黄土堆前，将竹篓放在地上，低声说道：“贵妃娘娘，岭南送来荔枝来了！”说完，默默地回到玄宗身边，队伍继续西行。

3

唐玄宗在“幸蜀”路上日夜奔波时，长安城里却成了一个血腥的屠宰场，不过屠宰的不是牛羊，而是一个个的大活人！

安禄山在三万铁骑的护卫下来到长安，他入城后的第一件事，就是杀人！大唐皇室

东侧的崇仁坊，就是他的刑场，凡是没逃出去的皇族成员，一律处死！唐玄宗的姐姐霍国长公主、永王妃、驸马杨驲等八十余人，全部押送到崇仁坊，一律开膛挖心而死！又将一些文武重臣的亲属八十三人，命士兵以铁锤砸开脑盖而毙！将抓来的皇孙及皇室郡主、县主二十余人全部斩杀！

安禄山入城后的第二件事，就是抢劫，叛军将宫中的金银珠宝、珍奇古玩、后宫美姬、图书典籍等抢劫一空，装车运往了洛阳。不光财物，他们连外邦进贡来的稀奇动物如犀牛和大象等都不放过，抢去供安禄山欣赏。他听说有一头大象会用鼻子卷起碗来献酒，便立即命人将那头大象牵来。谁知大象不但不肯献酒，还发起威来，将桌上的酒碗摔了一地！安禄山恼羞成怒，命人将大象、犀牛等全部推进一个大坑中，动物们被长枪、刀尖乱捅乱扎而死，血流数担！

安禄山进城后的第三件事，就是淫乐。有一天，他在凝碧池边大宴群臣时，命梨园弟子雷海清奏乐助酒。雷海清是大唐的著名乐师，他不但拒不奏乐，还大骂安禄山是乱臣贼子，并以手中的琵琶猛击安禄山！安禄山又气又恼，下令将他绑在石柱上，被一刀一刀肢解而死！

后来，当了太上皇的唐玄宗从四川避难回来后，颁诏追赠雷海清为“唐忠烈乐官”“天下梨园都总管”，唐肃宗即位后，又追加他为太常寺卿，受到万民祀拜。

公孙大娘是大唐的舞蹈大家，她热情、美艳、豪放，且善交往，是李白和杜甫的朋友。看她的剑舞，是一种莫大的享受。她舞起剑来，时而舒缓，如春风拂面，忽而急骤，如银龙搅云，人影化剑，剑随人影，变化无穷。杜甫曾写过一首《观公孙大娘舞剑》。

安禄山在反叛之前，就听说过公孙大娘的芳名，但却无缘看她舞剑，他曾派人到长安游说过公孙大娘，邀请她去幽州一游，但被她拒绝了，心中一直遗憾。如今，他成了大燕国的皇帝，又想起公孙大娘，于是派人找到了她，将她请进宫中，让她为自己表演剑舞。

公孙大娘并不拒绝。今天她特意披了一件桃红色的斗篷，斜背着一把宝剑，英姿飒爽地来到宫中，款款走到安禄山的座椅跟前，抱拳施礼后，朝后退出了数步，便抽出宝剑。她先舞了“山鹿觅草”和“南风吹柳”等舒缓优美的招式，桃红的斗篷、飘逸的长剑和轻盈的舞步，像一朵绽开的巨大桃花，美轮美奂。接着，她解下斗篷，舞步骤然变急，舞起了“蟒蛇吐信”“山豹扑食”，风声呼啸，剑光闪闪，渐渐分不清剑在何处，人在哪里了。

正当安禄山看得如痴似醉时，只见一道寒光如同电光一般朝他的咽喉袭去！他本能地一闪，身后的一名侍卫便应声倒地了！

当她举起剑来准备再刺时，一群贴身护卫已将七八支利剑同时刺中了她，身上顿时血涌如泉。她虽然死了，但依然手持宝剑，站立不倒！令在场的人大为惊骇！

为了笼络人心，安禄山还装出一副礼让贤士的样子，到处拉拢一些文人墨客为大燕国装点门面，拉拢不成就把人关起来，软硬兼施，逼你就范。王维、吴道子、张璪、杜甫等人都被囚禁在长安的菩提寺里。逼着他们效忠安贼，出任大燕国的官员。

杜甫因不是大唐官员，诗名也不大，且身材瘦弱，叛军对他看管不严。他利用看守换班之际，偷偷溜出了菩提寺，逃到了太子李亨那里，当了大唐的左拾遗。

王维因诗名很响，又是大唐的官员，安禄山未杀他，还任命他为大燕国的给事中。王维不敢拒绝，但也不愿意在安禄山手下为官，便服了泻药，卧床不起。后来，还是在安禄山的逼迫下上任了。当他听说雷海清不畏强暴，在凝碧池边慷慨赴死的消息之后，异常感动，当即口占了一首《凝碧池》：

万户伤心生野烟，百僚何日更朝天。
秋槐叶落空宫里，凝碧池头奏管弦。

后来，唐肃宗收复长安后，凡是“陷于贼”的大唐官员，有的被斩首，有的处绞刑，有的受杖打。担任过伪职给事中的王维，按律当斩，却因为他写了这首《凝碧池》而被宽赦。最后官至尚书右丞。

王维应该感谢雷海清，因为雷海清壮烈成仁，激发了他的创作激情，才有了这首七绝。又因为这首七绝，王维不但未被处死，还得到了提拔！

4

一天午后，李白站在山巅上，遥望山下蜿蜒如练的一线长江，想到江北的村落城郭正在遭受着一场浩劫，万千百姓在叛军的蹂躏中苦苦挣扎，而自己却身在山中，不但不能与大唐军民共同浴血抗敌，还备受消息闭塞的折磨！就连震惊天下的马嵬坡之变，还是数月之后，一位上山采药的郎中告诉他的！

更令他牵肠挂肚的，是自己的三个孩子。在叛军攻城前夕，他将平阳、伯禽、天然委托给了族兄一家，先行逃往城外，他和宗姬因收拾诗稿和衣物迟走了一步。谁知出城之后才发现，逃难的人群如潮水一般，不知族兄如今逃到了何处？几经打听，消息全无，令他不安。

还有，朋友们的处境让他担心。当听说叛军将抓到的皇族人等皆残忍杀害时，他想到了玉真公主。她会不会在长安沦陷之前去了长安？会不会跟随玄宗去了四川？上苍保佑，但愿她当时未离开敬亭山，更未去长安！

还有，挚友元丹丘，他人在中原，又生性好游，此刻会不会落入安贼之手呢？他受玄宗器重，又得玄宗封赐，若被叛军捕获，绝无好果子吃！

想曹操，曹操到。正当他心事重重地遥望中原时，忽见宗姬一边擦着汗水一边爬上山来，笑着说道：“太白，快回家！丹丘道长来了！”

李白听了，又惊又喜，连忙回到了他隐居的山屋。

在兵荒马乱消息不通之际，挚友相见，都有说不尽的话题。

元丹丘告诉李白，天下形势正在发生变化，郭子仪和李光弼两位将军，正在浴血奋战，连克数城，已收复了不少失地，就是在沦陷地区，也有一些降敌的官员纷纷反水，率领旧部、百姓起义杀贼。

他还告诉李白一个特大消息：七月，玄宗采纳了宰相房琯的奏章，下旨命太子李亨为天下兵马大元帅，率领朔方、河东、河北诸道兵力，准备收复洛阳和长安，下旨永王李璘任山南东道、岭南、黔中、江南西道节度使，负责长江流域的军事指挥。

李白听了，喜不自禁。浔阳一带，不正是永王管辖的地域吗？

二人正在说话时，好客的宗姬像变戏法一般，已做好了四个菜，还有一壶酒。

元丹丘朝饭桌上看了看，既有腊鱼和腊肉，还有一碗韭菜炒鸡蛋，外加一碗山蘑菇。笑着说道："太白老弟过的可是神仙日子呀！说实在的，在逃难路上，我既没尝过鱼肉，更没闻过酒香！"

宗姬一边斟酒一边说道："今日就饮个痛快吧！"

其实，桌上的腊肉、腊鱼和那壶酒，都是她从山民家里借来的，鸡蛋，是家中唯一的一只母鸡生的，韭菜，是门前巴掌大的菜地里种的，山菇是她在山上摘来的。

二人喝了几杯之后，元丹丘放下酒杯，问道："太白弟可听说过睢阳守将张巡吗？"

李白摇了摇头。

元丹丘："他可是位顶天立地的大唐男儿！"接着，他讲述了发生在睢阳城里的惨烈故事。

睢阳城不大，但战略地位极为重要。周围城邑落于叛军之手后，唯睢阳城的城头上仍然飘扬着大唐的旗号，这成了安禄山的眼中钉、肉中刺。他调集叛军数度攻城，皆被张巡击退。

当时，"贼每破一城，城中衣服、财物、妇人皆为所掠，男子、壮者使之负担，羸、病、老、幼皆以刀槊戏杀之"！

为了守住睢阳，不让百姓遭受涂炭之罪，张巡发誓要以血肉之躯固守，他还经常出城袭击叛军。由于孤立无援，将士死伤渐多，最后面对数万围城的叛军，将士们仍无人惧怕。叛军将领尹子奇命人以云梯登城，张巡便以铁钩顶住，泼油点火将云梯烧毁，梯上的叛军不是烧死就是摔死！

张巡发现尹子奇经常混在叛军士卒中指挥攻城，便命神箭手射箭，射瞎了他的一只左眼！

后来，城中只剩下四百余人了，军粮吃尽后，便宰了军马充饥，军马杀光了，就挖掘鼠洞，树上置网，以鼠鸟为食。鼠鸟吃光了，张巡将爱妾杀了，让将士们充饥！他只有一个念头："让能活的人，活下来守城！"

当只剩下三十余人时，数千叛军终于攻进睢阳，张巡和他的部将、士卒皆被尹子奇斩杀！

说到这里，元丹丘已泣不成声了。

李白满面是泪。他举着酒杯，面北而跪，说道："李白遥祭张巡将军！"说完，将杯中之酒洒在了山坡上。

5

听了张巡以身殉国的悲壮事迹之后，李白说道："与张巡将军相比，颜氏兄弟，骨软胆怯，竟然降敌，可耻、可恨！"

元丹丘听了，连忙说道："太白老弟错了，颜氏兄弟，其智其胆，实为大唐人臣的楷模！"

常山太守颜杲卿，在城中守军太少、叛军兵临城下之际，为了保护城里军民，不给叛军屠城的借口，他与长史袁履谦密商之后，采用缓兵之计，假装投降叛军。

听说文名远播的书法家效忠自己，安禄山不胜欢喜，立即赐他紫袍金带，并派人送到常山。颜杲卿表面服从安禄山，却称病不问政事，暗地里向朋友、同僚们秘密写信联络，择日举兵讨贼。

不久，他的堂兄、平原太守颜真卿也投降了叛军。安禄山听说天下一流的书法大家也归顺了自己，大喜过望。他不但任命颜真卿为平原太守，而且让他率兵防守河津。

安禄山以为，这些文弱书生，摇笔杆子还可以，绝对没有领兵作战的本领。

狡诈、残暴的安禄山，这次打错了算盘。

当郭子仪和李光弼率领大军东进时，颜杲卿突然在常山举兵，切断了安禄山与老巢范阳的联系，令叛军处于被分割歼灭的险境。安禄山急了，他立即命令叛军的二号人物史思明，率领三万骑兵，由范阳出发，浩浩荡荡地赶到了常山，像铁桶一样将常山围了个水泄不通！

由于兵力悬殊，援兵迟迟未到，颜杲卿率领常山军民进行了几番血战之后，第二年正月初六，城破被俘。

叛军攻下常山之后，屠杀了军民一万余人，街上血流成河！颜杲卿和袁履谦被押到了洛阳。

安禄山命人将颜杲卿捆在天津桥的石柱上，下令"节解"！

"节解"就是凌迟处死。

这位六十五岁的大唐老臣，面对叛贼，大骂不止，直到气绝！

被叛军押来受刑的，还有颜杲卿的儿子颜季明、侄儿颜诩和长史袁履谦，三人都被叛军砍下了手足！

就在围观者掩面而哭时，早已投敌的何百岁，站在一旁对他们指手画脚，嘲笑辱骂，

三人愤怒难忍，咬断了舌头，“含血喷其面”！何百岁大怒，他亲自持刀，从三人身上割肉，直至血尽而亡！

在这里交代几句：

颜杲卿为大唐社稷壮烈捐躯后，却遭到了诬陷。王承业和张通儒说，颜杲卿是与史思明争权而被杀的。

肃宗至德元年（756年），唐军收复二京，史思明投降。

颜真卿让侄子颜泉明去了洛阳，找到了当年行刑的刽子手，挖出了颜杲卿的尸骨，并多次上书为颜杲卿鸣冤昭雪。

颜杲卿之死的真相，终于大白于天下，王承业和张通儒被当庭杖杀！

唐肃宗颁旨：追表颜杲卿功绩，并赐太子太保。

颜真卿听到堂弟已被平反昭雪，激动不止。他一边流泪一边书写《祭侄文稿》。此文虽然写得不甚工整，且有涂抹，甚至还有错误之处，但仍不愧是中国书法史上的名作，与东晋王羲之《兰亭序》、北宋苏轼的《黄州寒食帖》，并称为天下三大名帖。

第三十一章

皇室反目成仇，兵败的永王喝下了一杯鸩酒；高适卖友，诗人虽然免死，却要戴枷流刑三千里！

一为迁客去长沙，西望长安不见家。
黄鹤楼中吹玉笛，江城五月《落梅花》。
——《与史郎中钦听黄鹤楼上吹笛》

1

经历了马嵬坡之变后，唐玄宗如丧家之犬，一门心思向西逃窜，生怕再出变故。

谁知刚刚走出数十里，就被一大群人拦住了！他们有的手握长矛、大刀，也有的扛着锄头、钢叉，黑压压的一片挡在驿道上。唐玄宗吓了一大跳，连忙拉上了辇车的帘子！

原来，他们都是当地的百姓，听说皇帝逃难经过这里，都纷纷前来护驾，并强烈要求玄宗留下来，率领他们去讨伐逆贼安禄山！

唐玄宗绝对不敢留下来，更不敢得罪这些善良朴实的子民，为了稳住他们，自己尽快脱身，便命高力士宣旨：命太子李亨暂留抚慰，并拨禁军两千随护！

李亨听了，正在犹豫时，他的长子广平王李俶和次子建宁王李倓等人，也都建议他暂时留下“抚慰”百姓。于是，李亨把心一横，应道：“臣遵旨。”

李亨留下之后，唐玄宗一行继续西行。

“暂留抚慰”虽是唐玄宗的脱身之计，但中计的却是唐玄宗自己！

李亨接受了李倓的建议，第二天便率领着自己的队伍，直奔朔方而去。因李亨曾经兼任过朔方的节度使，在那里有些根基。他们一路上渡渭水，经新平，转安定，过彭原，在平凉稍作休整之后，到达了灵武。

天宝十五年七月甲子日，李亨先斩后奏，在灵武城的南楼即位称帝，遥尊唐玄宗为太上皇，改元至德元年，封一直跟随身边的杜渐鸿为中书舍人，封裴冕为中书侍郎、同平章事。

安禄山造反，坑的是他的干爹，李亨称帝，坑的可是他的亲爹！

一个月后，唐玄宗到达成都，才得知自己的儿子将他卖了！但他已无回天之力。这位太上皇只好下诏：今后凡以他的名义发布的诏敕，一律改称诰；所有臣僚写给他的奏章，只谓太上皇；任命韦见素、房琯、崔涣为禅位奉诏使，前往灵武宣告玄宗禅位，并

奉上一直不离身边的传国玉玺。

得知李亨已在灵武登基，各地军政要员纷纷派出使者前往庆贺。郭子仪、李泌等人也已先后到达了灵武，以辅佐这位大唐的第十一任天子——唐肃宗。

唐肃宗即位之后，最无辜也是最倒霉的人，就是诗人李白了！

2

元丹丘在庐山逗留了三天，他说他要去敬亭山看望玉真公主，便下山了。临分手时，他想起了一件事，向李白说，他在逃难路上，路过乾陵时，见无字碑无恙，陵殿无损，但却未见到那只白狐。后来，守陵的老兵告诉他，白狐是被一只老雕抓伤后，死在无字碑下的乱石中。他过去一看，见石头上溅有少许血迹，白狐尸体已不知去向。老兵说，死了的白狐不是被老雕叼走了，就是被野狗啃了！

他问，是何时死的？

老兵说，死在马嵬坡之乱那一天。

李白听了，又想起了东海子的话，心里琢磨，大约这就是天命。

刚刚在码头上送走了元丹丘，忽有故友韦子春登山探访，李白十分高兴，便同他回到了屏风叠。

宗姬并不认识韦子春，但因是李白的朋友，自然不能怠慢，她想好好招待这位朋友，但山屋里除了米和一筐山菜之外，就别无他物了。正在为难时，见韦子春向山下招了招手，不一会儿，就见两名士兵送来了酒、菜，还有一些笋干、粉丝及一筐鲜橘。

原来，韦子春已被永王李璘任为司马之职，他是奉永王之命，前来拜访李白的。

永王受唐玄宗之命，出镇江夏。他正在招募将士，筹集军用舟船、粮草，准备率领季广琛等将领发兵东巡，他早就仰慕李白之才，想聘李白进自己的幕府，参与军政诸事。

二人对酌，纵谈了天下大势之后，韦子春说出了自己的来意。李白听了，十分激动，说道：“大唐中兴指日可待了，永王东征金陵后，可依托金陵，分兵两路，一路沿南北大运河，直取中原河南，一路乘舟渡海，直捣叛贼老巢，则天下一举可定！”他像位善于谋略的将军，心豪气壮，侃侃而谈。

韦子春问道：“太白兄何时下山？”

李白认为，此次是“天将降大任于他”的时机，实现治国平天下，为大唐建功立业，在此一举！便爽快地说道：“随时可以下山。”

宗姬听了，连忙拉了拉他的衣袖，又悄悄地向他说了一会儿。

李白笑着说道：“在下还有些家务之事，容我想想再说。”

天宝初年，韦子春曾任过八品的秘书监，在翰林院里与李白结识，二人常有唱和来往。后来他进了永王幕府，授司马之职。

又过了三天，韦子春再度登山拜访，还带来了五百两黄金，以作李白走后的家用。

但因宗姬仍不同意他下山，李白只好作罢。

转眼到了除夕，韦子春再次登山拜访，这次不但带来了李白的衣冠，还带来了永王谋士、判官李台卿的亲笔信，信中有“谢公不出，奈苍生何”！他把李白比作了指挥淝水之战、以少胜多的谢安了。

李白看过信后，决定随他下山投奔永王。

宗姬哭着说道：“哪有大年三十出门的？还是过了年再说吧。”

李白说道：“当年刘备三顾茅庐，才请出了诸葛孔明，永王命子春三登庐山，你我能拒永王求贤之心吗？”

宗姬听了，不再劝阻，她一面擦着眼泪，一面为李白准备随身衣物。趁着这个机会，李白提出笔来，一连写下了三首《别内赴征》，其中的第二首是这样写的：

出门妻子强牵衣，问我西行几日归？
归时倘佩黄金印，莫见苏秦不下机。

当附近山村庄里响起鞭炮时，李白和韦子春冒着漫天雪花下山了。

3

李白到达浔阳时，看到江面上舳舻万艘，旌旗蔽空，十分壮观。还时而听到军鼓震天，号角不断。甲板上将士们神采奕奕，刀枪排列成林，强大的阵容，高昂的士气，显示着一派威武雄壮景象。

听说李白来了，永王十分高兴，隆重地接见了他，并在指挥船的楼船大摆筵席，众多将领文士作陪。席间，推杯换盏，歌舞助酒，李白即席吟道：

浮云在一决，誓欲清幽燕。
愿与四座公，静谈金匮篇。
齐心戴朝恩，不惜微躯捐。
所冀旄头灭，功成追鲁连。

众人听了，纷纷称赞。一些文士也赋诗唱和，战船上的歌声笑声和吟哦之声，在江面上飘荡着。

李白在永王的船上住了几天，等待选定了吉日吉时后，便可出发。

永王的庞大船队终于拔锚起航了，由浔阳经蕲州、铜陵、安庆、芜湖，浩浩荡荡地向东航行。李白望着一泻千里的滚滚长江，不由激动起来。他认为，永王的大军出三江，渡五湖，跨辽海，收中原，一举平定叛乱，就可凯旋了。他憧憬着能尽早实现自己的济

苍生、安社稷、建功立业的宏愿。他诗情如涌，在航行中，写了《永王东巡十首》：

永王正月东出师，天下遥分龙虎旗。
船楼一举风波静，江汉翻为雁鹜池。

王出三江按五湖，楼船跨海次扬都。
战船森森罗虎士，征帆一一引龙驹。

试借君王玉马鞭，指挥戎虏坐琼筵。
南风一扫胡尘静，西出长安到日边。
……

正当李白在永王的楼船上大抒胸襟，梦想着平息叛乱、名垂青史之际，他的命运却摔了个大跟斗，从永王的楼船上一下跌进了万劫不复的地狱！

李白从登上永王的楼船到下船，不足满月，便由讨伐叛乱者，莫名其妙地成了叛乱者。

这是李白不曾料想到的，也是许多人不曾想到的！

4

当过太子陪读的李泌，李亨即位之初，便赶到灵武辅佐。他虽然无官无职，仍是一介布衣，但重大军政要务，肃宗都先征询他的意见。为了名正言顺，肃宗想拜他为相，但却被他婉拒了，最后勉强挂了个大元帅府长史的头衔。

肃宗外有郭子仪，内有李泌，战场形势渐渐转为主动时，李泌向肃宗推荐了高适。高适被授为了御史大夫、扬州大都督兼淮南节度使。

即位以后的唐肃宗，在与安禄山叛军作战的同时，心里还有两个让他难以放心的敌人：一个是太上皇唐玄宗，他虽已禅位，但说不定哪一天会突然复辟，收回皇位！另一个就是他的胞弟永王李璘。李璘曾是江陵郡大都督，唐玄宗逃往四川时，诏命他为山南东路，岭南、黔中和江南西路节度使。他担心永王拥兵自重，又掌控着江南大片地域。江南一带是富饶之地，也是大唐税赋的主要来源，手里既有兵力，又有财力，一旦与自己分庭抗礼怎么办？会不会与自己争夺皇位？由于放心不下，他防永王比防太上皇和安禄山用的心思还多！

有一天，高适将李白的十一首《永王东巡歌》呈给了唐肃宗，说道："陛下，臣以为，论诗名，臣不及李白，若论忠贞，李白不及臣。"

肃宗看过李白的这十一首七绝之后，半天无语。

高适接着说："李白在诗中以谢安自比，诗中之'君'是喻永王。尤其是第九首，他把永王比作秦皇汉武和我朝的太宗，其谋反之心，昭然若揭！”

肃宗本来就怀疑永王有夺位之举，经高适这一提醒，就更加坚信不疑了。他当即下诏：命永王前往四川守护太上皇！也就是回到太上皇唐玄宗身边。这样一来，既削去了永王的兵权，也制约了太上皇，一箭双雕！

谁知圣旨颁发后，永王并不服从他的调动！

永王竟敢抗旨！他当机立断，命御史大夫高适率兵两万，前往金陵，平息叛乱的永王！

十二月二十二日，永王正乘坐他的楼船在长江操练水兵，忽有急报传来：肃宗已派高适率兵到达丹阳，前来讨伐永王！

永王大怒，率兵突破高适的防线，杀了丹阳太守，占领了江淮一带。谁知还未站稳脚跟，高适已率兵赶来，在镇江击溃了永王的队伍。

永王兵败后逃往鄱阳。

李白命大，他趁着混乱逃出战场，在一座破败的古寺中躲避了一夜。他又冷又饿又怕，抱着自己的那把龙泉剑难以入眠，便借着窗外的月光，用一块瓦片在残壁上写下了一篇《独漉篇》，表达了自己心胸坦荡、忠心可表的情怀。

在逃亡了七天之后，正想逃回庐山时，却被关卡哨兵捕获，以“附逆作乱”罪投进了浔阳大牢。

从表面上看，帝王受命于天，高贵至尊，知书达理，治国惠民，受天下人爱戴；若揭下外表，却是你奸我毒，男盗女娼，卑劣不堪！皇家父子为了皇位，各怀鬼胎，分道扬镳，皇家兄弟为争权夺利，已反目成仇，手足相残！而善良无辜的诗人，却成了他们内斗的牺牲品！其冤其悲，去何处诉说？

5

永王战败之后，率领仅剩下的五骑，一路狂奔到大庾岭下，心想，只要翻过前面的大山，就能进入湖南，脱离高适的控制地区，去投奔四川的太上皇，则可保住一命。但因他的坐骑体力不支，刚要过一个哨卡，坐骑倒地不起！他落入了一队巡逻士兵之手。搜查时，从他身上搜出了永王的印信！于是士兵们连忙将他押解到豫章郡，交给了江西采访使皇甫先。

皇甫先是唐玄宗的旧臣，与永王曾有交往。永王便恳求皇甫先看在太上皇的面上，放他一马，让他投奔四川。

皇甫先却命人端来一杯酒，说道：“臣请殿下喝下这杯酒，就上路吧！”

永王知道自己已无选择，便接过酒杯，一饮而尽，喝光了杯中的鸩酒……

皇甫先命人取下永王的首级，装在一个木匣里，连夜送往朝廷报功去了。

囚禁在大牢里的李白，不知道永王已经被俘，更不知道他已经被杀，仍在昏暗的油

灯下撰写自己的申诉状。写完后，又给得到肃宗重用的诗友高适写了一封信，请他在肃宗面前为自己辩解，以洗白自己的无辜。

高适收到李白的信和申诉状后，只看了一半，便冷笑着将信和申诉状扔在地上了！

有一天，狱卒于友悄悄告诉李白："李先生，有人探监来了。"

李白问："是谁？"

于友说："是夫人和公子、小姐。"

李白听了，顿时泪如雨下。

他本以为宗姬会埋怨他不听劝告投奔永王，惹来了灾祸，谁知见了面之后，她并不提及此事，笑着问道："夫君饿了吧，我送来了夫君最爱吃的粳米饭和四川酸菜，还有一壶酒，夫君趁热吃了吧！"说完，让平阳将饭菜摆在李白面前，她为李白斟了一杯酒，因李白双手戴枷，她便双手捧给李白喝。李白一直强忍着的泪水，便"哗"地淌了下来。

宗姬既不问他的案情，也不提他走后家中的情况，只说是弟弟宗璟从东鲁将孩子们接来，她又让孩子们轮流为他斟酒、给菜。站在一边的于友见了，眼里也涌出了泪花。

见李白的衣服沾满了泥浆，鞋和袜子也磨破了，裤脚还撕开了一个大口子，宗姬一声不响地从包袱里取出了他的洗换衣袜，还有两双新鞋。李白望着她脸上有了皱纹，鬓角也有了些许白发，心中一酸，呜咽着说道："太白拖累了夫人，让夫人吃苦了。"

宗姬凄然一笑，说道："只要夫君不受罪，贱妾再苦再累也心甘情愿。"

其实，自李白入狱后，为了搭救李白，宗姬不知托了多少人，求了多少情！为了送礼，她不但花光了玄宗赐给的金钱，还将几件心爱的首做作礼物送给了人家！

探监时间到了，李白取出自己写好的几封信，交给了宗姬，其中就有给郭子仪和李泌、高适等人的亲笔信。

宗姬走了之后，李白天天盼着能早日走出阴暗、肮脏的囚房。

十天后，一个消息传到了浔阳，让李白大为吃惊。

肃宗下旨：凡参加永王谋反者，皆严惩不贷！

李白知道，既然自己是"附逆作乱"，必判死刑！

自己身陷囹圄，求天天不应，求地地不语，他真想以死明志，让世人知道他"附逆作乱"的真相！但他舍不下宗姬和孩子们，也舍不下杜甫、元丹丘、玉真公主等朋友们，他只好彻夜在豆油灯下抄写申诉状，以期洗刷自己的不白之冤。

苍天有眼，他终于盼来了救星。

永王在他众多的皇家兄弟中，排行十六，他被皇甫先毒杀以后，长安发生一次"八王哭殿"事件，盛王李琦、丰王李珙、虢王李巨等八位王子，哭着闯进大殿，跪在丹墀前面。他们认为十六皇哥永王李璘死得不明不白，一个小小的采访使怎敢毒死永王？八王要求肃宗立即逮捕皇甫先，查明真罪！

皇甫先确实没有毒杀永王的权力，但他有高适口谕的密诏，密诏又是肃宗所颁，他怕什么？

为了应付八王，也为了掩盖真相，肃宗当即下诏：命御史中丞宋若思前往吴郡，限期查明真相。

宋若思一到吴郡，就接待了宗姬，并接下了李白的申诉状。他与负责处理永王案件的江南宣慰使崔涣一道，重审了全案，认为李白无罪，其根据是：李白进永王幕府，是为了平息安史叛军，并无谋反之心；李白入永王幕府无官无职，难能左右永王；李白入永王幕府只有月余，无谋反条件；李白入永王幕府，定“附逆作乱”，无证人证物；还有，李白的《永王东巡歌》只有十首，而不是十一首。

审理完结后，宋若思当即下令释放了李白，还将李白接到自己的署衙给以安慰，并将他留在了自己的幕府之中。

正当李白获得自由，准备回庐山看望宗姬和儿女以后，便去宋若思的幕府任职之际，宋若思接到了刑部对李白的最后判决：判李白徒流三千里，服役两年！

徒流就是流刑，大唐的流刑分为五等，这是最重的一种。

李白流放的路线，是从浔阳起程，由水路经三峡，至夔州，再徒步两千里到夜郎，并在夜郎服役！

宋若思知道这是朝廷的最终判决，他也知道不经肃宗点头，刑部也不敢判决。

其实，李白由死刑改判流刑，除了“八王哭殿”这根导火索之外，还与宰相房琯、天下兵马副元帅郭子仪力排众议，据理力争，不怕冒犯肃宗，准备罢官削职有关。

当时职低人微的左拾遗杜甫，也敢在肃宗面前力陈李白人品正直，忠于社稷。还说他的《永王东巡歌》只有十首，而非十一首，其中的第九首是伪作！

肃宗正在气头上，他根本听不进去，也不想听进去。他对杜甫喝斥了几句，便散朝了。不久，房琯谪到了荆州，杜甫贬出了长安！

6

流放起程的日期到了，李白刚刚走到浔阳江边，就看到码头上站满了为他送行的人。人群中有官吏、文士、商贩、士卒和城郊的菜农，也有庐山来的山民。忽然，汪伦挤出人群，他抱着一罐酒走到了李白跟前，紧紧拉住李白的手，眼里充满了泪花，脸上绽着笑容，说道：“太白先生，我已在地窖里酿下了几罐桃花酒，等你回来时，我们在桃花潭边尝鲜桃，品美酒，一醉方休，岂不快哉！”说完，倒了一碗桃花酒递给了李白。李白接过后，一饮而尽！

宗姬和宗璟领着平阳、伯禽和天然匆匆赶来了，宗姬指着宗璟说道：“夫君，我的小弟前来为你送行。”

三个孩子一齐扑到李白怀里，大声哭了起来。李白因双手夹在木枷之中，无法伸出来，只好以手指抚摸着孩子们的脸和头顶。

宗姬说："流放路上，山高水恶，路途遥远，为妾的不放心，已将孩子们托付给邻家了，妾要和璟弟一道，陪同夫君前去夜郎。"

李白连忙说道："不可，不可！路上风雨无常，步步艰辛，夫人的身子受不了，再说，孩子们也离不开你啊！"

前来送行的于友也在劝说："上行的船小舱窄，除了船工还有两名官差押送，容不下多人，再说夫人在船上也不方便，还有，上司已有交代，要官差在路上照料好李先生。夫人就不去了吧。"

宗璟说："就让小弟代姐姐去夜郎吧！"

李白听了，点头答应了。

开船时，署衙的一名小吏飞跑而来，将一封信交给了李白，说是驿吏刚刚送来的。李白一看笔迹，就知道是杜甫写来的，便将信揣在了怀里。

船开了，岸上传来一片"一路平安"的祝福声和令人心碎的哭泣声。

李白站在船头，望着岸上越来越远的人群，心中百感交集。他一生不知经历了多少生离死别，但浔阳的离别，却让他刻骨铭心，因为他不知道还能不能回来……

浔阳城终于退出了视线，前头水天茫茫，江风摧动波浪撞击着船舷，发出"咣咣"的沉闷响声。官差打起盹来。李白掏出了杜甫的信，信后附了一首《寄李十二白二十韵》：

昔年有狂客，号尔谪仙人。
落笔惊风雨，诗成泣鬼神。
声名从此大，汩没一朝伸。
文彩承殊渥，流传必绝伦。
舟船移棹晚，兽锦夺袍新。
白日来深殿，青云满后尘。
乞归优诏许，遇我宿心亲。
未负幽栖志，兼全宠辱身。
剧谈怜野逸，嗜酒见天真。
醉舞梁园夜，行歌泗水春。
才高心不展，道屈善无邻。
处士祢衡俊，诸生原宪贫。
稻粱求未足，薏苡谤何频。
五岭炎蒸地，三危放逐臣。
几年遭鹏鸟，独泣向麒麟。
苏武先还汉，黄公岂事秦。
楚筵辞醴日，梁狱上书辰。

已用当时法，谁将此义陈？
老吟秋月下，病起暮江滨。
莫怪恩波隔，乘槎与问津。

李白读了一遍又一遍，好像杜甫就靠在自己身边。他喃喃地说道：“二甫弟，你可要好好保重身子呀！等我回来后，我们……”说着说着，眼泪“吧嗒吧嗒”地滴落在诗笺上了。

7

枯水季节，江中并无急流大浪，虽是逆水行船，但借助风力，船速较快。当抵达夏口时，已被贬到荆州的宰相张镐，特意派人给李白送来了两件罗衣，让他做酷夏之用。当年结识的诗友魏方，为他编成了一部《李翰林集》，也千里迢迢地赶到夏口，交给了李白。李白向他深深一拜，表示感谢。

这位名不见经传的诗友，不知熬了多少夜晚，磨秃了多少笔，用了多少墨，跑了多少路，才编辑了这部书稿，功德无量！假若没有这部书稿，李白的作品在动乱中还不知会遗失多少呢！后人应记住魏方这个名字。

刚刚过了立夏，李白抵达了江陵，县衙转来了杜甫的信。信上说，他已辞去了官职，全家已定居成都草堂。还说，待李白到了夜郎之后，他一定前去看望。信中还附有一首《不见》：

不见李生久，佯狂真可哀。
世人皆欲杀，吾意独怜才。
敏捷诗千首，飘零酒一杯。
匡山读书处，头白好归来。

在流放的路上，虽有千辛万苦，但也会遇见一些故人新友的热情接待。

路过汉阳时，遇上了好友、礼部侍郎张渭，他奉旨出使荆楚。张渭在城外湖中的亭子里为他设宴压惊，席间有汉阳令和沔阳牧等人作陪，时值初秋，湖岸桂花飘香，湖中莲花盛开，当宾主们饮到半酣时，李白指着湖水说道：“天下湖多，此湖尤佳，不知何名？”

张渭笑着说道：“此湖乃一野湖，并无湖名，就请诗仙为它取一芳名吧！”

李白看了看张渭，将杯中之酒倒入了湖中，说道：“既然是侍郎命太白为湖取名，那就叫‘郎官湖’吧！”

众人听了，一齐鼓起掌来。

李白又作了一首《泛沔阳城南郎官湖并序》。自此之后，此湖名声远播，游人不绝。

由于多喝了几杯酒，主人和客人都有些醉意了，李白靠在亭廊上小憩。忽然，他觉

得自己渐渐飘浮起来，低头一看，见一朵硕大的莲花，托着他，正向空中升去，一直升到了月亮上才停下来。他见身边有一棵老桂树，树上繁花簇簇，香气袭人，树旁有一幽清的宫殿，宫门上有“广寒宫”三个篆书大字。

李白正在惊叹时，忽然宫门大开，有人说道：“诗仙太白驾到！”

不一会儿，丝弦齐奏，钟鼓共鸣，随着阵阵仙乐，嫦娥挥舞着云袖，走到李白身边，将他请进宫去。她命吴刚捧出桂花美酒，李白饮了一杯，觉得香甜无比，便一连饮了数杯！

嫦娥又将他领到了一个巨大的莲池旁边，池中莲叶碧绿如伞，莲蓬如盘。嫦娥摘了一朵莲蓬送给了李白，然后挥了挥手，便转身而去了……

李白觉得自己一下失去了依托，从月宫跌进了云层，一直往下跌落。他吓出了一身冷汗，大声喊叫起来……醒来后才知道做了一梦！

不过，他向衣袖里一摸，竟然真的摸出了一朵莲蓬！他将莲蓬送给了汉阳的一位种莲老农。老农将莲籽种在了藕田里，第二年便长出了叶大花艳的莲花，到了秋天，结出的莲子粒大饱满，成为了当地的一种特产！

第三十二章

放逐归来，他想见到的那个人，已飞天而去了；与一轮明月对酌时，他真的醉了，再也没有醒来……

大鹏飞兮振八裔，中天摧兮力不济。
馀风激兮万世，游扶桑兮挂石袂。
后人得之传此，仲尼亡兮谁为出涕。

——《临终歌》

1

刚刚入冬，江船进了三峡。

李白坐在船上，望着两岸高耸入云的山峰，听着船工们一声接一声的低沉号子声，想起了自己当年出川时的豪情壮志，谁知一转眼就是三十二年，三峡依旧，而船上的人，却成了满头白发的流放罪人了！当船过黄牛山时，他口占了一首《上三峡》：

巫山夹青天，巴水若流兹。
巴水忽可尽，青天无到时。
三朝上黄牛，三暮行太迟。
三朝又三暮，不觉鬓已丝。

过了三峡之后，江船抵达奉节白帝城，然后要弃船改走旱路，前往千里之外的夜郎。

就在李白准备起程的时候，因汉中发生了特大旱灾，朝廷颁发了一道特赦令：凡天下关押之囚犯，死罪改流放，流放以下囚犯一律赦免！

当差官将李白的枷锁解开时，李白大哭起来，哭后又大笑。宗璟怕他因过度激动而伤了身子，建议在白帝城歇息一天。李白不肯，他大声高呼："我无罪了！我要回家！"宗璟连忙去雇了一只小船，二人当天就顺江而下了。

当小船驶进三峡时，李白望着头顶上的一线蓝天，听着山崖上猕猴们的叫声，激动得难以自持，大声唱道：

朝辞白帝彩云间，千里江陵一日还。

两岸猿声啼不住，轻舟已过万重山。

听到李白遇赦路过江夏，江夏太守韦良宰已早早地来到码头等候了。与老友劫后重逢，二人都感慨万千，少不了要把酒赋诗，席间，有驿吏送来了杜甫的信。

杜甫尚不知道李白已经遇赦，以为他还在流放的路上呢！信后附了两首《梦李白》，其中的一首是这样写的：

浮云终日行，游子久不至。
三夜频梦君，情亲见君意。
告归常局促，苦道来不易。
江湖多风波，舟楫恐失坠。
出门搔白首，若负平生志。
冠盖满京华，斯人独憔悴。
孰云网恢恢，将老身反累。
千秋万岁名，寂寞身后事！

杜甫在诗中道出了对李白的怀念和关注，也对世道的不公和人心的不古，表示了极大的谴责和不满。李白读过之后，忍不住老泪纵横，泣不成声。

2

江船刚刚抵达浔阳，李白就远远地看到江岸上站着一个人影，在不断地向江船上招手。待江船靠近了码头，他才认出，那就是宗姬！

船靠上码头，李白就急不可待地跳到了岸上，大声说道：“夫人，太白回来了！”

宗姬连忙迎上去：“夫君可回来了！”说完，二人抱头痛哭起来。

站在远处的三个孩子也一齐呼喊着:“父亲回来了！父亲回来了！”跑到了李白身边。

李白一面笑着，一面说道：“回来了，回来了，我再也不走了！”把三个孩子紧紧搂在怀里……

大难不死，流放归来，一家人终于团聚了！

一家人本来打算去梁园居住的，因听说襄阳守军张楚元发动了叛变，李白一家只好转道去了豫章，不久又移住当涂。因李白的从叔李阳冰是当涂县令。李阳冰虽官职不高，但才气很高，是当时著名的书法大家。李白到了当涂之后，经常与他谈诗论文，品茶饮酒，心情颇好。

唐肃宗上元二年（761 年），这是“安史之乱”的第七个年头，叛乱尚未结束，常有平息的贼兵死灰复燃。不久传来消息：叛军反扑，攻占了睢阳！

肃完立即下诏：司徒郭子仪复出，领汾、守、鹿、坊四道节度使，围困叛军，切断其回幽州老巢之路；命太尉李光弼，充河南副元帅，统领河南、淮南、山南东道五道节度使，坐镇临淮，以防叛军窜犯吴越！

李白听说以后，一腔热血又在心里沸腾起来，他觉得自己雄心犹在，宝刀不老，决意前去投奔李光弼的行营彭城，请缨杀敌！

宗姬不同意他去。她笑着说道："夫君已过了花甲之年，若上了战场，还须几名士卒搀扶着呢！"

李阳冰深知李白的志向和性格，他说李白前去，是"烈士暮年，壮心不已"，支持他去李光弼营中参与军务，当晚为他置酒壮行。

第二天，李白提着他的那把龙泉剑，李阳冰又为他挑选了一匹好马，他便意气风发地上路了。

当他走到半路时，忽然感到胸口疼痛不止，高烧不退，还咳了几口鲜血。他只好找了家客店住下，又请郎中开了几服药，打算病好了再继续赶路。谁知服药多日，病情仍不见好转。不久又听说李光弼已率军去了金陵。他感到既遗憾又无奈，只好又回到了当涂。

3

李白一家住在当涂谢公亭旁边的一所宅子里。他在家中调养了一些日子以后，身体渐渐复原了。到了第二年，唐玄宗和唐肃宗先后去世，太子李豫登基，这就是唐代宗。

此时的叛军已成强弩之末。"安史之乱"已近尾声，安禄山已被其子安庆绪所杀，安庆绪自立为大燕国皇帝。不久，史思明又杀了安庆绪，夺去了大燕国的皇位。因内讧激化，史思明又被其子史朝义所杀。史朝义兵败，在一片荒林里自缢而亡！

天下太平了，李白想起了自己的朋友们，他多么想邀约大家来到当涂，痛痛快快地喝个一醉方休！但朋友们不是离世，就是流落他乡了！他只好作罢。不过，他心里一直有个没解开的心结，因为心里有个他想见的人，却至今未能见到，这个人，就是玉真公主。

在"安史之乱"之初，听说玉真公主正在敬亭山修道，便想前去看望，谁知半路上被宣城郡长史李昭接到了宣城，在宣城逗留了几天后，又随汪伦去了桃花潭，耽误了行程。后来，安禄山起兵叛唐，天下大乱，二人再也未能见面。

他决定前去探望她。

敬亭山的清凉观，观前溪水淙淙，观后松涛阵阵，观中道舍洁净，古今道书齐备，是一处修道的幽静之地。

李白刚刚走到观前，就听到宫中响起了钟声，还闻到了一种久远的焚香的味道。他连忙叩开了观门，向一位值更的年轻道姑说明了来意。

道姑请他稍候，便转身进了观中。不一会儿，一位年老的道长走了出来，他施礼之后说道："持盈法师已羽化升天了。"

李白听了，只觉得眼前一黑，差点摔倒，他又问：“持盈法师是何时羽化的？”

道长：“今年三月十八。”

李白觉得自己进山走累了，双腿软绵绵的，便顺势坐在一只石凳上。

道长朝李白打量了一会儿，问道：“施主是——”

李白：“蜀人李太白。”

道长“啊”了一声，说道：“持盈法师羽化之前，曾留下一信，待我取来。”说完回到观中，不一会儿便取来一个皇家专用的信封，说道：“这是持盈法师留下的，她嘱咐，若蜀人李太白来时，将此信交他。”

李白接过信，拆开一看，里边有一张诗笺，诗笺上写有一首七绝《无题》：

红衰翠减渐成尘，终南修道留旧痕。
云游万里成一梦，空留明月照昆仑。

道长说观中备有茶点，请李白进观小坐。李白婉言谢绝，便头也不回地下山了。

他又回首朝清凉观看了一眼，两行清泪，无声地滴落在山径的野草丛中……

4

从敬亭山回来后，李白把自己关在家里，整理他留在身边的文稿，将整理出的一千余首诗歌和一摞文稿给了李阳冰之后，便病倒了。

李阳冰是个既爱才又认真的人，他将诗歌、文稿编为十集《草堂集》，又坐在李白的床头，同他彻夜长谈，知道了他的生平经历后，为《草堂集》作了一序。他认为李白是“千载独步，唯公一人”。

李阳冰将《草堂集》读给李白听了之后，李白欣喜地笑了，他又吟了一首《临终歌》：李阳冰连忙写在了一张诗笺上。

李白吟完之后，便安然而睡了。

李阳冰编好《草堂集》之后，又出资付梓问世，此举不但是对李白的最大慰藉，也是对中国文化的一大贡献。

谢谢你，当涂县令李阳冰，你为中华文化宝库留下了一笔难以评估的财富。

5

广德元年（763 年）初冬。

在一个月光如水的夜晚，李白身穿在翰林院穿过的锦袍，佩着那柄龙泉宝剑，手执酒壶，披着月色，沿着一条细沙小路走到江边的采石矶。他看到江面上停泊着一只小船，船上无人，便登上了船头。

他一手执壶，一手举杯，对着中天的一轮明月吟道：

花间一壶酒，独酌无相亲。
举杯邀明月，对影成三人。
月既不解饮，影徒随我身。
暂伴月将影，行乐须及春。
我歌月徘徊，我舞影零乱。
醒时同交欢，醉后各分散。
永结无情游，相期邈云汉。

吟完了，见一轮明月倒映在江水中，随着水波时大时小，时圆时扁，不停地变化着。他想起了青莲乡的月亮，想起了秦淮河上的月亮，想起了安陆城外的月亮，想起了翰林院里的月亮，也想起了流放路上的月亮……他对月亮情有独钟，月亮是他不离不弃的挚友，便笑着说道："我已连饮三杯了，你可不许逃酒啊！来来来，你也要连饮三杯，我才放你！"

一阵江风拂过，江面上起了一层细浪，水波中的那轮月亮，也忽近忽远，好像在躲着他。

李白怕它逃逸，便探出身子，将手伸进水中，想去捉住飘忽不定的月亮。只听"扑通"一声，江面上溅起了一团水花，俄尔又平静了。天上的那轮明月，仍在水波上忽大忽小地晃动着……

这一年，李白六十二岁。

墓在当涂县大青山。

广德二年（764 年）正月，唐代宗下诏，命天下诸州举荐人才贤士。李白受到多地多方举荐，官拜大唐左拾遗。

诏书送达当涂时，李白已离世百日。

后　记

撰写此书的过程，一直伴随着一种难以摆脱的折磨，其原因一是，我以笔写作：提纲写在纸上，草稿写在纸上，修改后的初稿写在纸上。初稿写成后再请友人输入电脑并打印出来，继而再对打印稿进行增删修改，经过反复数遍才能定稿，历时三年。笔写的手稿有厚厚的几大摞！每每看到这些手稿，便会生出一种无奈和纠结，恨不能一烧了之！

其原因二是，我的右手意外受伤。在修改书稿期间因不慎滑倒，右手腕粉碎性骨折，打上石膏后四个月不能握笔。友人帮我在电脑上装了手写板，我试探着用左手点鼠标选字，左手和鼠标都不太听话！

在写作过程中，因得到了朋友们的帮助，让我在折磨中也有一种快乐，刘国安、陈枭、孙昕、袁昆、李爱晖、黄汉昌、胡雪梅、余耀华、李彩华、高志文等给我以莫大支持，借此向他们深表谢意。

2015 年春　于青岛崂山·江南寒溪书院